廖平全集

12

主編　舒大剛　楊世文

醫書類

上海古籍出版社

醫書類

醫書類目録

隋本黄帝内經明堂

〔附〕攝生消息論

廖　平　校録
楊世文　校點

校點説明

據《六譯先生年譜》，民國三年（一九一四），廖平於上海得袁刻日本殘本隋楊上善《黄帝内經太素》，極爲珍秘。《黄帝内經明堂》及清黄以周《黄帝内經明堂序》、《舊鈔太素經校本敘》、《黄帝内經九卷集注序》、《靈樞集注序》、《黄帝内經素問重校正序》，廖平以爲並足珍惜，並爲重刊之。又以黄氏《九卷集注》、《素問重校正》兩書均無傳本，擬仿黄氏例輯爲《靈樞隋楊氏太素注本》、《素問隋楊氏太素注本》。其佚者據宋林億《新校正》所引《太素》及楊注佚文，依《靈》、《素》原目分卷補入，以成完書。其中雜有後人校語者别録之。鈔寫脱誤，略爲考證。並命次孫宗澤先輯二書目録，依《靈》、《素》原目，注明楊注見何篇，並補《新校正》所引佚文及《黄帝内經太素篇目》，每篇注《内經》原書篇名，佚文據《新校正》補。後附丘處機《攝生消息論》。民國五年（一九一六）四川存古書局刊行，收入《六譯館叢書》，民國十二年（一九二三）重印。今即以該本爲底本進行點校。

目録

黄帝内經明堂序

臣聞星漢照回①，五潢②分其瀾澳③；荆巫滀水，九派洩其淪波④，亦所以發神明之靈化⑤，通乾坤之氣象。人之秀異，得自中和⑥，雖四體百節，必有攸繫，而五藏六府，咸存厥司，在於十二經脈，身⑦之綱領，是猶玉繩分晷，而寒暑不愆⑧；金樞揔轡⑨，而晦明是隔⑩。至於

① 回：原缺作「□」，據日本永仁鈔本《黄帝内經明堂》殘卷（以下簡稱『永仁鈔本』）補。
② 五潢：原缺作「□□」，據永仁鈔本補。
③ 澳：原缺作「奥」，據前田育德會《尊經閣文庫》鈔本《黄帝内經明堂》（以下簡稱『尊經閣本』）改。
④ 以上十字原均缺作「□」，據永仁鈔本補。
⑤ 以上九字原只存「所」、「化」二字，餘七字據永仁鈔本補。
⑥ 自中和：原缺作「□□□」，據永仁鈔本補。
⑦ 身：原缺作「□」，據永仁鈔本補。
⑧ 以上四字原缺作「□□□□」，據永仁鈔本補。
⑨ 以上三字原均缺作「□」，據永仁鈔本補。
⑩ 隔：原缺作「□」，據永仁鈔本補。

神化所財，陶鈞之妙，於形①乃細，而運之者廣，言命則微，而攝之者大。血氣爲其宗本，經絡導其源流，呼吸運其陰陽，營、衛通②其表裏，始終③相襲，上下分馳④。亦有谿⑤谷⑥榮輸，井原經合，虛實⑦相傾，躁静交競，而晝夜不息，循環無窮。聖人参天地之功，測形神之理，貫穿秘奥，弘長事業，秋毫不遺，一言罕謬，教興絶代⑧，仁被羣有。舊製此經，分爲三卷。診候交雜，窺察難明，支體奇⑨經，復興八脈。亦如沮漳沅澧，沔波⑩於江漢；豐滈潦滈，分態於

---

①以上十字原均缺作「□」，據永仁鈔本補。
②通：原缺作「□」，據永仁鈔本補。
③始終：原缺作「□□」，據永仁鈔本補。
④馳：原缺作「□」，據永仁鈔本補。
⑤有谿：原缺作「□□」，據永仁鈔本補。
⑥谷：原作「合」，據永仁鈔本改。
⑦以上六字原均缺作「□」，據永仁鈔本補。
⑧代：原缺作「□□」，據永仁鈔本補。
⑨奇：原作「何」，據尊經閣本改。
⑩沔波：原缺作「□」，據永仁鈔本補。

河①宗。是以十二經脈各爲一卷，奇經八脈復爲一卷，合爲十三卷焉②。欲使九野區③分，望修門而入郢④；五音⑤疏越⑥，變混吹而歸齊⑦者⑧也，是古非今，或成⑨累氣；殊流合濟，無乖勝範。伏⑩禀皇明，以宣後學。有巢在昔，而大壯成其⑪棟宇；網罟猶秘，以明離照其畋⑫

---

① 河：原作「汀」，據永仁鈔本改。
② 焉：原缺作「□」，據永仁鈔本補。
③ 區：原缺作「□」，據永仁鈔本補。
④ 「望修」、「入郢」四字原均缺作「□」，據永仁鈔本補。
⑤ 音：原缺作「□」，據永仁鈔本補。
⑥ 疏越：原作「跣赴」，據尊經閣本改。
⑦ 齊：原缺作「□」，據永仁鈔本補。
⑧ 者：原缺作「□」，據永仁鈔本補。
⑨ 以上六字原均缺作「□」，據永仁鈔本補。
⑩ 伏：原缺作「□」，據永仁鈔本補。
⑪ 其：原缺作「□」，據永仁鈔本補。
⑫ 畋：原作「佃」，據永仁鈔本改。

漁。今乃成之，聖曰取諸不遠。然而軒丘所訪，抑亦多門。《太素》①陳其宗旨，《明堂》表其形②見。是猶天一地二，亦漸通其妙物焉。

① 以上十一字原均缺作「□」，據永仁鈔本補。
② 形：原缺作「□」，據永仁鈔本補。

黄帝内經明堂卷第一 手太陰

通直郎守太子文學臣楊上善奉勅撰注

肺藏：肺重三斤二兩，六葉兩耳，凡八葉①，主②藏魄。肺有小大、高下、堅脆、端正、偏傾不同，肺小則少飲，不病喘喝；肺大則善病胸痺、喉痺、逆氣；肺高則上③氣、肩息、欲欬；肺下則居賁迫肝，善脇下痛；肺堅則不病欬上氣；肺脆則善病消癉易傷也；肺端正則龢利難傷也；肺偏傾則胸偏痛。白色小理者，肺小；粗理者，肺大；巨肩、反膺、陷喉者，肺高；合腋張脇者，肺下；好膺④背厚者，肺堅；肩背薄者，肺脆；好肩膺者，肺端正；脇偏疏者，肺偏傾也。其行金，其色白，其時秋，其味辛，其日庚辛，其志憂，其氣天，其音商，其聲哭⑤，其

---

① 葉：原缺作「□」，據永仁鈔本補。
② 主：原缺作「□」，據永仁鈔本補。
③ 上：原脱，據永仁鈔本補。
④ 膺：原作「肩」，據永仁鈔本改。
⑤ 哭：原作「笑」，據永仁鈔本改。

榮毛，其主皮毛，其液涕，其竅鼻，其畜馬，其穀稻，其星大白，其數九，其變動欬，其惡寒，其尅肝，其生腎，其臭腥，其果桃，其菜蔥，其脈毛，其經脈手①太陰。辛主右②手之太陰，壬主左手之太陰，以陰太，故③曰太陰。手太陰④之脈，起於中焦，下絡大腸，還循胃口，上鬲屬肺，從肺系橫出腋下，下循臑內，行少陰心主之前，下肘中，循臂內⑤上骨下廉，入寸口，上魚，循魚際，出大指之端。其支者，從腋⑥後直出次指內廉，出其端。其脈從手至胸中三尺五寸⑦，管穴十：

中府　天府　俠白　尺澤　孔最⑧

列缺　經渠　太淵　魚際　少商

① 手：原作「毛」，據永仁鈔本改。
② 主右：原缺作「□」，據永仁鈔本補。
③ 故：原缺作「□」，據永仁鈔本補。
④ 太陰：原作「大主」，據文意改。
⑤ 「內」下原有「廉」字，據永仁鈔本删。
⑥ 腋：原作「腕」，據永仁鈔本改。
⑦ 三尺五寸：原作「三尺三寸」，據永仁鈔本改。
⑧ 孔最：原作「孔竅」，據永仁鈔本改。

中府者，府，聚也。脾肺合氣於此穴，故曰中府。肺募也。募，猶盛也。肺之盛氣近出此穴也。一名膺中輸。膺，胸也；輸，委輸也。胸氣歸此穴，故謂之輸。在雲門下一寸，乳上三肋間，動脈應手，陷者中。此下穴處曰陷。有本云：廣狹與瞳子相當。手足太陰之會，刺入三分，留五呼；灸五壯。會，謂合同。此二脈氣合同此穴，則知動者二脈也。壯，大也。火力壯大，因以名壯也①。主肺系急欬，主，司也。此穴有病，此穴主司，餘皆放此。系，繫也，謂肺藏之所繫也。欬，逆氣也。五藏六府皆有欬，故欬有十一，而肺爲其本。是以肺者合於皮毛，故邪氣至，皮毛先受，寒飲先入於胃，肺脈循胃，寒氣尋肺脈上注於肺，即爲内邪；皮毛受邪，即爲外邪。内外之邪，客②於肺中，即爲肺欬。肺欬日久，即傳與大腸。若邪乘春，肝先受之；若乘夏，心先受之；若乘至陰，脾先受之；若乘於冬，腎先受之。故五藏六府之欬，皆以肺爲其本。五藏六府欬狀，如《太素》説也。胸中痛，惡清，胸中滿，色色然，色色，惡寒狀，有本作「邑邑」。善嘔③食，凡嘔有五嘔：食嘔、血嘔、沫嘔、膽嘔，乾嘔者也④。胸中熱，喘逆，逆氣相追逐，多濁唾，不得息，喘息，疾也。喘呼者，多因五藏六府受賊風虚邪⑤也，故身熱不時卧，上爲喘呼也。肩背風，汗出面，肺氣盛者，則肩背風、汗出面也。腹腫，鬲中不下食，夫氣傷則痛也，形傷則腫也。先痛而後腫者，氣傷形也；先

---

① 也：原作「之」，據文意改。以下類似情況不再出校。

② 客：原作「容」，據尊經閣本改。

③ 嘔：原作「歐」，二字相通，兹改作常用之「嘔」。後同此。

④ 也：原作「之也」，據文意改。以下類似情況不再出校。

⑤ 邪：原脱，據尊經閣本補。

腫而後痛者，形傷氣也。故風勝則腫也。邪在胃管膈塞，故飲食不下也。喉痺，咽者，通飲食也；喉者，通氣路也。《蒼頡》「喉，咽也」，與此不同。又，一陰一陽結，謂之喉痺也。肩息，肺脹，皮膚骨痛，肩息，謂息而肩動也。肺氣動則脹也。寒熱，風成者爲寒熱。陰病則熱，陽病則寒，重寒則熱，重熱則寒，謂之寒熱。寒熱候者，骨小皮膚薄而肉無䐃，其臂耎然，其地色炲然，不與天同色，汙①然獨異，此其候也。然後臂薄者，其髓不滿，故善病寒熱。多以三陽爲病發寒熱，下爲癰腫及痿厥也。煩滿。凡陰氣少而陽氣勝，腠理閉而不汗出，故熱而煩滿。

天府，肺爲上蓋，爲府藏之天，肺氣歸於此穴，故謂之天府。在腋下三寸，臂臑内廉動脈，手太陰脈氣所發。臑在肩下肘上。動之脈，手太陰脈所動也。禁不可灸，使人逆氣。此穴之脈迫肺，更無餘脈共會，灸之損肺，欬逆氣也。刺入四分，留三呼。刺，箴也，謂以鍼刺之。此知反，箴音鍼也。主欬上氣不得息，暴癉脾風發癉，腹中熱。發癉，即熱黄病者也，音丁幹反也。内逆，肝肺相搏，鼻口出血。肝肺雖别，膈上膈下，肺金尅肝之本，木氣盛不受，故逆而相搏，所以脈血急無所行，即鼻口出血也。血者，穀入於胃，其津液注之於脈中，變爲赤色，謂之血也。此胃大輸，輸者，委輸送致也。手太陰脈送胃大氣致於此穴，故曰大輸也。身脹，逆息不得卧，逆氣留於腹中，蓄積不行，宛蘊不得常所，使人支脇中滿，故喘呼逆息。足陽明者，胃脈也；胃者，六府之海，其氣下行。今陽明逆，不得從其道，故不得卧也。風汗出，身腫，喘喝多唾，因於暑，汗，煩則喘喝。又陰争於内，陽擾於外，魄汗未藏，四逆而起②，

---

① 汙：原作「汗」，據永仁鈔本改。

② 起：原作「赴」，據尊經閣本改。下「起」字同。

起則動肺，使人喘喝。胃中銷穀，穀銷即蟲①上下作，腸胃充②郭，故緩，緩則氣逆，故多唾也。恍惚善忘，嗜臥不覺。血並於下，氣並於上，故氣亂而善忘。夫衛氣者，晝行於陽，夜行於陰，故陽氣盡則臥，陰氣盡則寤。人有腸胃大者，衛氣行留經久，皮膚澀，分肉難解，故行遲，留於陰也；又其氣不精，故嗜臥不覺也。

俠白，白，肺色也；此穴在臂，候肺兩箱，故名俠白。在天府下，去肘五寸動脈，手太陰別。動脈，謂手太陰脈動此穴也。別者，有正別之別，即經別也；有別走者，即十五絡也。諸脈類此也。刺入四分，灸五壯。主心痛，欬，乾嘔，煩滿。入於尺澤，水出井泉，流注行已，便入於海。十二經脈出四支已，流注而行，至此入五藏海。澤，謂陂澤，水鍾處也；尺，謂從此向腕③有尺也。一尺之中，脈注此處，留動而下，與水義同，故名尺澤。手三陰脈，亦至此肘中作澤，一名作海，稱皆以水名脈也，流行至此肘中，留動處也。爲合，水也。十二經水之脈，從外而來，內合藏府之海，故爲合也。在肘中約上動脈。有本云：在肘屈大横文中也。刺入三分，留三呼，灸三壯。主心膨膨痛，肘痛，喉痺，欬逆上氣，舌乾，脇痛，心煩滿，肩背寒，膨膨，滿脹皃也。心亂，少氣不足以息。凡人呼吸吐納氣，氣出三入一，故半日不食，氣海減，故遂少氣不足以息，因一陽所發，終病少氣也。腸脹喘，夫脹者，氣在府藏之外、胸脇腹郭之中，非藏府脹，胸脇及腹，故得稱脹。亦有脾肺等脹者，即得脾肺等自膜脹者也。振慄瘈瘲，手不伸，瘈，急牽。吉曳反。瘲，緩不收，子用反。脱肉唾濁，脱肉，肉銷瘦也。氣隔善嘔，鼓頷不得汗，煩急身

---

① 蟲：原脱，據尊經閣本補。

② 充：原作「宛」，據尊經閣本改。

③ 腕：原作「口」，據尊經閣本改。

痛，氣隔，謂呼吸之時胸中氣障塞也。目喎縱。目瞼垂縱。衄，左窒刺右，右窒刺左。此鼻出血爲衄。凡傷肺者，肺氣不守，胃氣不清，精氣不爲使，真藏壞決，脈傍絶，五藏滿洩，不衄則嘔。窒，塞也。兩脇下痛，洩上下出。洩上下出者，謂吐且痢也。胸滿短氣不得汗。熱氣蒸，少液也。補手太陰，以出其汗。肺以主氣。手太陰者，肺脈也。今肺虚，故補手太陰，則氣足汗出也。癲疾，手臂不得上頭。癲者，顛也；顛者，頂也。謂彼陽氣盡集頭頂，下陰皆虚，下虚上實，邪陽相搏，遂爲顛仆，故曰癲疾，是則厥①成癲爲疾也。秦丞祖：此穴下有交脈，尺二穴不同也。

孔最，孔者，空穴也。手太陰脈，諸脈中勝此之空穴，居此脈之郤，故曰孔最也。手太陰郤，在腕上七寸。郤者，郤曲也，謂太陰之脈至此曲折也。腕，掌後之節也。專金，金九，水之父母。西方金位，數當於九，故曰專金，金九；金生水，故曰父母也。有本爲「二七」也。刺入三分，灸五壯，可以出汗。頭痛，振寒，臂厥熱，汗不出。風從外入，寒氣客於皮膚，陰氣盛，陽氣虚，故振寒。厥，逆氣也。

列缺，列，行列也。此別走絡，分別大經，所以稱缺也。列之缺經之上，故曰列缺也。手太陰絡，去腕上一寸半，別走陽明者。謂於藏經別出此脈，橫絡皮膚，走向府經，即十五絡一之數也。餘五藏絡皆放此也。刺入三分，留三呼，灸五壯，主瘧寒甚熱。瘧有三種：寒瘧一，温瘧二，癉瘧三。先寒而後熱者，寒瘧；先熱而後寒者，温瘧；直熱不寒者，癉瘧也。三種以時發者，瘧也；不以時發者，寒熱也。寒甚熱者，夏有因大暑汗出，腠理開發，淒滄小寒入於腠理皮膚之中，藏之不出，至秋又傷於風，其病則盛。寒爲陰氣，風爲陽氣，既先傷寒，故病瘧發，先寒後熱。總論瘧有十二狀

---

① 厥：原作「人」，據永仁鈔本改。

也。癇驚多是小兒癲病也。癇，限閒反。而有見者，並取陽明絡。寒熱，欬唾沫，掌中熱，二陰急爲癇厥，二陽急爲驚。又三陽者至陽也，三陽積並爲驚，病起之時亦如暴風，又如霹靂也。虛則肘臂肩背寒慄，少氣不足以息。夫虛實者，邪氣盛則實，精氣奪則虛。氣虛者，謂手太陰脈虛也。但人有手足、九竅、五藏合一十六部，並三百六十五節，皆生百病。百病之生，皆有虛實，故十二經脈皆絡三百六十五節，節之有病，必被經脈，經脈之病，皆有虛實也。肩，髆上者也。寒厥，交兩手而務，爲口沫。實則肩背熱痛，汗出暴，四支腫，身濕搖，時寒熱，飢則煩，飽則面變，口噤不開。兩手逆冷，故灸之以望煖，此爲臂①厥也。凡厥有二種：有寒厥，有熱厥。務，事也。濕，沾潤也。噤，口急也，琴甚反也。惡風泣出。風之中，因陽氣不守於精，是則火氣循目，故見風泣出。比②有天之疾風，即俠有雨也。善忘，四支逆厥，善笑。心高滿抑肺，急而善忘。又上氣不足，下氣有餘，腸胃實而心肺虛，虛則營、衛留於下，久而不已，不得時上，故善忘。氣虛則多悲，實則多笑也。熱病先手臂，身多溺白，瘈，脣口聚，鼻張，目下汗出如轉珠，兩乳下三寸堅，脇下滿悸。夫熱病者，冬傷於寒，寒極爲熱，故春爲熱病。是以傷寒者，熱病之類也。傷寒據其得病初也，熱病言其病成形也。傷寒温病，夏至前發也；傷寒暑病，夏至後發也。夫風寒暑濕四種邪氣傷於人者，皆因腠理孔開，邪氣得入，人在冬日之時，腠理皆閉，縱有寒氣，何所傷人？但人冬日遇大寒，必温室厚褥、重衣熱食，身之汗出，腠理開發，復取於涼③，大寒之氣，入於腠理，循諸經脈，客於藏府，至春寒極，發爲熱病，皆自冬日多受於寒而得

① 此爲臂：三字原均缺作「□」，據永仁鈔本補。
② 比：原作「此」，據永仁鈔本改。
③ 涼：原作「源」，據永仁鈔本改。

此病，故曰傷寒。凡傷寒熱病，若有死者，皆六七日；若有愈者，皆十日已上。所以然者，傷寒病發，一日太陽受之，二日陽明受之，三日少陽受之，四日太陰受之，五日少陰受之，六日厥陰受之。如此一日受病，至第七日，即太陽病衰，八日陽明、九日少陽、十日太陽、十一日少陰、十二日厥陰病衰。然則三陽三陰次第受病，衰已則愈矣。若第一日陰陽二經俱感於病，至第三日即六經又五藏六府俱病，營、衛不行、五藏不通，則死矣。不兩感者，未滿三日，可汗而已；以去，可減而已。其病愈已，禁於食肉，反以多食。傷寒熱病具以論者，如《太素經》說：溺白者，熱以銷膏，故溲膏而白也。手陽明是肺府之脈，入下齒中，上循鼻孔，故熱而口聚、鼻孔張也。悸，心動，葵季反。

行於經渠，水出流注，入渠徐行，血氣從井出已，流注至此，徐引而行。經，謂十二經脈也；渠，謂溝渠，謂十二經脈血氣流於此穴，故曰經渠也。爲經，金也。經，常也。水大，流注不絶爲常；血氣流注此，徐行不絶爲常也。在寸口陷者中，刺入三分，留三呼；不可灸，傷人神明。口，通氣處也。從關上至魚一寸，五藏六府之氣皆此中過，故曰寸口。手太陰脈等五藏五神之氣，大會此穴，則神明在於此穴之中。火又尅金，故灸之者傷神明也。主寒熱，胸背急痛，喉中鳴，欬上氣喘，掌中熱，數欠，汗出，胸中彭彭，甚則交兩手務，暴痺內逆，先取天府，此府此胃之大輸。天府，胃府大輸。胃爲水穀之海，穀氣强盛，故暴痺者，先取天府，後取經渠也。暴，疾也。臂內廉痛，喘逆，心痛欲嘔。

注於大淵，水之流①趨於下爲注。十一經脈流魚際已，注於此處，故爲注也。少商初出爲井，可謂小泉；魚際停

① 流：原缺作「□」，據永仁鈔本補。

澮①，此中湧注，故曰大泉也。爲輸，土也。水流便有送致聚處，十二經脈流魚際已，經②於此處，故爲輸也。在手掌後際陷③者中。刺入一分，留二呼；灸三壯。主痺，逆氣寒厥，急熱煩心，諸痺多痛。痺在骨則④重，在脈血凝⑤，在筋動不屈伸，在肉不知，在皮即寒，具此五者，痺而不痛。凡痺之類，逢寒即急，逢濕則縱。總而言之，謂風寒濕三氣雜至，合而爲痺，風氣勝者名爲行痺，寒氣勝者名爲痛痺，濕⑥氣勝者名爲著痺。又病在陽者命曰風，病在陰者命曰痺，陰陽俱病命曰風痺。此痺之大論也。善唾噦噫，噦，氣逆也，怨月反。穀入於胃，胃氣上注於肺。今有故寒氣與新穀氣俱還入於胃，新故相亂，真邪相攻，氣並相逆，復出於胃，故爲噦。噫，飽出息也。今寒氣客於胃，厥逆從下上散，復出於胃，故爲噫也。胸滿噭呼，胃氣上痺，逆氣心痛，脹滿彭彭，臂厥，肩膺胸痛，妒乳，目中白眼青，不令嬰兒飲，婦人因妒病乳，故曰妒乳也。轉筋，即手太陰筋轉也，筋肉之力也。掌中熱，乍寒乍熱，缺盆中相引痛，數欠，喘不得息，臂內廉痛，上鬲，飲已煩滿，病温身熱五日以上，汗不出，留鍼一時取

---

① 澮：原缺作「□」，據永仁鈔本補。
② 經：原作「注」，據永仁鈔本改。
③ 陷：原無，據文意補。
④ 則：原作「身」，據永仁鈔本改。
⑤ 凝：原作「涘」，據永仁鈔本改。
⑥ 濕：原作「温」，據尊經閣本改。

之，未滿五日不可刺。温病未滿三日，可汗而已；三日已去，可洩①而已。此中所説「未滿五日不可刺也」，有此不同，宜量取之也。瘧，欬逆攘心，悶不得卧，胸滿喘務，背痛唾血，振寒乾嗌，狂言口噼，引而下之。瘧，害也，惡也。謂此病之惡，能害於人，故曰瘧也。攘，觸心令悶，不得卧也，攘，除推也。

流於魚際，水出井，流而動也；脈出指，流而上行。大指本節後，象彼魚形，故以魚名之，赤白肉畔，故曰魚際也。爲滎，火也。水溢爲滎，謂十二經脈從指出已，流溢此處，故名爲滎。迴冥②反，又焉向反③。在手大指本節後，内側散脈。手之四指皆有三節，大指唯有二節，大指第三節，即爲本節也。刺入二分，留三呼；灸三壯。主虚熱，洒泝起毛，惡風，虚而熱，故變寒而毛起也。舌上黄，身熱，争則喘欬，痺走胸膺④背，不得息，頭痛不堪，汗出而寒，有本作「汗不出」也。及陽明出血，寒厥及熱，煩心，少氣，不足以息，汗出而寒者，陽勝則熱而汗不出，陰勝則寒而汗出。陰濕，腹痛食餶，音噎。肘攣榰滿，喉中焦渴，肺心有邪，其氣留於兩肘。肘者，機關之室，真氣之所過，血絡之所游，邪氣惡血，固不得留，留則傷筋絡骨節，機關不得屈伸，故肘病攣也。痓上

---

① 洩：原作「減」，據永仁鈔本改。
② 冥：原作「真」，據永仁鈔本改。
③ 尊經閣本作「向冥反，又焉迴反」。
④ 膺：原作「應」，據永仁鈔本改。

氣，痓，强直，巨井反。熱病，振栗鼓頷，腹滿，陰痿，痿①，屈②不收也。人思想無窮，所願不得，意淫於外，入房大甚，宗筋弛縱，發爲筋痿，及爲白淫。宗筋，即陰。厥痛，卧若徙居，心痛間，動作痛益甚③，色不變，肺心痛，徙，移也。人此處卧，謂移他處，故如徙居也。凡心痛，四藏及胃厥氣皆令心痛，心中有神，不得受邪。若心自痛，名真心痛，故旦發夕死，夕發旦死也。欬引尻，溺出，虚也。此膀胱欬④。鬲中虚⑤，食飲嘔，身熱，汗出數，唾涎下，人飲食入胃，胃中若熱，則蟲動；蟲動則胃緩，胃緩則廉泉開，廉泉開則涎下。肩背寒熱，脱色，目泣出，皆虚也，補之。唾血時熱，寫魚際，補尺澤。短氣心痺，悲怒逆氣，恐狂易，狂易者，時歌時笑，脱衣馳走，改易不定，故曰狂易。胃逆，霍亂，逆氣。霍，急疾也。營、衛二氣，清濁相干，忽然亂於腸胃，則爲霍亂也。

肺出少商，手太陰脈歸之於肺，肺主於秋，脈之所起處，故謂之少商也。爲井，木也。太古人未有井時，泉源出水之處則稱爲井者，出水之處也。五藏、六府、十二經脈，以上下行，出於四末，故第一穴所出之處，譬之爲井。五藏之脈是陰，生於陽地，終於陰地。故井出爲木，滎流爲火，輸注爲土，經行爲金，合入爲水；六府爲陽，生於陰地，終於陽地，故井出爲金，滎流爲水，輸注爲木，所過爲原。原者，三焦總有六府陽氣也。經行爲火，合入爲土也。五藏之井，皆出於木，木少陽

---

① 痿：原作「疾」，據永仁鈔本改。

② 屈：原缺作「□」，據永仁鈔本補。

③ 甚：原無，據文意補。

④ 欬：原作「歐」，據永仁鈔本改。

⑤ 虚：原無，據文意補。

相主，至水爲合也。足厥陰者，玉英之陰，在於中焦，起手太陰也。在手大指端内①側，去爪甲角如韭葉。爪甲有四角，此取内側上是也。韭葉有大小，此取非大非小，闊二分許，以量中度之人，若大小以意量。刺入一分，留一呼；灸一壯。主瘧，寒厥及熱，煩心善噦，心滿而汗出，刺出血立已。寒濯濯，寒熱，手臂不仁，唾沫，濯，洗也，言寒如水洗之甚②，故動言之。仁，親也，病不覺之處不與身親，故曰不仁。人數驚恐，筋脈不通，肉生不仁。又人病久入深，營、衛之行澀，經絡時疏③不痛，皮膚不營，故爲不仁。有本爲「手攣」也。脣乾引飲，手腕攣指支，肺脹上氣，指强難屈伸，曰支也。耳中生風，覺耳中有風氣也。欬喘逆，指痺臂痛，嘔吐，飲食不下彭彭，熱病象瘧，振慄鼓頷，腹脹，俾倪，喉中哏哏。熱病像瘧，謂有寒有熱，唯不以時作也。俾倪，側視皃，上迅未反，下五悌反。哏，下墾反，謂咽中氣塞也。

---

① 内：原作「向」，據永仁鈔本改。
② 甚：原作「其」，據永仁鈔本改。
③ 疏：原缺，據尊經閣本補。

《黃帝内經太素》篇目

廖宗澤輯録

第一卷原佚。

攝生之一

飲食有節，起居有常度，不妄不作，《素問・上古天真論》，以下並同。○上古聖人之教也，下皆爲之。○身肌宗一。○有至人者。按宋林億等《新校正》引此四條，黃氏以爲今本無，下同。張氏《類經》在《攝生類》，疑即本卷佚文。

帝曰：余聞上古聖人論理人形，列别藏府，端絡經脈，會通六合，各從其經；氣穴所發，各有處名；谿谷屬骨，皆有所起①；分部逆從，各有條理；四時陰陽，盡有經紀；外内之應，皆有表裏。其信然乎？《素問・陰陽應象大論》。○此條據《新校正》云：「《太素》在上古，聖人之教也。」上則原爲《上古天真論》，應即本卷佚文，《類經》在《藏象論》，蓋從今本耳。

第二卷卷末缺。　攝生之二

順養《靈樞・師傳篇》。○《靈樞・九鍼論》。○《素問・四氣調神論》，全。

---

① 所起：原作「分部」，蓋涉下文而誤，兹據《素問》改。

六氣《靈樞・決氣篇》，全。

九氣《素問・舉痛論》。

調食《靈樞①・五味篇》，全。○《素問・藏氣法時論》。○《靈樞・五味論》全。○《靈樞・九鍼論》。

壽限《靈樞・天年篇》。○《素問・上古天真論》。

第三卷　陰陽

□□《素問・陰陽應象大論》。○卷首缺篇名。

調陰陽《素問・生氣通天論》，全。

陰陽雜説《素問・金匱真言論》，全。○《素問・陰陽別論》，全。○《素問・痺論》。

第四卷佚　陰陽

第五卷　人合

□□《靈樞・邪客篇》。○卷首缺篇名。

陰陽合《靈樞・陰陽繫日月篇》。○《素問・陰陽離合論》，全。

四海合《靈樞・海論》，全。

十二水《靈樞・經水篇》，全。

---

① 靈樞：原作「靈」，欠完整，兹補「樞」字，後同此。

第六卷　藏府之一

□□□□《靈樞·本神篇》，全。○卷首缺篇名。

五藏命分《靈樞·本藏篇》。

藏府應候同上。

藏府氣液《靈樞·脈度篇》。○《靈樞·九鍼論》。○《素問·宣明五氣篇》。《素問·五藏别論》。○《素問·太陰陽明論》，全。○《素問·玉機真藏論》。

第七卷原佚。　藏府之二

在變動爲握，《素問·陰陽應象大論》，以下並同。○脈生脾。○在變動爲憂。○中央生濕。○濕生土。○在變動爲噦。○燥傷皮毛。熱勝燥。○寒傷骨。○陰陽之道路也。《新校正》引此九條，《類經》在《藏象類》，疑即本卷佚文。

肖者濯濯。《素問·靈蘭祕典論》。

神之處也。《素問·六節藏象論》，下同。○爲陽中之少陰。○爲陰中之太陰。○此爲陰中之少陽。《新校正》引此五條，《類經》在《藏象類》，疑即本卷佚文。

脾者，主爲衛，使之迎糧。《靈樞·師傳篇》。○六府者，胃爲之海，廣胲，大頸，張胸。同上。○以上二條《甲乙經》宋校所引，《類經》在《藏象類》，疑即本卷佚文。

第八卷　經脈之一

□□□□《靈樞·經脈篇》。
經脈病解《素問·脈解篇》，全。
陽明病解《素問·陽明脈解篇》，全。

第九卷　經脈之二

經脈正别《靈樞·經别篇》，全
脈行同異《靈樞·邪客篇》。〇《靈樞·動輸篇》，全。
經絡别異《靈樞·經脈篇》。
十五絡脈同上。
經絡皮部《素問·皮部論》，全。〇《素問·經絡論》，全。

第十卷　經脈之三

□□《素問·骨空論》①。〇卷首篇名缺。
帶脈《靈樞·經别篇》。〇《素問·痿論》。
陰陽蹻脈《靈樞·脈度篇》。〇《素問·繆刺論》。
任脈《靈樞·五音五味篇》。〇又附《素問·血氣形志篇》。

---

① 骨空論：原作「空骨論」，兹據《素問》改。

衝脈《靈樞・逆順肥瘦篇》。○《素問・舉痛論》。
陰陽維脈《素問・刺要痛論》。
經脈標本《靈樞・衛氣篇》，全。
經脈根結《靈樞・根結篇》。

第十一卷　輸穴

本輸《靈樞・本輸篇》，全。
變輸《靈樞・順氣一日分爲四時篇》。○《素問・水熱穴論》。
府病合輸《靈樞・邪氣藏府病形篇》。
氣穴《素問・氣穴論》，全。○《素問・水熱穴論》。○《靈樞・背腧篇》，全。○《素問・血氣形志篇》。
氣府《素問・氣府論》，全。
骨空《素問・骨空論》。○其從首至「使之跪」，又從「督脈起少腹」至「治督脈」，重第十卷首篇

第十二卷　營衛氣

□□□《靈樞・營氣篇》，全。○《靈樞・營衛生會篇》。○卷首篇名缺。
營衛氣行《靈樞・邪客篇》。○《靈樞・陰陽清濁篇》，全。○《靈樞・五亂篇》，全。
營五十周《靈樞・五十營篇》，全。
衛五十周《靈樞・衛氣行篇》，全。

第十三卷　身度

經筋《靈樞·經筋篇》。

骨度《靈樞·骨度篇》，全。

腸度《靈樞·腸胃篇》。〇《靈樞·平人絶穀篇》，全。

脈度《靈樞·脈度篇》。

第十四卷　診候之一

□□□《素問·三部九候論》，全。〇卷首缺篇名。

四時脈形《素問·玉機真藏論》。

真藏脈形同上。

四時脈診《素問·玉機真藏論》。〇《素問·脈要精微論》。

人迎脈口診《靈樞·禁服篇》，全。〇《靈樞·五色篇》。〇《靈樞·根結篇》。〇《素問·五藏别論》。〇《靈樞·終始篇》。〇《素問·病能論》。〇《靈樞·論疾診尺篇》。

第十五卷　診候之二

色脈診《素問·移精變氣論》。〇《素問①·玉版論要論》，全。〇《素問·五藏生成論》。

① 問：原無，據上下文例補。

色脈尺診《靈樞·邪氣藏府病形篇》。

尺診《靈樞·論疾診尺篇》。

尺寸診《素問·平人氣象論》。

五藏脈診《素問·宣明五氣篇》。○《素問·平人氣象論》。○《素問·脈要精微論》。○《靈樞·邪氣藏府病形篇》。○《素問·大奇論》，全。

第十六卷原佚。　診候之三

滑則少氣。《素問·脈要精微論》，下同。○白欲如白璧之澤，不欲如堊。○象心之太浮也。《素問·經脈別論》。○《新校正》引此三條，《類經》在《脈色類》。《太素》「診候之一」、「診候之二」俱不缺，疑此卷爲「診候之三」。今以附於此。　子誠別而已。《素問·示從容論》。　是以名曰診經。同上。

陰陽之類，經脈之道。《素問·陰陽類論》，下同。三陽爲經，二陽爲維，一陽爲游部。○伏鼓不浮，上空志心。○一陰獨至。○二陰一陽，病在肺。○陰陽皆絶，期在孟春。三月之病曰陽殺。○陰陽交，期在溓水。以上二篇共九條，《新校正》引，《類經》在《疾病類》，考之《太素》，疑當爲本卷「診候」佚文。

病生於陽者，先治其外，後治其内。《靈樞·五色篇》，下同。○當候闕中。○黑色出於庭。○闕上者，咽喉也。○闕中者，肺也。以上五條，《甲乙經》宋校引，《類經》在《脈色類》，疑即本卷佚文。

第十七卷　證候之一

□□《素問·五藏生成篇》。○《靈樞·論疾診尺篇》。○卷首缺篇名。

第十八卷原佚。　證候之二

五藏者，中之府也。《素問·脈要精微論》。○行則僂跗。同上。

所謂氣虚者。《素問·通評虚實論》，以下並同。○尺滿而不應也。○足温則生，寒則死。○脈懸小堅，病久可治。

誦而頗能解，解而未能别，别而未能明，明而未能彰。《素問·著至教論》，下同。○至教擬於二皇。○列星辰，與日月光。○夫三陽，太爲業。○下爲漏病。○腎且絶死，死日暮也。

一上一下，寒厥到膝。《素問·方盛衰論》，下同。○若伏空室，爲陰陽之一。○至陽絶陰，是爲少氣。以上四篇共十五條，均《新校正》引，《類經》俱在《疾病類》，疑即本卷佚文。

怒則上氣逆，胸中留積，血氣逆留。《靈樞·五變篇》。○髖皮充肌。同上。○此二條，《甲乙經》宋校所引，《類經》在《疾病類》，疑爲本卷佚文。

第十九卷　設方一

知古今《素問·湯液醪醴論》。

知要道《靈樞·外揣篇》，全。

知方地《素問·異法方宜論》，全。

知形志所宜《素問・血氣形志篇》。○《靈樞・九鍼論》。

知祝由《素問・移精變氣論》。

知鍼石《素問・寶命全形篇》，全。○《素問・刺禁論》。○《素問・鍼解篇》。○《素問・病能論》。

知湯藥《素問・湯液醪醴論》。

知官能《靈樞・官能篇》，全。

第二十卷原佚。　設方二

爲萬民副。《素問・疏五過論》，下同。○病深以甚也。○始樂始苦。○封君敗傷，及諸侯王。○氣内爲實。

更名自巧。《素問・徵四失論》。○愚心自功。同上。○以上二篇七條《新校正》引，《類經》在《論治類》，此卷續「設方」，疑即《論治》之類，今以附此。

第二十一卷原佚。　九鍼之一

間者環已《素問・診要經終論》。○《素問新校正》引。

脈氣留於腹中，蓄積不行。《靈樞・衛氣失常篇》、《甲乙經》、《新校正》引。○以上二條，《類經》在《鍼刺類》，疑即本卷佚文。

第二十二卷　九鍼之二

刺法《靈樞・邪客篇》。○《靈樞・逆順肥瘦篇》。○《靈樞・根結篇》。

九鍼所主《靈樞·官鍼篇》。

三刺《靈樞·官鍼篇》。○《靈樞·終始篇》。

三變刺《靈樞·壽夭剛柔篇》。

五刺《靈樞·官鍼篇》。

五藏刺《靈樞·五邪篇》。

五節刺《靈樞·刺節真邪篇》。

五邪刺同上。

第二十三卷　九鍼之三

量繆刺《素問·繆刺論》，全。

量氣刺《靈樞·行鍼篇》，全。

量順刺《靈樞·逆順篇》，全。

疽癰逆順刺《靈樞·玉版篇》。

量絡刺《靈樞·血絡篇》，全。

雜刺《靈樞·四時氣篇》。

第二十四卷　補瀉

天忌《素問·八正神明論》。

本神論同上。
真邪補瀉《素問·離合真邪論》，全。
虛實補瀉《素問·調經論》。
虛實所生同上。

第二十五卷　傷寒

熱病決《素問·熱論》。
熱病説《素問·評熱病論》。〇《靈樞·熱病篇》。
五藏熱病《素問·刺熱論》，全。
五藏痿《素問·痿論》，全。
瘧解《素問·瘧論》。
三瘧同上。
十二瘧《素問·刺瘧論》。

第二十六卷　寒熱

寒熱厥《素問·厥論》。
經脈厥同上。〇《素問·大奇論》。
寒熱相移《素問·氣厥論》，全。〇《素問·大奇論》。

厥頭痛《靈樞·厥病》。○《靈樞·雜病篇》。

厥心痛《靈樞·厥病篇》。○《靈樞·雜病》。○《靈樞·熱病篇》。

寒熱雜説《靈樞·寒熱病篇》，全。

癰疽《靈樞·癰疽篇》，全。○《素問·腹中論》。

蟲癰《靈樞·上膈篇》，全。

寒熱瘰癧《靈樞·寒熱篇》，全。

灸寒熱法《素問·骨空論》。

第二十七卷　邪論

七邪《靈樞·大惑論》，全。

十二邪《靈樞·口問篇》，全。

邪客《素問·舉痛論》。

邪中《靈樞·邪氣藏府病形篇》。

邪傳《靈樞·百病始生篇》，全。○《靈樞·九鍼論》。

第二十八卷　風

諸風數類《素問·風論》。

諸風狀論同上。

諸風雜論《靈樞・賊風篇》，全。

九宮八風《靈樞・九宮八風篇》，全。

三虚三實《靈樞・歲露篇》。

八正風候同上。

痺論《素問・痺論》。○《靈樞・周痺篇》，全。○《素問・逆調論》。○《靈樞・厥病篇》。

第二十九卷　氣論

□□《靈樞・刺節真刺篇》。○卷首缺篇名。

津液《靈樞・五癃津液别篇》，全。

水論同上。

脹論《靈樞・脹論》，全。○《靈樞・水脹篇》，全。○《素問・腹中論》。

風水論《素問・評熱病論》。○《素問・奇病論》。

欬論《素問・欬論》，全。

第三十卷　雜病

□□□《素問・奇病論》。○卷首缺名。

温暑病《素問・熱論》。

四時之變《靈樞・論疾診尺篇》。

息積病《素問·奇病論》。

伏梁病《素問·腹中論》。〇《素問·奇病論》。〇從「人有身體」至「環臍而痛與」，《腹中論》同

熱痛《素問·腹中論》。

脾癉消渴《素問·奇病論》。

膽癉同上。

頭齒痛《素問·奇病論》。〇《靈樞·雜病篇》。

頷痛《靈樞·雜病篇》。

項痛同上。

喉痺嗌乾《靈樞·熱病論》。〇《靈樞·雜病篇》。

目痛《靈樞·熱病論》。〇《靈樞·癲狂篇》。

耳聾《靈樞·厥病篇》。〇《靈樞·雜病篇》。

衄血《靈樞·雜病篇》。

喜怒同上。

瘮筋《素問·奇病論》。

血枯《素問·腹中論》。

熱煩《素問·逆調論》。

身寒同上。
肉爍同上。
卧息喘逆《素問・病能論》。○《素問・逆調論》。
少氣《靈樞・癲狂篇》。
氣逆滿《靈樞・雜病篇》。○《靈樞・熱病篇》。
瘵噦《靈樞・雜病篇》。
腰痛《素問・刺腰痛》。○《靈樞・雜病篇》。
髀疾《靈樞・厥病篇》。
膝痛《靈樞・雜病篇》。
痿厥同上。
癃洩《靈樞・熱病篇》。○《靈樞・厥病篇》。
如蠱如蛆病《靈樞・熱病篇》。
癲疾《素問・奇病論》。○《靈樞・癲狂篇》。
驚狂《靈樞・癲狂篇》。
厥逆《靈柩・癲狂篇》。
厥死《素問・奇病論》。

陽厥《素問·病能論》。
風逆《靈樞·癲狂篇》。
風痓《靈柩·熱病篇》。
酒風《素問·病能論》。
經解同上。
身度《素問·通評虛實論》。
經絡虛實同上。
禁極虛
順時同上。
刺瘧節度《素問·刺瘧論》。〇《靈樞·雜病篇》。
刺腹滿數《靈樞·雜病篇》。〇《素問·通評虛實論》。
刺霍亂數《素問·通評虛實論》。
刺癇驚散同上。
刺腋癰後同上。
病解同上。
久逆生病同上。

六府生病同上。

腸胃生病同上。

經輸所療同上。

《靈樞》隋楊氏《太素注》本目録

《靈樞》爲經，《素問》爲傳，雖不能劈分，大略如是。醫書之於《靈樞》，較《素問》尤爲根原。《素問》全注雖亡，次注猶爲唐人之作，古法不盡亡佚；《靈樞》注本，今日所傳者大抵明人，其去隋幾千年，師傳亡佚，錯誤滿紙，最可痛惜。《太素》出於隋，古法存者不一而足。以《太素》比明注，其相去不可以道里計。黄氏所作，未見傳本，今仿其例，别爲此書。考楊本全篇已有五十三，未經全引者十四，其佚者不過十五篇而已。今以原書六十五篇提出别行，再推廣其法，以注所佚，則成完帙。此固醫家金鍼寶筏，爲地球至精至貴之秘書也。

九鍼十二原第一。《太素》本佚。

本輸第二。《太素》本佚。

小鍼解第三。《太素》本佚。

邪氣藏府病形第四，全。楊本一見第二十七卷「邪中」，從首至「不能勝也」，共五百五十七字。〇二見於第十五卷「色脈尺診」，續「勝也」至「下工十全」，四百六十一字。〇三見於第十五卷「五藏脈診」，續「全六」至終，共一千二百八十九字。

根結第五，全。楊本一見於第十卷「經脈根結」，從首至「皆當取之」，共五百七十字。〇二見於第十四卷「人迎脈口診」，續「取之」至「乍數乍疏也」，共一百五十一字。○三見於第廿二卷「刺法」，續「疏也」至終，共四百三十字。

壽夭剛柔第六，不全。楊本廿二卷「三變刺」，從「余聞刺有三變」至終，共三百三十六字。○脱百八十六字。

官鍼第七，不全。楊本一見於第二十二卷「九鍼所主」，從首至以「四時」，共二百四十四字。○二見於第二十二卷「五刺」，從「所謂三刺則穀氣出」至「不可以爲工」，百十五字。○三見廿二卷「五刺」，續「爲工」至終。一百四十七字；○中脱五百一十三字。

本神第八，全。楊本見於第六卷首篇，共六百四十六字。

終始第九，不全。楊本一見於第十四卷「人迎脈口診」，從首至「取之其經」，共八百五十六字。○二見於第二十二卷「三刺」，續「其經是謂氣」，共七百六十四字。○下脱三百三十五字。

經脈第十，未全。楊本一見第八卷首篇，從首至「肝足厥陰」一段下「反小於寸口也」，共二千八百八十九字。○二見於第九卷「經脈別異」連下「十五絡脈」，從「十二經脈者」至終，共一千零六字。○中脱三百五十四字。

經別第十一，全。楊本見於第九卷「經脈正別」，共五百七十字。

經水第十二，全。楊本見於第五卷「十二水」，共八百五十二字。

經筋第十三，全。楊本見於第十三卷「經筋」，共一千八百二十四字。

骨度第十四，全。楊見於第十三卷「骨度」，共五百三十七字。

五十營第十五，全。楊本見於第十二卷「營五十周」，共二百四十七字。

營氣第十六，全。楊本見於第十二卷首篇，共二百九十二字。

脈度第十七，全。楊本一見於第十三卷「脈度」，從首至「補之」，共一百九十四字。○二見於第六卷「藏府氣液」，續「補之」至「不得盡期而死也」，共一百九十八字。○三見於第十卷「陰陽蹻脈」，續「死也」至終，共一百九十六字。

營衛生會第十八，未全。楊本見十二卷，從「願聞營氣行」至終，四百六十四字。○首脱三百三十四字。

四時氣第十九，全。楊本見於第二十三①卷「雜刺」，共六百二十字。

五邪第二十，全。楊本見於第二十二卷「五藏刺」，共二百四十四字

寒熱病第二十一，全。楊本見於第二十六卷「寒熱雜説」，共七百四十八字

癲狂病第二十二，全。楊本見於第三十卷「目痛」，從首至「目内眥」，共二十三字。○二見於第三十卷「癲病」，續「目内眥」至「病發始知者死，不治」，共一百七十一字。○三見於第三十卷「驚狂」，續「不治」至「灸骶骨廿狀」，共二百廿五字。○四見於第三十卷「風逆」，續「二十狀」，至「骨清取井金也」，共四十三字。○五見於卅卷「少氣」，共三十七字。○六見於卅卷「厥逆」，共一百十九字。

熱病第二十三，全。楊本一見於第二十五卷「熱病説」，從首至「巔上」，一共八百六十五字。○二見於第三十卷「氣逆滿」，續上一至「下乃止」，共三十二字。○三見於第二十六卷「厥心痛」，續「乃止」至「盡刺去其血絡」，共十六字。○四見於第三十卷「喉痺嗌乾」及「目痛」，續「其血絡後又」至「取其陰蹻」，四十五字。○五見於第三十卷「風痓」，續「取陰蹻」至「有寒取三里」，共二十五字。○六見於第三十卷「癃洩」，續「三里」上及「血絡出血」，共七十字。○七見於第三十卷「如蠱妲病」，續上及「血絡出血」至終，共三十一字。

厥病第二十四，全。楊本一見於第廿六卷「厥頭痛」，從首至「後取足少陽陽明」，共二百一十六字。○二見於第

① 二十三：原作「二十二」，據《太素》改。

二十六卷「厥心痛」，續「陽明」至「形中上者」，共二百三十六字。〇三見於第三十卷「耳聾」，續「形中上者」至「耳鳴」段下「先取手，後取足」，共九十八字。〇四見於第三十卷「痺疾」，續「取足」至「大鍼不可」，共二十字。〇五見於第三十卷「癃洩」，續「不可」至「取曲泉」，共六字。〇六見於第廿八卷「痺論」，續「曲泉」至終，共四十九字。

病本第二十五。楊《太素》本佚。

雜病第二十六，全。楊本一見於第二十六卷「厥頭痛」，從首至「取足太陰」，共八十六字。〇二見於第三十卷「喉痺嗌乾」，續「太陰」至「取足少陰」，共十一字。〇三見於第三十卷「膝痛」，續「少陰」至「刺膝無疑」，共二十三字。〇四見①於第卅卷「刺瘧節度」，續「無疑」至「取手陽明」，共十五字。〇五見於第二十五卷「十二瘧刺」，續「手陽明」至「取手太陽」，共廿九字。〇六見於第三十卷「頭齒痛」，續「太陽」至「手陽明」，共爲十七字。〇七見於第三十卷「耳聾」，續上「手陽明」至「手陽明」，共十五字。〇八見於第三十卷「衄血」，續「手陽明」至「刺膕中出血」，共二十九字。〇九見於第三十卷「腰痛」，續「出血」至「刺足少陰」，共三十三字。〇十見於第三十卷「喜怒」，續「少陰」至「少陽」，共二十一字。〇十一見於第三十卷「頷痛」，續「少陽」至「刺手太陽也」，共十八字。〇十二見於第三十卷「刺腹滿數」，「刺手太陽也」至「取足太陰」，共五十九字。〇十三見於第二十六卷，續「太陰」至「得之立已」，共九十七字。〇十四見於第三十卷「頷痛」，續「立已」至「按人迎於經，立已」，共二十三字。〇十五見於第三十卷「氣逆滿」，續「於經立已」至「與胸下動脈」，共十三字。〇十六見於第三十卷「刺腹滿數」，續「胸下動脈」至「按之立已」，共廿五字。〇十七見於第三十卷「痿厥」，續「立已」至「無休病已止」，共二十四字。〇十八見於第三十卷「療噦」，續「無已」至「至終」，共二十一字。

周痺第二十七，全。楊本見於第二十八卷「痺論」，共四百三十八字。

① 見：原作「卷」，據文意改。

口問第二十八，全。楊本見於第二十七卷「十二邪」，共一千零九十六字。

師傳第廿九。不全。楊本見於第十二卷「順養」，從「首乃不」至「邪辟」，共七百四十三字。○《甲乙》引有二條。

決氣第三十，全。楊本見於第二卷「六氣」，共三百字。

腸胃①第三十一，全。楊本見於第十三卷「腸度」，共二百三十三字。

平人絶穀第三十二，全。楊本見於第十三卷「腸度」，共三百一十四字。

海論第三十三，全。楊本見於第五卷「四海合」，四百五十三字。（未和贅文）

五亂第三十四，全。楊本見於第十二卷「營衛氣行」，共三百七十八字。

脹論第三十五，全。楊本見於第二十九卷「脹論」，共七百一十九字。

五癃津液別第三十六，全。楊本見於第二十九卷「津液」，共四百四十一字。

五閱五使第三十七。楊本佚。

逆順肥瘦第三十八，全。楊本一見於第二十二卷「刺法」，從首至「則經可通也」，共四百九十四字。○二見於第十卷「衝脈」，續「通也」至終，共二百一十六字。

血絡第三十九，全。楊本見於第二十三卷「量絡刺」，共三百八十六字。

陰陽清濁第四十，全。楊本見於第十二卷「營衛氣行」，共三百一十一字。

---

① 腸胃：原作「脹胃」，據《靈樞》改。

陰陽繫日月第四十一，未全。楊本見於五卷「陰陽合」，從首至「生於火，故有肝」，共七十九字。又從「有肝」續上「火故」至終，共七十七字。

病傳第四十二。楊本佚。

淫邪發夢第四十三。楊本佚。

順氣一日分爲四時第四十四，不全。楊本見於第十一卷「變輸」，從「余聞刺有五變，以主五輸」至終，共三百三十二字。○首脱三百三十六字。

外揣第四十五，全。楊本見於第十九卷「知要道」，共三百一十九字。

五變第四十六。楊本佚。○《甲乙》引二條。

本藏第四十七，全。楊本一見於第六卷「五藏命分」，至「反覆言語也」，共一千二百二十三字。二見於第六卷「藏府應候」，續「反覆言語也」至終，共四百零六字。

禁服第四十八，全。楊本見於第十四卷「人迎脈口診」，共八百零一字。

五色第四十九，未全。楊本見十四卷「人迎脈口診」，從「病之益甚「至」傷於食飲」，百五十五字。○《甲乙》引有五條。

論勇第五十。楊本佚。

背輸第五十一。楊本佚。

衛氣第五十二，全。楊本見於第十卷「經脈標本」，共五百八十五字。

論痛第五十三。楊本佚。

天年第五十四，未全。楊本見於第二卷「壽限篇」，從「黄帝曰人之夭壽」至終，共三百八十五字。○首脱八十五字。

逆順第五十五，全。見於「量順刺」，共二百三十六字。

五味第五十六，全。楊本見於第二卷「調食」，共四百五十二字。

水脹論第五十七，全。楊本見於第二十九卷「脹論」，共三百二十九字。

賊風第五十八，全。楊本見於第二十八卷「諸風雜論」，共二百八十六字。

衛氣失常第五十九。楊本佚。○《甲乙》引一條。

玉版六十，不全。楊本見於第二十三①卷「癰疽逆順刺」，共四百八十六字。○下脱四百七十六字。

五禁第六十一。楊本佚。

動輸第六十二，全。楊本見於第九卷「脈行同異②」，四百六十七字。

五味論第六十三，全。楊本全見於第二卷「調食篇」。

陰陽二十五人第六十四。楊本佚。

五音五味第六十五，未全。楊本見十卷「任脈」，「婦人無鬚」至終，共三百八十三字。

---

① 二十三：原作「二十六」，據《太素》改。

② 同異：原作「異同」，據《太素》乙。

百病始生第六十六，全。楊本見於第二十七卷「邪傳」，共一千零二字。

行鍼第六十七，全。楊本見於第二十三卷①「量氣刺」，三百八十八字。

上鬲第六十八，全。楊本見於第二十六卷「蟲癰」，共二百四十六字。

憂恚無言第六十九。楊本佚。

寒熱第七十，全。楊本見於二十六卷「寒熱瘰癧」，共二百一十三字。

邪客第七十一，全。楊本一見於第十有二卷「營衛氣行」，從首至「三飲而已」，共百四十八字。○二見於第五卷首篇，續「而已」至「與天地相應也」，共二百八十字。○三見於九卷「脈行同異②」，續「相應也」至③「是謂因天之序」，共四百六十七字。○四見於第二十二④卷「刺法」，續「是謂因天之序」至終，共三百七十五字。

通天第七十二。楊本佚。

官能第七十三，全。楊本見十九卷「知官能」，共九百八十五字。

論疾診尺第七十四，未全。楊本一見於第十五卷「尺診」，從首至「晚有因加立死」，共二百零二字。○二見於第十四卷「人迎脈口診」，從「安卧」至「病難已」，三十八字。○三見三十卷「四時之變」，從首至終，共九十八字。○中脱五十五字。

---

① 卷：原脱，據《太素》補。
② 異：原脱，據《太素》補。
③ 至：原無，據文意補。
④ 二十二：原作「二十三」，據《太素》改。

刺節真邪第七十五，全。楊本見于二十二卷「五節刺」、「五邪刺」，二十九卷首篇。

衛氣行第七十六，全。楊本見於第十二卷「衛五十周」，共一千一百零八字。

九宫八風第七十七，全。楊本見於第二十八卷「九宫八風」，共六百三十字。

九鍼論第七十八，未全。楊本一見於第十九卷「知形志所宜」，從「形樂志苦是謂形」，共七十五字。○二見於第六卷「藏府氣液」，續「是形」至「爲水」，共四十八字。○三見於第二卷「調食」，續「爲水」至「是謂五味」，共二十六字。○四見六卷「藏液」，續「五味」至「此五液所生」，共八十二字。○五見於第二卷「順養」，續「所生」至「久所病也」，共廿五字。○六見於第二卷「調食」，續「所病也」至「名曰五裁」，共六十七字。○七見於第二十七卷「邪傳」，續「五裁」至「立命喜怒」，共七十七字。○八見於第六卷「藏府氣液」，續「喜怒」至「腎主骨」，共三十六字。○九見於第十九卷「知形志所宜」，續「主骨」至終，共一百一十二字。○首脱一千零四十一字。

歲露第七十九，不全。楊本一見於第二十八卷「三虚三實」，從「四時八風之中人也」至「此一夫之論也」，共四百一十六字。○二見於第二十八卷「八正虚實」，續「論也」至終，共四百八十二字。○首脱二百三十一字。

大惑論第八十，全。楊本見於第二十七卷「七邪」，共八百七十二字。

癰疽第八十一，全。楊本見於第二十六卷「癰疽」，共一千一百零八字。

以上共八十一篇。全者四十九，佚者十六。

《素問》隋楊氏《太素注》本目録

上古天真論第一，不全。楊本見於二卷《壽限》，從「黄帝曰人身年老而無子者」至「能生子也」，共二百七十三字。〇按：《太素》缺卷一《攝生》，宋《校正》引《上古天真論》第二條，據《類經》一卷《攝生類》引《上古天真論》，當引補此卷之缺。

四氣調神論第二，全。楊本見於二卷「順養」，共六百二十五字。

生氣通天論第三，全。楊本見於三卷「調陰陽」，共八百八十六字。

金匱真言論第四，全。楊本見於三卷「陰陽雜説」，共八百六十二字。

陰陽應象大論第五，不全。楊本見於三卷首篇。從首至「冬生欬嗽」，又從「帝曰法陰陽奈何」至終，共一千三百六十六字。〇《新校》引佚文十條。《太素》第七卷「藏府之二」佚，《類經》在《藏象類》，當爲七卷之佚。

陰陽離合論第六，全。楊本見於第五卷「陰陽合」，共四百五十五字。

陰陽别論第七，全。楊本見於三卷「陰陽雜説」，共六百五十九字。

靈蘭祕典論第八，佚。按《新校正》引佚文一條。《太素》第七卷「藏府之二」缺，《類經》引「十二官在藏府之首」，當爲七卷佚文。

六節藏象論第九，佚。《新校正》引四條。《太素》七卷「藏府之二」缺，《類經》與上篇連引，當爲七卷佚文。

五藏生成篇第十，全。楊本一見十七卷首篇，從首至「鍼石緣而去之」，共四百六十七字。〇二見於十五卷「色脈診」，續「而去之」至終，共三百七十五字。

五藏別論第十一，全。楊本一見於六卷「藏府氣液」，從首至「故曰實而不實也」，共二百零四字。〇二見於「人迎脈口診」，續「不實也」至終，共一百四十七字。

異法方宜論第十二，全。楊本見於十九卷「知方地」，共三百五十九字。

移精變氣論第十三，全。楊本一見於十九卷「知祝由」，從首至「故祝由不能已也」，共一百八十五字。〇二見於十五卷「色脈診」，續「不能已也」至終，共三百八十七字。

湯液醪醴論第十四，全。楊本一見於十九卷「知古今」，從首至「而病之所以不愈也」，共二百四十四字。〇二見於十九卷「知湯藥」，續「愈者也」至終，共二百二十六字。

玉版論要篇第十五，全。楊本見於十五卷「色脈診」，共二百八十二字。

診要經終論第十六，佚。《新校正》引佚文一條。《太素》二十一卷「九診之一」佚，《類經》引此篇入「診刺」，當爲二十一卷佚文。

脈要精微論第十七，不全。楊本一見十四卷「四時脈診」，從「黄帝曰脈其四時動①奈何」至「持脈之大法也」，共二百八十四字。〇二見於十五卷「五藏脈診」，續「大法也」至「不復也」，又從「黄帝曰有故病」至終，故一百六十一字。〇《新校正》引佚文四條，《太素》十六卷「診候之三」佚，《類經·脈色類》引此篇，當爲《太素》十六卷之佚。

---

① 四時動：原作「日時論」，據《素問》改。

平人氣象論第十八，全。楊本見於十五卷「尺寸診」及下「五藏脈診」，共一千一百八十五字。

玉機真藏論第十九，不全。楊本一見於十四卷「四時脈形」，從首至「名曰玉機」，共七百六十五字。〇二見於十四真藏脈形。從上段「大骨枯槀」至「真藏見，皆死不治」，共三百七十一字。〇三見於六卷「藏府氣液」，續「不治」至「故曰死」，共一百一十二字。〇四見於十四「四時診脈」，續「曰死」至「皆難治」，共一百九十五字。〇《太素》第十八卷「證候之二」佚，《新校正》引上條，《類經》在《疾病類》，當爲十八卷之佚。

三部九候論第二十，全。楊本見於十四卷首篇，共一千一百六十三字。

經脈別論第二十一，佚。《新校正》①引一條，《太素》十六卷「診候三」缺，《類經》引此入《脈色類》，當爲十六卷之佚。

藏氣法時論第二十二，不全。楊本見於二卷「調食」，從「肝色青」至「五味所宜」，一百四十三字。

宣明五氣篇第廿三，不全。楊本一見於二卷，從首至「五味所入」，共二十三字。〇二見於六卷「藏府氣液」，續「所入」至「此五液所生」，共一百四十五字。〇三見於十四卷「人迎脈口診」，從「五邪所見」至「死不治」，共四十七字。〇四見於六卷「藏府氣液」，續「不治」至「是謂五主」，共四十八字。〇五見於十五「五藏脈診」，從「五脈應象」至終，共三十五字。

血氣形志篇第二十四，全。楊本一見於十卷「任脈」，從首至「此天下之常數」，共五十二字。〇二見於十九卷「知形志所宜」，續「常數」至「補不足」，又從「形樂志苦」至終，共二百一十八字。〇三見十一卷「氣穴」，從「欲知背腧」至「灸刺之度」，九十七字。

---

① 新校正：原脱，據前後文例補。

寶命全形篇第二十五，全。楊本見於十九卷「知鍼石」，共六百三十二字。

八正神明篇第二十六，全。楊本見於二十四卷「天忌」及下「本神」，共九百三十六字。

離合真邪篇第二十七，全。楊本見於二十四卷「真邪補寫」，共八百九十二字。

通評虛實篇第廿八，不全。楊本一見於「經絡虛實」，從「黄帝曰絡氣不足」至「刺陰灸陽」，共九十九字。〇二見於三十卷「身度」，從「脈浮而澀」至「有熱者死也」，又從「形度」至「知其度也」，共二十七字。〇三見於三十卷「順時」，續「度也」至「旁三痏與纓絡各二」，共七十四字。〇四見於三十卷「刺腋癰」，續「各二」至「各三」，共三十二字。〇五見於三十卷「經輸所療」，續「治在經腧」，共二十一字。〇六見於三十卷「刺腹滿數」及下「刺霍亂數」、「刺癎瘛數」，續「經輸」至「刺三鍼」，共八十二字。〇七見於三十卷「病解」及下「久逆生病，六府生病，腸胃生病」，續「三鍼」至終，共一百一十五字。〇《新校正》引佚文四條，《太素》十五卷「證候之二」佚，《類經》在《疾病類》，當爲十八卷佚文。

太陰陽明論第二十九，全。楊本見於六卷「藏府氣液」，共五百零八字。

陽明脈解第三十，全。楊本見於八卷「陽明脈解」，共二百四十七字。

熱論第三十一，全。楊本一見於二十五卷「熱病訣」，從首至「故死矣」，共六百五十字。〇二見於三十卷「温暑」，續「死矣」至終，共三十二字。

刺熱論第三十二，全。楊本見於二十五卷「五藏熱病」，共六百五十一字。

評熱病論第三十三，全。楊本一見於二十五卷「熱病説」，從首至「肺傷則死也」，共九百九十二字。〇二見於二十九卷「風水論」，續「則死也」至終，共三百三十一字。

逆調論第三十四，全。楊本一見於三十卷「熱煩」及下「身寒」、「肉爍」，從首至「肉爍」，共一百六十四字。〇二見於二十八卷「痺論」，續「肉爍」至「曰死」，一百八十二字。○三見於三十卷「卧息喘逆」，從「黄帝曰人有逆氣不得卧」至終，共二百三十字。

瘧論第三十五；不全。 楊本見於二十五卷「瘧解」、「三瘧」，從首至「作者奈何」，又從「黄帝曰夫風之與瘧」至終，共一千五百三十六字。

刺瘧篇第三十六，全。 楊本一見二十五卷「十二瘧」，從首至「足陽明太陰」，又續「則失時也」至「間日一刺」，又從「瘧而不渴」至終共六百六十六字。○二見於三十卷「刺瘧節度」，續「手太陰陽明」至「則失時也」，共八十八字。

氣厥論第三十七，全。 楊本見於二十六卷「寒熱相移」，共二百三十八字。

欬論第三十八，全。 楊本見於二十九「欬論」，共四百六十三字。

舉痛論第三十九。 楊本一見於二十七卷「邪客」，五百九十四字。二見於二卷「九氣」，二百一十三字。○十卷重脈重五十九字。

腹中論第四十，不全。 楊本一見二十九卷「脹論」，從首至「聚於腹」，八十七字。○二見於三十卷「血枯」，續「於腹」及「傷肝也」，共一百三十一字。○三見於三十卷「伏梁病」，續「肝也」至「動爲水溺澀之病也」，共七百一十九字。○四見於二十六卷「癰疽」，從「有病癰腫頸痛」至「黄帝曰善」，九十七字。○五見於「熱痛」，從「有所不同」至終，共六十四字。

刺要痛論第四十一，不全。 楊本見於三十卷「腰痛」，從首「刺郄中出血」，又從「腰痛引」終共六百五十八字。○重見於二十三卷「量繆刺」，從「腰痛引小腹」至終，共三十七字。○又重見於十卷「陰陽維脈」，從「陽維」至「尺所」，又從「刺飛陽」至「陰維會」，共五十九字。

風論第四十二，全。 楊本見於二十八卷「諸風數類」及下篇「諸風狀論」，共六百二十一字。

痺論第四十三，全。楊本一見於二十八卷「痺論」，六百六十五字。二見於三卷「陰陽雜説」，一百九十一字。

痿論第四十四，全。楊本見於二十五卷「五藏痿」，四百四十八字。又從「陽明者」至「足痿不用」八十六字，重見十卷「帶脈」。

厥論第四十五，全。楊本見於二十六卷「寒熱厥」及下「經脈厥」，共八百四十八字。

病能論第四十六，不全。楊本一見十四卷「人迎脈口診」，從始至「周脘爲癰」，六十九字。○二見三十卷「卧息喘逆」，共七十四字。○三見於十九卷「知鍼石」，從「有病頸癰」至「同病異治」，共六十六字。○四見於三十卷「陽厥」，從「有病怒者」至「下氣疾也」，共一百二十四字。○五見於三十卷「酒風」及下「經解」，續「氣疾也」至終，共一百七十一字。

奇病論第四十七，全。楊本一見於十卷首篇，從首至「故曰疹成也」，共一百三十二字。○二見於三十卷「息積病」及下「伏梁病」，續「疹也」至「爲水溺澀之病也」，共一百一十二字。○三見於三十卷「疹筋」，續「病也」至「病甚」，三十六字。○四見於三十卷「頭齒痛」，續「病也」至「名曰厥逆」，共五十六字。○五見於三十卷「脾癉消渴」及下「膽癉」，續「厥逆」至「十二官水相使中」，共一百七十九字。○六見於三十卷「厥死」，續「使中」至「亦正死，明矣」，共一百四十六字。○七見於三十卷「癲疾」，續「明矣」至「爲癲疾」，共五十七字。○八見於二十九卷「風水」，續「疾爲癲疾」至終，共六十字。

大奇論第四十八，全。楊本一見十五卷「五藏脈診」，從首至「首肺瘕」，又續「爲急」至「終」，共六百五十字。○二見於「寒熱相移」，續「肺瘕」至「驚爲急」，共二十字。

脈解篇第四十九，全。楊本見於八卷「筋脈病解」，共九百七十五字。

刺要論第五十，佚。《新校正》云「脊内廉」，全元起本作「脊内痛」，《太素》同。○按《太素》云兩「錘」作兩「鍼」；「頭几几然」作「頭沉沉然」。○又按：全本及《甲乙》、《太素》，自「腰痛」至此並無。

刺齊論第五十一，佚

刺禁論第五十二。不全。楊本見於十九卷「知鍼石」，從首至「逆之有咎」，共六十八字。

刺志論第五十三，佚

鍼解第五十四，全。楊本見於十九卷「知鍼石」，共六百八十一字。

長刺節論第五十五，全。楊本見於二十三「雜刺」，共四百三十二字。

皮部論第五十六，全。楊本見於九卷「經脈皮部」，共五百三十四字。

經絡論第五十七，全。楊本見於九卷「經脈皮部」，共一百一十四字。

氣穴論第五十八，全。楊本見於十一卷「氣血」，共一百一十三字。

氣府論第五十九，不全。楊本見於十一卷「氣府」，從首至「脈法也」，又從「足少陰」至終，共六百四十六字。

骨空論第六十，全。楊本一見於十一卷「骨空」，從首至「使之跪」，又續「脊强反折」至「易髓無空」，共六百八十六字。〇二見於十卷首篇，續「使之跪」至「脊强反折」，共七十三字。〇三見於二十六卷「灸寒熱法」，續「無空」至終，共一百八十三字。

水熱穴論第六十一，全。楊本一見於十一卷「氣穴」，從首至「水之所客也」，又從「帝曰夫子言治熱病」至終，共四百七十三字。〇二見於「變輸」，續「客也」至「此之謂也」，共二百二十二字。

調經論第六十二，全。楊本見於二十四卷「虛實補寫」及「虛實所生」，共一千九百六十九字。

繆刺論第六十三，全。楊本見於二十三卷「量繆刺」，一千五百一十九字。〇「邪客足陽蹻至眥始」十四字，重見十卷「陰陽蹻脈」。

四時刺逆從論第六十四，佚。《新校正》引楊上善十五字。○「氣不外行」別本作「血氣不行」。全本作「氣不衛外」，《太素》同。

標本病傳論第六十五，佚。

著至教論，原目第七十五，佚。《新校正》引六條，《類經》在《疾病類》，疑《太素》①在十八卷「證候二」之佚文。

示從容論，原目第七十六，佚。《新校正》引二條，《類經》在《疾病類》，疑《太素》在第十六卷「診候三」之佚文。

疏五過論，原目第七十七，佚。《新校正》引五條，《類經》在《論治類》，疑《太素》在第廿卷「設方二」佚文。

徵四失論，原目第七十八，佚。《新校正》引二條，《類經》在《論治類》，疑《太素》在第廿卷「設方二」佚文。

陰陽類論，原目第七十九，佚。《新校正》引七條，《類經》在《疾病類》，疑《太素》在十六卷「診候三」之佚文。

方盛論，原目第八十，佚。《新校正》引三條，《類經》在《疾病類》，疑《太素》在第十八卷「證候二」之佚文。

解精微論，原目第八十一，佚。《新校正》「有德」，《太素》作「得」。○「腦者，陰也」，「陰」作「陽」，全本、《甲乙》同。○「生則俱」，「生」作「出」，「則俱」亡。○「夫火疾風生乃能雨」，「夫火」作「天之」，無生字。

天元紀大論，原目第六十六。

---

① 素：原無，據前後文例補。後一「太素」同。

五運行大論，原目第六十七。
六微旨大論，原目第六十八。
氣交變大論，原目第六十九。
五常正大論，原目第七十。
六元正紀大論，原目第七十一。以上六卷原本無。
刺法論，原目第七十二，佚。
本病論，原目第七十三，佚。
至真要大論，原目第七十四。原本無。
已上共八十一篇。不全者共十三篇，楊本佚者共二十五篇，除王注所加七篇，佚者十八篇。

《黄帝内經明堂》敘

清　黄以周

《内經素問》及《九卷》，爲周季醫士所集，名曰黄帝，神其術也。《明堂》亦稱黄帝授，皇甫謐作《甲乙經》，謂之「黄帝三部」。王冰注《素問》，不注《九卷》，信《中誥·孔穴圖經》，不信《明堂》，其識實出士安之下。隋楊上善有《黄帝内經明堂注》，其書與《太素》並行，《太素》合《素問》及《九卷》爲之，盛行於宋，林億有校本。《明堂注》先《太素》而亡，余購《太素》於日本，書賈以所售本非足卷，乃以楊注《明堂》一卷混厠其中，余得之喜甚。觀其自序云，以十二經脈各爲一卷，奇經八脈復爲一卷，合爲十三卷焉。今兹所得者，手太陰一經，乃其十三分之一耳，又何喜乎？顧《黄帝明堂》之文多經後人竄改，而不見其舊。自皇甫謐刺取《甲乙》，而後秦承祖增其穴，楊注引其説，《千金方》亦引之。甄權修其圖，孫思邈之《千金》、王燾之《秘要》，又各據後代之言，損益其間。今之所行《銅人經》，非王惟德所著三卷之文；今之所傳《黄帝明堂灸經》，尤非楊上善所見三卷之舊。古之《明堂》三卷，其文具存於《甲乙》。惜《甲乙》删其文之緟，見《素問》及《九卷》，而其餘以類分編，不仍元文之次。楊注《明堂》十三卷，《舊唐書》已著録，曰《明堂類成》，蓋亦如《太素》之編《内經》，以其楸文附入本章云爾。其書以十二經脈爲綱領，各經孔穴隸於其下，與《甲乙》三卷所次體例不同。其記穴之先後，從藏逆推，脈之所出，與《甲乙》亦異。其記穴之主病，不見《甲乙》，而《甲乙》自七卷至末，詳叙發病之源，而曰某穴主之者，其文悉與楊注《明堂》合。蓋皇甫、楊氏皆直取《明堂》元文，無所增益其閒也。今依楊氏所編「手太陰」之例，而以《甲乙》之文補輯其闕，仍分爲十三卷。《經》曰：「手之三陰，從藏走手；手之三陽，從手至頭；足之三陽，從頭走足；足之三陰，從足走腹。」夫人頭背胸腹之孔穴，無非十二經脈所貫注，以十二經脈總領孔穴，若網在綱，有條不紊，較諸皇甫氏之《甲乙》，本末原委更爲明悉矣！近之作鍼灸書者，苦斯人經絡之難尋、孔穴之難檢，而以頭面、肩背、胸腹、手足爲目，並去其某經所發、某經所會之文，如其法以治病，病即已，終不知病原所在，而況天下有此無本之治法乎！孟子言：興庶民，拒邪慝，道在正經。余謂醫家言之龐雜，其法或諭或不諭，亦必先正其經，而後人之是非乃定。經外之言，未必無其諭者，然不諭者居多也；以其不諭之言汩亂聖經，法愈多，治病愈失，殺人亦愈烈，曷若信而好古之爲得哉！

舊抄《太素經》校本敘

定海黄以周元同

《太素》三十卷，缺七卷。其經刺取《素問》、《靈樞》，注則隋通直郎守太子文學楊上善奉敕所撰也。《舊唐書·經籍志》「醫家」已著録，宋嘉祐中林億等爲《新校正》，其書甚行，元明寖廢，今不可得見矣。余聞日本有舊鈔本，以重價購之，每卷後署云仁安二年某月日，以同本寫移點校。日本仁安二年，乃宋之乾道三年也。其書與《素問》新校正所引悉合，其所缺之卷與《經籍訪古志》所記悉同。首卷已佚，按次卷題曰「攝生之二」，則首卷所佚者「攝生之一」也；卷三曰「陰陽」，卷四佚，卷五曰「人合」，卷六曰「藏府之一」，卷七佚，乃「藏府之二」也；卷八至十曰「經脈」，卷十一曰「輸穴」，卷十二曰「營衛氣」，卷十三曰「身度」，卷十四、十五曰「診候」，卷十六佚，卷十七曰「證候之一」，卷十八所佚，乃「證候之二」也；卷十九曰「設方」，卷二十、二十一佚，卷二十二曰「九鍼之二」，則卷二十一乃「九鍼之一」也；卷二十三「九鍼之三」，卷二十四曰「補寫」①，卷二十五曰「傷寒」，卷二十六曰「寒熱」，卷二十七曰「邪論」，卷二

① 寫：原缺作「□」，據《黄帝内經太素》補。

十八曰「風□」，卷二十九曰「氣論」，卷三十「雜病」終焉。余得是書以校《内經》，知史崧所傳之《靈樞》，雖歧誤錯出，實漢魏舊物，不得疑爲晚出書；王冰所次之《素問》，雖有功於經，而穿鑿繁蹐，實有不逮楊氏之注《太素》。《太素》改編經文，各歸其類，取法於皇甫謐之《甲乙經》，而無其破碎大義之失。其文先載篇幅之長者，而以所移之短章碎文附於其後，不使元文糅雜。其相承舊本有可疑者，於注中破其字，定其讀，亦不輒易正文，以視王氏之率意竄改，不存本字，任肊遂徙，不顧經趣者，大有徑庭焉。即如《痹論》一篇，首言「風寒濕雜至爲痹」，次言「五痹不已者，爲重感寒濕，以益内痹，其風氣勝者，尚爲易治。故曰各以其時，重感於寒濕之氣，諸痹不已，亦益内也，其風氣勝者，其人易已」，王氏於「重感寒濕」句妄增「風」字，下又竄入《陰陽別論》一段以致「風氣易已」句文義不屬，經指全晦。《太素》之文，同全元起本，不以別論羼入其中，其爲注依經立訓，亦不逞私見，則其有勝於王氏次注者，概可知矣！且《太素》所編之文，爲唐以前之舊本，可以校正今之《素問》、《靈樞》者，難覼縷述。《素問》、《靈樞》多韻語，今本之不諧於韻者，讀《太素》無不叶，此可見《太素》之文之古。楊氏又深於訓詁，於通借已久之字，以借義爲釋；其字之罕見者，據《説文》本義，以明此經之通借。其闡發經意，足以補正次注者亦甚多，不僅如《新校正》所引。皇甫氏《甲乙經》，並《素問》、《靈樞》、《鍼經》爲一書；王氏好言五運六氣，又並《陰陽大論》於《素問》中；楊氏好言《明堂鍼經》，而別注之，不并入於《太素》，此亦其體例之善、識見之高者。但書經數寫，魯魚成誤，爰研朱校之，擇其義之長者，以正今本《素問》、《靈樞》之失；又擇今本《素問》、《靈樞》之是者，以正此本之譌；又據《新校正》所引者，以補此本之闕。其注意各别者存之，其疑不能明者缺之。時天氣甚寒，烘凍以書，後之人幸勿以此爲殘本，不加珍重！

按：黄元同先生敘《太素》殘本如右。考黄氏别録《素問》宋《新校正》所引《太素》佚文，今再考《靈樞》、《脈經》、《甲乙》、《千金》、《外臺》所引《太素》文爲今本所佚者，依原經篇目，略仿張氏《類經》，依佚卷補之，則所佚七卷，皆有引據，可以補成完書，並移楊注補注之。特楊注不可盡考，爲可憾耳。四譯謹識。

《黄帝内經九卷集注》敘

黄以周

《漢·藝文志》：《黄帝内經》十八卷。醫家取其九卷别爲一書，名曰《素問》；其餘九卷，無專名也。漢張仲景敘《傷寒》，歷論古醫經，於《素問》外偁曰《九卷》，不標異名，存其實也。晉王叔和《脈經》亦同。皇甫謐敘《甲乙經》，遵仲景之意，以爲《黄帝内經》十八卷，即此《九卷》及《素問》，而又以《素問》亦九卷也，無以别此經，因取其首篇之文，謂之《鍼經》九卷；而《鍼經》究非其名也，故其書内仍稱《九卷》。隋楊上善注《太素》亦同。唐王冰注《素問》，據當時有《九靈》之名，稱爲《靈樞》；注中又據《甲乙經敘》，於其言鍼道諸篇，謂之《鍼經》。宋林億作《新校正》，謂王氏指《靈樞》爲《鍼經》，但《靈樞》今不全，未得盡知，不知王氏次注《素問》文，多遷移於此；《九卷》王氏雖未注，亦次之，固不同當時《靈樞》本也。南宋史崧作《音釋》，其意欲以此《九卷》，配王氏次注《素問》之數，迺分其卷爲二十四，分其篇爲八十一。元至元間，並次注《素問》爲一十二卷，又並史崧《靈樞》之卷以合《素問》，於是古《九卷》之名湮，而矯之者乃謂《靈樞》晚出書，豈通論哉？余以《甲乙》、《太素》校之，其文具在焉。或又謂《素問》義深，《九卷》義淺。夫《内經》十八卷，乃醫家所集，本非出一人之手，論其義之深，《九卷》之古奥，雖《素問》不能過；其淺而可鄙者，《素問》亦何減於《九卷》？《九卷》之與《素問》，同屬《内經》，《素問·通評虚實論》中有黄帝骨度、脈度、筋度之問，而無對語。王注以爲具在《靈樞》中，此文乃彼經之錯簡；皇甫謐謂《内經》十八卷，即此二書，可謂信而有證。《素問·鍼篇》之所解，其文出於《九卷》，《新校正》已言之；又《方盛衰論》言「合五診，調陰陽，已在《經脈》」，《經脈》即《九卷》之篇目，王注亦言之。則《素問》之文，且有出於《九卷》之後矣。《素問》宗此經，而謂此經不逮《素問》，可乎？皇甫謐敘《甲乙經》，謂《素問》「論病精微，《甲乙經敘》「素問」二字叠，今本脱二字，兹據宋程迥《醫經正本》書所引。《九卷》原本經脈，其義深奥不易覺」。其意蓋曰《九卷》之於《素問》，無可輊軒也，故其書剌取《九卷》文多《素問》。楊上善作《太素》，直合兩部爲一書，亦宗斯意。今取楊氏《太素》之注以注《九卷》，其注之缺者補之，義之未愜者，取後學者之説正之，命其書曰《内經九卷集注》。卷之分并，未必俱合於古，亦以存舊名焉爾。

按：《靈樞》八十篇，今《太素》殘本所引全文，已五十三篇之多；未全者十四篇；全佚者十四篇而已。黄氏書未見傳本，今考宋《新校正》所引《太素》及楊注佚文，依《靈樞》原目，分卷補入，以成完書。其書中雜有後人校語者别録之；鈔寫脱誤，略爲考證。《靈樞》今傳注本始於明人，此本早在八九百年前，誤文佚義，盈千累萬，然則此書真醫林之秘寶也。别刊目録，補佚文，並據此以删補日本多紀氏《靈樞識》焉。四譯謹識。

《黄帝内經素問重校正》敘

黄以周

《素問》之傳於今者，以唐王冰次注爲最古，然非漢魏六朝之元書也。王注之傳於今者，以宋林億《新校正》本爲最善，然亦非朱墨本之原文也。去古愈遠，沿誤愈多，誤有在《新校正》之後者，當合顧定芳翻宋本、元槧本、舊鈔本及明趙本、熊本、周本以參校。其誤在《新校正》之前者，林億等已據皇甫謐《甲乙經》、全元起注本、楊上善《太素》校之矣。然全本今不可得見，檢吴刻《甲乙經》、舊鈔《太素》復校之，知《新校正》之所校猶疏也。《素問》雖非出於黄帝，而文辭古奥，義藴精深，王氏次注違失滋多，後之學者，若張介賓、若吴崑、若馬蒔、若張志聰，各抒心得，義有可取，宜兼録之。其在王氏之前者，林億等已據全元起、楊上善諸注正之矣。然全注今不可得見，檢楊注核之，知《新校正》之所正猶疏也。爰仿林氏之例再校正之，命之曰《素問重校正》，注文之異同略焉。前在書局校刊是書，未善。

按：《素問》王注出唐天寶時，於醫經注存本爲最古。宋新校正古醫書多矣，校語惟此書最詳，其餘《傷寒》、《金匱》、《脈經》、《甲乙》、《太素》、《千金》、《外臺》，寥寥數十條，《靈樞》則更無一字。是宋校惟此書存其原式，餘皆譌刻删削，無復當日式樣。然注《素問》，首推全元起本，《太素》略在其後，宋校所引二本多同，真希世之寶也。據黄氏叙，校録此書采《素問識》最詳，未見傳本。今别爲目録，全篇五十，不全十三篇，佚者十八篇，依《素問》全本目録，並引佚文，以補其缺。千年秘笈，一旦復還舊規，欣慰何極！四譯謹識。

《圖書集成・醫部》總目表共五百二十卷

分卷數	總卷數
素問起二一	共四六
靈樞起六七	共二二
難經起八九	共二
脈法起九一	共一八
外診起一〇九	共四
藏府起一一三	共一三
經絡起一二六附身形	共五
運氣起一三一	共一一
頭起一四二	共九
面起一五〇	共四
耳起一五四	共四
目起一五八	共一三

傷寒科

婦科

上《圖書集成醫部總目》，共五百二十卷。自《素問》、《靈樞》、《難經》、《脈法》諸篇以降，歷代論病方書，均分條采列。繼以傷寒、外科、婦人、小兒各門，而以醫術名流列傳、藝文紀事、雜録外篇終焉。捃佚搜奇，繁徵博引，誠醫學之類苑、方技之大觀。仁心活人之士，謂宜縱覽，以充學識，證精微。第全書浩博，閱購恒艱，寒士既憂貲絀，即插架琳琅，以檢閱苦繁，又從束閣，何可勝道？ 茲取原書總目，分卷列表，俾家庋是書者，用便披圖索驥；或有志未見者，亦借窺豹得斑。異時圖書開館，就假抄閲，尤非難事，先河之義，儻亦有取於是耶？ 羅元黼識。

〔附〕攝生消息論

元　邱處機　著

春季攝生消息

春三月，此謂發陳，天地俱生，萬物以榮。夜卧早起，廣步於庭，被髮緩行，以使志生。生而勿殺，與而勿奪，賞而勿罰，此養氣之應，養生之道也。逆之則傷肝。肝木味酸，木能勝土，土屬脾主甘，當春之時，食味宜減酸益甘，以養脾氣。春陽初升，萬物發萌，正、二月間，乍寒乍熱，高年之人，多有宿疾，春氣所攻，則精神昏倦，宿病發動。又兼冬時擁爐薰衣，啖炙炊煿成積，至春發泄，體熱頭昏，壅隔疫嗽，四肢倦怠，腰腳無力，皆冬所蓄之疾，常當體候。若稍覺發動，不可便行疏利之藥，恐傷藏府，别生餘疾。惟用消風和氣、凉膈化痰之劑，或選食治方中性稍凉、利飲食，調停以治，自然通暢。若無疾狀，不必服藥。春日融和，當眺園林亭閣、虚敞之處，用攄滯懷，以暢生氣，不可兀坐，以生抑鬱。飯酒不可過多，米麪團餅不可多食，致傷脾胃，難以消化。老人切不可以飢腹多食，以快一時之口，致生不測。天氣寒暄不一，不可頓去綿衣。老人氣弱，骨疏體怯，風冷易傷腠裏，時備夾衣，遇煖易之，一重漸減一重，不可暴去。

劉處士云：春來之病多。自冬至後夜半一陽生，陽無吐，陰無納，心膈宿熱，與陽氣相衝，兩虎相逢狹道，必鬭矣。至於春夏之交，遂致傷寒、虛熱、時行之患，良由冬月焙火食炙，心膈宿痰流入四肢之故也。當服祛痰之藥以導之，使不爲疾。不可令背寒，寒即傷肺，令鼻塞欬嗽。身覺熱甚，少去上衣，稍冷莫强忍，即便加服。肺輸五藏之表，胃輸經絡之長，二處不可失寒熱之節。諺云：「避風如避箭，避色如避亂，加減逐時衣，少餐申後飯。」是也。

肝藏春旺

肝屬木，爲青帝，卦屬震，神形如青龍，象如懸匏。肝者幹也，狀如枝幹，居在下，少近心。左三葉、右四葉，色如縞映紺。肝爲心母，爲腎子。肝中有三神，名曰爽靈、胎光、幽精也。夜卧及平旦，扣齒三十六通，呼肝神名，使神清氣爽。目爲之宫，左目爲甲，右目爲乙。男子至六十，肝氣衰，肝葉薄，膽漸減，目即昏昏然。在形爲筋，肝脈合於木，魂之藏也。於液爲淚，腎邪入肝，故多淚。六腑膽爲肝之府，膽與肝合也。故肝氣通則分五色，肝實則目黄赤。肝合於脈，其榮爪也，肝之合也。筋緩弱脈不自持者，肝先死也。目爲甲乙，辰爲寅卯，音屬角，味酸，其臭膻羶。心邪入肝，則惡羶。肝之外應東岳，上通歲星之精，春三月，常存歲星青氣入於肝。故肝虛者，筋急也；皮枯者，肝熱也；肌肉斑點者，肝風也。人之色青者，肝盛也；人好食酸味者，肝不足也；人之髮枯者，肝傷也；人之手足多汗者，肝方無病。肺邪入肝則多哭。治肝病，當用噓爲瀉，吸爲補。其氣仁，好行仁惠傷憫之情，故聞悲則淚出也。春三月水旺，天地氣生，欲安其神者，當澤及羣芻，恩霑庶類，無竭川澤，毋漉陂塘，毋傷萌芽，好生勿殺，以合太清，以合天地生育之氣；夜卧早起，以合乎道。若逆之則毛骨不榮，金木相尅，而諸病生矣。

相肝藏病法

肝熱者，左頰赤。肝病者，目奪而脇下痛引小腹，令人喜怒。肝虚則恐，如人將捕之，實則怒，虚則寒，寒則陰氣壯，夢見山林。肝氣逆，則頭痛、耳聾、頰腫。肝病欲散，急食辛以散，用酸以補之，當避風，肝惡風也。肝病臍左有動氣，按之牢；若痛支滿，淋溲，大小便難，好轉筋。肝有病則昏昏好睡，眼生膜，視物不明，飛蠅上下，努肉攀睛，或生暈映冷，淚兩角赤癢，當服升麻疏散之劑。

夏季攝生消息

夏三月，屬火，主①於長養。心氣火旺，味屬苦。火能克金，金屬肺，肺主辛。當夏飲食

① 主：原作「生」，據《道藏精華録·攝生消息論》改。

之味，宜減苦增辛以養肺。心氣當呵以疏之，噓以順之。三伏内腹中常冷，時忌下利，恐泄陰氣，故不宜鍼灸，惟宜發汗。夏至後夜半一陰生，宜服熱物，兼服補腎湯藥。夏季心旺腎衰，雖大熱，不宜吃冷淘冰雪、蜜①冰、凉粉、冷粥，飽腹受寒，必起霍亂。少食瓜茄生菜，原腹中方受陰氣，食此凝滯之物，多結癥塊。若患冷氣痰火之人，切宜忌之，老人尤當慎護。平居簷下、過廊、衖堂、破窗，皆不可納凉。此等所在雖凉，賊風中人最暴。惟宜虚堂淨室、水亭木陰、潔淨空敞之處，自然清凉。更宜調息淨心，常如冰雪在心，炎熱亦於吾心少減。不可以熱爲熱，更生熱矣。每日宜進温補平順丸散，飲食温暖，不令大飽，時時進之。宜桂湯、豆蔻、熟水，其於肥膩當戒。不得於星月下露卧，兼便②睡著使人扇風取凉，一時雖快，風入腠裏，其患最深。貪凉，兼汗身當風而卧，多風痺，手足不仁，語言蹇澀，四肢癱瘓。雖不人人如此，亦有當時中者，亦有不便中者，其説何也？逢年歲方壯，遇月之滿，得時之和，即幸而免，至後還發；若或年力衰邁，值月之空，失時之和，無不中者。頭爲諸陽之總，尤不可風。卧處宜密防小隙微孔，以傷其腦户。夏三月，每日梳頭一二百下，不得梳著頭皮，當在無風處梳之，自然去風明目矣。

---

① 蜜：原作「密」，據《道藏精華録·攝生消息論》改。
② 便：原作「使」，據《道藏精華録·攝生消息論》改。

《養生論》曰：夏謂蕃秀，天地氣交，萬物華實。夜卧早起，無厭於日，使志無怒，使華成實，使氣得泄。此夏氣之應，長養之道也。逆之則傷心。秋發痎瘧；收斂者少，冬至病重。又曰：夏氣熱，宜食菽以寒之，不可一於熱也。禁飲食湯，禁食過飽，禁濕地卧並穿濕衣。

心藏夏旺

心屬南方火，爲赤帝，神形如朱雀，象如倒懸蓮蕊。心者纖也，所納纖微，無不貫注，變水爲血也。重十二兩，居肺下肝上，對尾鳩下一寸，注曰：胞中心口，掩下尾鳩也。色如縞映絳，中有七孔三毛。上智之人，心孔通明；中智之人五孔，心穴通氣；下智無孔，氣明不通，無智狡詐。心爲肝子，爲脾母，舌爲之宫闕。竅通耳，左耳爲丙，右耳爲丁。液爲汗，腎邪入心，則汗溢。其味苦。小腸爲心之府，與心合。《黄庭經》曰：「心部之宅蓮含花，下有童子丹元家，主適寒熱榮衛和，丹錦緋囊披玉羅。」其聲徵，其臭焦，故人有不暢事，心即焦燥。心氣通則知五味，心病則舌焦卷而短，不知五味也。其性禮，其情樂。年六十，心氣衰弱，言多錯忘。心脈出於中衝，生之本，神之處也，主明運用。心合於脈，其色榮也；血脈虛少，不能榮藏腑者，心先死也。心合辰之巳午，外應南岳，上通熒惑之精。故心風者，舌縮不能言也；血壅者，心驚也；舌無味者，心虛也；善忘者，心神離也；重語者，心亂也；多悲者，心傷也；好食苦者，心不足也；面青黑者，心氣冷也；容色鮮好，紅活有光，心無病也。肺邪入心，則多言。心通微，心有疾，當用呵；呵者，出心之邪氣也。故夏三月，欲安其神者，則含忠履孝，輔義安仁，安息火熾，澄和心神，外絶聲色，内薄滋味。可以居高明，遠眺望；早卧早起，無厭於日；順於正陽，以消暑氣。逆之則腎心相争，火水相克，火病由此而作矣。

相心藏病法

心熱者，色赤而脈溢，口中生瘡，腐爛作臭，胸膈、肩背、兩脇、兩臂皆痛。心虚則心腹相引而痛，或夢刀杖、火焰、赤衣、紅色之物，爐冶之事，以恍怖人。心病欲濡，急食鹹以濡之，用苦以補之，甘以瀉之。禁濕衣熱食。心惡熱及水。心病，當臍上有動脈，按之牢；苦痛更苦煩煎，手足心熱，口乾舌强，咽喉痛，嚥不下，忘前失後。

秋季攝生消息

秋三月，主肅殺，肺氣旺，味屬辛。金能尅木，木屬肝，肝主酸，當秋之時，飲食之味，宜減辛增酸，以養肝氣。肺盛則用咽以泄之。立秋以後，稍宜和平將攝。但凡①春秋之際，故疾發動之時，切須安養，量其自性將養。秋間不宜吐並發汗，令人消爍，以致藏腑不安，惟宜鍼灸，下利進湯散，以助陽氣。又若患積勞、五痔、消渴等病，不宜吃乾飯炙煿，並自死牛肉、生

① 凡：原脱，據《道藏精華録·攝生消息論》補。

鱠雞豬、濁酒陳臭鹹醋、黏滑難消之物，及生菜瓜果、鮓醬之類。若風氣、冷病、痃癖之人，亦不宜食。若夏月好食冷物過多，至秋患赤白痢疾兼瘧疾者，宜以童子小便二升，並大腹檳榔五箇細剉，同便煎，取八合，下生薑汁一合，和收起臘雪水一鍾，早朝空心，分爲二服。瀉出三兩行，夏月所食冷物，或胸膈①有宿水冷膿，悉爲此藥袪逐，不能爲患。此湯名承氣，雖老人亦可服之，不損元氣，況秋痢又當其時。此藥又理腳氣，悉可取效。丈夫瀉後兩三日，以薤白煮粥，加羊腎同煮，空心服之，殊勝補藥。又當清晨睡覺，閉目叩齒二十一下，嚥津，以兩手搓熱，熨眼數次，多於秋三月行此，極能明目。又曰：季秋謂之容平，天氣以急，地氣以明。早卧早起，與雞俱興。使志安寧，以緩秋形，收斂神形②，使秋氣平。無外其志，使肺氣清。此秋氣之應，養收之道也。逆之則傷肺。冬爲飧③泄，奉藏者少。秋氣燥，宜食麻以潤其燥，禁寒飲並穿寒濕内衣。《千金方》曰：三秋服黄蓍等丸一二劑，則百病不生。

肺藏秋旺

肺屬西方金，爲白帝，神形如白虎，象如懸磬。肺者勃也，言其氣勃鬱也。重三斤三兩，

---

① 膈：《道藏精華録・攝生消息論》作「脘」。
② 以緩秋形，收斂神形：《素問・四氣調神大論》作「以緩秋刑，收斂神氣」。
③ 飧：原作「飱」，據《素問・四氣調神大論》改。

六葉兩耳，總計八葉，色如縞映紅。居五藏之上，對胸若覆蓋然，故爲華蓋。肺爲脾子，爲腎母。下有七魄如嬰兒，名尸狗、伏尸、雀陰、吞賊、非毒、除穢、辟臭，乃七名也。夜卧及平旦時叩齒三十六通，呼肺神及七魄名，以安五藏。鼻爲之宫，左爲庚，右爲辛。在氣爲欬，在液爲涕，在形爲皮毛也。上通氣至腦户，下通氣至脾中，是以諸氣屬肺，故肺爲呼吸之根源，爲傳送之宫殿也。肺之脈出於少商，又爲魄門。久卧傷氣，腎邪入肺，則多涕。肺生於右，爲喘欬。大腸爲肺之府，大腸與肺合，爲傳瀉行導之府。鼻爲肺之宫，肺氣通則鼻知香臭。肺合於皮，其榮毛也，皮枯而毛落者，肺先死也。肺納金，金受於寅，生於巳，旺於酉，病於亥，死於午，墓於丑。爲秋，日爲庚辛，辰爲申酉①，其聲商，其色白，其味辛，其臭腥。心邪入肺，則惡腥也。其性義，其情慮。肺之外應五嶽，上通太白之精，於秋之王日，存太白之氣入於肺，以助肺神。肺風者，鼻即塞也；容色枯者，肺乾也；鼻癢者，肺有蟲也；多恐懼者，魄離於肺也；身體黧黑者，肺氣微也；多怒氣者，肺盛也；不耐寒者，肺勞也，肺勞則多睡；好食辛辣者，肺不足也；腸鳴者，肺氣壅也。肺邪自入者，則好笑。故人之顔色瑩白者，則肺無病也。肺有疾，用呬以抽之，無故而呬，不祥也。秋三月，金旺主殺，萬物枯損。欲安其魄而存其形者，當含仁育物，施恩斂容，陰陽分形，萬物收殺，雀卧鷄起，斬伐草木，以順秋氣，長肺之剛，

① 以上三句，《道藏精華録·攝生消息論》作「爲秋日，爲庚辛，爲申酉」。

則邪氣不侵。逆之則五藏乖，而諸病作矣。

相肺藏病法

肺病熱，右頰赤。肺病，色白而毛槁，喘欬氣逆，胸背四肢煩痛，或夢美人交合，或見花旛衣甲、日月雲鶴、貴人相臨。肺虚則氣短不能調息，肺燥則喉乾，肺風則多汗畏風，欬如氣喘，旦善暮甚。氣病上逆，急食苦以泄之。又曰：宜酸以收之，用辛以補之，苦以瀉之。禁食寒，肺惡寒也。肺有病，不聞香臭，鼻生瘜肉，或生瘡疥，皮膚燥癢，氣盛欬逆，唾吐濃血，宜服排風散。

冬季攝生消息

冬三月，天地閉藏，水冰地坼，無擾乎陽。早卧晚起，以待日光，去寒就温，毋泄皮膚，逆之腎傷。春爲痿厥，奉生者少。斯時伏陽在内，有疾宜吐；心膈多熱，所忌發汗，恐泄陽氣故也。宜服酒浸藥，或山藥酒一二杯，以迎陽氣。寢卧之時，稍宜虚歇。寒極方加綿衣，以漸加厚，不得一頓便多，惟無寒即已。不得頻用大火烘炙，尤甚損人。手足應心，不可以火炙手，引火入心，使人煩燥。不可就火烘炙食物。冷藥不治熱極，熱藥不治冷極，水就濕，火就燥耳。飲食之味，宜減酸增苦，以養心氣。冬月腎水味鹹，恐水剋火，心受病耳，故宜養心。宜居處密室，温煖衣衾，調其飲食，適其寒温。不可冒觸寒風，老人尤甚，恐寒邪感冒，爲嗽逆、麻痺、昏眩等疾。冬月陽氣在内，陰氣在外，老人多有上熱下冷之患，不宜沐浴。陽氣内藴之時，若加湯火所逼，必出大汗。高年骨肉疏薄，易於感動，多生外疾。不可早出，以犯霜威。早起服醇酒一杯以禦寒，晚服消痰凉膈之藥，以平和心氣，不令熱氣上湧。切忌房事。不可多食炙煿、肉麵、餛飩之類。

腎藏冬旺

《内景經》曰：腎屬北方水，爲黑帝。生對臍，附腰脊，重一斤一兩，色如縞映紫。主分水氣，灌注一身，如樹之有根。左曰腎，右名命門，生氣之府，死氣之廬，守之則存，用之則竭。爲肝母，爲肺子。耳爲之官。天之生我，流氣而變謂之精，精氣往來爲之神；神者，腎藏，其情智。左屬壬，右屬癸，在辰爲子亥，在氣爲吹，在液爲唾，在形爲骨。久立傷骨，爲損腎也。應在齒，齒痛者腎傷也。經於上焦，榮於中焦，衛於下焦。腎邪自入則多唾。膀胱爲津液之府，榮其髮也。《黄庭經》曰：「腎部之宫玄闕圓，中有童子名上玄，主諸藏腑九液源，外應兩耳百液津。」其聲羽，其味鹹，其臭腐，心邪入腎則惡腐。凡丈夫六十，腎氣衰，髮變齒動；七十形體皆困；九十腎氣焦枯。骨痿而不能起牀者，腎先死也。腎病則耳聾，骨痿。腎合於骨，其榮在髭。腎之外應北岳，上通辰星之精。冬三月，存辰星之黑氣入腎中存之。人之骨痛者，腎虚也；人之齒多齟者，腎衰也；人之齒墮者，腎風也；人之耳痛者，腎氣壅也；人之多欠者，腎邪也；人之腰不伸者，腎乏也；人之色黑者，腎衰也；人之容色紫而①有光者，腎無病也；人之骨節鳴者，腎羸也。肺邪入腎則多呻。腎有疾，當吹以瀉之，吸以補之。其氣智。腎氣沉滯，宜重吹，則漸通也。腎虛則夢入暗處，見婦人、僧尼、龜鼈、駝馬、旂槍，自身兵甲，或山行，或谿舟。故冬三月，乾坤氣閉，萬物伏藏，君子齋戒，謹節嗜欲，止聲色，以待陰陽之定，無競陰陽，以全其生，合乎太清。

相腎藏病法

腎熱者頤赤，腎有病，色黑而齒槁，腹大體重，喘欬汗出，惡風。腎虛則腰中痛。腎風之狀，頸多汗，惡風，食欲下，膈塞②不通，腹滿脹，食寒則泄，在形黑瘦。腎燥，急食辛以潤之；腎病堅，急食鹹以補之，用苦以瀉之，無犯熱食，無著煖衣。腎病，臍下有動氣，按之牢；若痛③，苦④食不消化，體重骨疼，腰胯膀胱冷痛，腳痛或脾小便餘瀝，疝瘕所纏，宜服腎氣丸。

右四時調攝、養生、治病，大旨盡乎此矣！他如《靈》、《素》諸編，皆緒論耳。屠本畯識。

---

① 而：原作「面」，據《道藏精華録・攝生消息論》改。
② 塞：原作「寒」，據《道藏精華録・攝生消息論》改。
③ 痛：《道藏精華録・攝生消息論》作「痛」。下二「痛」字同。
④ 苦：《道藏精華録・攝生消息論》作「若」。

内經平脈考

廖平 撰
邱進之 校點

校點説明

《内經平脈考》成於民國四年(一九一五)。前爲《平脈考總論》,包括《診法常以平旦》、《呼吸至數》、《七診》、《診有大方》、《脈分四時無胃曰死》、《逆從四時無胃亦死》、《五藏平病死脈胃氣爲本》、《脈色》等内容。《内經平脈考》則含《靈樞·本臟篇》、《師傳篇》、《通天篇》、《陰陽二十五人篇》、《論勇篇》、《衛氣失常篇》及《素問·血氣形志篇》,爲王典楊注卷,參以馬注及丹波《素問注》,又補以己意。民國四年(一九一五)《國學薈編》第六、七、八期加載,民國五年(一九一六)四川存古書局刊行,收入《六譯館叢書》。今以該叢書本爲底本進行點校。

目録

平脈考

總論

診法常以平旦《素·脈要精微論》。

黄帝問曰：診法何如？岐伯對曰：診法常以平旦，陰氣未動，陽氣未散，飲食未進，經脈未盛，絡脈調匀，氣血未亂①，故乃可診有過之脈。切脈動静，而視精明，察五色，觀五藏有餘不足，六府强弱，形之盛衰，以此參伍，决死生之分。

呼吸至數《素·平人氣象論》。

黄帝問曰：平人何如？岐伯對曰：人一呼脈再動，人一吸脈亦再動，命曰平人。平人者，不病也。醫不病，故爲病人平息，以論法也。楊注：平人病法，先醫人自平，一呼脈再動，一吸脈再動，是醫不病調和脈也。然後數人之息，一呼脈再動，一吸脈再動，即是彼人不病者也。若彼人一呼脈一動、一吸脈一動等，名曰

---

① 氣血未亂：「氣血」原作「血氣」，據《素問》及人民衛生出版社本《黄帝内經太素校注》卷一六乙。

不及，皆有病也。故曰：醫不病，爲病人平息者也。人一呼脈一動，人一吸脈一動者，曰少氣。楊注：呼吸皆一動，名曰不及，故知少氣。人一呼脈三動，一吸脈三動而躁，及尺熱，曰病温；尺不熱，脈滑曰風，脈澀曰痹。楊注：脈之三動，以是氣之有餘，又加躁疾，尺之皮膚復熱，即陽氣盛，故爲病温。病温，先夏至日前發也；若後夏至日發者，病暑也。一呼三動而躁，尺皮不熱，脈滑曰風，脈澀曰痹也。人一呼脈四至，曰死。楊注：四至，陽氣獨盛，陰氣絶衰，故死。脈絶不至，曰死。楊注：以手按脈，一來即絶，更復不來，故死。乍疏乍數，曰死。楊注：乍疏曰陰，乍數曰陽，陰陽動亂不次，故曰死也。

七診《三部九候論》。

黄帝曰：何以知病之所在？楊注：病之所在，在於死生，與決死生，亦不易也，但決有多端，故復問也。岐伯對曰：察其九候，獨小者病，獨大者病，獨疾者病，獨遲者病，獨熱者病，獨寒者病，脈獨陷者病。楊注：以次復有一十八候，獨小大等即爲七也。九候之脈，上下左右均調若一，故偏獨者爲病也。以左手上去踝五寸而按之，右手當踝而彈之，其應過五寸以上需然者，不病；楊注：脈和調也。人當内踝之上，足太陰脈見，上行至内踝上八寸，交出厥陰之後，其脈行胃氣於五藏，故於踝上五寸，以左手按之，右手當踝彈之，左手下需調動，其人不病，爲候八也。需需，動不盛也。需，而免反。其應疾中手渾渾然者，病；楊注：彈之，左手之下渾渾動而不調者病，其候九也。中手徐徐然者，病；其應上不能至五寸者，彈之不應者，死；楊注：足太陰血氣微弱，彈之徐徐者有病，不至五寸，不應其手者爲死，十也。脱肉身不去者，死；楊注：去者，行也。脱肉羸瘦，身弱不能行者，爲死，十一也。中部乍疏乍數者，死；楊注：中部，謂手太陰、手陽明、手少陰，乍有疏數爲死，十二也。其脈代而鉤者①，病在絡脈；楊注：中部之脈，手太陰，秋脈也；手少陰，夏脈也。秋脈王時，得於脾脈，土來乘金，名曰虚邪，故爲病也。夏脈王時得脾脈者，土來乘火，名曰實邪，故爲病也。夏脈其病皆在絡脈，可刺去血，爲病十三也。九候之相應也，上下若一，不得相失。一候後則病，二候後則病甚，三候後則病危。所謂後者，應不俱也。察其病藏，以知死生之期；楊注：九候上下動脈相應若一，不得相失。忽然八候相應俱動，一候在後，即有一失，故病。二候在後，不與七候俱動，即爲二失，故病甚也。三候在後，不與六候俱動，即爲三失，故病危也。三候在後爲病，宜各察之是何藏之候，候之即知所候之藏，病有間甚，生死之期。三候在後爲病有三失，爲十六也。必先知經脈，然後知病脈，真藏脈見勝者死；楊注：欲依九候察病，定須先知十二經脈及諸絡脈行所在，然後取於九候，候諸病脈，有真藏脈，無②胃氣之柔，獨勝必當有死，爲十七也。足太陽氣絶者，其足不可屈伸，死必戴眼。楊注：足太陽脈從目絡頭至足，故其脈絶，腳不屈伸③，戴目而死，爲十八也。

---

① 代而鉤：「鉤」原作「勾」，據《太素校注》卷一四改。
② 無：原作「見」，據《太素校注》卷一四改。
③ 腳不屈伸：「腳」原作「足」，據《太素校注》卷一四改。

診有大方《素問·方盛衰論》。

是以診有大方，坐起有常，出入有行，以轉神明。必清必淨，上觀下觀，司八正邪，别五中部，按脈動静。循尺滑澀寒温之意，視其大小，合之病能，逆從以得，復知病名，診可十全，不失人情。故診之或視息視意，故不失條理，道甚明察，故能長久。不知此道，失經絶理。亡言妄期，此謂失道。

脈分四時，無胃曰死《素·平人氣象論》。

平人之常氣稟於胃，胃者，平人之常氣也。人無胃氣曰逆，逆者死。〇春，胃微弦曰平。〇夏，胃微鉤曰平，〇長夏，胃微耎弱曰平。〇秋，胃微毛曰平。〇冬，胃微石曰平。

逆從四時，無胃亦死《素·平人氣象論》。〇《素·玉機真藏論》。

岐伯曰：脈從陰陽，病易已；脈逆陰陽，病難已。脈得四時之順，曰病無他脈，反四時及不間藏，曰難已。脈有逆從四時，未有藏形。春夏而脈瘦，秋冬而脈浮大，命曰逆四時也；風熱而脈静，泄而脱血，脈實病在中，脈虚病在外；脈澀堅者皆難治，命曰反四時也。人以水穀爲本，故人絶水穀則死，脈無胃氣亦死。所謂無胃氣者，但得真藏脈，不得胃氣也。所謂脈不得胃氣者，肝不弦，腎不石也。

黄帝曰：凡治病，察其形氣色澤，脈之盛衰，病之新故，乃治之，無後其時。形氣相得，謂之可治。色澤以浮，謂之易已。脈從四時，謂之可治。脈弱以滑，是有胃氣，命曰易治，取之以時。形氣相失，謂之難治。色夭不澤，謂之難已。脈實以堅，謂之益甚。脈逆四時，爲不可治。必察四難，而明告之。所謂逆四時者，春得肺脈，夏得腎脈，秋得心脈，冬得脾脈，其至皆懸絶沉濇者，命曰逆四時。未有藏形，於春夏而脈沉濇，秋冬而脈浮大，名曰逆四時也。病熱脈静，泄而脈大，脱血而脈實。病在中，脈實堅，病在外，脈不實堅者，皆難治。

五藏平病死脈胃氣爲本《素・平人氣象論》

夫平讀爲長生之「生」。心脈來，累累如連珠，如循琅玕，曰心平。○平肺脈來，厭厭聶聶，如落榆莢，曰肺平。○平肝脈來，耎弱招招，如揭長竿末梢，曰肝平。○平脾脈來，和柔相離，如雞踐地，曰脾平。○平腎脈來，喘喘累累如鈎，按之而堅，曰腎平。

脈色

善爲脈者，謹察五藏六府，一逆一從，陰陽表裏，雌雄之紀，藏之心意，合心於精。非其人勿教，非其真勿授，是爲得道。○脈氣流經，經氣歸於肺，肺朝百脈。○氣口成寸，以決死生。○天周二十八宿，人經二十八脈。周身一十六丈二尺。故人一呼脈再動，氣行三寸，一吸脈亦再動，氣行三寸。一萬三千五百息，氣行五十營於身，水下百刻，日行二十八宿，漏水皆盡，脈終矣。凡行八百一十丈也。○凡未診病者，必問嘗貴後賤①，雖不中邪，病從内生，名曰脱營。嘗富後貧，名曰失精。○凡欲診病者，必問飲食居處。暴樂暴苦，始樂後苦，皆傷精氣，精氣竭絶，形體毁沮。○故善爲脈者，必以此類，《奇恒》、《從容》知之。爲工而不知道，此診之不足貴。此治之三過也。○診有三常，必問貴賤，封君敗傷，及欲侯王。故貴脱勢，雖不中邪，精神内傷，身必敗亡。始富後貧，雖不傷邪，皮焦筋屈，痿躄爲攣。○凡診者必知終始，有知餘緒，切脈問名，當合男女。○診不知陰陽逆從之理，此治之一失也。○診病不問其始，憂患，飲食之失節，起居之過度，或傷於毒，不先言此，卒持寸口，何病能中，妄言作名，爲麤所窮，此治之四失也。○診無人事，治數之道，從容之葆。坐持寸口。診不中五脈，百病所起，始以自怨，遺師其咎。○必審問其所始病，與今之所方病，而後各切循其脈，視其經絡浮沉，以上下逆從循之。○寸口主中，人迎主外，兩者相應，俱往俱來，若引繩大小齊等。春夏人迎微大，秋冬寸口微大，如是者，命曰平人。○帝曰：脈從而病反者，其診何如？岐伯曰：脈至

① 嘗貴後賤：「嘗」原作「常」，據《素問・疏五過論》改。下「嘗富」之「嘗」同。

而從，按之不鼓，諸陽皆然。帝曰：諸陰之反，其脈何如？岐伯曰：脈至而從，按之鼓甚而盛也。〇陽病而陽脈小者爲逆，陰病而陰脈大者爲逆。故陰陽俱静俱動，若引繩相傾者，病。〇脈盛血少，此謂反也①。脈少血多，此謂反也。〇手太陰、足太陰盛者，寸口大三倍於人迎。〇人之居處動静勇怯，脈亦爲之變乎？〇診病之道，觀人勇怯，骨肉皮膚，能知其情，以爲診法也。〇善診者，察色按脈，分别陰陽②，審清濁而知部分，視喘息聽聲音知其所苦③，觀權衡規矩而知病所主。〇視其顔色，黄赤者多熱氣，青白者少熱氣，黑色者多血少氣。〇凡診（校按：下闕）

① 脈盛血少此謂反也：「謂」原作「爲」，據《素問・刺志論》改。
② 分别陰陽：《素問・陰陽應象大論》作「先别陰陽」，當從。
③ 知其所苦：《素問・陰陽應象大論》作「而知所苦」，當從。

内經平脈考中多與相法相參。

《靈・本藏篇》《太素》作《五藏命分》，隋楊上善注。

黄帝問於岐伯曰：人之血氣精神者，所以奉於生而周於性命者也。太初之無，謂之道也。太極未形，物得以生，謂之德也。未形德者，有分且然無閒，謂之命也。此命流動生物，物成生理，謂之形也。形體保神，各有所儀，謂之性也。是以血氣精神，奉於一形之生，周於形體所儀之性，亦周有分無閒之命，故命分流動成形，體保神爲性。形性久居爲生者，皆血氣之所奉也。經脈者，所以行血氣而營陰陽，濡筋骨，利關節者也。十二經脈也。十二經脈行營血氣，營於三陰三陽，濡潤筋骨①，利關節也。衛氣者，所以温分肉，充皮膚，肥腠理，司開闔者也。衛氣慓悍，行於分肉，司腠理開闔也。志意者，所以御精神，收魂魄，適寒温，知喜怒②者也。脾腎之神志意者，能御精神，令之守身，收於魂魄，使之不散，調於寒暑，得於中利，知於喜怒，不過其節者，皆志意之德也。是故

---

① 濡潤筋骨：「濡」字原脱，據《太素校注》卷六楊注補。

② 知喜怒：據《太素校注》卷六，當作「和喜怒」；楊注「知於喜怒」亦當作「和於喜怒」。

血和則經脈流行，營覆陰陽，筋骨勁强，關節滑利矣；營氣和益也。覆者，營氣能營覆陰陽也。衛氣和則分解滑利，皮膚調柔，腠理緻密矣；衛司腠理，故緻密也。志意和則精神專直，魂魄不散，悔怒不至，五藏不受邪氣矣；志意所爲必當，故無悔矣。志意司腠理，外邪不入，故五藏不受也。寒温和則六府化穀，風痺不作，寒暑内適六府，則中和穀化，賊風邪痺無由起也。經脈通利，支節得矣。此人之常平也。若爾，血氣營衛志意調者，乃是人之平和者。○此爲平人無病之脈。五藏者，所以藏精神血氣魂魄者也；六府者，所以化穀而行津液者也。此人之所以具受於天也，愚智賢不肖，毋以相倚也。五藏藏神，六府化穀，此乃天之命分，愚智雖殊，得之不相依倚也。津液，即泣汗涎涕唾也。然其有獨盡天壽而毋邪僻之病，百年不衰，雖犯風雨卒寒大暑，猶不能害也；有其不離屏蔽室内，毋怵惕之恐，然猶不免於病者，何也？願聞其故。人有勞神怵惕，無所不爲，雖犯賊風邪氣，獨盡天年；復有閑居無思，不預外邪，不免於病，不道傷命。同稟血氣，何乃有殊？願聞其故也。岐伯對曰：窘乎哉！問也。窘，奇殞反①，急也。五藏者，所以參天地，副陰陽，而連四時，化五節者。肺心居其上，故參天也；肝脾腎在下，故參地也。肝心爲牡，副陽也；脾肺腎等牝，副陰也。肝春、心夏、肺秋、腎冬，即連四時也。從五時而變，即化五節。節，時也。五藏者，固有小大、高下、堅脆、端正、偏傾者；六府者，亦有長短、小大、厚薄、結直、緩急者。天地陰陽，四時八節，造化

① 奇殞反：「殞」原作「殞」，據《太素校注》卷六楊注改。

不同，用參五藏，何得一也？五藏各有五別□□①，六府皆準五藏，亦有五別，故藏府別言各有五別，五五二十五也。五藏既五，六府亦五，三焦一府屬於膀胱，故唯有五。凡此二十五者，各各不同，或善或惡，或吉或凶，請言其方。心小則安，此爲善也。易傷以憂，即爲惡也。心堅則藏安守固，此爲吉也。心脆則喜病消癉熱中，即爲凶也。如此藏府隨義皆有善惡吉凶，請具陳也。

馬注：此詳言人之易感於邪者②，以藏府之有善惡吉凶也。善惡體言③，吉凶以病言，下文正詳言之。參用馬注。

心小則安，邪弗能傷，易傷以憂；心大則憂不能傷，易傷於邪。藏小則神收，不敢自寬，故常安，邪不入也。藏大則神氣宣縱，故憂不能傷，邪入不安也。心高則滿於肺中，悗而善忘，難開以言。心藏高者，則神高也。心高肺逼④，小於心，故悗善忘也。以其神高不受他言，故難開以言也。心下則藏外，易傷於寒，易恐以言。以下則在肺藏之外，神亦居外，故寒易傷也。亦以神下，故易恐以言也。心堅則藏安守固，藏堅，則神守亦堅固。故其心藏安不病，其神守堅固。心脆則喜病消癉熱中⑤。五藏柔脆，神亦柔脆，故藏柔脆人血脈上行，轉而爲熱，消

---

① □□：此二空格原無，據《太素校注》卷六楊注補。

② 感於邪：「邪」原作「邢」，據文意改。

③ 善惡體言：「善惡」下當敚「以」字。

④ 心高肺逼：「高」原作「爲」，據《太素校注》卷六楊注改。

⑤ 喜病消癉熱中：「中」字原闌入注文，據《太素校注》卷六改。

肌膚，故病消癉熱中也。癉，音丹。熱中，胃中熱故也。心端正，則和利難傷；五藏端正，神亦端正也。神端正，性亦和柔，故聲色芳味之利難相傷也。斯乃賢人君子，所以得心神也。心偏傾，操持不壹，無守司也。心藏偏傾不一，神亦如之。故操持百端，竟無守司之恒，此爲衆人、小人所得心神也。心藏之神有此八變，後之四藏，但言藏變，皆不言神變者，以神爲魂魄意志之主，言其神變，則四種皆知，故略不言也。○相心八法，皆爲本體。

馬注：此言心有善惡吉凶也。心之小者則安，外邪弗之能傷，但内有所憂，則易傷耳。蓋心小者必多憂，所以憂易傷之也；若心大，則憂不能傷，而外邪反易傷之矣。心之高者，則心上之爲肺，當滿於肺中，肺與心相着，乃多煩悶，而心竅不通，必爲健忘，及難以善言開之也；若心下，則易傷於寒，及易以言恐之矣。心之堅者，則藏安守固，凡外邪不能入，憂不能恐；若心脆，則善病消癉熱中，多内傷之病矣。心之端正者，則和利難傷，凡外邪人言皆不能傷；心偏傾，則其人操守不一，無所守司。由此觀之，則心宜不大不小，不高不下，堅而不脆，正而不偏，斯謂之善也，而可以免凶病矣。下文脾肝肺腎，亦猶是耳。參用馬注，下同。心專指腦言。

肺小則少飲，不病喘喝；人分所得，肺小則少飲漿水，又肺小不受外邪，故不病喘喝。喝，喘聲。肺大則喜病胸痺、喉痺、逆氣。肺大喜受外邪，故喜病痺及逆氣也①。肺高則上氣，肩息欲欬；肺高則上迫缺盆，故上

① 病痺及逆氣：「及」原作「反」，據《太素校注》卷六楊注改。

氣喘息，兩肩並動，故曰肩息。又肺上迫，故數欲欬。肺下則居賁迫肝，善脇下痛。賁，當膈也，補崑反。氣來委膈，下迫於肝，致脇下痛，以肝居脇下故也。肺堅則不病欬上氣，肺藏堅固，不爲邪傷，故無欬與上氣也。肺脆則善病消癉易傷。以下四藏①之變，例同心藏。肺端正則和利難傷也，肺偏傾則胸偏痛也。偏傾者，隨偏所在，即偏處胸痛也。

馬注②：此言肺有善惡吉凶也。肺之高者則病上氣，竦肩而息粗，及爲欬嗽。消癉者，消渴而癉熱也。

肝小則安，無脇下之病；肝小不受外邪，故安，無兩脇下痛。肝大則逼胃迫咽，迫咽則苦鬲中，且脇下痛。胃居肝下，咽在肝傍③，肝大下逼於胃，傍迫於咽，迫咽則咽膈不通飲食，故曰膈中也。肝大受邪，故兩脇下痛。肝高則上支賁，切脇急，爲息賁；肝高上支於膈，又切於脇，支膈切脇既急，即喘息於賁，故曰息賁也。肝下則安胃，脇下空，空則易受邪。胃居肝下，則以肝下則安於胃上，脇下無物，故易受邪氣。肝堅④則藏安難傷也，肝堅則外邪不入，故安難傷也。肝脆則善病消癉易傷也。肝端正則和利難傷也。肝偏傾則脇下

---

① 以下四藏：「以下」二字，《太素校注》卷六楊注作「以上」，似當從。

② 馬注：原無此二字，依文例補。下「馬注」俱同此。

③ 咽在肝傍：「肝傍」原作「肺傍」，據《太素校注》卷六楊注改。

④ 肝堅：「肝」字原脱，據《太素校注》卷六補。

偏痛也。偏近一箱，則一箱空處偏痛也。

馬注：此言肝有善惡吉凶也。肝之高者，則其經脈所行及所謂支别者，上奔迫切，脇下多悶，當爲息奔之證。按：《素問・刺禁論》云「肝生於左①」，《至真要大論》王注言「肝居下左」，則肝生於下，胃當在上，何爲能下逼於胃？意者在左爲肝，在右爲脾，肝與脾並，故可以言下逼於胃也②。則王氏言肝生於左者，謬矣。

脾小則安，難傷於邪也；脾小外邪不入，故安而難傷也。脾大則善湊𦢊而痛，不能疾行。𦢊，以沼反，胠空處也。脾大湊向空𦢊而痛，大力不行，則脇胠空也。脾高則𦢊引季脇而痛；脾下則𦢊緩，高則𦢊牽，季脇中痛也。脾下則下加於大腸，加於大腸，則藏外善受邪。脾下即是大腸，故脾下加，出於脾藏所居之外，故善受邪。脾堅則藏安難傷也，外邪不傷，故安。脾脆則喜病消癉易傷③也。脾端正則和利難傷也，脾偏傾則善瘈善脹。瘈，充曳反④，牽縱也。脾偏形近一箱，動而多瘈，又氣聚爲脹也。

馬注：此言脾有善惡吉凶也。𦢊，脇下軟肉處也。

---

① 肝生於左：「生」原作「在」，據《素問》改。

② 可以言下逼於胃：「可以」原作「司」，「逼」原作「通」，均據人民衛生出版社本馬蒔《黄帝内經靈樞注證發微》改。

③ 喜病消癉易傷：「喜病」原作「安病」，據《太素校注》卷六改。

④ 充曳反：「充」原作「死」，據《太素校注》卷六楊注改。

腎小則安，難傷也；腎小不受外邪，故安而難傷也。腎大則善病腰痛，不可以俛仰，易傷以邪也。腎大在於腰中，故俛仰皆痛也。腎高則善背膂痛，不可以俛仰；腎高去腰，著於脊膂，故脊膂痛，不得俛仰也。腎下則腰尻痛，不可以俛仰，爲狐疝。腎下入於尻中，下迫膀胱，故尻痛不可俛仰。疝，所姦反，小腹痛，大小便難，曰疝。疝有多種，此爲狐疝，謂狐夜時不得小便，小腹處痛，日出方得，人亦如此，因名狐疝也。腎堅則不病腰背痛，腎在腰背之間，故腎堅則腰不痛也。腎脆則善病消癉。腎端正則和利難傷也，腎偏傾則善腰尻偏痛。二腎有一偏傾，則偏處痛也。

馬注：此言腎有善惡吉凶也。

凡此二十五變者，人之所以善常病也。人之五藏，受之天分，有此二十五變者，不由人之失養之愆，故雖不離屏蔽，常善有前病也。

馬注：此結言五藏二十五異者，人之苦於常病也。二十五異者，曰小大，曰高下，曰堅脆，曰端正，曰偏傾也。五藏則爲二十有五①矣。

黄帝曰②：何以知其然也？五藏二十五變皆在身中，變生常病亦居其内，未知因候，知以爲調養也。○五藏在腹内，無以知其八種之變。

---

① 二十有五：「有」字原脱，據馬蒔《靈樞注證發微》補。

② 「黄帝曰」二句及附注原在馬注「此結言五藏」等句之前，顯係錯簡，今乙正。

岐伯曰：赤色小理者心小，粗理者心大。理者，肉之文理。粗，音麤也。無髃骬者心高，髃骬小短舉者心下。髃骬長者心堅，髃骬弱以薄者心脆。髃骬直下不舉者心端正，髃骬倚一方者心偏傾也。髃骬，胸前蔽骨，蔽心神也。其心上入肺中，不須蔽骨，故心高以無蔽骨爲候也。高者，志意高遠也。故短小舉者，爲心下之候。下者，志意卑近也。○髃骬，頭骨，不在心膺。

傳《師傳篇》：「心爲之主，缺盆爲之道，骺骨有餘①，以候髃骬。」

馬注：此言欲知心之善惡吉凶，當驗之色理與髃骬也。髃骬者，胸下蔽骨也。由色理、髃骬以驗心之八法②。

白色小理者肺小，粗理者肺大。巨肩反膺陷喉者肺高，合腋張脇者肺下。好肩背厚者肺堅，肩背薄者肺脆。好肩膺者肺端正，脇偏疏者肺偏傾也。大肩，胸膺反，喉骨陷入，肺必高上。○肩背，當爲胸膺，字之誤。肺心合，同診一心，指腦。

傳《師傳篇》：「五藏六府者，肺爲之蓋，巨肩陷咽③，候見其外。」

馬注：此言欲知肺之善惡吉凶，當驗之色理、肩背、膺腋、喉脇之類也。由色理、膺脇、肩

---

① 骺骨有餘：「骺骨」原作「髀骨」，據《靈樞・師傳》改。

② 驗心之八法：「之」字原脱，依文例補。

③ 巨肩陷咽：「咽」原作「膺」，據《靈樞・師傳》改。

背以驗肺之八法。

青色小理者肝小，粗理者肝大。廣胸反骹者肝高，合脇菟骹者肝下。胸脇好者肝堅，脇骨弱者肝脆。膺腹好相得者肝端正，脇骨偏舉者肝偏傾也。骹，足脛也。反，前曲出也。○肝合膽，爲一藏。

【傳】《師傳篇》：「肝者，主爲將，使之候外，欲知堅固，視目小大。」

馬注：此言欲知肝之善惡吉凶，當驗之色理、胸骹、膺腹之類也。

黄色小理者脾小，粗理者脾大。揭脣者脾高，脣下縱者脾下。脣堅者脾堅，脣大而不堅者脾脆。脣上下好者脾端正，脣偏舉者脾偏傾也。揭，舉也，起輒反。

【傳】《師傳篇》：「脾者，主爲衛①，使之迎糧，視脣舌好惡，以知吉凶。」

馬注：此言欲知脾之善惡吉凶，當驗之色理與脣也。

黑色小理者腎小，粗理者腎大。高耳者腎高，耳後陷者腎下。耳堅者腎堅，耳薄不堅者腎脆。耳好前居牙車者腎端正，耳偏高者腎偏傾。一箱獨高爲偏。○以外腎爲腎，一名膽，故《經》曰：腎少陽又爲衝、任。

---

① 主爲衛：原作「主之衝」，據《靈樞·師傳》改。

傳《師傳篇》：「賢者，主爲外，使之遠聽①，視耳好惡，以知其性。」

馬注：此言欲知賢之善惡吉凶，當驗之色理與耳也。

凡此諸變者，持則安，減則病。凡此二十五變，過分以爲不善，減則爲病，持平安和，以爲大則也。

傳《師傳篇》云：「本藏以身形支節䐃肉，候五藏六府之小大焉。」

馬注：此結言上文二十五異者，善於持守則安，而持守之功減，則不免於病也。

黄帝曰：善哉！然非余之所問也。願聞人之有不可病者，至盡天壽，雖有深憂大恐怵惕之志②，猶不能感也，甚寒大熱，弗能傷也。其有不離屏蔽室内，又無怵惕之恐，然不免於病者，何也？願聞其故。子言五藏之變，所知是要，然非吾之問本意。問本意者，人生盡於天壽③，内則深憂大恐，外則甚寒極熱，然無所傷，不爲病也；而有外無寒暑之侵，内去怵惕之懷，而疾病百端，其故何也？岐伯曰：五藏六府者，邪之舍也。請言其故。五藏六府堅端正者，和利得人，則道之宅也；藏府脆而偏傾，則邪氣舍也。爲道之宅，則其性和柔，神明聰利，人之受附也；爲邪之舍，不離病也，心奸邪也，喜爲盗也，乖公正也，言不恒也。是知二十五變，雖得之於

---

① 使之遠聽：「遠聽」原作「途聽」，據《靈樞·師傳》改。

② 深憂大恐怵惕之志：「大恐」原作「大有」，據《太素校注》卷六改。

③ 盡於天壽：「天壽」原作「夭壽」，據《太素校注》卷六楊注改。

天，調養得中，縱内外邪侵，不爲病也；乖和失理，雖不離屏蔽，終爲病也。前言一藏各有五病①，未極理也；今言一變具有五藏，方得盡理。故請言其故也。五藏皆小者，少病，善焦心愁憂；夫五神以依藏，故前言心之藏變，神亦隨之；次説四藏之變，不言神變。今總論五藏，初有四變，唯言於神；次有二變，但説於藏；次有二變，復但言神也。心藏形小，外邪難入，故少病；神亦隨小，故不自申②，焦心愁憂也。五藏皆大者，緩於事，難使憂。五藏皆高者，好高舉措；措，置也，旦故反③。五藏皆下者，好出人下。意志卑弱。五藏皆堅者，無病；五藏皆脆者，不離於病。五藏皆端正者，和利得人；五藏皆偏傾者，邪心喜盜，不可以爲人平，反覆言語也。喜，虚意反，好也。和謂神性和柔，利謂薄於名利，並爲人所附也。

馬注：此言人有病有不病者，以五藏之有善惡吉凶也。

黄帝問曰：願聞六府之應。五藏應候已説於前，六府之候闕而未論，故次問之。岐伯答曰：肺合大腸，大腸者，皮其應也。心合小腸，小腸者，脈其應也。肝合膽，外腎。膽者，筋其應也。脾合胃，胃者，肉其應也。腎腎爲膽。合三焦二字衍。膀胱，心主合。三焦[膀胱]當作「三焦」。者，腠理豪毛其應也。腎合三焦膀胱，故有五府也。五藏爲陰，合於五府。五府爲陽，故皮脈筋肉腠理豪毛，五府候也。○《靈台祕

---

① 一藏各有五病：「五病」原作「五變」，據《太素校注》卷六楊注改。

② 故不自申：「自申」原作「白申」，據《太素校注》卷六楊注改。

③ 旦故反：「旦」疑係「且」之誤字。

典》説「三焦氣化則能出矣」，謂三焦主津液，氣化則由腠理毫毛出而爲汗；後人因膀胱無上口，其説甚著，遂互易其文。津液非便溺，三焦不得爲水道，説詳《祕典》篇注。

馬注：此言五藏與六府相合，而亦有知六府之法也。腎合三焦者，左腎合膀胱，右腎合三焦也。

黄帝曰：應之奈何？岐伯曰：肺應皮。此診皮法，五診之第一。皮厚者大腸厚，皮薄者大腸薄。皮緩腹裹大①者大腸大而長，皮急者大腸急而短。皮滑者大腸直②，皮肉不相離者大腸結。應，候也。肺以皮爲候，肺合大腸，故以其皮候大腸也。結，紆屈多。○二腸言長短。

傳《師傳篇》：「鼻隧以長，以候大腸。」

馬注：此言欲知大腸，當驗之皮也。藏以大小高下堅脆正偏分八門，府以厚薄長短直結分六門。

心應脈，此以動脈言，五診法第三。皮厚者脈厚，五字衍。脈厚者小腸厚；皮薄者脈薄，五字衍。脈薄者小腸薄。皮緩者脈緩，五字衍。脈緩者小腸大而長；皮薄而三字衍。脈沖小者，小腸小而短。心合於脈，脈在皮中，故得以皮候脈，脈候小腸也。沖，虚也，脈虚小也。諸陽經脈皆多紆屈者，小腸結。

---

① 腹裹大：原作「腹裏大」，據《太素校注》卷六注文改。

② 皮滑者大腸直：「皮滑」原作「外滑」，據《太素校注》卷六改。

諸陽經，六陽經也。小腸之脈，太陽也。太陽與諸陽爲長①，故諸陽經紆屈多者，則知小腸亦紆屈也，紆屈即名爲結也。陽經在於膚不見，候其陽絡，即經可知矣。

傳《師傳篇》：「脣厚人中長，以候小腸②。」

馬注：此言欲知小腸，當驗之脈，而脈又當驗之於皮也。

脾應肉，絡屬肉分，五診法之第二。肉䐃堅大者胃厚，肉䐃麽者胃薄。肉䐃小而麽者胃不堅。

脾以合胃，故以肉䐃候於胃也。麼，小也，莫可反。肉䐃不稱其身者胃下，下者下管約不利。肉䐃不堅者胃緩，謂䐃顆累與身大小不相稱也。麽，小也，莫可反。胃下逼於下管，故便溲不利。肉䐃無小裹累者，胃急。肉䐃多小裹累③者，胃結。結者，胃上管約不利。裹，音顆，謂肉䐃無小顆段連累。

傳《師傳篇》：「六府者，胃爲之海，廣骸大頸張胸，五穀乃容。」

馬注：此言欲知胃者，當驗之肉䐃也。胃不言長短，以緩急代之。堅、下二字同於藏直缺④。

肝應爪，診筋法。爪者，筋之餘。五診，筋在第四。爪厚色黄者膽外腎。厚，爪薄者膽薄。爪堅者膽

---

① 太陽與諸陽爲長：「與」字原脱，據《太素》楊注補。
② 以候小腸：「候」原作「侯」，據《靈樞·師傳》改。
③ 小裹累：原作「少累」，據《靈樞》改、補。
④ 此處當有訛奪。

急，爪濡者膽緩。肝以合膽，膽以應筋，爪爲筋餘，故以爪候膽也。爪無弱者膽直，無弱，强也。爪强，膽直也。爪惡色多敗者膽結。人之爪甲，色不得明淨，又多好破壞者，其人膽紆屈結也。

[傳]《師傳篇》：「目下果大，其膽乃横。」

馬注：此言欲知膽者，當驗之爪也。以緩急代長短。

腎附肝之膽。應骨，診骨爲五診之終。密理厚皮者[三焦]二字衍，下同。膀胱厚，粗理薄皮者[三焦]膀胱薄。以六府言，此下當添心主應髓。腠理疏者三焦三焦主腠理，爲心主之合。[膀胱]緩，皮急而無豪毛者三焦[膀胱]衍。急。豪毛美而粗者三焦[膀胱]衍。直，希豪毛者三焦膀胱衍。結。腎以應骨，骨應三焦膀胱，三焦膀胱氣發腠理，故以腠理候三焦膀胱也。三焦之氣，如霧漚溝瀆，與膀胱水府是同，故合爲一府也。腠理豪毛在皮，故亦以皮之豪毛爲候也。〇三焦膀胱合言互見，共爲六證。馬注誤分二腰爲二藏以配二府，大誤。

[傳]《師傳篇》：「鼻孔在外，膀胱漏泄。鼻柱中央起①，三焦乃約。此所以候六府者也。」

黄帝曰：厚薄美惡皆有形，願聞其所病。已聞六府美惡之形，然未知美惡生病如何。岐伯曰：各視其所外應，以知其内藏，則知其所病矣。各視外候，則知所生病矣。

---

① 鼻柱中央起：「起」原作「配」，據《靈樞·師傳》改。

馬注：此言視其外之所應，而可以知其内之所病也①。

《靈·師傳篇》此節爲《本藏》之傳。

黄帝曰：《本藏》《靈·本藏篇》，爲經。以身形支節䐃肉候五藏六府之小大焉。詳《本藏篇》。今夫王公大人，臨朝即位之君而問焉，誰可捫循之而後答乎？不能施診候之法。岐伯曰：身形支節者，藏府之蓋也，隱微。非面部之閲也。外見。黄帝曰：五藏之氣，閲於面者，余已知之矣，以支節知而閲之，奈何？岐伯曰：五藏六府者，肺爲之蓋，巨肩陷咽，候見其外。詳《本藏》脈候。黄帝曰：善。岐伯曰：五藏六府，心爲之主，缺盆爲之道，骷骨有餘，以候髑骬。詳《本藏》心候。黄帝曰：善。岐伯曰：肝者主爲將，使之候外。欲知堅固，視目小大。詳《本藏》肝候。黄帝曰：善。岐伯曰：脾者主爲衛，使之迎糧，視脣舌好惡，以知吉凶。詳《本藏》脾經。黄帝曰：善。岐伯曰：腎者主爲外，外腎。使之遠聽，衛脈爲腎少陽經緯耳。視耳好惡，以知其性。詳《本藏》腎候。黄帝曰：善。

黄帝曰：願聞六府之候。岐伯曰：六府者，胃爲之海。廣骸大頸張胸，五穀乃容。詳胃

① 而可以知其内之所病也：「而」字原脱，據馬蒔《靈樞注證發微》補。

候。鼻隧以長，以候大腸。詳大腸候。脣厚人中長，以候小腸。詳小腸候。目下果大，其膽乃橫。詳膽候。鼻孔在外，膀胱漏泄。膀胱候。鼻柱中央起，三焦乃約。三焦候。此所以候六府者也。六府分候六藏，今三焦膀胱同屬於腎者，傳鈔之誤。上下三等，藏安且良矣。

《靈・通天篇》全。內言人有五等，皆稟氣於天，故名篇。

黃帝問於少師經有稱天師者，據此篇，當爲大師，如《九歌》之大司命、少司命，五天帝之太皞、少皞。曰：余嘗聞人有陰陽，何謂陰人？何謂陽人？先分陰陽。少師曰：天上。地下。之間，六合之內，十二月六衝，即六合。說詳《皇帝疆域圖考》。不離於五，帝學以五行配五方，一身專言五藏：肺心合在西，肝膽合在東，腦帶神經在南，衝、任腎水在北，脾胃合在中。此爲五行五藏之正說。人亦應之，非徒一陰一陽而已也，人分五種，《周禮》所謂五土之民。而略言耳，以五言之。口弗能徧明也。藏、府應政，法內八伯外十二牧，則爲奇經八、外經十二，或配二伯十二牧，爲十四經絡。外爲經水十二，則內當有經山九。分配歧異，皆爲五行之變。或又推爲二十五人。黃帝曰：願略五分。聞其意。非已行之事實。有賢人、聖人，《素・上古天真論》以帝爲聖人，王、伯爲賢人。心能備而行之乎①？《中庸》：「待其人而後行。」少師曰：蓋有太陰之人、北。〇大五行屬外腎，衝、任。少陰之

① 心能備而行之乎：「心」原作「必」，據《靈樞・通天》改。

人、西。太陽之人、南。○大五行屬腦，督、帶。少陽之人、東。陰陽和平之人。中央。凡此五人者，其態不同，其筋骨氣血各不等。即《周禮》五土之分，相命家五形之説亦同。黄帝曰：其不等者，可得聞乎？治法、相法皆與醫理相通。《千金方》九論，謂學醫必先通相法者是也。

少師曰：太陰之人，貪而不仁，《齊詩》「六情」説：北方貪很。下齊湛湛，好内而惡出，貪。心和和當爲「私」。而不發，很。不務於時，動而後之，此太陰之人也。黑帝，北極，方萬二千里。

少陰大小五藏，肺、肝無異説，特有分合之不同耳。之人，翼氏説東方陰賊，乃反言之，如東方喜，反以爲怒。小貪而賊心，本性，西方陰賊。見人有亡，常若有得，好傷好害，媢疾險刻。見人有榮，乃反愠怒，《大學》：「人之彦聖，而違之俾不通。」心疾而無恩，如申、韓之學。此少陰之人也。白帝，西極，方萬二千里。

太陽《内經》五藏有大小之分，大五藏以督脈、腦髓爲南爲心爲髓海，任、衝、外腎爲北爲水，爲五藏六府之海，肺與心合爲氣海，肝與膽合爲一血海，脾合之胃，爲五海五大藏。之人，南方廉貞。居處於於，文見《莊子》。好言大事，無能而虚説，所謂心高。志發於四野，午爲野。舉措不顧是非，篤信守死，如屈子《漁父》。爲事如常自用，事雖敗而無常悔①，所謂貞，《易》：「恒其德貞。」此太陽之人也。《中庸》：「死而不厭。」赤帝，南極，方萬二千里。

少陽東方喜。之人，諟諦好自貴，有小小官則高自宜，春氣喜。好爲外交，陽氣始出。而不内

① 事雖敗而無常悔：「常」字原脱，據《靈樞·通天》補。

附，東方公平。此少陽之人也。

陰陽和平之人，居處安静，無爲懼懼，《詩》作「瞿瞿」。無爲欣欣，無喜怒。婉然從物，或與不争，與時變化，土寄王四時。尊則謙謙，譚而不治，是謂至治。中央黄帝，萬二千里。古之善用針灸者，視人五態乃治之，盛者瀉之，虚者補之。補、泄以本經爲本，《難經》乃專言補母泄子，又以五原附會其説，後世針灸家皆囿於其法，不能超出迷津。

黄帝曰：治人之五態奈何？少師曰：太陰之人，又如水形人。多陰而無陽，北寒堅冰。其陰血濁，南則清。其衛氣澀①，南則滑。陰陽不和，冬之夜，夏之日，長晝長夜。緩筋而厚皮，不之疾瀉，不能移之。《異法方宜》黑道之人，即《周禮》五民之墳衍。

少陰之人，多陰少陽，小胃而大腸，六府不調，其陽明足陽明胃。脈小而大腸脈大，必審調之，其血易脱，其氣易敗也。西方山林。

太陽之人，火形②。多陽而少陰，南火陽。必謹調之，無脱其陰，而瀉其陽。五態治各不同。陽重脱者陽狂③，無冬無夏。陰陽皆脱者，暴死不知人也。赤道之人，《周禮》丘陵。

---

① 其衛氣澀：「衛氣」原作「胃氣」，據《靈樞・通天》改。

② 火形：此二字原作正文，據《靈樞・通天》無其文，因改。

③ 陽重脱者陽狂：馬蒔《靈樞注證發微》作「陽重脱者易狂」。

少陽之人，東方木形。多陽少陰，春氣。經小經，動脈。而絡大，絡不動。血在中而氣外，實陰而虚陽，獨瀉其絡脈，則强，氣脱而疾，中氣不足，病不起也。東極川澤之民。

陰陽和平之人，其陰陽之氣和，一晝一夜，一寒一暑。血脈調，謹診其陰陽，脈色形體。視其邪正，安容儀，審有餘不足，盛則瀉之，虚則補之，不盛不虚，以經取之。四經《經脈篇》文十二見，分别經絡者，後師引以解上文。此所以調陰陽，别五態之人者也。

黄帝曰：夫五態之人者，相與毋故，卒然新會，未知其行也，何以别之？治國醫病皆同此，困難卒然相加，不能辨别其所屬。少師答曰：衆人之屬，兼體者多爲衆人。不知五態之人者，觀人太衆，則反不能分别。故五五二十五人，二十五人詳下篇，皆爲兼體。而五態之人不與焉。五態爲獨體，不在廿五人兼任之中。五態之人，相法欲詳兼相，須先詳特體，亦如《説文》先識獨體，然後能知合體。尤不合於衆者也。獨體特别，不如兼體之多。

黄帝曰：别五態之人奈何？少師曰：太陰之人，其狀形狀。黮黮然《容經》屢以「然」爲形容詞，《廿五人篇》二十五「然」與此同，皆謂形狀，非指經脈。黑色，念然視色之法，《容經》以志色爲重。下意，臨臨然長大，膕然未僂，此太陰之人也。《五行大義》「論人合五行」云：「北狄之人，高顴被髮，其衣長。顴主腎，腎，水也，故高顴被髮者，象水流漫也，衣長亦象水行也。」〇又引《春秋文燿鈎》云：「北方至寒，其人短頸，象氣急縮也①。」

---

① 象氣急縮也：「象氣」原倒作「氣象」，據宛委别藏本《五行大義》卷五乙。

少陰之人，其狀形狀，屬相法。清然竊然，固以陰賊，西方本陰賊，《齊詩》乃反以屬東方。立而躁嶮，《容經・立經》。行而似伏，《容經・行經》。此少陰之人也。《五行大義》「論人合五行」云：「西戎之人，深目高鼻，衣而無冠者。鼻主肺，肺，金也，故高。目，肝也，肝爲木金之所制，故深。金主裁斷，故髮斷無冠。」〇又引《春秋文耀鉤》云：「西方高土，日月所入，其人面多毛，象山多草木也。」

太陽之人，其狀軒軒火形。儲儲，反身折膕，此太陽之人也。《五行大義》「論人合五行」云：「南蠻之人，短小輕躁，高口少髮，衣服亦尚短輕。高口者，口人中主心，心火也，火炎上，故高。炎上，故少髮也。」〇又引《春秋文耀鉤》云：「南方至温，其人大口，象氣緩舒也。」

少陽之人，其狀立則好仰，《容經・立經》。行則好摇，《容經・行經》。其兩臂兩肘則常出於背，此少陽之人也。《五行大義》「論人合五行」云：「東夷之人，其形細長，修眉長目，衣冠亦尚狹長。東海勾麗之人，其冠高狹，加以鳥羽，象於木枝。長目者，目主肝，肝，木也，故細而長，皆象木也。」〇又引《春秋文耀鉤》云：「東方川谷所經，其人小頭鋭，形象木小上也。」

陰陽和平之人，其狀委委然，隨隨然，顒顒然，愉愉然，暶暶然，豆豆然，衆人皆曰君子，此陰陽和平之人也。《五行大義》「論人合五行」云：「中夏之人，容貌平整者，象土地和平也。其衣冠車服備五色者，象土包含四行也。」〇又引《春秋文耀鉤》云：「中央四通，雨露所施，其人面大，象土平廣也。」

《靈·陰陽二十五人篇》

黄帝曰：余聞陰陽之人何如？伯高曰：天地之間，六合之内，不離於五，《靈樞識》引張云：「由陰陽而化五行，所以天地萬物之理，總不離五，而人身之相應者，亦惟此耳。」人亦應之。故五五二十五人之政，而陰陽之人不與焉，其態又不合於衆者五，余已知之矣。願聞二十五人之形，血氣之所生，别而以候，從外知内，何如？《靈樞識》引張云：「五行之中，又各有五，如下文五形之人，而又分左之上下，右之上下，是爲五矣。五而五之計有二十五人也。然此言五行之詳，非若《通天篇》所謂太陽、少陽、太陰、少陰、和平五態而已。故曰陰陽之人不與焉，又不合於衆者五也。别而以候，欲别其外而知其内也。」簡按：馬云「計有二十五人之式，而彼陰陽和平之人不與也」，此「政」讀爲「式」。岐伯曰：悉乎哉問也①！此先師之秘也，雖伯高猶不能明之也。黄帝避席，遵循《靈樞識》：簡按：逡巡同，《莊子·至樂》作「蹲循」。《通雅》云：古人不惟借聲，見形義近者，時牽率書之，故「遁」以借「逡」②，又以借「巡」耳。而卻曰：余聞之，得其人弗教，是謂重失，得而泄之，天將厭之。余願得而明之，金櫃藏之，不敢揚之。岐伯曰：先立五形，金木水火土，别其五色，異

① 悉乎哉問也：原作「善乎哉問也」，據《靈樞·陰陽二十五人》改。

② 遁以借逡：《靈樞識》原作「循以借逡」，據四庫本《通雅》卷七改。

其五形之人，而二十五人具矣。黄帝曰：願卒聞之。岐伯曰：愼之愼之，臣請言之。木形之人，陳圖南云：「木形瘦直節堅，色帶青，爲人卓犖。」又云：「天三生木，在人爲肝，在竅爲眼，又主筋膜爪甲。」〇《秘訣》云：「五形凶，木形多金，一生剥落，父母早刑，妻子不成。」〇「五形吉，木水相資，富而且貴，文學英華，出塵之器。」《風鑑》曰：「棱棱形瘦骨，凛凛更修長，秀氣生眉眼，須知晚景光。」〇成和子曰：「木形主長，得其五長，氣色不雜，精神不亂，動止温柔，涉久而清也。」〇《秘訣》云：「木之枝幹發於甲木，位天地生長之府，配於五德，居其首，在人爲仁，得其形並得其性，是爲真木之精華秀茂，定貴賤也。」〇經云：「似木得木資財足。」比於上角，水音。似於蒼帝，《五行大義》引《録圖》云：「東方蒼帝，體爲蒼龍，其人長頭面大，骨角起，眉皆豐博，順金授火。」〇東方蒼龍之精，乃天神，非人帝。其爲人蒼色，小頭，長面，大肩背，直身，小手足，好有才，勞心，少力，多憂，勞於事，能春夏，不能秋冬，感而病生，足厥陰佗佗然。《靈樞識》云：《甲乙》無「似於蒼帝其爲人」七字，下同此例；「肩」下有「平」字。馬云：「比者，擬疑之謂，蓋以人而擬角，故謂之曰比。此言木形人有五，有全偏之分也。木形之人，木氣之全者也，下文四股則偏矣。木主東方，其音角，其色蒼，故木形之人當比之上角，似於上天之蒼帝。色蒼者，木之色蒼也；頭小者，木之巔小也；面長者，木之體長也；肩背大者，木之枝葉繁生，其近肩之所濶大也；身直者，木之體直也；小手足者，木之枝細而根之分生者小也。此自其體而言耳。好有才者，木隨用而可以成材也；力少者，木必易摇也；言多憂而外勞於事者，木不能静也；耐春夏者，木以春夏而茂盛也；不耐秋冬者，木以秋冬而彫落也。此自其性而言耳。故秋冬有感於邪，則病易生。肝經屬足厥陰，爲根幹，故足厥陰經之分肉，形體佗佗然，有安重之義。」張云：「足厥陰，肝木之經也。肝主筋，爲罷極之本，故曰佗佗然。佗佗，筋柔遲重之貌。足厥陰爲木之藏，足少陽爲木之府，此言藏而下言府者，蓋以厥陰、少陽爲表裏，而藏爲府之主耳。故首云上角厥陰者，總言木形之全也；後云太角、左角、釱角、判角、少陽者，分言木形之詳也。兹於上角而分左右，左右而又分上下，正以明陰陽之中復有陰陽也。餘準此。」志云：「佗佗，美也，如木之美材也。」太角之人，比於左足少陽，少陽之上遺遺然。《靈樞識》云：《甲乙》注：「一曰左角。」張云：「禀五行之偏者各四，曰左之上下、右之上下，而此言木形之左上者，是謂太角之人也。其形之見於外者，屬於左足少陽之經，如下文所謂足少陽之上氣血盛則通髯美長①，以及血氣多少等辨，正合此太角之人也。遺遺，柔退貌。愚按《通天篇》有云：『太陰之人、少陰之人、太陽之人、少陽之人、陰陽和平之人，凡五人者，其態不同』，是統言大體而分其陰陽五態也，此以木火土金水五形之人而復各分其左右上下，是於各形之中②而又悉其太、少之義耳。總皆發明禀賦之異，而示人以變化之不同也。」馬云：「遺遺然者，如有所遺失，然行之不驟而馴也③。」簡按：馬注不允，志云「遺遺，謙下之態，如枝葉之下垂也」，亦恐非是。左角之人，比於右足少陽，少陽之下隨隨然。《靈樞識》云：《甲乙》作「右角」。張云：「左角，一云少角。隨隨，從順貌。下文云足少陽之下血氣盛則脛毛美長者，正合此少角之人，而此言其右之下也。餘仿此④。」鈦角之人，比於右足少陽，少陽之上推推然。《靈樞識》云：《甲乙》「推推」作「鳩鳩」。張云：「一曰右角角形而並於右足少陽之上者，是謂右角之人，此即言其右之上也。推推，前進貌。」志云：「大謂之鈦，即太角也。太角之人，比於左足少陽。鈦角之人，比於右足少陽。推推，上進之態，如枝葉之上達也。」簡案：《廣韻》鈦音大，義同。然則鈦角乃與上文大角何別？上文大角，據《甲乙》作「左角」，近是。判角之人，比於左足少陽，少陽之下栝栝然。《靈樞識》云：《正脈》、《甲乙》「括括」作「栝栝」。張云：

---

① 通髯美長：原作「通髯美良」，據學苑出版社本張志聰《靈樞集注》改。
② 是於各形之中：「是於」原作「於是」，據上海科技出版社本《靈樞識》卷五改。
③ 不驟而馴：「馴」原作「訓」，據《靈樞識》卷五改。
④ 餘仿此：「仿」原作「放」，據《靈樞識》卷五改。

「判，半也。應在大角之下者，是謂判角之人，而屬於左足少陽之下，即言其左之下也。栝栝，方正貌。凡此遺遺、隨隨、推推、栝栝者，皆所以表木形之象。」志云：「栝栝，正直之態，如木體之挺直也。」○《時則訓》云：「東方之極，自碣石山過朝鮮，貫大人之國，東至日出之次，榑木之地，青土樹木之野，太皞勾芒之所司者，萬二千里。其令曰：挺羣禁，開閉闔，通窮窒，達障塞，行優游，棄怨惡，解役罪，免憂患，休刑罰，開關梁，宣出財，和外怨，撫四方，行柔惠，止剛强。」

火形之人，陳圖南云：「火形豐鋭赤焦燥，反露氣枯無常好。」○又曰：「地二生火，在人爲心。心之竅爲舌，又主血氣毛髮。」○《秘訣》云：「五行凶，火形水性，兩不相並，尅破妻兒，錢財無剩①。」○「五行吉，火局遇木，鳶肩騰上，三十爲卿，功名蓋世。」○《風鑑》云：「欲識火形貌，下闊上頭尖，舉止全無定，頤邊更少髯。」○成和子云：「火形主明，得其五露，氣色不雜，精神不亂，動止敦厚，卧欠而安也。」○《秘訣》云：「以火爲神水作精，精全而後神方生，神全而後氣方備，氣備而後色方成。火之在人爲禮，得其形並得其性，是爲真火，主威勢勇烈，定剛柔也。」○經云：「似火得火見權果②。」比於上徵，似於赤帝。《五行大義》引《録圖》云：「南方赤帝，體爲朱鳥。其人頭尖圓面，方頤張目，小上廣下，鬚髯偃胸，順水授土。」其爲人赤色廣䏖，鋭面小頭③，好肩背髀腹，小手足，行安地，疾心，行摇肩，背肉滿，有氣，輕財，少信，多慮見事明，好顏，急心，不壽暴死，能春夏，不能秋冬。秋冬感而病生，手少陰核

---

① 錢財無剩：原作「手財無剩」，似有誤，兹據文意擬改。
② 似火得火見權果：「權果」疑當作「機果」。
③ 鋭面小頭：原作「脱面小頭」，據馬蒔《靈樞注證發微》改。

核然。《靈樞識》云：《甲乙》無「似於赤帝其爲人」七字；核核，作「窾窾」；刓，諸本作「脟」①，當改。馬云：「此言火形之人有全偏之分也。火主南方，其音徵，其色赤，故火形之人似於上天之赤帝。脟者，脊肉也；廣脟者，火之中勢熾而廣大也；面鋭頭小者，火之炎上者，必鋭且小也；好肩背髀腹者，火之自下而上，漸大而狹，故謂之好也；手足小者，火之旁及者勢小也；行安地者，火必着地而起也；疾心者，火勢猛也；行摇肩者，火之勢摇也；背肉滿者，即廣脟之義也；有氣者，火有氣勢也。此自其體而言耳。輕財者，天性易發而不聚也；少信者，性不常也；多慮而見事明者，火性明通而旁燭也；好顔者，火色光明也；急心者，火性急也；不壽暴死者，火勢不久也；耐春夏者，火令行於暑時也；不耐秋冬者，火畏水也。此自其性而言耳。故秋冬有感於邪，則病易生。手少陰心經屬火，其經脈穴道之行於分部者，若核核然，有真實之義。下文言手太陽小腸經者，以經與小腸爲表裏耳。」質徵之人，比於左手太陽，太陽之上肌肌然。《靈樞識》云：《甲乙》質作「太」。張云：「一曰質之人，一曰太徵。以徵形而應於左之上，是謂太徵之人，而屬於左手太陽之上也。肌肌，膚淺貌。」少徵之人，比於右手太陽，太陽之下慆慆然。《靈樞識》：張云：「應右徵之下者，是謂少徵之人，而屬於右手太陽之下也。慆慆，不反貌。」志云：「慆慆，喜悦之態。」簡按：《説文》「慆，説也」，志正本此。右徵之人，比於右手太陽，太陽之上鮫鮫然。《靈樞識》：張云：「以徵形而屬於右手太陽之上，是謂右徵之人。鮫鮫，踴躍貌。」質判之人，比於左手太陽，太陽之下支支頤頤然。《靈樞識》：《甲乙》「質判」作「判徵」，「支支」下有「然」字，「頤頤然」作「熙熙然」。張云：「此居質徵之下，故曰質判，而屬於左手太陽之下。判，亦半之義也。」○《時則訓》：「南方之極，自北户孫之外，貫顓頊之國，南至委火炎風之野，赤帝祝融之所司者，萬二千里。其令曰：爵有德，賞有功，惠賢良，救飢渴，

---

① 諸本作脟：原作「諸本有脟」，據文意擬改。

舉力農，振貧窮，惠孤寡，憂罷疾，出大禄，行大賞，起毁宗，立無後，封建侯，立賢輔。」

土形之人，陳圖南云：「土形敦厚色黄光，臀背露兮性樂静。」○又曰：「天五生土，在人爲脾，脾之竅爲脣，又主肉色。」○《秘訣》：「五形凶，土逢木尅，作事無成，若然夭折，家道伶仃。」○「五形吉，土添離火，戊己丙丁，愈煖愈佳，其道生成。」○《風鑑》云：「端厚仍深重，安詳若泰山，心謀難測度，信義動人間。」○成和子云：「土形主厚，得其五厚，氣色不雜，精神不亂，動止敦龐，處久而静也。」○《秘訣》云：「土浮游於四季，旺在辰戌丑未，寄在丙丁，一季主事十八日，其德能生萬物。在人爲信，得其形並得其性，是謂真土。主生育有容①，定富貴也。」○經云：「似土得土厚櫃庫。」比於上宫，似於上古五天帝之黄帝本屬上古，此爲寓言，故以上古言之。黄帝《五行大義》引《録圖》云：「中央黄帝，體爲軒轅，其人面方廣顙，兑頤緩脣，背豐厚，順木授金。」○《内經》由孔門所傳，故用六書文字，此本又出先秦漢初先師之手，非真古黄帝之書，其言黄帝者，託古也。此篇以黄帝而問黄帝，故加「上古」二字。其爲人黄色，圓面大頭，美肩背，大腹，美股脛，小手足，多肉，上下相稱。行安地，舉足浮②，安心，好利人，不喜權勢，善附人也。能秋冬，不能春夏，春夏感而病生，足太陰敦敦然。《靈樞識》云：《甲乙》無「似於上古黄帝」六字。馬云：「曰上古者，以别於本帝也。色黄者，土之色黄也；面圓者，土之體圓也；頭大者，土之體平也；肩背美者，土之體厚也；腹大者，土之體闊大也；股脛美者，土之體肥也；小手足者，土本大亦可以小也；多肉者，土主肉也；上下相稱者，土自上而下，其體如一

① 生育有容：「生育」疑當作「載育」。

② 舉足浮：「舉」上原衍「學」字，據張志聰《靈樞集注》删。

也；行安地者，體安重也；舉足浮者，土揚之則浮也。此自其體而言耳。安心者，土不輕動也①；好利人者，土以生物爲德也；不喜權勢、善附人者，土能容垢納污，不棄賤趨貴也；耐秋冬者，土喜滋潤也；不耐春夏者，土畏亢燥也。故春夏有感於邪，則病易生。此自其性而言耳②。」太宫之人，比於左足陽明，陽明之上婉婉然。《靈樞識》：張云：「以宫形而應於左之上，是謂太宫之人，而屬於左足陽明之上也。」加宫之人，比於左足陽明，陽明之下坎坎然。《靈樞識》引張云：「應在太宫之下者，是謂加宫之人，而屬於左足陽明之下也。」少宫之人，比於右足陽明，陽明之上樞樞然。《靈樞識》引張云：「應在太宫之右，故曰少宫之人，而屬於右足陽明之上也。」左宫之人，比於右足陽明，陽明之下兀兀然。《靈樞識》引張云：「當是右宫之人，故屬於右足陽明之下也。」○《時則訓》：「中央之極，自昆侖東絶兩恒山，日月之所道，江漢之所出，衆民之野，五穀之所宜，龍門、河、濟相貫，以息壤堙洪水之州，東至於碣石，黄帝、后土之所司者，萬二千里。其令曰：平而不阿，明而不苛，包裹覆露，無不囊懷，溥氾無私，正静以和，行秄鬻，養老衰，弔死問疾，以送萬物之歸。」

金形之人，陳圖南云：「金形方正色潔白，肉不盈兮骨不薄。」○又曰：「地四生金，在人爲肺。肺之竅爲鼻，又主皮膚喘息。」○《秘訣》云：「五形凶，金形帶木，斲削方成，初主蹇滯，末主超羣。」○「五形吉，金逢厚土，足寳足珍，諸事營謀，遂意稱心。」○又云《風鑑》云：「部位要中正，三停又帶方，金形人入格，自是有名揚。」○成和子云：「金形主方，得其五方，氣

① 土不輕動也：「土」原作「上」，據《靈樞識》卷五改。
② 此自其性而言耳：「耳」字原脱，據《靈樞識》卷五補。

色不雜，精神不亂，動止規模，坐久而重也。」〇《秘訣》云：「金之位於乾兑，含西方肅殺之氣①，秉堅剛之體。在人爲義，得其形並得其性，是爲真金。主刑誅厄難，定壽夭也。」〇經云：「似金得金剛毅深。」比於上商，似於白帝。《五行大義》引《録圖》云：「西方白帝，體爲白虎，其人方顙，直面兑目，大鼻小角，順火授水。」其爲人方面，白色，小頭，小肩背，小腹，小手足，如骨發踵外，骨輕，身清廉，急心，静悍，善爲吏。能秋冬，不能春夏，春夏感而病生。手太陰敦敦然。《靈樞識》云：《甲乙》無「似於白帝」四字。馬云：「面方者，金之體方也；色白者，金之色白也；曰頭、曰肩背、曰腹俱小者，金體沉重而不浮大也；手足小如骨發踵外者，金之旁生者必小，而其足跟之外如另有小骨發於踵外也；骨輕者，金無骨，故其骨則輕也；身清廉者，金之體冷而廉静，不染他污也。此自其體而言耳。急心者，金性至急也；静悍者，金之性不動則静，動之則悍也；善爲吏者，金主肅殺有威也；耐秋冬者，金令王於凉寒之候也；不耐春夏者，金畏火也。故春夏有感於邪，則病易生，此自其性而言耳。」釱商之人，比於左手陽明，陽明之上廉廉然。《靈樞識》：《甲乙》釱作「大」。右商之人，比於左手陽明，陽明之下脱脱然。《靈樞識》：馬云：「右商之人，疑是『左商之人』。」左商之人，比於右手陽明，陽明之上監監然。《靈樞識》：馬云：「左商之人，當是『右商之人』也。」少商之人②，比於右手陽明，陽明之下嚴嚴然。《靈樞識》：張云：應左右之下者，是謂少商之人，而屬於右手陽明之下也。〇《時則訓》：「西方之極，自昆侖絶流沙、沉羽，西至三危之國，石城金室，飲氣之民，不死之野，少皞、蓐收之所司者，萬二千里。其令曰：審用法，誅必辜，備盜賊，禁姦邪，飾羣牧，謹著聚，修城郭，補決竇，塞蹊徑，遏溝瀆，

---

① 含西方肅殺之氣：「含」字原脱，據上下文意擬補。

② 少商之人：「少商」原作「小商」，據《靈樞集注》改。

止流水，雖谿谷，守門閭，陳兵甲，選百官，誅不法。」

水形之人，陳圖南云：「水形圓厚重而黑，腹垂背聳真氣魄。」○又曰：「天一生水，在人爲腎，腎之竅爲耳，又主骨齒。」○《秘訣》云：「五形凶，水性遇土，忽破家財，疾苦連年，終身迍邅。」○「五形吉，水得金生，名利雙成，知圓形方，明達果毅。」○《風鑑》云：「眉粗並眼大，城郭更團圓，此水名真水，平生富自然。」○成和子曰：「水行主圓①，得其五圓，氣色不雜，精神不亂，動止寬容，行久而輕也。語云：智者樂水。又云：智者動。」○《秘訣》云：「水先天之氣耳②，通貫於六合，化機不息，亘古如常，圓融似智。得其形並得其性，是爲真水。主聰明敏達，定賢愚也。」○經云：「似水得水文學貴。」比於上羽，似於黑帝。《五行大義》引《録圖》云：「北方黑帝，體爲玄武。其人夾面兑頭，深目厚耳，垂腹反羽，順土授木③。」其爲人黑色，面不平，大頭，廉頤，小肩，大腹，動手足，發行摇身，下尻長，背延延然，不敬畏，善欺紿人，戮死。能秋冬，不能春夏，春夏感而病生，足少陰汗汗然。《靈樞識》：《甲乙》無「似於黑帝」四字。馬云④：「面不平者，水上有波也；頭大者，水面不鋭也；頤廉有角者，水流四達也；肩小者，水之自高而瀉下者，其高處不大也；腹大者，水之腹大而善藏物也；手足動及發行必摇身者，水流而達也；下尻長者，水流必長也；背延延然者，亦長意也。此自其體而言耳。不敬畏者，水決而不可遏也；善欺紿者，水性不實也；戮死者，水滅體消也；耐秋冬

① 水行主圓：「主」原作「立」，據文意擬改。
② 水先天之氣耳：「先天」之「天」字原脱，據文意擬補。
③ 順土授木：原作「順土授水」，據《五行大義》卷五改。
④ 馬云：此二字原脱，據《靈樞識》卷五補。

者，水以秋冬不虧也；不耐春夏者，水以火而沸也。此自其性而言耳。」太羽之人，比於右足太陽，太陽之上頰頰然。《靈樞識》：張云：「以水形而應於右之上者，是謂太羽之人，而屬於右足太陽之上也。」小羽之人，比於左足太陽，太陽之下紆紆然。《靈樞識》引張云：「在左之下者，是謂少羽之人，而屬於左足太陽之下也。」衆之爲人，比於右足太陽，太陽之下潔潔然。《靈樞識》引張云：「衆，常也，一曰加之人。應在右之下者，曰衆之爲人，而屬於右足太陽之下也。」桎之爲人，比於左足太陽，太陽之上安安然。《靈樞識》引張云：「桎、窒同，局窒不通之義。居左之上者，曰桎之爲人，而屬於左足太陽之上。」〇《時則訓》：「北方之極，自九澤窮夏晦之極①，北至令正之谷，有凍寒積冰、雪雹霜霰，漂潤羣水之野，顓頊、玄冥之所司者，萬二千里。其令曰：申羣禁，固閉藏，修障塞，繕關梁，禁外徙，斷罰刑，殺當罪，閉關閭②，大搜客，止交游，禁夜樂，蚤閉晏開，以塞姦人。已得，執之必固。天節已幾，刑殺無赦，雖有盛尊之親，斷以法度。毋行水，毋發藏，毋釋罪。」

凡尅皆對衝，與歲破之意同，如水火金木，其說甚明。若以土字占一位，則當在西，木尅土。金當在北，火尅金。火當在東矣。土尅水。

是故五形之人，二十五變者，衆之所以相欺者是也。《靈樞識》引馬云：「此總結上文五行之人，有二十五等之異者，乃衆人之難辨而易欺者也。」張云：「形分爲五，而又分爲二十五，稟賦既偏，則不免强弱盛負之相欺。故惟不偏不易，而鍾天地之正氣者，斯爲陰陽和平之人。是以有聖跖賢愚之別也。」楊慎云：相法出於黄帝，雖不能通其詳，其大

---

① 窮夏晦之極：「窮」原作「通」，據《新編諸子集成》本劉文典《淮南鴻烈集解》改。

② 閉關閭：「關」字原脱，據《淮南鴻烈集解》補。按據王念孫，「門」當爲「關」字之誤。

指可知矣，乃知此術不始於《左傳》、《荀子》所載，唐舉、管輅之所師，當出於此。

黄帝曰：得其形，不得其色，何如？岐伯曰：形勝色，色勝形者，至其勝時、年加，感則病行，失則憂矣。形色相得者，富貴大樂。《靈樞識》：馬云：「人有形勝色者，如木形人而黄色現也；有色勝形者，如木形人而白色現也。但此等之人，不以本形之本色相見，而有他色來見，至其形色相勝之時，值有年忌相加，則感之而病，行倘有疎失，則甚可憂矣。如得本形本色相得者，其年當富貴大樂也。」張云：「勝時年者，如木王土衰，而又逢丁壬之木運，或東方之干支，值其王氣相加而感之，則病矣。」簡按：張以運氣釋之，恐非經旨。

黄帝曰：其形色相勝之時，年加可知乎？岐伯曰：凡年忌下上之人，大忌常加。七歲、十六歲、二十五歲、三十四歲、四十三歲、五十二歲、六十一歲，皆人之大忌，不可不自安也。感則病行，失則憂矣。當此之時，無爲姦事，是謂年忌。《靈樞識》：《甲乙》「凡年忌下上之人大忌」作「凡人之大忌」五字①，似是。張云：「此言年忌，始於七歲，以至六十一歲，皆遞加九年者，蓋以七爲陽之少，九爲陽之老，陽數極於九，而極必變，故自七歲以後，凡遇九年，皆爲年忌。」馬云：「凡所謂年忌者，乃各經下上之人，大忌其常加也。如大角之人比於左足少陽之上，判角之人比於左足少陽之下，屬木之人也。」簡按：「相勝之時」下句。

黄帝曰：夫子之言脈之上下，血氣之候，以知形氣奈何？岐伯曰：足陽明之上，血氣勝則髯美長，血少氣多則髯短；故氣少血多則髯少，血氣皆少則無髯，兩吻多畫。《靈樞識》：《甲乙》「髯美」「髯短」「髯少」及「無髯」之「髯」俱作「鬚」，《漢書・高帝紀》師古注：「在頤曰鬚，在頰曰髯。」「血少氣多」作「血多氣少」，

---

① 五字：此二字原脱，據《靈樞識》卷五補。

「氣少血多」作「氣多血少」。張云：「此下言手足三陽之外候也。足陽明胃經之脈，行於上體者，循鼻外挾口環脣，故此經氣血之盛衰，皆形見於口傍之髯也。吻，口角也。畫，紋也。陽明血氣不充兩吻，故多紋畫。」簡按：漢周亞夫從理入口而餓死，其理略同。足陽明之下，血氣盛則下毛美長至胸，血多氣少則下毛美短至臍，行則善高舉足，足指少肉，足善寒；血少氣多則肉而善瘃，血、氣皆少則無毛，有則稀枯瘁，善痿厥足痺。《靈樞識》：《甲乙》「足指」作「足大指」。馬云：「瘃，音祝。《釋文》云：手中寒瘡也。」張云：「足陽明之脈行於下體者也，由歸來至氣街，陰陽總宗筋之會①，會於氣街而陽明爲之長，故形見於下毛，而或有至胸至臍也。行則善高舉足者，因其血多；蓋四支皆稟氣於胃，足受血而能步也。足指少肉，足善寒者，因其氣少；蓋四支者諸陽之本，陽氣不足，則指少肉而善寒也。血少氣多，則浮見於外，故下體肉分多爲寒腫也。足陽明爲五藏六府之海，主潤宗筋，束骨而利機關也；今血氣俱少於下，故爲痿厥足痺等病。」足少陽之上，氣血盛則通髯美長，血多氣少則通髯美短，血少氣多則少鬚，血氣皆少則無鬚，《靈樞識》：張云：「足少陽膽經之脈，行於上體者抵於䪼下頰車，故其氣血之盛衰，必形見於鬚髯也。」感於寒濕則善痺，骨痛爪枯也。《靈樞識》：張云：「此皆筋骨之病，以少陽厥陰爲表裏，而肝主筋也。」足少陽之下，血氣盛則脛毛美長，外踝肥；血多氣少則脛毛美短，外踝皮堅而厚；血少氣多則胻毛少，外踝皮薄而軟；血氣皆少則無毛，外踝瘦無肉。《靈樞識》：張云：「足少陽之脈，行於下體者，出膝外廉，下外輔骨外踝之前②，故其形見者，皆在足之外側。」足太陽之上，血氣盛則美眉，眉有毫毛；血多氣少

---

① 陰陽總宗筋之會：「陰陽」二字原脱，據《靈樞識》卷五補。

② 外輔骨外踝之前：原作「外轉骨外輔之前」，據人民衛生出版社本張介賓《類經》卷四改。

則惡眉，面多少理；血少氣多，則面多肉；血氣和，則美色。《靈樞識》：《甲乙》「面多少理」作「面多小理」。張云：「足太陽膀胱之脈，行於上體者，起於目内眥，其筋之支者，下顔結於鼻，故其氣血之盛衰，皆形見於眉面之間也。」志云：「毫毛者，眉中之長毛，因血氣盛而生長。惡眉者，無華彩而枯瘁也。」足太陽之下，血氣盛則跟肉滿，踵堅；氣少血多則瘦，跟空；血氣皆少則善轉筋，踵下痛。《靈樞識》：張云：「足太陽經之行於下體者，從後廉下合膕中，貫腨内，出外踝之後，結於踵，故其形見爲病，皆在足之跟踵也。」手陽明之上，血氣盛則髭美，血少氣多則髭惡，血氣皆少則無髭。《靈樞識》：《甲乙》「無髭」上有「善轉筋」三字。張云：「手陽明大腸之脈，行於上體者，挾口交人中，上挾鼻孔，故其氣血之盛衰，必形見於髭也。在口上曰髭，在口下曰鬚。」手陽明之下，血氣盛則腋下毛美，手魚肉以温；氣血皆少，則手瘦以寒。《靈樞識》：張云：「手陽明之行於下體者，上臑外前廉，下近於腋，且陽明太陰爲表裏，而太陰之脈出腋下，故腋下毛美。手魚肉者，大指本節後厚肉也。本經之脈起次指，出合谷，故形見於此。」手少陽之上，血氣盛則眉美以長，耳色美；血氣皆少則耳焦，惡色。《靈樞識》：張云：「手少陽三焦之脈，行於上體者，出耳前後，至目鋭眥，故其血氣之盛衰，皆見於耳目之間。」手少陽之下，血氣盛則手捲多肉以温，血氣皆少則寒以瘦，氣少血多則瘦以多脈。《靈樞識》：《甲乙》「捲」作「拳」。張云：「手少陽之脈，行於下體者，起名指端，循手腕出臂外上肘，故其形見若此。」志云：「蓋手少陽之血氣，循手表腕，盛則皮緩肉淖，故善於捲握也。多脈者，皮肉瘦而脈絡多外見也。」手太陽之上，血氣盛則有多鬚，面多肉以平①；血氣皆少

① 面多肉以平：「面多肉」原作「而多肉」，據《靈樞識》卷五改。

則面瘦，惡色。《靈樞識》：《甲乙》「有多鬚」無「有」字，「鬚」作「髯」，「惡色」作「黑色」。張云：「手太陽小腸之脈，行於上體者，循頰上頔，斜絡於顴，故其血氣之盛衰，皆形見於鬚面之間也。」手太陽之下，血氣盛則掌肉充滿，血氣皆少則掌瘦以寒。《靈樞識》張云：「手太陽之脈，行於下體者，循手外側上腕，故其形見者如此。按：本篇首言五形者，以藏爲主而言其稟；此言六陽者，以府爲表而言其形。稟質相合，象變斯具矣，此所以有左右上下之分也。」

黄帝曰：二十五人者，刺之有約乎？岐伯曰：美眉者，足太陽之脈氣血多；惡眉者，氣血少；其肥而澤者，血氣有餘；肥而不澤者，氣有餘，血不足；瘦而不澤者，氣血俱不足。審察其形氣有餘不足而調之，可以知逆順矣。《靈樞識》：張云：「此言足太陽一經之盛衰，而他經之有餘不足亦猶是也。審察既明，而後調之，則不失其逆順矣。」

黄帝曰：刺其諸陰陽奈何？岐伯曰：按其寸口人迎，以調陰陽，切循其經絡之凝澀，結而不通者，此於身皆爲痛痹，甚則不行，故凝澀。凝澀者，致氣以温之，血和乃止。其結絡者，脈結血不行，決之乃行。《靈樞識》云：《甲乙》「澀」作「泣」。張云：「寸口在手，太陰脈也；人迎在頭，陽明脈也。太陰行氣於三陰，陽明行氣於三陽，故按其寸口人迎而可以調陰陽也。《禁服》、《終始》、《經脈》等篇，所謂人迎脈口一盛二盛三盛等義，皆是也。經絡爲病，身必痛痹，甚則血氣不行，故脈道凝澀也；血脈凝澀，氣不至也，故當留鍼以補，而致其氣以温之。致，使之至也。決者，開泄之謂。」故曰：氣有餘於上者，導而下之；氣不足於上者，推而休之；其稽留不至者，因而迎之。必明於經隧乃能持之。寒與熱争者，導而行之；其宛陳血不結者，則而予之。《靈樞識》：《甲乙》「休」作「往」，「則而予之」作「即而取之」。馬云：「大凡病之氣有餘於上者，則病在上，求之下，當鍼其穴之在下者，以導而下之；氣不足於上者，則仍刺其上穴，乃推其鍼而久留以休息之，候其氣至可也。

如鍼已稽留而氣尚未至，必因而迎之，隨即有以推之耳。凡此者，必先明於各經經脈之隧，然後可持鍼以刺之。其間有寒熱相争者，則導而行之，有氣鬱陳而血未結者，必側其鍼以刺之。」必先明知二十五人，則血氣之所在，左右上下，刺約畢也。《靈樞識》：《甲乙》「則」作「別」，「刺」上有「則」字，「也」作「矣」。張云：「凡刺之道，須明血氣，故必知此二十五人之脈理而刺之，大約可以盡矣。」

《靈・論勇篇》先詳五形，次論忍痛，終乃言勇怯。其性情不同，皆由形體藏府之各別。

黄帝問於少俞曰：有人於此，並行並立，其年之長少等也，衣之厚薄均也，卒然遇烈風暴雨，或病或不病，或皆病或皆不病，其故何也？少俞曰：帝問何急？黄帝曰：願盡聞之。少俞曰：春青風，夏陽風，秋凉風，冬寒風。九宮八風，此俗爲四同①。凡此四時之風者，其所病各不同形。黄帝曰：四時之風，病人如何？少俞曰：黄色土形。薄皮弱肉者，不勝春之虚風；木尅土。白色金形。薄皮弱肉者，不勝夏之虚風；火尅金。青色木形。薄皮弱肉，不勝秋之虚風；金尅木。赤色火形。薄皮弱肉，不勝冬之虚風也。水尅火。黄帝曰：黑色不病乎？少俞曰：黑色水形。而皮厚肉堅固，與薄皮弱肉反。不傷於四時之風。此水形特長。其皮薄而肉不堅，與上四形同。色

① 此俗爲四同：「四同」於義難通，疑當作「四風」。

不一者，水形而色不能黑。長夏至而有虛風者，病矣；土尅水。其皮厚而肌肉堅者，長夏至而有虛風，不病矣。以上爲解。其皮厚而肌肉堅者，必重感於寒，不畏風而畏寒，此風寒之分。外内皆然①，乃病。黄帝曰：善。

黄帝曰：夫人之忍痛與不忍痛者，非勇怯之分也。夫勇士之不忍痛者，見難則前，見痛則止；夫怯士之忍痛者，聞難則恐，遇痛不動。夫勇士之忍痛者，見難不恐，遇痛不動；夫怯士之不忍痛者，見難與痛，目轉面盻，恐不能言，失氣，驚，顔色變化，乍死乍生。余見其然也，不知其何由，願聞其故。少俞曰：夫忍痛與不忍痛者，皮膚之薄厚，肌肉之堅脆緩急之分也，診皮絡法。非勇怯②之謂也。

黄帝曰：願聞勇怯之所由然③。少俞曰：勇士者，目深以固，長衡直揚，三焦理横，其心端直；其肝大以堅，其膽滿以傍，怒則氣盛而胸張④，肝舉而膽横，眥裂而目揚，毛起而面蒼。此勇士之由然者也。

---

① 外内皆然：原作「故内皆然」，據《靈樞・論勇》改。
② 勇怯：原作「怯勇」，據《靈樞・論勇》乙。
③ 之所由然：原作「所定由然」，據《靈樞・論勇》改。
④ 怒則氣盛而胸張：「而」原作「則」，據《靈樞・論勇》改。

黄帝曰：願聞怯士之所由然。少俞曰：怯士者，目大而不減，陰陽相失，其三焦理縱，䯏骬短而小，肝系緩，其膽不滿而縱，腸胃挺，脇下空；雖方大怒，氣不能滿其胸，肝肺雖舉，氣衰復下，故不能久怒。此怯士之所由然也。

黄帝曰：怯士之得酒，怒不避勇士者，何藏使然？少俞曰：酒者，水穀之精，熟穀之液也，其氣慓悍；其入於胃中，則胃脹，氣上逆，滿於胸中，肝浮膽横。當是之時，固比於勇士①，氣衰則悔。與勇士同類②，不知避之，名曰酒悖也③。

《靈・衛氣失常篇》

黄帝問於伯高曰：人之肥瘦小大寒温，以形體言。○《靈樞識》：馬云：「大小者，身之大小也；寒温者，身寒暖也。」有老壯少小，以年歲分。别之奈何？

伯高對曰：人年五十以上爲老，二十以上爲壯，十八以上爲少，六歲以上爲小。年歲分四

---

① 固比於勇士：「比」原作「此」，據《靈樞・論勇》改。

② 與勇士同類：「類」原作「推」，據《靈樞・論勇》改。

③ 名曰酒悖也：「悖」原作「倖」，據《靈樞・論勇》改。

等。〇《靈樞識》：馬云：「『十八已上，六歲以上』，『上』①字俱當作『下』。」王弘義云：「數始於一，成於三，三而兩之爲六，三而三之爲九。十八者，二九之數也；二十者，陰陽之生數始也；五十者②，五行之生數終也。」簡案：《千金》引《小品方》云：「凡人生六歲已上爲小，十六已上爲少，三十已上爲壯，五十已上爲老」，由此考之，「已上」不必「已下」之誤。

黄帝曰：何以度知其肥瘦？伯高曰：人有肥、《周禮》。有膏、《周禮》膏。有肉。《周禮》肉。〇西人以血液分人體三種，與此異同。黄帝曰：别此奈何？伯高曰：膕肉堅，皮滿者，肥。肥。膕肉不堅，皮緩者，膏。瘦。皮肉不相離者，肉。《靈樞識》云：《甲乙》「膕」作「䐃」，「肥」作「脂」。張「膕」作「䐃」，注云：「肥者，即下文所謂脂也。䐃肉，肉之聚處也。此言偉壯之人，而有脂、膏、肉三者之異，脂者緊而滿，故下文云肉堅身小；膏者澤而大，故下文云肉淖垂腴；皮肉連實而上下相應者曰肉，故下文曰身體容大。」志云：「腠理者，肌肉之文理。如豕之精肉③，條分而有理路④，理中之白膜曰脂，肉外連皮之肥肉曰肥。膏者，即肥之脂膏，謂如豕肉之紅白相間而有數層者爲膏。」簡案：《廣韻》云：凝者曰脂，澤者曰膏。《博雅》云：人一月⑤而膏，二月而脂。又《漢·五行志》：在人腹中，肥而包裹心者，脂也。經文皮之滿、緩可以證其凝與否也。馬云「膏者，油也。脂者，骨中髓也⑥」，誤。

---

① 上：原作「下」，據《靈樞識》卷五改。
② 五十者：此三字原脱，據《靈樞識》卷五補。
③ 豕之精肉：「精肉」原作「分肉」，據《靈樞識》卷五改。
④ 條分而有理路：「路」字原脱，據《靈樞識》卷五補。
⑤ 月：「月」原作「肉」，據《靈樞識》卷五改。
⑥ 骨中髓也：「骨」上原重一「骨」字，據《靈樞識》卷五删。

黄帝曰：身之寒温何如？伯高曰：膏者，其肉淖，而粗理者身寒，細理者身熱。脂者，其肉堅，細理者熱，粗理者寒。《靈樞識》：《甲乙》「細理者熱」①之「熱」作「和」，非。張云：「淖，柔而潤也。膏者肉淖，脂者肉堅，若其寒熱，則粗理者皆寒，細理者皆熱。」志云：「粗理者，衛氣外泄，故身寒；細理者，衛氣收藏，故身熱。」

黄帝曰：其肥瘦大小奈何？伯高曰：膏者，多氣而皮縱緩，故能縱腹垂腴；肉者，身體容大；脂者，其身收小②。《靈樞識》：張云：「縱，寬縱也；腴，脂肥也。膏者縱腹垂腴，脂者其身收小，是膏肥於脂也。肉爲皮肉連實，自與脂膏者有間。」志云：「胃氣盛則腠理肥，是以膏者多氣而皮縱緩，故能縱腹垂腴③。腴者，臍下之少腹也。肉者身體容大，此衛氣盛而滿於分肉也；脂者其身收小，此衛氣深沉，不能充乎分肉，以致脂膜相連④而肌肉緊密，故其身收小也。」簡案《說文》：「腴，腹下肥也⑤。」又《禮・少儀》注：「腴，腹下膏也⑥。」《通雅》云：「凡肉肥耎處曰腴」，志直爲「少腹」，恐非也。

黄帝曰：三者之氣血多少何如？伯高曰：膏者多氣，多氣者熱，熱者耐寒；肉者多血，

---

① 細理者熱之熱：「細理者」三字原脱，據《靈樞識》卷五補。
② 其身收小：「身」字原脱，據《靈樞・衛氣失常》補。
③ 縱腹垂腴：「腹」字原脱，據《靈樞識》卷五補。
④ 脂膜相連：「膜」字原脱，據《靈樞識》卷五補。
⑤ 腴腹下肥也：「腴」字原脱，據《靈樞識》卷五補。
⑥ 腹下膏也：「膏」字原脱，據《靈樞識》卷五補。

多血則充形，充形則平；脂者，其血清，氣滑少，故不能大。《靈樞識》：張云：「膏者多氣，氣爲陽，故質熱而耐寒也；肉者多血，血養形，故形充而氣質平也；脂者血清而氣滑少，故不能大。若此三者①，雖肥盛，皆別於衆人，而脂者之氣血似不及乎膏肉也。愚按：世傳肥白之人②多氣虛，而此云膏者多氣，不無相左；若據余聞見之驗，則蒼瘦之氣虛者，固不減於肥白，是以不宜膠柱也。」此別於衆人者也。

黄帝曰：衆人奈何？伯高曰：衆人，皮肉脂膏不能相加也，血與氣不能相多，故其形不大不小，各自稱其身，命曰衆人。《靈樞識》：張云：「衆人者，言三者之外，衆多之常人也。其皮肉、脂骨、血氣各有品格，故不能相加，亦不能相多，而形體小大皆相稱而已。」余伯榮云：「不能相加者，謂血氣和平，則皮肉脂膏不能相加於肥大也；血氣之浮沉深淺各有常所，不能相多於肥肉間也；皮肉筋骨各自稱其身，故其形不大不小也。」

黄帝曰：善。治之奈何？伯高曰：必先別其三形，血之多少，氣之清濁，而後調之，治無失常經。是故膏人③，縱腹垂腴；肉人者，上下容大；脂人者，雖脂不能大也。《靈樞識》：《甲乙》「膏人」下有一「者」字。張云：「三形既定，血氣既明，則宜補宜瀉自可勿失常經矣。是故『膏人』以下，此重言其詳也。」

---

① 若此三者：「者」字原脱，據《靈樞識》卷五補。

② 肥白之人：「之人」二字原脱，據《靈樞識》卷五補。

③ 是故膏人：「膏人」原作「聖人」，據《靈樞·衛氣失常》改。

《素・血氣形志篇》人形志苦樂不同，分五門治之。

形樂志苦，病生於脈，心。治之以灸刺；楊注：形，身之皃也；志，心之志也。心以主脈，以其心勞，邪氣傷脈，心之應也，故以灸刺補寫脈病也。○按：此互舉示例之法，與《方治異宜》①篇同。形苦志樂，病生於筋，肝。治之以熨引；楊注：形苦筋勞，邪氣傷筋，肝之應也。筋之病也醫而急，故以熨引調其筋病也。藥布熨之引之，使其調也。形樂志樂，病生於肉，脾。治之以鍼石；楊注：形志俱逸，則邪氣客肉，脾之應也，多發癰腫②，故以砭鍼及石熨調之也。《山海經》曰：高氏之山③，其上多玉，有石可以爲砭鍼，堪以破癰腫者也。形苦志苦，病生於咽喝，肺。治之以藥；楊注：形志俱苦勞氣，客邪傷氣，在於咽喝，肺之應也。喝，肺喘聲也，有本作「渴」。故療之湯液丸散藥之也。形數驚恐，筋脈不通，腎。病生於不仁，治之以按摩醪藥。是謂五形。楊注：驚恐主腎，形多驚懼，邪客筋脈，筋脈不通，腎之應也。病生筋脈皮膚之間。爲痺不仁，故以按摩醪醴。五形，言陳其所宜也。故曰：刺陽明出血氣，楊注：手陽明，大腸脈，足陽明，胃脈也，二脈上下連注，其氣最强，故此二脈盛者，刺之，血氣俱寫。刺太陽出血惡氣，楊注：手太陽，小腸脈也，足太陽，膀胱脈也，二脈上下連注，津液最多，故二脈盛者，刺之寫血。

① 方治異宜：疑爲「異法方宜」之誤。
② 多發癰腫：「癰腫」原作「癰脾」，據《太素校注》卷一九楊注改。
③ 高氏之山：「高氏」原作「高石」，據《太素校注》卷一九改。

邪客之者，寫去惡氣也。刺少陽出氣惡血，楊注：手少陽，三焦脈也，足少陽，膽脈也，二脈上下連注，其氣最多，此二脈盛者，刺之寫氣。邪客之者，寫去惡血也。刺太陰出血氣，楊注：手太陰，肺脈也，足太陰，脾脈也，此二太陰與二陽明雖爲表裏，其氣血俱盛，故並寫血氣也。刺厥陰出血惡氣，楊注：手厥陰，心包絡脈也，足厥陰，肝脈也，與二少陽以爲表裏，二陽氣多血少，陰陽相反，故二陰血多氣少，是以二厥陰盛，以寫血也。邪客之者，寫去惡血也。陽明多血氣，太陽多血少氣，少陽多氣少血，太陰多血氣，厥陰多血少氣，少陰少血多氣。楊注：此言刺三陰三陽，出血出氣差別所以也。足陽明太陰爲表裏，少陽厥陰爲表裏，太陽少陰爲表裏，是謂足之陰陽也；手陽明太陰爲表裏，少陽心主爲表裏，太陽少陰爲表裏，是謂手之陰陽也。楊注：今知手足陰陽所在。凡治病必先去其血，去其所苦，伺之所欲，然後寫有餘，補不足。楊注：凡療病法，諸有痛苦由其血者，血聚之處①，先刺去之；刺去血已，伺候其人情之所欲，得其虛實，然後行其補寫之法也。

---

① 血聚之處：「血聚」原作「血刺」，據《太素校注》卷一九改。

診皮篇補證

〔附〕仲景診皮法及診皮名詞釋尺共三種

隋楊上善　撰注　井研廖平　補證
邱進之　校點

校點説明

此書全名《黄帝内經太素診皮篇補證》，隋楊上善撰注，廖平補證。據《六譯先生年譜》，此書爲民國三年（一九一四）完成。廖平認爲《靈樞·診尺篇》實爲古代診皮之法，「尺」乃「皮」之訛誤。楊上善作《黄帝内經太素》，其《診尺篇》未明「尺」字之誤，就誤字立訓，過於迂曲。廖平因作補證，凡楊氏立説之誤則隨補證於本條之下，楊氏所未及之單條短節則附録於後，名曰《診皮篇補證》。又以《仲景診皮法》（命姪孫宗濬所輯）、《診皮名詞解》、《釋尺》三種附之。其中所收《古經診皮篇》之《序》作於「壬子中秋日」，當民國元年，《四川國學雜誌》題名爲《古經診皮篇敘》，《六譯館叢書》題爲《古經診皮名詞序》。《古經診皮篇名詞解》，《四川國學雜誌》題名爲《古經診皮篇名目解》。民國三年（一九一四）《國學薈編》第十期刊載，成都存古書局刊行，收入《六譯館叢書》。又有民國十三年（一九二四）上海千頃堂書局印《診斷學彙編》本。今以《六譯館叢書》本爲底本進行點校。

目録

靈樞論疾診尺(皮)篇

《太素》不録本經篇名，今補之。案此經爲診皮正篇，楊氏不改字，仍原文，而曰「尺膚」、「尺分」之皮膚，就誤字立訓，過於迂曲；且其立篇曰《色脈尺診》、《尺診》、《尺寸診》，尤與經脈名目相混。「尺」與「皮」字相似，本爲「皮」之剥文，後來寸、關、尺之説大盛，皆從尺脈解之，無人知爲皮膚，轉使僞法得以影射經文，而診皮之法因以斷絶。固不必避此小嫌，遺世大害，今故直讀作「皮」，以與《玉機真藏》二「皮」字相同。仿姚氏校《國策》之例，凡楊氏誤文皆作陰文①，補改之文作正文；楊氏立説之誤，則隨補證於本條之下，楊氏所未及之單條短節，則附録於後，名曰補證。庶古法得以復明，當亦楊氏所甚願也。

又，診皮法指全身皮膚而言，所有發熱身寒、四肢厥逆、手足自温，皆在診皮法中，不止診皮經中臂、肘、掌、腹而已。楊氏不肯改字，雖不指尺膚爲尺脈，然拘於尺澤至尺之皮膚，是診皮囿於肘中一尺之地位，其他則所不計；改「尺」爲「皮」，上頭下足，腹背兩

① 原刻本陰文之字今不便照排，權加方框代之。下同。

手，皮膚所在，無不包舉，以較楊氏囿於一尺之地位者，其得失何如哉？

經有「尺膚」之文，俗説以尺爲兩手尺部，一指地位，何足以診六變之象？且有尺膚明文，而别無寸膚、關膚，足見「尺」當爲「皮」字之誤。且《玉機真藏篇》於脈外言皮熱、皮寒，與《診尺篇》脈外言尺熱、尺寒相同。足見《玉機》爲不誤之本字，「診尺」「尺」當爲「皮」字之剥文，固一定不移。考仲景全書，言身熱身寒、厥逆自温、皮膚甲錯、緩緊滑澀者共數十條，是爲診家矩矱，萬不可缺此一門者也。

《靈》、《素》二書，唐、宋以後雖存若亡。惟仲景書，有方文約，習之者尚多，接引後賢，其尤在仲景乎！今故彙輯仲景診皮古法，别爲一卷，附《内經》之後。《脈經》、《甲乙》、《千金》、《外臺》，大抵不出仲景範圍，仿《外臺》之例，標其相同諸家，有出仲景外者，亦附於後。

《千金方》十八卷《皮虚實第四》論曰：夫五藏六府者，内應骨髓，外合皮毛膚肉。若病從外生，則皮毛膚肉關格强急；若病從内發，則骨髓痟疼。然陰陽表裏、外皮内髓，其病源不可不詳之也。皮虚者寒，皮實者熱，凡皮虚實之應，主於肺大腸。其病發於皮毛，熱則應藏，寒則應府。

黄帝問於岐伯曰：余欲無視色持脈，診皮在色脈外。楊注以色、脈、皮膚爲三種法，是也。《皮部論》篇：「余願聞之見而知之按而得①」，二「之」字當作「不」，與此「無」字同意。獨調舍色脈，專診皮，故言「獨」。其尺皮，凡經文與楊、張注，「尺」字皆當讀作「皮」。以言其病，從外知内，《類》注：「欲診尺皮以知藏府，故曰從外知内。」○皮與色在外，脈在内，從皮膚可知營衛之虛實。爲之奈何？楊注：無視面之五色，無持寸口之脈，唯診尺脈《邪氣篇》「尺之皮膚」楊注：「尺之皮膚者，從尺澤至寸，此爲尺分也」，以尺澤至寸爲一尺之地。「寸」舊誤作「關」，淺人據《難經》法改之也。及尺②。楊氏以「尺」爲尺澤動脈，與王啓玄注同。三部九候之法，肺、胃不止一動脈，以寸口人迎爲大部，通候藏府，而肺之專脈候之尺澤，胃經專脈候之衝陽。所云「尺脈」非寸、關、尺之「尺」。皮膚。尺澤之皮膚。帝欲從外知内病生所由。楊氏雖不改字，然以皮膚立説，不用寸、關、尺診法。至於「脈」字，經原指三部九候各診本經，皆以寸口當之，則誤矣，故可删之字皆陰文刻之。岐伯答曰：審其尺皮之緩急小大滑澀、六字爲診皮絡專名，《脈訣》以爲診經脈者誤。肉之堅脆，經言肉分者多指絡脈，然皮、絡同法，故兼及肉分。而病形定矣。尺皮。之緩急等，謂尺脈絡及尺皮膚緩急、小大、滑澀六種别也。肉堅脆者，謂尺分中全身。肉之堅脆也。知此八者，

---

① 「余願聞」云云：此數語似不出《素問・皮部論》，按《靈樞・邪氣藏府病形篇》，則有「余願聞見而知之，按而得之」等語。

② 及尺：原作「及尺脈」，衍一「脈」字，據人民衛生出版社本《黄帝内經太素校注》卷一五《尺診》楊注删。

知内「知内」,「知」字當作「則」。病可知也。皮包全身,六變之外,尤以寒、熱爲二大門,尺分地不足言。視人之目窠上微癰,《金匱》作「擁」。如新卧起狀,其頸脈今於《人寸診》有《頸脈考》。動,目窠,眼瞼也。癰,微腫起也。頸脈,足陽明人迎也。動,不以手按之,見其動也。《金匱》、《甲乙》、《脈經》、《千金》、《外臺》同引此條。人迎,頸脈。據《平人氣象論》,「動」下有「疾」字。頸脈,人迎也,人迎常動,今有水病,故動疾,可見喘欬也。時按:「時」疑「喘」字之誤。《内經》每以「喘」爲脈狀,經脈常動,不以動爲診。經云:「少陰脈動甚者,有子也。」「動」爲常,「甚」乃占其病。欬,《水脹篇》:黄帝問於岐伯曰:水與膚脹、鼓脹、腸覃、石瘕、石水何以别之?岐伯答曰:水始起也,目窠上微腫,如新卧起之狀,其頸脈動,時欬,陰股間寒,足脛腫,腹乃大,其水已成矣。按其手足上窅而不起者,按、捫亦診皮法。風水《金匱》:「視人之目窠上擁,如蠶新卧起狀,其頸脈動,時時欬,按其手足上陷而不起者,風水。」《脈經》、《千金》、《外臺》同。膚脹也。窅,焉蓼反,深也。不起者,手足腫,脈按之久而不起,如按泥也。此爲風水膚脹者。《水脹篇》:「以手按其腹,隨手而起,如裹水之狀,此其候也。黄帝曰:膚脹何以候之?岐伯曰:膚脹者,寒氣客於皮膚之間,鼜鼜然不堅,腹大,身盡腫,皮厚,按其腹,窅而不起,腹色不變,此其候也。」人迎,常動者,不以動爲病診。注曰「動,不以手按之,見其動」者,如絡脈之跳躍,在外可見。以絡法解此「動」字,據楊注有二説,以經文一有疾字、一無疾字,然動脈不以動爲診,則一定之義。尺皮。溼以淖澤者,風也。尺分皮。之中有潤,故溼也。淖澤,光澤也,此風之候也。尺皮。肉弱者,皮肉,連肉指絡脈。皮部以皮、絡互屬,是也。解㑊《平人氣象論》云:「尺脈緩濇謂解㑊。」案:尺,亦當作「皮」。安卧。解㑊,懈惰也。尺皮。肉耎弱者身體懈惰,而欲安卧。脱肉者,寒熱診皮以二字爲大法。

不治。骨寒熱病，羸瘦脱肉，不可療也。《類》注：尺①肉弱者，肌必消瘦，肉瘦陰虚，當爲解㑊。解㑊者，身體困倦，故欲安卧。無邪而脱肉寒熱者，真陰敗也，故不治。尺皮。膚凡言皮膚，統全身言，不指尺澤至寸口一尺之地位。滑診皮專名。澤脂者，《平人氣象》：「尺不熱，脈滑曰風」，楊注：「尺不熱。」尺，當作「皮」；脈，指脈絡。《内經》凡皮、絡、色統稱曰脈。風也。尺之皮。膚滑而潤澤有脂者，内有風也。《類》注：澤脂，即前淖澤之謂。風者陽氣，陽在肌膚，故滑而澤脂。尺皮。膚澀者，澀，診皮專名。風痺也。尺皮。膚澀者内寒，故有風痺也。《類》注：「尺膚澀者血少，血不能營，故爲風痺。」○《平人氣象》：澀曰痺。尺皮。膚麤《平人氣象論》「尺麤」，「尺」當作「皮」。如枯魚之鱗者，仲景引此文作「皮」，《史記·扁鵲倉公傳》「尺粗」云云，「尺」亦當作「皮」也。水泆飲也。泆飲，謂是甚渴暴飲，水泆腸胃之外、皮膚之中，名曰泆飲。尺分之皮。膚粗如魚鱗者，以爲候也。《類》注：如枯魚之鱗，乾澀甚也。以脾土衰而肌肉消，水②得乘之，是爲泆飲。又，下篇肝脈澀甚爲泆飲。尺皮。膚熱甚，《平人氣象》「尺熱曰病温」楊注：「尺之皮膚熱」，以「皮」解「尺」字，特「尺膚」不成名詞耳。脈盛躁者，《玉機真藏》：「脈盛，皮熱，腹脹，前後不通，悶瞀，此爲五實。」按：《玉機》作「皮」，爲本字。病温也。尺分皮膚甚熱，其一寸當作尺。之内尺脈盛躁，

---

① 尺：原作「凡」，據人民衛生出版社本張介賓《類經》卷五《診尺論疾》改。

② 水：原作「木」，據《類經》卷五《診尺論疾》改。

温病候也。皮包全身。楊氏不肯改古書，就經立説，然一寸之地，何足以盡診皮之妙用？足見其誤也。其脈絡。盛而補「皮」。滑者，汗《類經》作「病」。且出也。一寸之内，尺脈盛而滑者，汗將出。《平人氣象論》：「尺澀脈滑，謂之多汗。」按：當作「脈盛皮滑」。[尺]皮。膚寒甚，脈小者，《玉機真藏》：「脈細、皮寒、氣少、洩利前後、飲食不入，此謂①五虛。」按：此文見四虛。尺，《玉機》作「皮」，未誤之本也。洩，《平人氣象論》：尺寒、脈細謂之後洩。少氣也。[尺]皮。膚冷、[尺]脈小者，其病洩利，又少氣也。《類》注：膚寒脈小，陽氣衰也，故爲泄，爲少氣。○冷非診脈名詞。尺膚既冷，又診尺脈，誤矣。脈，指三部九藏，非尺脈。楊、張「尺」字皆讀作「皮」。[尺]皮。膚炬然，先熱後寒者，診寒熱者皆歸診皮，爲診皮法大門。寒熱也；按[尺]皮膚先熱後冷，病寒熱也。「尺皮膚」三字，因「尺」字誤，故不得已加「皮」字於「膚」上，後人以三字不成文理，於「尺」下加「之」字，遂作「尺之皮膚」，如《邪客篇》是。[尺]皮。膚先寒，久持之而熱者，經所謂「乍疎乍數」「乍痛乍止」之代也。亦寒熱候者也。[尺]皮膚先冷，久持乃熱，亦是寒熱之病也。「寒熱」謂乍寒乍熱，經有以爲脾病者。脾寄王四時，乍寒乍熱即所謂代；又以寒熱病當雜見五色，中央土兼王四時，故有五色。肘所獨熱者，腰以上熱；當肘皮膚獨熱者，即腰以上至頭熱也。手所獨熱者，腰以下熱；《類》注：肘，臂膊之節也，一曰曲池以上爲肘。肘在上，手在下，故肘應腰上，手應腰下也。肘前獨熱者，膺前

---

① 謂：字原脱，據《素問》補。

熱；腕以前爲手也，手之獨熱，主腰以下熱。從肘向手爲肘前，獨熱者，主①胸前熱也。「從手向肘爲肘前」，上行也，楊注於營衛順逆最爲詳明。唐以後此法失傳，《難經》乃以經脈分前後爲順逆，誤甚。肘後獨熱者，肩背熱；從肘向肩爲肘後，肘後皮膚熱者，主肩背熱也。《類》注：「肘前，內廉也，手三陰之所行，故應於膺前；肘後，外廉也，手太陽之所行，故應於肩背。」○從肘向肩，亦上行。臂中獨熱者，腰腹熱；從肘②至腕中間爲臂，當臂中央熱，腰腹熱也。《類》注：肘下爲臂，臂在下，故應腰腹。肘後廉以下三四寸者，腹中有蟲。從肘後下向臂三四寸許，皮膚麤起，是腹中有蟲之候也。《類》注：肘後麤以下三四寸，謂三里以下、內關以上之所，此陰分也。陰分有熱，故應腸中有蟲。掌中熱者，腸中熱；掌中寒者，腹中寒；掌中冷熱，主大腹小腹熱。《類》注：掌中者，三陰之所聚，故或熱或寒，皆應於腹中。魚上白肉有青血脈者，此爲診絡法。胃中有寒。青脈主寒，故胃中寒。《類》注：「魚上脈青，胃之寒也。《經脈篇》亦曰：胃中寒，手魚之脈多青矣。」○《經脈篇》：「胃中寒，手魚之脈多青矣。」尺皮。炬然熱，人迎大者，當奪血。尺之皮膚炬然而熱，喉邊人迎復大於常者，奪血之候也。楊注於「皮」有作「尺膚」者，有作「尺皮膚」者，有作「尺之皮膚」者，有作「尺分之膚」者、「尺脈」及「尺皮膚」者七種名詞，若改「尺」作「皮」，則直切了當，七種皮名皆不可用。尺皮。堅大，脈小，甚少氣悗有因加，立死。尺之皮膚堅

---

① 主：原脱，據《太素校注》卷一五楊注補。

② 肘：原作「腕肘」，衍一「腕」字，據《太素校注》卷一五楊注删。

而責大，**寸**脈反少，主於少氣而悗，若更因加少氣而①悗者，立當死也。

目「目」當爲「絡」，因下文而誤。絡與皮同診。色赤者②診絡有專察色之法。病在心，白在肺，青在肝，黄在脾，黑在腎，黄色不可名者病在胸中。

診目痛，赤脈亦如絡脈。從上下者，太陽病；從下上者，陽明病；從外走内者，少陽病。

診寒熱三字當移下，傳鈔之誤。

解赤脈從③上下至瞳子，見一脈，一歲死；見一脈半，一歲半死；見二脈，二歲死；見二脈半，二歲半死；見三脈，三歲死。此解上文診目之法。

診**齲齒痛**寒熱，爲診皮大門。按其陽明之脈來④，有過者獨熱，在左左熱，在右右熱，在上上熱，在下下熱。

---

① 《太素校注》卷一五楊注無此「而」字。
② 目色赤者：原作「目赤色者」，據《太素校注》卷一七《證候之一》乙。
③ 從：原脱，據《太素校注》卷一六《診候之三・雜診》補。
④ 陽明之脈來：「明」、「脈」二字原脱，據《太素校注》卷一六《診候之三・雜診》補。

診血脈者，血脈，猶血絡。多赤多熱，多青多痛，多黑爲久痺，多赤、多黑、多青皆見者，寒熱也①。身痛，而色微黄②，齒垢黄③，爪甲上黄，黄疸也。安臥，小便黄赤，脈小而澀者，不嗜食。人病，其寸口之脈與人迎之脈，小大等及其浮沉等者④，病難已也。

女子[手]「手」字衍文，《素問》同。少陰脈動甚者，姙子。

嬰兒病，其頭毛皆逆上者，必死。

耳間青脈起者，絡脈青，賁起。掣痛。大便赤辦，飧泄，脈小者，手足寒，難已；飧泄，脈小，手足温洒，易已。

四時之變，寒暑之勝，重陰必陽，重陽必陰，故陰主寒，陽主熱，故寒甚則熱，熱甚則寒，故曰：寒生熱，熱生寒，此陰陽之變也。故曰：冬傷於寒，春生癉熱；寒甚反生熱，下三時義當同。春傷於風，夏生飧泄腸澼；重陽必陰。夏傷於暑，秋生痎瘧；指寒瘧言，爲熱生寒。秋傷於濕，冬生欬

---

① 也：原脱，據《太素校注》卷一六《診候之三・雜診》補。

② 而色微黄：據《太素校注》卷一六《診候之三・雜診》，作「面色微黄」。

③ 齒垢黄：原作「齒於黄」，據《靈樞》及《太素校注》卷一六《診候之三・雜診》改。

④ 小大等及其浮沉等：《太素校注》卷一四《診候之一・人迎寸口脈診》作「大小及其浮沉等」，當從。

嗽。燥欬爲濕生燥。是謂四時之序序當爲「變」。者也。

《素問・平人氣象論》：楊篇目作《尺診》。按：當作「皮診」。脈絡。小弱以濇者，皮診。謂之久病；小弱以濇，是陰陽虚弱，故是久病。《類》注：小弱者氣虚，濇者血少，氣虚血少①，病久而然。脈絡。濇當作「滑」。浮而大疾者，與上「小弱」對。謂之新病。濇爲陰也，浮、滑大陽也，其脈雖濇，而浮流利，即知新病。《類》注：滑而浮者，脈之陽也，陽脈而疾，邪之盛也，邪盛勢張，是爲新病。脈以皮爲脈。滑曰風。氣虚而行利即是風，府之候也。《類》注：滑脈流利，陽也，風性動，亦陽也，故脈滑曰風。脈緩仲景緩中風。而滑汗多，淖澤。曰熱中，緩滑，陽也。指下如按緩繩，而去來流利，是熱中候者。啓玄子曰：緩謂縱緩之狀，非動之遲緩也。脈濇皮濇血枯。曰痺，濇，陰也。按之指下濇而不利，是寒溼之氣聚爲痺也。《類》注：濇爲陰脈，血不足也，故當爲痺。脈盛絡。而緊皮。曰脹。寸口三部九候十二經同診，不專在氣口。蓋隋時已有專診寸口，如日本《脈學輯要》。診兩寸，不分左右，不分三部，仲景所譏；握寸不及人，持手不及足者，特爲踈嬾耳。《難經》以下乃縮上下於寸尺，則與楊氏名同而實異矣。脈盛緊實者，是陰氣内積，故爲脹也。《類》注：盛則中氣滯，緊則邪有餘，故爲脹也。脈順陰陽，病易已；人迎脈口大小順四時者，雖病易愈也。楊注以陽爲人迎，陰爲寸口，此陰陽二脈之定稱。《難經》之法，乃以兩寸爲陽，兩尺爲陰，一脈之中自分陰陽者，誤也。脈逆陰陽脱者，病難已；人迎寸口大小不順四時，既逆陰

---

① 血少：二字原脱，據《類經》卷五《寸口尺脈診諸病》補。

陽，故病難已也。脈逆四時，病難已。春夏人迎小於寸口，秋冬寸口小於人迎，即知是脈反四時，故病難已也。脈急者仲景作「腹皮疾」。曰疝瘕，少腹痛，按其脈如按弓弦，皮引疾，非診經。是陰氣積，故知疝瘕少腹痛也。寸口脈沉而喘曰寒熱，沉，陰氣也。脈動如人喘者，是爲陽也，即知寒熱也。臂多青脈此診絡色。曰脱血。絡脈青黑爲寒，即知脱血，以其陽虚，陰盛乘陽，故脈青。《類》注：血脱則氣去，氣去則寒凝，凝泣則青黑，故臂見青色。言臂，則他可知矣，即診尺之義。尺皮。脈絡。緩緩，當作「緊」。澀者，謂之解㑊安卧；澀爲陰。以陰氣多，懈惰安卧也。《類》注：解㑊者，困倦難狀之名也。尺皮。脈絡。盛，謂之脱血。尺脈盛，謂陰氣盛，陽氣虚，故脱血也。《類》注：此亦承上文尺脈而言。凡尺脈盛者多陰虚，故當脱血；尺皮。澀澀，當作「熱」。經云：「脈滑者，皮膚亦滑」，無皮絡相反之理。脈絡。滑，謂之多汗；脈滑是爲陽盛陰虚數，故洩汗也。《類》注：尺脈滑者，陰火盛也，陽盛陰虚，故爲多汗。《陰陽别論》曰：「陽加於陰，謂之汗。」尺皮。寒脈細，《玉機》作「脈細皮寒」。謂之後洩。尺之皮膚冷，尺脈沉細，是爲內寒，故後洩也。《類》注：尺膚①寒者，脾之陽衰，以脾主肌肉四支也；尺②脈細者，腎之陽衰，以腎主二陰下部也。脾腎虚寒，故爲後洩。脈絡。尺皮。麤常熱者，《玉機》作「脈盛皮熱」。謂之熱中。皮膚麤，又常熱，是其熱中也。頸脈人迎。動疾，經脈常動以疾爲病

---

① 尺膚：原作「皮膚」，據《類經》卷五《寸口尺脈診諸病》改。

② 尺：原脱，據《類經》卷五《寸口尺脈診諸病》補。

占，少陰脈動甚，亦以其爲占。喘欬曰水，頸脈，是胃脈人迎也。人迎常動，今有水病，故動疾此經「動」下有「疾」字，餘二條但言「動」者，文未備。經脈不以動爲占候。可見喘欬也。有本爲「腎脈動」也。其文別見者二，作「腎」非是。目果微腫如臥起之狀曰水，目果，目上下瞼也。瞼之微腫，水之候。足脛腫診皮。曰水。寒溼氣盛，故足脛腫，水之候也。目黃者，曰黃疸也；三陽脈在目，故黃疸熱病，目爲黃也。溺黃安臥者，曰黃疸；腎及膀胱中熱，安臥不勞者，黃疸病候也。已食如飢者，胃疸也。胃中熱消食，故已食如飢，胃疸病也。

按：以上診皮專篇。

《靈樞·邪氣臟腑病形篇》楊目作《色脈尺診》①。黃帝曰：邪之中人，其病形何如？岐伯答曰：虛邪之中身②也，洫泝動形。正邪之中人也微，先見於色，不知於身，若有若無，若亡若存，有形無形，莫知其情。黃帝曰：善。虛邪，謂八虛邪風也。正邪，謂四時風也。四時之風，生養萬物，故爲正也。八虛之風，從虛鄉來，傷損於物，故曰虛風。虛正二風，性非穀氣，因腠理開輒入，故曰邪風。虛邪中人，入腠理，如水逆流於洫，毛立動形，故爲人病。正邪中人，微而難識，先見不覺於身，故輕而

① 色脈尺診：原作「五藏脈診」，據《太素校注》卷一五改。
② 中身：原作「中人」，據《靈樞》及《太素校注》卷一五改。

易去①也。黄帝問岐伯曰：余聞之，見其色，面與絡。知其病，新久。命曰明；按其脈，經與絡。知其病，内外。命曰神；問其病，四診之一。而知其處，命曰工。余願聞之，當作「不」，下二「之」字同。見而知之，不。按而得《診尺篇》：余欲無視色持脈，獨調其皮，以知其病，由外知内。之，不。問而極之，衍字。爲之奈何？察色之明、按脈之神、審問之工，爲診之要，故並請之。於脈色外專詳皮，故云不見色、不察脈、不問病，由外知内，與《診尺篇》同。岐伯答曰：夫色絡色。脈絡脈。與尺皮。之相應也，「尺」與「色脈」對舉，則「尺」不指「尺脈」可知②。如桴鼓影響之相應也，楊氏以色、脈、皮爲三法。不得相失也，桴，伏留反，擊鼓槌也。答中色、脈及尺，皮。以爲三種，不言問也。色，謂面色。兼絡色言。脈，謂寸口。本經。尺，謂尺中皮。也。以尺中爲尺澤，一尺之地。五藏六府善惡之氣，見於色部、寸口、尺中，三候相應，如槌鼓，形影、聲響不相失也。如肝色面青，寸口脈弦，尺皮。膚有異，内外不相失也。考《千金》、《外臺》診法，與僞《脈經》猶水火冰炭之不同，則楊氏豈獨屈己隨俗，輕用末流僞法？其書中每詳寸口，而旁及者少，則如仲景所譏「握手不及足，持寸不及人」者。考《内經》，譏但診兩寸者猶再見，則俗趨苟簡，前賢固已立坊；以此坊民，猶有專診兩手、盡廢諸診之僞法孤行數千年，比之儒法，其禍豈不較劉歆尤爲酷烈哉！此亦本末根葉之出候也，故根死則葉枯矣。此則尺地脈。

---

① 易去：原作「欲去」，據《太素校注》卷一五楊注改。

② 句末「知」字原在「則」下，茲據文意乙。

以爲根莖①，色尺地，謂尺澤一尺之地。脈皮。以爲枝葉，故根死枝葉枯變。色脈形肉不得相失也，色②形肉，即是尺之皮膚。色、脈、尺皮。膚，三種不相失也。故知一則爲工，知二則爲神，知三則神且明矣。故但知問極一者，唯可爲工③，知問及脈二者，爲神；知問及脈，並能察色，稱曰神明也。

又，黄帝問岐伯曰：五藏之所生，變化之病形何如？岐伯答曰：必先定其五色指絡色，不指面。五脈指絡脈，不指經。之應，此專詳色脈，下乃專詳診皮。其病乃可別也。欲知五藏所生變化之病，先定面之五色、寸口五脈，指五藏言，不及府。即病可知矣。黄帝問曰：色脈已定，別之奈何？皮在色脈之外。唐、宋以下以「尺」爲「尺脈」，大誤。岐伯答曰：調其脈此脈指絡。亦作「皮」。《素問·皮部論》：「脈有經紀」，「上下同法」，視其部中有浮絡者，皆其部也。「凡十二經絡脈者，皮之部也」；「皮者，脈之部也」。《靈樞·經脈》云：「衛氣先行皮膚，先充絡脈」，「衛氣已平，營氣乃滿，而經脈大盛。」按：經言脈有指經者，有指絡者，經、絡可以同稱脈，經爲營，絡脈爲衛。經又云：諸脈之浮而常見者，皆絡脈也，「諸絡脈皆不能經大節之間，必行絕道而出入，後合於皮中，其會皆見於外」。按：經脈深不可見，在外之絡脈與皮相連，故經以絡爲皮之部，皮者又爲脈之部，所以絡、皮連診。之緩、急、小、大、滑、濇，上文已除去色脈，則「脈」字當讀爲「皮」，無疑矣。而病變定矣。雖得本藏之脈，而一脈便有六變，

---

① 根莖：原作「根基」（從袁刻本），兹據《太素校注》卷一五楊注改。
② 色：原脱，據《太素校注》卷一五楊注補。
③ 唯可爲工：此句原從袁刻本作「唯可有爲工」，據《太素校注》卷一五楊注改。

觀其六變，則病形可知。六變全文，經五六見，皆指皮絡言，僞《脈經》①以下，編入二十四脈中，以爲診經名詞者，誤。黄帝問曰：調之奈何？此兼診絡言，因有診皮，故附於此。岐伯答曰：脈此脈指絡脈言，故與皮連診。急者，「急」與「緩」對稱，經又作「緊」。仲景《太陽篇》以脈浮緊爲傷寒、浮緩爲中風，浮爲太陽在表，本脈故不分風寒，經脈只有浮象，至於緊、緩，則專屬診皮。傷寒無汗，爲寒所逼，肌膚起粟，故以皮緊定爲傷寒；故凡仲景言「緊」下接「無汗」者，至十數見。浮乃診經，脈緩、緊皆非診經。尺之皮膚亦急；脈急者，寸口絡。脈急也。尺之皮膚者，從尺澤至關，當作「寸」，淺人校改作「關」。此爲尺分也；尺分之中，關當作「寸」。後一寸當作「尺」。動脈，《黄帝明堂》：「尺澤動脈，以爲合水。」以爲診候尺脈之部也；一寸以後至尺澤，據此，足見前二「關」字爲淺人校改。稱曰尺之皮膚。尺皮。膚下，手太陰脈氣從藏來至指端，此謂順行。從指端還入於藏②，此謂逆行，從手走胸。故尺下皮膚與尺寸絡。脈六變同也。楊注言尺寸，不言關，以寸尺目爲太陰動脈。皮膚者，以手捫循尺皮膚，急與寸口絡。脈同。楊氏就誤字立説，然以皮膚當「尺」字，猶無大誤，不過糾纏「尺」字，使人不明了耳。至以脈爲寸口，則尤爲巨謬。考緩、急、大、小、滑、澀與寒、熱，八字專爲診皮名詞，《三部九候》「獨寒者病」「獨熱者病」，前人亦誤以爲診經脈名詞，寒、熱二字經爲指皮，法不能混入診經，此理尚易明。故楊注於「尺熱」「尺寒」不得不以「尺」爲「皮」，不能以尺脈解之，至於他條，則間有「尺脈」「尺分」字樣，是其誤處。若六等名詞，舊因有「脈」字，則無不以爲診經脈名詞，不知「緩」字不能以爲

---

① 脈經：原無「經」字，據文義補。

② 從指端還入於藏：原作「還入藏」，頗有脱字，茲據《太素校注》卷一五楊注改補。

病脈，若滑、澀二字，《診尺篇》所謂「皮膚滑」、「皮膚澀」、「皮膚麤如枯魚之鱗」，本篇「皮膚亦滑」、「皮膚亦澀」、「皮膚亦緩」「亦急」云云，以滑澀屬之診皮，何等明確！若以爲診經脈，《脈學輯要》所引各家脈説，皆屬影響。今故以此六名專爲診皮與絡名詞，庶足使診法光明。脈絡。緩者，緩者，皮肉解緩，《診皮釋名》詳矣。若以爲診經名詞，則緩乃平脈，不能以爲病脈。尺之皮膚亦緩；寸口脈緩，以手捫循尺皮膚緩也。仲景《太陽篇》以脈浮緩爲中風、自汗。浮爲診經，緩爲診絡；肌肉解緩，以汗多腠理開，其狀解渙故也。脈《平人氣象》「臂多青脈曰脱血」，按：經脈不可見，可見而分五色者，皆屬絡。小者，尺之皮膚亦減而少氣；寸口脈小，尺之皮膚減而少氣也。「而少氣」三字當爲衍文。《三部九候》「獨熱者病，獨寒者病，獨陷下者病」，三句皆診皮絡之法，經文六變名詞，絡、皮有四者同文，惟皮膚不可以言大小，故以「陷下」「賁起」代之，「減」即陷下。脈大者，尺之皮膚亦賁而起；寸口脈大，尺之皮膚賁起能大。一曰亦大，疑是人改從大。絡脈有界畔，可以言大小，皮膚不可以言大，則以「賁起」立説。凡邪所客之處，其肌肉墳腫。脈絡與皮相連，外見。滑者，仲景言「滑」者十二條。尺之皮膚亦滑；按寸口脈滑，即尺皮膚亦滑。脈澀者，仲景言「澀」者十二條，爲診皮絡專名。尺之皮膚亦澀。寸口脈來蹇澀，尺之皮膚亦澀不滑也。凡此六變者，六變名詞，僞《脈經》全以爲診經，歸入二十四脈。以既廢古診皮絡等法，不得不以諸診名詞統入診兩寸，以歸畫一，故其説多不可通。千餘年無人起而駁其名詞之非。有微有甚，《類》注：調，察也。此正言脈之與尺若桴鼓影響之相應，而其爲變，則有微有甚，蓋甚則病深，微則病淺也。《論疾診尺篇》曰：「審其尺之緩急、小大、滑澀，肉之堅脆，而病形定矣。」義與此同。故善調尺皮。者，皮在外。不待於寸脈寸當作「脈」。口，診皮爲由外知內，知皮則無待診脈。寸口絡。與尺皮。各有六變，而六變各有微甚，可審取之。前調寸口絡。脈六變，又調於尺中皮六變，方可知病。若能審調尺之皮膚六變，即得知病，不假診於寸口也。善調脈者，此「脈」字承上「脈」字言。善調皮者不待於脈，善調脈者不待於色，原文因上「皮」誤「尺」，故改「脈」爲「寸」，以尺、寸相對，非也。不待於色。善調寸口之絡。脈知病，亦不假察色而知也。能參合而行之者，合皮與色、脈，三種法。可以爲上工，上工十全九；義與《周禮》同。行二者專診經絡，舍皮。爲中工，中工十全七；三分之一。行一者專診經，如後世僞《脈經》。爲下工，下工十全六。察色、診脈、調尺，皮。三法合行，得病之妙，故十全九，名曰上工。但知尺、寸皮、絡。二者，十中全七，故爲中工。但明尺皮。一法，十中全六，以爲下工也。「行二」當是舍皮不診，「行一」當是舍絡，獨診經。

黃帝曰：請問脈「脈」字別篇作「尺」。六變爲診皮絡定名，楊以五藏經脈言之，非也。之緩急小大滑澀之病形六名專爲診皮絡，上文已詳。《類》目所謂「三診六變與尺相應」，是也。何如？請問五藏之脈，當作「皮絡」。各有六變，以候病形。岐伯曰：臣請言五藏此指皮絡分五藏，非經脈。之變病也。《類》注：六者爲脈之提綱，故帝特舉而問之。心脈手少陰之絡與皮。急甚者爲瘛瘲；楊本無「瘲」字。心脈鈎，脈皮絡。緩大滑等三變爲熱，陽也；急小澀等三變爲寒，陰也；夏時診得心脈皮名。如新張弦急甚者①，寒也，筋脈急痛以爲瘛也。下言急者，皆如弦急②，非急疾也。微急爲心痛引背，食不下。其心脈皮絡。來，如弦微急③，即脈微弦急④，心微寒，故心痛引背心輸而痛，胸下寒，咽中不下食也。《類》注：急者心脈，急主風寒，心主血脈⑤，故心脈急甚則爲瘛瘲。筋脈引急曰瘛，弛長曰瘲。弦⑥急之脈多主痛，故微急爲心痛引背，心胸有邪，食當不下也。大抵弦急⑦之脈當爲此等病，故急甚亦可爲心痛，微急亦可爲瘛瘲，學者當因理活變可也。餘同此意。瘛，熾、寄、係三音。瘲音縱。緩甚爲狂笑；心脈皮絡。緩甚者，緩爲陽也，緩甚，熱甚也，熱甚在心，故發狂多笑。微緩爲伏梁在心下，上下行時唾血。心脈皮絡。微緩，即知心下熱聚，以爲伏梁之病，大如人臂，從臍上至於心，伏在心下，下至於臍，如彼橋梁，故曰伏梁。其氣上下行來，衝心有傷，故時唾血。《類》注：心氣熱則脈縱緩，故神散

---

① 如新張弦急甚者：原作「急甚者」，而以「如新張弓弦」五字爲「急」字下夾注，兹據《太素校注》卷一五楊注改。

② 「皆如弦急」四字原作廖氏注語，兹據《太素校注》卷一五楊注回改。

③ 如弦微急：「如弦」二字原作廖氏注文，兹據《太素校注》卷一五楊注回改。

④ 即脈微弦急：「急」字原脱，且「即脈微弦」四字誤作廖氏注，兹據《太素校注》卷一五楊注改補。

⑤ 心主血脈：「血脈」原作「心脈」，據《類經》卷六《藏脈六变病刺不同》改。

⑥ 弦：原脱，據《類經》卷六《藏脈六变病刺不同》補。

⑦ 弦急：原作「急甚」，據《類經》卷六《藏脈六变病刺不同》改。

而爲狂笑，心在聲爲笑也。若微緩則爲伏梁，在心下而能升能降，及時爲唾血，皆心藏之不清也。大甚爲喉吤；心脈皮絡。至氣甚，氣上衝於喉咽，故使喉中吤吤而鳴也。吤，古介反。微大爲心痺引背，善淚出。心脈皮絡。微盛，發風濕之氣，衝心爲痺痛，痛後引背輸及引目系，故喜淚出也。《類》注：心脈大甚，心火上炎也，故喉中吤然有聲。若其微大而爲心痺引背，善淚出者，以手少陰之脈挾咽喉連目系也。小甚爲善噦；小爲陰也，小甚，心之氣血皆少，心氣寒也。心氣寒甚，則胃咽氣有聚散，故爲噦也。噦，於月反。微小爲消癉。小而不盛曰微，小者陰也。心氣內熱，而有寒來擊，遂內熱更甚，發爲消癉。癉，熱也。內熱消瘦，故曰消癉。癉音丹。《類》注：心脈小甚，則陽氣虛而胃土寒，故善噦。若其微小，亦爲血脈枯少，故病消癉。消癉者，肌肉消瘦也。噦，於決切。癉音丹，又上、去二聲。滑甚爲善渴；滑，陽也。陽氣內盛，則中熱喜渴也。微滑爲心疝引臍，少腹鳴；陽氣盛，內有微熱衝心之陰，遂發爲心疝，痛引少腹腸鳴者也。《類》注：心脈滑甚則血熱，血熱則燥，故當爲渴。若其微滑，則熱在於下，當病心疝而引臍腹。《脈要精微論》曰：病名心疝，心爲牡藏，小腸爲之使，故曰少腹當有形也。澀甚爲瘖；澀，陰也。澀者，血多氣少。心主於舌，心脈血盛上衝於舌，故瘖不能言也。微澀爲血溢，維厥，耳鳴，癲疾。微澀，血微盛也。血微盛者，溢於鼻口而出，故曰血溢。維厥，血盛陽維脈厥也。陽維上衝則上實下虛，故爲耳鳴癲疾。《類》注：心脈澀盛。則血氣滯於上，聲由陽發，滯則爲瘖也。微澀爲血溢，澀當傷血也。維厥者，四維厥逆也，以四支爲諸陽之本，而血衰氣滯也。爲耳鳴、爲癲病者，心亦開竅於耳，而心虛則神亂也。瘖音音，聲瘂也。

肺脈皮絡。急甚按楊本無此「甚」字。爲癲疾；肺脈皮絡。毛，脈有弦急，是爲冷氣上衝，陽瞋發熱在上。上實下虛，故爲癲疾。微急爲肺寒熱，怠惰，欬，唾血，引腰背胸，若鼻宿肉不通。肺以惡寒弦急，即是有寒乘肺，肺陽與寒交戰，則二俱作病，爲肺寒熱也。肺病不行於氣，身體怠惰。肺得寒，故發欬。欬甚傷中，故唾血。欬復引腰及背輸而痛。肺病出氣壅塞，因即鼻中生於宿肉也。《類》注：肺脈急甚，風邪勝也，木反乘金，故主癲疾。若其微急，亦以風寒有餘，因而致熱，故爲寒熱怠惰等病。緩甚爲多汗；緩爲陽也，肺得熱氣，外開腠理，故爲多汗。微緩爲痿漏，偏風，頭以下汗出不可止。肺脈行於兩手，肺得於熱，故手痿緩。又肺脈不上於頭，故肺之熱開腠，自頭以下漏風汗不止也。《類》注：肺脈緩甚者，皮毛不固，故表虛而多汗。若其微緩，而爲痿瘻偏風，頭下汗出，亦以陽邪在陰也。大甚爲脛腫；肺氣甚，故曰肺大甚也。肺脈皮絡。手太陰與足太陰相通，足太陰行脛，故肺氣熱盛，上實下虛，故爲脛腫也。微大爲肺痺引胸背，起惡日光。楊無「光」字。肺氣皮絡。微大，又得秋時寒氣，故發爲痺痛，前引胸，後引背輸。以是陰病，故引胸背，起不用見日光也。惡，焉古反。《類》注：肺脈太甚者，心火爍肺，真陰必涸，故爲脛腫。若其微大，亦由肺熱，故爲肺痺引胸背。肺痺者，煩滿喘而嘔也。起畏日光，以氣分火盛而陰精衰也。小甚爲泄，肺之氣血皮絡。小甚，即是氣寒，即是胃氣甚，不消水穀，故洩利矣。微小爲消癉。腸肺之氣血微小也。虛寒傷肺，反爲熱病，消肌肉也。《類》注：肺脈小甚，則陽氣虛而府不固，病當爲泄。若其微小，亦以金衰，金衰則水弱，故爲消癉。滑甚爲息賁上氣，滑甚，陽氣盛也。陽盛擊陰爲積，左右箱近膈，猶如覆盃，令人上氣喘息，故曰息賁。賁，膈也，音奔。微滑爲上下出血。陽氣微盛則內傷絡脈，絡脈傷則上下出血①，陽絡傷則上衄血，陰絡傷則下洩血也。《類》

① 上下出血：「下出」二字原作「衄」，蓋涉下文而誤，據《太素校注》卷一五楊注改。

注：肺脈滑甚者，氣血皆實熱，故爲息賁上氣。息賁，喘急也。若其微滑，亦爲上下出血；上言口鼻，下言二陰也。澀甚爲歐血：氣爲陽也，血爲陰也，澀爲陽也，今得澀脈，皮絡。即知血盛衝於肺府陽絡，陽絡傷便歐血也。微澀爲鼠瘻，在頸支腋之間，下不勝其上，其能喜酸。微澀，血微盛也。血微盛者，循肺府手陽明脈上頸爲瘻，又循肺手太陰脈下支腋之間爲瘻，其脈下虛不勝上實，金實遂欲剋木，爲味故喜酸也。酸，木味也。《類》注：澀脈因於傷血，肺在上焦，故澀甚當爲嘔血。若其微澀，氣當有滯，故爲鼠瘻在頸腋間。氣滯則陽病，血傷則陰虛，故下不勝其上。而足膝當疲軟也。

肝脈急甚爲惡言；診得弦脈皮絡。急者，是寒氣來乘於肝，魂神煩亂，故惡出言語也。微急爲肥氣，在脇下若覆杯。肝脈皮絡。微急，是肝受寒氣，積在左脅之下，狀若覆杯，名曰肥氣。《類》注：肝脈急甚，肝氣强也，肝强者多怒少喜，故言多瞋惡也。若其微急，亦以木邪傷土，故爲肥氣在脇下。脇下①者，肝之經也。愚按「五十六難」曰：「肝之積名曰肥氣，在左脇下」，其義本此。然《難經》以木王東方，故言左脇，而此節本無「左」字。緩甚爲喜歐，緩甚者，肝熱氣皮絡。衝咽，故喜歐也。微緩爲水、瘕、痺也。陽氣微熱，肝氣壅塞，飲溢爲水，或結爲瘕，或聚爲痺。《類》注：緩爲脾脈，以肝脈而緩甚，水土相剋，故善嘔。若微緩而爲水瘕、爲痺者，皆土爲木制，不能運行而然。水瘕，水積也。大甚爲内癰，善歐衄；大甚，氣盛，熱氣結爲内癰也。肝氣上逆，故喜歐喜衄。微大爲肝痺筋縮，欬引少腹。微大，少陽微盛擊肝，乃爲陰病肝痺者也。陰寒故筋縮，又發肝欬，循厥

① 脇下：二字原脱，據《類經》卷六《藏脈六变病刺不同》補。

陰下引少腹痛。《類》注：肝脈大甚，肝火盛也，木火交熾，故爲内癰。血熱不藏，故爲嘔衄。若其微大而爲肝痹，爲陰縮，爲欬引小腹，皆以火在陰分也。肝痹義見《疾病類》六十七。小甚爲多飲，肝脈皮絡。小甚，是爲氣血皆少，故渴而多飲也。微小爲消癉。微小，氣血俱少，有寒氣衝肝氣，遂發熱爲癉，消肌肉。《類》注：肝藏血，肝脈小甚，則血少而渴，故多飲。若其微小，亦以陰虚血燥而爲消癉也。滑甚爲頹疝，滑甚，少陽氣盛也。少陽氣盛，則肝虚不足，發爲頹疝，丈夫少腹中爲塊，下衝陰痛。微滑爲遺溺；陽氣微盛，陰虚不禁，故爲遺溺也。《類》注：肝脈滑甚者，熱壅於經，故爲㿗疝。若其微滑而爲遺溺，以肝火在下而疏洩不禁也。濇甚爲溢飲，肝脈皮絡。濇者，肝氣血多寒也，肝血多而寒不得洩，溢入腸胃皮膚之外，故爲溢飲也。微濇爲瘛攣筋。微濇，皮絡。血多而寒，即厥陰筋病，故瘛急而攣也。《類》注：肝脈濇甚，氣血衰滯也。肝木不足，土反乘之，故濕溢支體，是爲溢飲。若其微濇而爲瘛攣爲筋痺，皆血不足以養筋也。

脾脈皮絡。急甚爲瘛瘲；診得代脈皮絡。急甚，多寒爲病，手足引牽來去，故曰瘛瘲也。微急爲鬲中食飲入而還出，後沃沫。微急者，微寒也。脾氣微寒，則脾胃中冷，故食入還歐出，大便沃冷沫也。鬲中當咽，冷不受食也。《類》注：脾脈急甚，木乘土也。脾主支體而風氣客之，故爲瘛瘲。若其微急，亦爲肝邪侮脾，則脾不能運而膈食還出，土不制水而復多涎沫也。緩甚爲痿厥；緩甚者，脾中虚熱也。脾中主營四支，脾氣熱不營，故曰四支痿弱。厥，逆冷也。微緩爲風痿，四支不用，心慧然若無病。微緩，脾中微熱也。脾中有熱受風，營其四支，令其痿弱不用。風不入心，故心慧然明了，安若無病。《類》注：脾脈宜緩，甚則熱。脾主肌肉四支，故脾熱則爲肉痿及爲厥逆。若微緩而爲風痿四支不用者，以土弱則生風也。痿弱在經而藏無恙，故心慧然若無病。大甚爲擊仆；脾脈皮絡。大甚，是脾氣盛血裹，當是被擊，或是倒仆有傷，故發此候。微大爲疝氣，腹裏大膿血，在腸胃之外。脾氣微大，即知陰氣内盛爲疝，大腹裏膿血，在腸胃之外也。《類》注：脾主中氣，脾脈大甚爲陽極，陽極則陰脱，故如擊而仆地。若其微大爲疝氣，以濕熱在經，而前陰爲太陰陽明之所合也。腹裏大者，以膿血在腸胃之外，亦脾氣壅滯所致。小甚爲寒熱，脾脈皮絡。小甚，氣血皆少，是病諸寒熱病也。微小爲消癉。微小，氣血俱少，故多内熱，熱消肌肉也。《類》注：脾脈小者，以中焦之陽氣不足，故甚則爲寒熱，而微則爲消癉。滑甚爲頹癃，滑甚者，陽氣盛熱也。陰氣虛弱，發爲頹癃。癃，淋也，音隆。微滑爲蟲毒蛕蝎腹熱。微滑，陽氣微盛有熱也。蛕，胡灰反，腹中長蟲也。蝎，胡竭反，謂腹中蟲如長蠹也。陽盛有熱，腹内生此二蟲爲病，絞作腹中。《類》注：脾脈滑甚，太陰實熱也。太陰合宗筋，故爲㿉癃疝。若其微滑，濕熱在脾，濕熱薰蒸，故生諸蟲，及爲腹熱。澀甚爲腸頹；頹，徒迴反。脈澀，皮絡。氣少血多而寒，故冷氣衝下，廣腸脱出，名曰腸頹，亦婦人帶下病也。微澀爲内潰，多下膿血。微澀，是血多聚於腹中，潰壞而下膿血也。《類》注：脾脈澀甚而爲腸㿉，微澀而爲内㿉及多下膿血者，以澀爲氣滯血傷，而足太陰之别，入絡腸胃也。腸㿉内㿉，遠近之分耳。一曰下腫病，蓋即疝漏之屬。

腎脈皮絡。急甚爲骨癲疾；診得石脈皮絡。急甚者，是謂寒氣乘腎陽氣走骨而上，上實下虛，故骨癲也。微急爲沉厥，足不收，不得前後。微急者，腎冷發沉厥之病，足腳沉重逆冷不收，膀胱大腸壅閉，大小便亦不通。《類》注：腎脈急甚者，風寒在腎，腎主骨，故爲骨癲疾。若微急而爲沉厥足不收者，寒邪在經也；爲奔豚者，寒邪在藏也；爲不得前後者，寒邪在陰也。按「五十六難」曰：「腎之積名曰奔豚，發於少腹，上至心下，若豚狀，或上或下無時。」其義本此。緩甚爲折脊；陽氣盛熱，陰氣虛弱，腎受寒氣，致令腰脊痛如折。微緩爲洞，洞者食不化，下嗌還出。腎脈皮絡。從腎上，貫肝膈，循喉嚨，故腎有熱氣，則下津液不通，上衝喉嗌，通洞不禁，其食入腹還出。《類》注：腎脈緩甚者陰不足，故爲折脊，以足少陰脈貫脊循脊内也。若其微緩，腎氣亦虧，則命門氣衰，下焦不化，下不化則復而上出，故病爲洞而食入還出也。大甚爲陰痿；大甚多氣少血，太陽氣盛，少陰血少，積血少故陰痿不起。微大爲石水，起臍以下，至少腹垂垂然，上至胃管，死不治。太陽氣盛，血少，津液不得下通，結而爲水，在少腹之中。垂垂，少腹垂也。其水若至胃脘①，盛極故死也。《類》注：腎脈大甚，水虧火王也，故爲陰痿。若其微大，腎陰亦虚，陰虚則不化，不化則氣停水積而爲石水。若至胃脘，則水邪盛極，反乘土藏，泛濫無制，故死不治。小甚爲洞洩，腎氣小甚，是血氣皆少也。腎之血氣皆少，則上下俱冷，故食入口還出，故曰洞洩。微小爲消癉。血氣俱少，是謂陰虚陽盛，熱爲消癉。《類》注：腎脈小甚，則元陽下衰，故爲洞洩。若其微小，真氣亦虧，故爲消癉。滑盛爲癃頹；滑甚，太陽熱盛，少陽虚而受寒，故爲癃頹也。微滑爲骨痿，坐不能起，起目無所見。微滑，太陽微盛，熱入骨髓，發爲骨痿骨弱，坐不能起也。太陽起目内眥而起，太陽上衝於目，故目無見也。《類》注：腎脈滑甚，陰火盛也，故爲癃㿉。癃，膀胱不利也。㿉，疝也。若其微滑，亦由火王，火王則陰虚，故骨痿不能起，起則目暗無所見。澀甚爲大癰；澀甚，多血少氣不宣，故聚爲大癰。微澀爲不月，沉痔。微澀者，血微盛也。血多氣少不通，故女月經不得以時下也。又其氣少血聚，復爲廣腸内痔。沉，内也。《類》注：腎脈澀者爲精傷，爲血少，爲氣滯，故甚則爲大癰，微則爲不月，爲沉痔。

以上皮絡六變同法

---

① 胃脘：原作「胃腕」，據《太素校注》卷一五楊注改。

黃帝曰：總論刺法。病之六變者，刺之奈何？問前五脈各有六變補寫之道。以下言治法。岐伯曰：諸急者多寒，脈皮絡。之弦急，由於多寒，有甚有微，即五藏急合有十種，故曰諸急。自餘諸變，皆仿此也。《類》注：急者，緊之謂。仲景曰：「脈浮而緊者，緊則爲寒。」成無己曰：「緊則陰氣勝。」故凡緊急之脈多風寒，而氣化從乎肝也。緩者多熱。由其當藏多熱，致脈遲緩。當云絡脈解緩。〇《類》注：緩者，縱緩之狀，非後世遲緩之謂。仲景曰：「緩則陽氣長。」又曰：「緩者胃氣有餘。」故凡縱緩之脈多中熱，而氣化從乎脾胃也。〇按：《類》注解「緩」字，深得經意。大者多氣少血，由其當藏氣多血少，致令脈皮絡。有洪大。《類》注：大爲陽有餘，陽盛則陰衰，故多氣少血。仲景曰：「若脈浮大者，氣實血虚也。」故脈之大者多浮陽，而氣化從乎心也。小者血氣皆少。由其當藏血氣皆少，故令脈皮絡。衰小也。《類》注：小者近於微細，在陽爲陽虚，在陰爲陰弱，脈體屬陰而化從乎腎也。滑者陽氣盛，微有熱。由其當藏陽盛熱微，故令脈皮絡。有滑疾也。《類》注：滑脈爲陽，氣血實也，故爲陽氣盛而微有熱。仲景曰：「滑者胃氣實。」《玉機真藏論》曰：「脈弱以滑，是有胃氣。」故滑脈從乎胃也。澀者，多血少氣，「多」、「少」二字互易。微有寒。由其當藏血多氣少，微寒，故令脈澀。《類》注：澀爲氣滯，爲血少，氣血俱虚則陽氣不足，故微有寒也。仲景曰：「澀者營氣不足」，亦血少之謂，而此曰多血，似乎有誤。觀下文刺澀者無令其血出，少可知矣。澀脈近毛，故氣化從乎肺也。是故刺急者，深内而久留之。寒則氣深來遲，故深内而久留也。《類》

注①：急者多寒，寒從陰而難去也。刺緩者，淺内而疾發鍼，以其熱。熱退氣淺行疾，故淺内疾發。《類》注：緩者多熱，熱從陽而易散也。刺大者，微寫其氣，無出其血。大者氣多，故須微寫；以其少血，故不出血。刺滑者，疾發鍼而淺内之，以寫其陽氣而去其熱。以其氣盛而微熱，故淺内鍼仍疾發之。《類》注：與刺緩略同。刺澀者，必中其脈，隨其逆順而久留之，必先捫而循之，已②發鍼，疾按其痏，毋令其血出，以和其脈。脈澀，即多少。血也。以其多少。血，故先須以手捫循，然後刺之中其脈血。隨其逆順者，久而留鍼。以其氣少，多。恐其洩氣，故發鍼已，疾按其痏。痏，于③軌反，謂瘡瘢之也。《類》注：脈澀者氣血俱少，難於得氣，故宜必中其脈而察其逆順，久留疾按而無出其血。較之諸刺更宜詳慎者，以脈澀本虛，而恐傷其真氣耳。諸小者，陰陽形氣俱不足，勿取以鍼，調其甘藥。諸脈小者，五藏之陰，六府之陽，及骨肉形，並其氣海之氣，四者皆悉虛少。若引陰補陽，是則陰竭，引陽補陰，即使陽盡。陰陽既竭，形氣又微，用鍼必死，宜以甘味之藥調其脾氣，脾胃氣和，即四藏可生也。《類》注：脈小者爲不足，勿取以鍼，可見氣血虛者必不宜刺，而當調以甘藥也。愚按此節陰陽形氣俱不足者調以甘藥，「甘」之一字，聖人用意深矣。蓋藥食之入，必先脾胃，而後五藏得稟其氣。胃氣强則五藏俱盛，胃氣弱則五藏俱衰。胃屬土而喜甘，故中氣不足者，非甘溫不可。土强則

① 注：原作「者」。
② 已：原作「以」，據《太素校注》卷一五改。
③ 于：原作「千」，據《太素校注》卷一五楊注改。

金王，金王則水充，此所以土爲萬物之母，而陰陽俱虚者必調以甘藥也。雖《至真要》等論所列五味，各有補寫，但彼以五行生剋之理推衍而言；然用之者，但當微兼五味而以甘爲主，庶足補中。如四季無土氣不可，五藏無胃氣不可，而春但微弦、夏但微鈎之義皆是也。觀《陰陽應象大論》曰：「形不足者温之以氣，精不足者補之以味。」故氣、味之相宜於人者，謂之爲補則可；若用苦劣難堪之味而求其能補，無是理也。氣、味攻補之學，大有妙處，倘不善於調和，則開手便錯①。此醫家第一著要義。

以上皮絡刺法

《玉機真藏》：何謂五實？岐伯曰：脈盛，皮熱，皮與脈並見，此作「皮」，原字不誤者。腹脹，前後不通，悶瞀，此謂五實。

何謂五虚？脈細，皮寒，皮與脈並見，此作「皮」，原字不誤者。少氣，泄利前後，飲食不入，此謂五虚。

《素問·三部九候篇》：獨疾者病，經數。獨徐者病，經遲。獨大者病，人寸比較。獨小者病，皮熱。獨寒者病，皮寒。獨熱者病，獨陷下者病。診絡與經。若誤以此七門全屬診兩寸，今分别列之。

《脈訣刊誤》附汪省之引《八段錦》「第一平鋪三指闊」云：初持脈時，不必便尋三部，且闊鋪三指，從尺外臂内，稍稍那上探摸，要知皮膚端的，方可診候三部。「十三難」曰脈

---

① 倘不善於調和，則開手便錯：「調和」下原衍「味」字，又「則」字原脱，據《類經》卷六《藏脈六变病刺不同》改補。

數而尺之皮膚亦數等語，古人先診視三部，然後參以尺之皮膚。尺之皮膚者，第三部尺中脈之外，臂肉内皮上也。此處不診①動脈，但探試皮膚或數、或急、或緩、或澀、或滑，故以尺中皮膚言之。所以欲知尺之皮膚者，欲以此法先得其身之冷熱，形之瘦瘠，膚之疏密，則淺深内外久近之疾，可得而識也。丁氏曰：臂内數者，皮膚熱；臂内急者，經絡滿實；緩者，肌肉消。愚故曰：數，言臂肉，皮膚熱，便知病亦是熱，皮膚不熱者，病亦是不熱，其他極冷與非冷非熱，可以類推矣。急，言其肉實而皮急，是近病，榮衛未消耗也。緩，言其肉皮寬，是久病，榮衛已消耗也。澀，言皮膚不滑澤，腠理閉，無汗然也。滑，言其潤滑，腠理疏，汗多然也。古人言不盡意，舉此五者言之，大意可見。或者不用三指，只以一指自上至下，逐部按之，未嘗不可；然不可以得尺之皮膚，不足法也。尺之皮膚，或男或女，只看一手便見。

《素問·通評虛實論》：帝曰：經絡俱實何如？何以治之？岐伯曰：經絡皆實，是寸脈急而尺緩也，皆當治之，故曰滑則從，澀則逆也。夫虛實者，皆從其物類始，故五藏骨肉滑利，可以長久也。

《素問識》：簡按：王云脈急謂脈口也，而不解尺緩之義。諸家俱爲尺中之脈，非也。

---

① 不診：原作「不利」，據中醫藥出版社《汪石山醫學全書》改。

《論疾診尺篇》云「審尺之緩急大小滑濇」，《邪氣藏府病形篇》云「脈緩者，尺之皮膚亦緩」，尺緩即尺膚緩縱之謂。此節以脈口診經，以尺膚診絡，蓋經爲陰爲裏，乃脈道也，故以脈口診之；絡爲陽爲浮而淺，故以尺膚診之，義爲明晰。馬以經與寸爲陽，以絡與尺爲陰，此本於後世寸陽尺陰之説者，與經旨相畔。張則云本節之義重在經絡，不在尺寸，俱不知尺是尺膚之謂也。下文脈口寒而尺寒、尺熱滿、脈口寒濇，義並同。吴「尺緩」改作「尺脈緊」，尤誤。

帝曰：絡氣不足，經氣有餘，何如？岐伯曰：絡氣不足，經氣有餘者，脈口熱而尺寒也，秋冬爲逆，春夏爲從，治主病者。帝曰：經虚絡滿何如？岐伯曰：經虚絡滿者，尺熱滿，脈口寒濇也，此春夏死秋冬生也。帝曰：治此者奈何？曰：絡滿經虚，灸陰刺陽；經滿絡虚，刺陰灸陽。

志云：「寒熱者，尺寸之膚寒熱，而應於經絡也。絡脈外連皮膚，爲陽，主外；陰脈内連藏府，爲陰，主内。經云榮出中焦，衛出下焦。衛氣先行皮膚，先充絡脈，絡脈先盛，衛氣已平，營氣内滿①，而經脈大盛。經脈之虚實也，以氣口知之，故以尺膚候絡，而以寸候經。」高云：「經氣有餘，則寸口膚熱；絡氣不足，而尺膚寒也。以寸膚候經，以尺膚候

---

① 内滿：原作「乃滿」，據人民衛生出版社本丹波元簡《素問識》卷三改。

絡。」簡按：脈口熱，依下文寒濇而推之，謂脈滑也。志高以尺爲尺膚，極是，然以脈口爲寸膚者，經文中無明證。

張云：「此以絡主陽，經主陰；灸所以補，刺所以寫也。」簡按：王注陰陽、經絡互誤，吴、馬遂爲灸寫刺補之解，大誤。志、高皆仍張義，今從之。

帝曰：何謂重虚？岐伯曰：脈氣上虚尺虚，是謂重虚。帝曰：何以治之？岐伯曰：虚謂氣虚者，言無常也；尺虚者，行步恇然；脈虚者，不象陰也。如此者，滑則生，濇則死也。

《素問識》：簡按：謂①尺膚脆弱。《論疾診尺篇》云：「尺肉弱者，解㑊安卧」，乃與行步恇然同義。諸家以尺爲寸、關、尺之「尺」，誤。

① 謂：原脱，據丹波元簡《素問識》卷三補。

古經診皮名詞序

廖平撰

前人駁《難經》、《脈訣》，云《靈》、《素》有寸口無關、尺二部明文者，無慮十數家，雖有其説，未能推行。然據《靈》、《素》二經考之，「關」固絶無其説，而「尺」字猶數十見，俗醫據以立寸尺之説，《脈要精微篇》數「尺」字，尤爲兩手寸口三部。配藏府之所本。今案「尺」之爲文，與「皮」字之形相似，其與「人」、「足」相亂者，詳《釋尺篇》中，此專論「皮」。《玉機真藏論》「五實」，其一曰脈盛皮熱，「五虚」，其二曰脈虚皮寒，二「皮」字與「脈」同見，他篇多改爲「尺」，「脈」與「皮」並見診經；脈不能言寒熱，《玉機》二「皮」字爲古經之原文，其餘乃多誤作「尺」字矣。《論疾診尺篇》尺當作「皮」。云「尺膚熱即《玉機真藏篇》之「皮熱」。其脈躁者，「脈」與「皮」並見，非指尺脈。病温也①」，「尺膚寒即《玉機真藏篇》之「皮寒」。其脈小者，泄少氣」，《診尺》之「尺」即《玉機》之「皮」，固可比而見例者也。俗醫因《難經》縮頭足於兩手，專診寸、關、尺，隋、唐以後其説獨行，《内經》本無關、尺明文，故凡形迹可疑者，皆以「尺」字讀之，後人刻本遂徑改爲「尺」字，於是「尺」字遂十數見於

① 病温也：原無此句。按下云「尺膚寒，其脈小者，泄少氣」，缺此句則文意不完，語勢未足，茲據《靈樞·論疾診尺》補此三字。

《靈》、《素》。夫「尺膚」本「皮膚」也，「皮」以文似「尺」，遂立「尺膚」之名詞，而加之論說。考《診皮篇》先就手、肘、臂、掌、膺、背立説，並及周身，尺以一指之地位，不過數分，何足以診寒熱、滑澀、緩急之六象？且有「尺膚」，必別有「寸膚」「關膚」之名詞，三部鼎峙而後可，今有尺而無寸、關，知「尺膚」名詞不能獨立。《靈樞・病形篇》並作「尺之皮膚」，蓋古本有作「尺」者，校者以「皮」校注於「尺」下，淺人以「尺皮膚」三字相連不成文理，又加「之」字於尺下，於是「尺膚」之外，又有「尺之皮膚」四字連文之名詞。今以「尺之」二字爲衍文，「皮膚」二字爲本義，則蒙霧全消，廬山見面矣。考佛氏説色、聲、香、味以外別有觸識，醫家望、聞、問、切以外，別有診皮專篇，以循捫補四診之不足，故《論疾診尺》即診皮之古法，診尺即診皮也。《皮部論》爲診絡法。又考《病形篇》，每以「尺之皮膚」與脈同診，唐、宋以來注家皆指經之「脈」字爲兩手三部動脈，考「滑澀緩急大小」六字爲診皮診絡之專稱，凡診經脈不用此六字，此一定之例也，經脈何能與皮診法相同？蓋經爲常動之脈，深不可見，其浮而在外、與皮膚相連者皆爲絡脈，絡與皮膚俱浮而在外，故其診法相同。《邪客篇》所云「脈滑者尺之二字衍文，不同。皮膚亦滑，脈澀者尺之皮膚亦澀」等語，可見診皮膚者必驗絡脈。故《皮部論》「皮有分部，脈有經紀，紀，即絡脈也。

筋①有結絡」，言浮絡者②六，言絡盛者七，言絡脈者四，末言皮爲脈，以邪客於皮毛，腠理開則入客於絡；凡絡脈之象，必見於皮，故診皮必須診絡，診絡必兼診皮，是以於《診皮篇》繼以《診絡》，二者相須，即可互證。《診皮》末附以《五診法》。經每以皮、腠理。絡、一作「肉分」。經、《三部九候》診經脈筋、有《經筋篇》。骨筋、骨亦作臟府。以淺深層次分屬臟府及邪風傳移，最關緊要，今別彙爲一門，名曰《五診法》，因《診皮》居其第一，故以附於此篇之後。四益主人自序。時壬子中秋日，年六十有一。

① 筋：原作「經」，據《素問·皮部論》改。
② 者：原無，依文例擬補。

古經診皮篇　四益館古診法九種之一

古經診皮篇名詞解

緩　滑潤　寒　堅

急　澀枯　熱　脆

《内經》「緩急大小滑澀」六字名詞連文五六見，後醫編入「二十七脈」，以爲診動脈名辭，不知此爲診皮絡之名詞，如「脈緩者皮膚亦緩」，脈謂絡脈，故與皮膚同候。《靈樞·論疾診尺》本爲「診皮」，是《内經》曾以診皮立爲專篇，詳其法則，散見之文尤多。今以《論疾診皮篇》爲主，並録各篇之文於後，至於寒熱厥逆，屬在病狀者則不録。所有診皮專名，「寒熱」「滑澀」「粗細」之類，詳釋於先；今於「堅脆」「陷下」「賁起處」，與診絡之法相通，則歸入《診絡篇》内。閲者比互參觀，自得其詳矣。

緩皮膚解緩，亦作解㑊，仲景以爲中風之候。緩爲動脈平和，不屬病脈，則知緩非診脈之法，乃診皮絡之名也。

《壽夭剛柔篇》云：「形充而皮膚緩者則壽。」《衛氣失常篇》云：「人之膏①者多氣而皮膚緩。」《藏府病形篇》云：「脈緩者，按「脈」指絡脈，皮、絡診每相連。尺之當作衍文。皮膚亦緩。」《歲露篇》云：「人氣血虚，其衛氣去②，形獨居③，肌④肉減，皮膚緩。」「緩」讀與「渙」同。皮肉解緩與平脈之緩不相干。○案：經言經脈和緩乃無病之脈，以緩爲病候者，皆指皮膚，不指經脈。仲景太陽浮爲診脈，緩緊皆診皮法，以有汗、無汗分風寒，緩緊即皮膚有汗無汗之分，非脈也。蓋脈緩爲平，無病狀可知，責以浮沉可也，「浮」「沉」爲病，不當與「緩」同見，故知「緩」爲病狀，脈萬不能以「緩」言。《平人氣象論》注：王太僕曰：「緩者謂緩縱之狀，非動之遲緩也。」此可以爲診皮之證。

急一作「疾」，一作「緊」。仲景以「緊」與「緩」對，皆指皮膚，緩則多汗，緊則無汗。日本丹波元簡言「寒主收引，脈道爲之緊束，而不敢開散渙漫」，故《傷寒》見此脈也，是指絡脈皮肉之拘急明矣。又言，「緊之一脈，古今脈書無得其要領者」，夫一脈名狀，何至古今不得要領？不知診皮肉之法以緩、緊爲專名，移診皮於經脈，無怪其難通也。

《歲露篇》云：「寒則皮膚急」，經故曰：「急者多寒。」《繆刺》云：「秋者，天氣始收，謂陽

---

① 膏：原作「高」，據《靈樞·衛氣失常篇》改。
② 去：原脱，據《靈樞·歲露篇》補。
③ 獨居：二字原脱，據《靈樞·歲露篇》補。
④ 肌：原脱，據《靈樞·歲露篇》補。

氣收斂也。腠理閉塞，以陰氣主斂也。皮膚引急。」《壽夭剛柔篇》：「皮膚急者則夭。」又《痿論篇》①云：「肺熱葉焦，則皮毛膚虛弱薄急②，著則生痿躄。」凡此「急」字皆指皮膚收縮緊急也。故《繆刺篇》云：「其病脈淖澤者，刺而平之；堅緊者，破而散之。」《官能篇》：「結絡堅緊，火所治之。」絡屬皮膚，故寒則緊急，以火治之，即破而散之也。脈淖澤者，謂皮膚因熱出汗，故以對緊急而言，亦足以徵矣。○若如諸家，指緊脈與弦相似，端然挺長，夫脈本一條，安得不挺長？因誤以緊急爲動脈狀，以弦象形，似展轉疑誤耳。

滑案：仲景《傷寒論》以滑爲熱實之脈，曰：「脈反滑，當有所去，下之乃愈。」又曰：「脈滑而病者，小承氣湯主之。」又曰：「脈浮滑，此表有熱裏有寒。」曰：「脈滑而厥者，裏有熱也；脈滑而數者，有宿食也。」凡此數條，皆指絡脈③，則合於皮膚，滑則俱滑。故曰熱、曰寒、曰厥，皆皮膚所有象，不獨在裏也，何得以「滑」之名專診動脈？詳觀經文，自知矣。

《論疾診尺》當作「皮」。云：「尺皮。膚滑，其淖澤者風也。」又曰：「尺皮。膚滑而澤脂者，風也。」《邪氣藏府篇》云：「脈滑指不動之絡脈，非常動之經脈。者，尺之此二字衍文。皮膚亦滑。」

① 痿論篇：原作「繆刺篇」，據《素問》改。

② 「肺熱葉焦」二句：「肺」字原作「肝」，「熱」字原脱，據《素問・痿論》篇改、補；又《素問》「皮毛」下無「膚」字，「薄急」作「急薄」。

③ 絡脈：原作「脈絡」，恐未當，兹據文意改。

《四時刺逆從篇》①云：「滑則病皮風疝」，「滑則病肺風疝②」，「滑則病狐疝風。」案：此均以絡脈、皮膚皆滑，故多諸病③，足見滑之形狀見於皮膚，實爲有憑。用診動脈，形同病異，多難解決，則診脈者何如更診皮膚爲實碻也。

澀四時之弦、鈎、毛、石非脈名，以鈎爲代表；皮肉之滑澀粗細，非脈名④，以澀爲代表。澀者皮膚甲錯，與滑相反，《診皮篇》「麄若枯魚之鱗」是也，諸家用以診脈，故至今紛歧。王叔和曰：「澀脈細而遲，往來難且散，或一止復來。」此無一語可言澀也；王太僕曰：「澀脈⑤者，往來時不利而蹇澀。」此不知屬皮，故有是説耳。戴同父曰：「如刀刮竹，竹文澀；如雨沾沙，沙不聚」，則愈形支離矣，且《脈圖》畫諸細點，以爲澀形，更屬夢囈。周禮言「若六七隻針一宗戳上來也」，不更怪乎？至何夢瑶、張景岳、張路玉雖無怪説，皆指動脈，大抵謂粘滯艱澀，總不詳審《内經》乃爲診皮之名詞也。徵之如左。

《論疾診尺作「皮」。篇》云：「膚澀者，尺皮。膚粗如枯魚之鱗。」《衛氣失常篇》云：「衛氣虚，而皮膚枯。」《五藏生成篇》曰：「皮枯而毛折。」《邪氣藏府篇》云：「脈澀者，尺之二字衍文。

---

① 四時刺逆從篇：「從」字原脱，據《素問》補。
② 滑則病肺風疝：「肺」字原脱，據《素問》補。
③ 故多諸病：原作「故諸多病」，於意似有未洽，故改。
④ 名：原無，兹據文意擬補。
⑤ 脈：原脱，據《素問·脈要精微論》王冰注補。

皮膚亦澀。」據此，則「滑」與「澀」本義專屬診皮脈之流利艱澀，偶假借二詞形容之，未嘗不可，遂立二脈名，則誤矣。凡諸診名詞，有定名專稱，有假借形容，在定名則明白顯易，假借則不免影響，難於切實。如滑澀診皮，人所易知，經特藉以形容脈象，此乃興到之言，後人遂於診脈造此二名，以診皮本義爲脈法之轉輸。脈之如何爲滑，如何爲澀，則不免詞費。必知本義、假借，然後可以讀經；若牽合九等診法加之兩寸，則無脈法之淺學也。茲定爲診皮之名，則絶無模糊矣。

寒《三部九候篇》中言「獨熱者病，獨寒者病」，前人以爲七診法，然經脈一綫，不可以言寒熱，故知專屬診皮。蓋皮膚發熱，即知傷寒；皮膚常冷，即知裏寒。抑或逆或厥，每多陽虛陰盛，然陽伏於中而不達於四肢者，亦往往有之。診諸皮膚，即可先知矣。

《三部九候篇》曰：「獨寒者病。」此指皮膚一處獨寒即爲痛之徵。《論疾診尺皮。篇》云：「膚寒脈小者，泄少氣。」又曰：「掌中寒者腹中寒，魚上白肉有青血脈者，胃中有寒。」《師傳篇》曰：「臍下皮寒者，胃中寒。」《皮部論》曰：「多白則寒。」案：皮分十二部，此言外某部寒，即知内某部病也。《厥逆論》曰：「寒厥之寒也，必從五指而上於膝，陽氣日損，陰氣獨至，故手足爲之寒也。」又曰：「三陽俱逆，不得前後，使人手足寒，三日死。」以上言手足四支皮膚寒冷至膝者，三陽俱逆也，若不治，三日内必死。經於絶證則曰死不治，言不可治也，但曰幾日死者，猶可治也。故古法三部必診足，不診，何以察足之厥逆？問而知之，不如手爲捫之也。

熱案：《内經》古法，察人周身内外之寒熱者，必先診皮膚，故診皮與皮部專立篇名。若不診皮，但憑一指切脈以測表裏寒熱，何以能確？迨病者自言燒熱，又不過摩額握手如是而已，若他部寒熱，則聽病人之言，又不審其輕重虛實，用藥亦安能對證？惟於切脈而外，更依《靈》、《素》言診皮之法，審視、循捫、按切，詳察寒熱，則得其要領矣。

《論疾診尺皮。篇》曰：「尺當作「皮」。膚熱，脈甚躁者，病温也」；「肘所獨熱者，腰以上熱；手所獨熱者，腰以下熱；肘前獨熱者，膺前熱；肘後獨熱者，肩背熱；臂中獨熱者，腰腹熱；肘後麤以下三四寸熱者，腸中有蟲；掌中熱者，腹中熱。」《師傳篇》云：「臍以上皮熱，腸中熱，則出黄如糜。」凡此經言寒熱，皆屬皮膚部應，診此即可知彼，診表即可知裏。凡醫視病切脈不真，指下無神，多屬恍惚。病多寒熱，見之於皮膚，實爲可憑；熟讀經文，遵而行之，以是治病，其庶幾乎！

堅或作「牢」、作「革」。諸家脈書多以革爲牢脈，故或有革無牢，或有牢無革，總混淆不辨。案：《甲乙經》「渾渾革革，至如湧泉①，病進而危。」李時珍曰：「革脈如按鼓皮。」徐春甫曰：「革爲皮革，如按鼓皮，故多以爲堅牢。」揚玄操言：「牢爲堅極。」李中梓曰：「堅固牢極。夫脈只一綫，何至如鼓皮革之堅牢。」又如沈氏，言「實大弦長」。以一脈而兼四脈之象，岐説紛紜，訖無定論。不知仲景言「寒則牢堅」②，有牢固之象，此正指診皮而言，與《官能篇》言「結絡堅緊」、《奇病篇》言「其③脈大緊」正相符合。是寒則緊急，而「堅」、「牢」皆診皮絡之法，而專用以診脈，能無誤乎？

《壽夭篇》云：「皮膚堅而毛髮長，形充䐃肉堅，有分理者壽。」堅與肉連，知不屬經脈而屬於皮絡。

---

① 「至如」上原衍「牢」字，「泉」作「牢」，據《鍼灸甲乙經》卷四《經脈》删、改。

② 寒則牢堅：原作「寒則堅牢」，據《傷寒論》卷一《平脈法》乙。

③ 其：原作「能」，據《素問》改。

又《順逆肥瘦篇》曰：「年質壯大，血氣充盈，則膚革堅固。」《天年篇》又曰：「三十歲五藏大定，血氣盛滿，肌肉堅固。」《衛氣失常篇》曰：「䐃肉堅，皮滿者肥。」又曰：「皮厚肉堅，不傷於四時之風。」案：經文言「堅」字，確係診皮膚之法，歷歷可考。後人據診五藏之脈皆有「搏①堅而長」之詞，遂專用以診動脈，又不得其真，遂猜疑亂説；不知經之言「堅」，用以診皮肉者屢見於篇，古診良法竟廢而不用。若用以診皮，以手捫按即知堅硬堅厚，以分虛實病否，顯然易見，無俟衆喙捕風捉影也。

脆 脆者，堅之反對也，不堅即脆矣。凡物之薄弱枯焦者，即脆之彙也。諸家獨以「堅」診脈，失之依稀仿佛，而以濡、弱對堅、牢，胡不以薄、脆對堅、牢？不知《内經》以脆對堅多指皮肉，乃忽而不察，竟不以堅、脆診皮膚，無怪乎認證不真，而東塗西抹，以爲比喻形容也。請詳徵之於經可也。

《根結篇》②云：「肉食之君，身體柔脆，肌肉軟弱。」診脈者以「弱」字代「脆」，不知「弱」亦古診皮肉之文，此可以質疑矣。《論勇篇》曰：「黄色薄皮弱肉者，不勝春之虛風；白色薄皮弱肉者，不勝夏之虛風；青色薄皮弱肉者，不勝秋之虛風；赤色薄皮弱肉者，不勝冬之虛風。」又曰：「皮薄而肉不堅，色不一者，長夏至而有虛風者③病矣。」此皆用「脆」之名以診皮肉，而處處言薄、弱，可以見「弱」亦古診皮名詞，不獨以診脈也。

---

① 搏：原作「博」，據《素問・脈要精微論》改。
② 根結篇：原倒作「結根篇」，據《靈樞》乙正。
③ 者：原脱，據《靈樞・論勇篇》補。

《五變篇》云：「木之陰陽，尚有堅脆，堅者不入，脆者皮弛。夫一木之中①，堅脆不同，堅者則剛，脆者易傷。」案：此以木之皮比人。下文言：「久曝大旱，則脆木薄皮者，枝條汁少而葉萎；久陰淫雨，則薄皮多汁者，皮潰而漉」；「人之有常病也，因其骨節皮膚腠理之不堅固者，邪之所舍也。」據此云云，以診人皮膚，即知其人體之强弱，藏之虚實矣。此軒、岐之法，用以診皮者，後醫專主診脈，因皆忽略而不講，故於證治不能透晰。如肯復古診法，細心參驗，則庶幾乎辨證明確也。

① 中：原脱，據《靈樞·五變篇》補。

釋尺

廖　平

自序

《内經》所言「尺」字有二彙，一真一贋。真爲尺字者，如尺澤，尺動脈、尺五里皆爲「皮」字之誤。此穴名之真尺也；如「人長七尺五寸」、「八尺之士」，以及《骨度篇》、《五十營》、《腸胃》等篇所言之尺寸，此身體物彙之真尺也。合五十五字。其餘如「尺寸反者死」、「人迎俱少而不稱尺寸」等字，此「人」之誤「尺」者也；又如「尺之兩旁」、「尺内以候腹，尺外以候腎」，此「足」之誤「尺」者也；又如「持尺」、「循尺」、「尺膚」、「尺之皮膚」，皆「皮」之誤「尺」者也。然何以贋？自《難經》立寸、關、尺之名，廢古三部九候頭足並診之法，獨診兩手，故凡形體相似之字，皆誤改爲「尺」，以就己法。考《内經》診手惟診寸口，並無關、尺連診之説，故《金匱要略》及《脈經》真本數卷專稱寸口，不分三部及左右，乃《難經》增立關、尺於兩手，其名義殊難解矣。「二難」云：「分寸爲尺，分尺爲寸，故陰得尺中一寸，陽得寸内九分，尺寸始終一寸九分，故曰尺寸。」諸家解説皆曰：「分寸爲尺者，分一尺之一寸爲尺也；分尺爲寸者，分一尺之九分爲寸也」，「陰得尺中之一寸爲尺者，以一寸爲一尺也；陽得寸内之九分曰寸者，以一分爲一寸也。其實尺寸始終得一寸九分而已。」即如此説，當云三部脈位共一寸九分，何必虚冒尺名乎？案：魚際至高骨爲一寸，此《内經》所謂寸口也，並未言後又有關、尺共分尺之一寸九分，況既名曰尺，豈止一指之長乎？若分一尺之寸爲尺，則尺止一寸也，若分一尺之九爲寸，則尺已分去一寸矣，又何足以名尺乎？若以一分爲寸，則十分爲寸即一尺，是寸口一寸即尺也，何於寸後又列關、尺乎？顧名思義，殊多未安，故《四診心法》言脈非兩條，並無三截。今於寸口一脈强分三部，用三指診之，其法最爲不通，蓋以舍頭足而專診兩手，大悖《内經》之義也。夫尺合十寸而成，故《内經》不曰寸脈而曰寸口，以後至肘①身度有一尺之長，故曰尺，肘曲有陷，故名尺澤，《内經》言尺澤，尺之動脈，尺之五里，則當爲「足」之誤②。其名義多矣，何得曰分尺之一寸九分？除寸關外又不及九分，何以爲尺位乎？且以左寸關前代結喉旁之人迎，又以尺代足診下焦，何以確知其病原乎？無怪庸醫之殺人也。愚故於真「尺」外得「人」「足」「皮」三字誤爲「尺」字者，仍注改還「人」「足」「皮」本字，以求合於《内經》古法；復輯其簡要，撰《釋尺》上下二篇，不改字者爲上篇，凡改字者爲下篇。學者研究而精之，其庶幾乎！壬子冬月，四譯老人自序。

---

① 以後至肘：「以」之下疑脱一「腕」字，俟考。

② 按此序第二句，廖氏注謂「尺動脈、尺五里皆爲『皮』字之誤」，此又云「當爲『足』之誤」，未詳孰是。

釋尺上篇

穴名尺字

《本輸篇》云：經渠，寸口中也，動而不居，爲經；入於尺澤，尺澤，肘中之動脈也，爲合。手①太陰經也。

案：尺澤爲寸、關、尺之所本，知其相去，則尺之名目自不能立。

身體尺字

《經水》第十二云：若夫八尺之士，皮肉在此，外可度量切循而得之，其死當作「内」。可解剖而視之。

《骨度篇》云：人長七尺五寸者，其骨節之大小長短各幾何？伯高曰：頭之大骨圍二尺六寸，胸圍四尺五寸，腰圍四尺二寸。髮所覆者，顱至項長尺二寸；髮以下至頤長一尺，君子

① 手：原作「于」，據《靈樞·本輸篇》改。

終折。横骨上廉以下至内輔之上廉，長一尺八寸。内輔下廉至内踝，長一尺三寸。膝膕以下至跗屬，長一尺六寸。角以下至柱骨，長一尺。腋以下至季脇，長一尺二寸。髀樞以下至膝中，長一尺九寸。膝以下至外踝，長一尺六寸。耳前當耳門者，廣一尺三寸。足長一尺二寸，廣四寸半。肩至肘長一尺七寸。肘至腋長一尺二寸半。膂骨以下至尾骶二十一節，長三尺。

脈行尺字

《五十營》第十五曰：二十八脈，周身十六丈二尺，以應二十八宿。呼吸定息，氣行六寸。十息，氣行六尺，日行二分，二百七十息，氣行十六丈二尺。

《脈度》第十七曰：手之六陽，從手至頭長五尺，五六三丈。手之六陰，從手至胸中三尺五，三六一丈八尺，五六三尺①，合二丈一尺。足之六陽，從足至頭八尺，六八四丈八尺。足之六陰，從足至胸中六尺五寸，六六三丈六尺，五六三尺，合三丈九尺。蹻脈從足至目，七尺五寸，二七一丈四尺，二五一尺合，一丈五尺。督脈任脈各四尺五寸，二四八尺，二五一尺，合九尺。都凡合一十六丈二尺，此氣之大經隧也。

---

① 五六三尺：原脱，據《靈樞·脈度篇》補。

腸胃尺字

《腸胃》第三十一：咽門重十兩，廣二寸半，至胃長一尺六寸。胃紆曲屈伸之長二尺六寸，大一尺五寸。小腸長三丈三尺，迴腸長二丈一尺，廣腸長二尺八寸。胃大一尺五寸，長二尺六寸。腸胃之長凡五丈八尺四寸。

物彙尺字

《壽夭篇》云：複布爲複巾，長六七尺，爲六七巾。則用之生桑炭炙巾，以熨寒痺所刺之處。

《刺法論》①云：小金丹方煉法：地一尺築地實②，不用爐，不須藥制，用火二十斤煅之也。

《徵四失論》曰：馳千里之外，不明尺寸之論。此以尺寸比千里，分遠近，非論脈。

《難經》「尺」字當指尺澤説。

案：《靈樞》、《素問》以人迎寸口人迎在頭，寸口在手。分陰陽，以三部九候診九藏，每診動脈，只用一指以别陰陽耳。寸口候五藏，人迎候六府，但用一指候一脈，因其大小一倍再

---

① 刺法論：原作「論刺法」，據《素問注證發微》乙。
② 「地一尺」句：「地」之上原有「了」字，按此「了」應屬未引之上句，兹删。

倍三倍與躁静，以別手足三陽三陰部位，一也。以脈之大小辨其爲何藏何府之脈，並不於一脈之中分部位。故《靈》、《素》與仲景、《脈經》言寸口脈之浮沉遲數，統稱之爲寸口，以但用一指，不別左右，不分部位，並無關、尺之名。《靈》、《素》所有「尺」字，多是「皮」字「人」字「足」字之誤，今已考定，詳見下篇。至於「關」字爲寸口動脈名，則更絶無其説。《四診心法》云：「凡動脈非有兩條，並無三截」，今於寸口一脈强分三部，用三指診之，最爲不通。且寸尺二字皆取法於身，寸口以其居掌後一寸，肘後去寸口一尺，故其穴名曰尺澤，今因尺澤，遂依附尺字，縮尺於一寸之地，更於其中別造關字，依託經「三部」。今列《八十一難》與《脈訣》寸、關、尺舊説，支絀矛盾，罅漏百出，與衆決之。

寸口尺澤圖

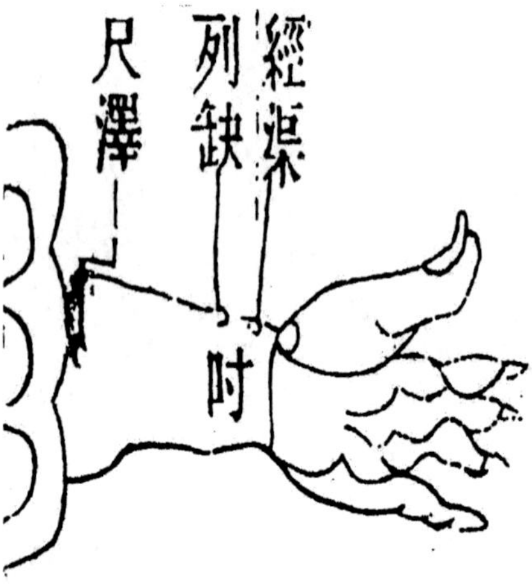

《説文》寸①「寸，十分也。人手卻一寸動脈謂之寸口。從又一。」指事。按：十髮爲程，而當一分，十分爲寸。《淮南·主術》：「寸生於𥝩。」《大戴·主言》：「布指知寸。」《公羊·僖三十一年傳》：「膚寸而合。」注：按指爲寸。

① 寸：「寸」原作「尺」，據《説文解字》卷三《寸部》改。

《説文》尺「尺，十寸也，人手卻十分動脈爲寸口。十寸爲尺。尺，所以指斥規榘事也。從尺，從乙。乙，所識也。」指事。周制寸、咫、尺、仞、尋、常諸度，皆以人之體爲法。

《八十一難》「一難」曰：十二經中皆有動脈，獨①取寸口，以決五藏六府按本經只言五藏，並無六府，蓋以寸口候藏，人迎候府，今合藏、府同候於兩手，更以兩手分人迎寸口，皆誤。生死吉凶之法，何謂也？

徐靈胎曰：首發一難，即與《靈》、《素》、《内經》不合。《素問・三部九候論》明以頭面諸動脈爲上三部，以兩手之動脈爲中三部，以股足之動脈爲下三部。而結喉旁之人迎脈往往與寸口並重，兩經言之不一。獨診寸口者，越人之學也，自是而後，診法精當作「亂」。而不備矣。

然。寸口者脈之大會，手太陰之動脈也。人一呼脈行三寸，一吸脈行三寸，呼吸定息行六寸。人一日一夜凡一萬三千五百息，脈行五十度，周於身。

徐靈胎曰：經文明言周身十六丈二尺爲一度，何等明白，今删去此一句，則「五十度」之字從何算起？作難，所以明經也，今直寫經文，而又遺其要，則經反晦矣。

漏水下百刻，營衛②行陽二十五度，行陰亦二十五度，爲一周也。故五十度復會於手太

---

① 獨：原作「使」，據中醫藥出版社本徐靈胎《難經經釋》改。
② 營衛：「營」字原脱，「衛」誤作「術」，據《難經經釋》改補。

陰。寸口者，五藏六府之所終始，故法取①於寸口也。

「二難」曰：脈有尺寸，何謂也？然。尺寸者，脈之大要會也。從關至尺是尺内，陰之所治也；從關至魚際是寸口内，陽之所治也。

按：尺、寸二字，不得如此截配。景岳《類經》注駁云：「三部九候，本經明指人身上中下動脈，如下文所云者。蓋上古診法，於人身三部九候之脈各有所候，以診諸藏之氣，而鍼除邪疾，非獨以寸口爲言也。如仲景脈法上取寸口，下取趺陽，是亦此意。觀『十八難』曰：『三部者寸、關、尺也，九候者浮中沉也』，乃單以寸口而分三部九候之診，後世言脈者皆宗之。雖亦診家捷法，然非軒、岐本旨，學者當並②詳其義。」

按：《内經》有寸口脈口人迎，而無關、尺字，尺字多爲皮字、足字、人字之誤。蓋寸口爲寸，至尺澤乃名爲尺，若對人迎而言，則寸口又通謂之氣口脈口也。

故分寸爲尺，分尺爲寸，故陰得尺中一寸，陽得尺内九分，尺寸終始一寸九分，故曰尺寸也。

「三難」曰：脈有太過，有不及，有陰陽相乘，有覆，有溢，有關，有格，何謂也？然。關之前者，陽之動也，脈當見九分而浮，過者法曰太過，減者法曰不及。遂上魚爲溢，爲外關内格。

① 法取：原倒作「取法」，據《難經經釋》乙。
② 當並：原倒作「並當」，據《類經》卷五《三部九候》乙。

此陰乘之脈也。關以後者，陰之動也，脈當見一寸而沉，過者法曰太過，減者法曰不及。遂入尺爲覆，爲内關外格。此陽乘之脈也。故曰覆溢是其真藏之脈，人不病而死也。

徐靈胎曰：《素問・玉機真藏論》五藏各有真藏脈，各詳其形。如謂胃氣不能與藏氣俱至於太陰，故本藏之脈獨見謂之真藏，並非關格之謂。關格之説自詳《靈樞・終始篇》及《素問・六節藏象論》，亦並與真藏無干，何得混并？其辨關格，説詳「二十七難」中。

《脈經・分別三關境界脈候所主第三》云：此卷與《難經》同，非叔和原書所有，爲六朝後僞《脈訣》。從魚際至高骨，其骨自高。卻行一寸，其中名曰寸口。從寸至尺，名曰尺澤，故曰尺。寸後尺前，名曰關。陽出陰入①，以關爲界。陽出三分，陰入三分，故曰三陰三陽。陽生於尺動於寸，陰生於寸動於尺。寸主射上焦，出頭及皮毛竟手；關主射中焦，腹及腰；尺主射下焦，少腹及足。

案：《難經》作僞，當時誤用尺關名目，多所齟齬，彼時如但用上中下三字爲名辭，雖與經法不合，名目則較寸、關、尺穩便多矣。

---

① 陽出陰入：「陰」下原衍「又」字，據人民衛生出版社本《脈經校注》删。

釋尺下篇

《靈樞・論疾診尺篇》：尺當作「皮」。黄帝問於岐伯曰：余欲無視色察脈，獨調其尺，皮。以知其病，診皮在脈色之外。從外知内，皮在外。爲之奈何？岐伯曰：審其尺當作「皮」之緩急小大滑濇，六字連文，一見。肉之堅脆，《邪客篇》文錯誤，據此正之。而病形定矣。視人之目窠上微癰，如新卧起狀，其頸脈動，時欬，按其手足上，窅而不起者，風水膚脹也。以上皆診皮。尺皮。膚滑其當作「甚」。淖澤者，風也。尺皮。肉弱者，解㑊安卧，脱肉者，寒熱不治。尺皮。膚①滑而澤脂者，風也。尺皮。膚濇者，風痺也。尺皮。膚麤如枯魚之鱗者，水泆飲也。尺皮。膚熱甚，脈盛躁者，病温也。其脈盛而滑者②，病且出也。尺皮。膚寒，其脈小者，泄，少氣。尺皮。膚炬然先熱後寒者，寒熱也。尺皮。膚先寒，久大「大」字衍文。之而熱者，亦寒熱也。尺皮。炬然熱，人迎大者，當奪血。尺皮。堅大，脈小甚，少氣，悗有加，立死。

此段既以脈對膚言，則三部九候，無脈不該。舊注「尺」字爲寸、關、尺之「尺」，脈與尺

① 膚：原脱，據《靈樞》補。
② 滑者：二字原訛作「即皮脈皮」，據《靈樞》改。

並見，不亦誤乎！且有以尺單見者，有與膚連文者，並有「尺之皮膚」四字並見者，而別無「寸膚」、「關膚」之名詞，則「尺」當爲字誤可知。如以爲尺脈之「尺」，則一指之狹，不可以審皮膚之見象。是「尺膚」之文原爲皮膚，明矣。

《邪氣藏府病形篇》曰：「夫脈絡色絡色，非面色。與尺皮。之相應也，如桴鼓影響之相應也，不得相失也，此亦根本脈爲根本。枝葉①皮與色爲枝葉。之出候也。」又帝曰：「色脈已定，別之奈何？在色脈之外。岐伯曰：調其脈當作「皮」，一曰指絡脈。之緩急小大滑澀，六字連文，二見。而病變定矣。帝曰：調之奈何②？岐伯答曰：脈絡脈。下同。急者，尺之皮膚亦急；六字連文，三見。脈緩者，尺之皮膚亦緩；脈小者，尺之皮膚亦減；脈大者，尺之皮膚亦賁而起；脈滑者，尺之皮膚亦滑；脈澀者，尺之皮膚亦澀。凡此變者，有微有甚。故善調尺皮。者不待於寸，當作「脈」。善調脈者不待於色。」以上「尺之」二字均衍文。

此段申明上節，可見原本皮誤爲「尺」，校者以「皮」字補識之，刊寫誤爲正文，則作「尺皮膚」，三字不成文理，校者乃加「之」字於「尺」之下，以爲「尺之皮膚」，與「尺膚」同其誤。

---

① 根本枝葉：按《靈樞》作「本末根葉」，當從。

② 調之奈何：「調」原作「聞」，據《靈樞》改。

蓋六朝以後專診寸、關、尺，故讀尺爲部位。《難經》所引亦同，則此誤在《難經》之前，故承用其誤文耳。不然，《内經》言皮膚者多矣，皆混舉全體，此獨單指尺膚，古無是法也。至諸家誤説，或以爲尺部之「尺」，與尺肘之「尺」，皆不可通。今以「尺之」二字爲衍文，以皮膚對脈色，直捷了當，又包括無遺也。是以獨調其皮，即知其病，無俟診脈察色也。

《平人氣象論》曰：「尺皮。熱曰病温，尺皮。不熱，寒熱診皮專名，脈不能言寒温。脈絡。滑曰病風，脈澀枯粗棘手。曰痺。」又曰：「尺皮。脈絡。緩澀，謂之解㑊。安卧脈盛，謂之脱血。尺皮。澀滑誤。脈滑，緩誤。謂之多汗。尺皮。寒脈細，謂之後泄。脈尺皮。麤常熱者，謂之熱中。」

《玉機真藏篇》言皮熱、皮寒，與脈並見。文本作「皮」，故古今注説皆知脈、皮同診。《論疾診尺皮。篇》言皮膚澀皮膚粗皮膚滑，已有明文，此尺寒熱，亦與脈並見，則尺在脈外可知，「尺」當爲「皮」更可知。就後人診尺脈之法論之，乃一指數分之地，何以能察寒熱滑澀麤細？此脈乃絡脈，若以爲經之動脈，則包寸、關、尺在内，何又别言尺？且診經脈，滑澀各殊，寒熱各别，有是理乎？合參經文，可知此節亦原爲「皮」字，乃誤爲「尺」耳。

《邪客篇》曰：持其尺當作皮。小大據《方盛衰論》，以二字爲比較。滑澀寒温，《論疾診皮篇》六字在「堅脆」上，今從之。連文四見。察其肉之堅脆燥濕，診絡。因視目之五色，望。以知五藏而決生死。視其血脈，即絡脈也。察其色，以知其寒熱痛痺①。

《靈樞·診尺原爲「皮」字。篇》爲皮膚之診，尺膚熱、尺膚寒即《玉機》皮熱、皮寒。此曰「持尺」，何以察乎？明是「皮」耳。夫虛邪之中人也，皮肉先受，諸多見象，凡堅脆、小大、滑澀、寒熱、燥濕等字，皆診皮肉之法也，故持皮以察肉。若是尺部之「尺」，則一指脈位，詎可定寒温耶？況曰持者，全手之把握，非一指之按切也，則握皮膚可知矣。

《小鍼篇》曰：上工知相五色於目，又知調尺當作皮。寸當爲「之」字，後人因尺改「寸」。小大比較。緩急滑澀，皮絡專名。連文五見。以言所病。

「緩急小大滑澀」六字爲古診皮名詞，六見《靈》、《素》，何得專以爲診經尺部？舊注謂，此審寸部尺部之脈，可以知病形，誤矣。按：以《邪氣》等篇爲例，緩急等象俱屬於皮膚，此乃指尺部之脈，又何得獨診尺寸而舍關脈？且何不言按，而曰調曰審？調、審，則不止察一處一狀，合皮膚而求其詳也。觀下文據皮膚而斷病，則此兩節均屬診皮，明矣。故改「尺」爲「皮」。

《方盛衰論》：按脈動靜，絡脈分動靜。循尺皮。滑澀寒温之意，四字連文，六見。視其小大，比較

---

① 「持其尺小大」至「知其寒热痛痹」：《靈樞》原作「持其尺，察其肉之堅脆大小滑澀寒温燥濕。因視目之五色，以知五藏，而決死生。視其血脈，察其色，以知其寒熱痛痹」。

之詞。合之病能，讀作「態」。逆從以得，復知病名，診可十全。

切者，按也。循者，捫也。循非切，何言尺爲脈乎？脈統人十四絡而言，何以與尺一指之地對稱乎？況滑澀寒温等字，經文五六見，皆診皮名詞，而皮部特言之，故解「循尺」爲「循皮」。不然，按切一指，何以察身之寒温，何爲視其形象之大小？以爲寸脈與尺脈對言，則尺亦有動無静，惟皮但有滑澀寒温，經故分別言之耳。

《通評虚實論》曰：「經虚絡滿者，尺當作皮。熱絡滿，《皮部論》絡皆屬皮部分。脈口經動脈爲脈口，凡十三經皆有動脈。寒澀也。」經虚，此借皮之寒熱以形容之。又曰：「其形盡滿者，脈急大堅，尺當作皮色手足而言①。澀而不應也，如是者，從則生，逆則死。」岐伯曰：「所謂從者，手足温也。所謂逆者，手足寒也。」或讀二「尺」字爲「足」，字之剥文。按經以手足寒温定從逆，不能舍手專言足。

據經《皮部論》分十二部言絡，浮絡盛者十有餘條，皆以皮與絡聯，故診皮而及絡。此篇言經絡，其例亦然，除脈口外，其餘之脈均指絡脈，所謂尺者，均指皮。凡寒澀急大堅，皆診皮絡之名詞，故知「尺」爲「皮」之誤字。若以爲診動脈之名詞，豈獨尺有之乎？何不言寸、關、尺俱有之乎？且尺何以滿澀而寒？其爲皮無疑矣。

① 色手足而言：此五字疑似衍文。

又，帝曰：經絡①皆實此以經絡爲陰陽。經即氣口動脈，屬陰，絡爲浮絡、血絡，與皮相連，屬陽②。如何？何以治之？仲景陰脈、陽脈即指此。岐伯曰：經指十二經動脈。絡十五絡，不動之脈。皆實，陰陽俱盛。是寸衍文。脈急指氣口經脈。而尺當作「皮」。緩。皮緩，如仲景傳風之緩，屬皮。以皮屬絡，脈屬經。帝曰：絡氣不足，經氣有餘，陽虛陰盛。何如？岐伯曰：絡氣不足，絡與皮同診。經氣有餘者，凡動脈爲氣口。脈口爲經絡熱形容之。盛滿借而尺當作「皮」，以皮屬絡。寒也。以脈口、皮分經、絡。○皮寒即包手足言。

一說，首云「氣逆者足寒也」，下云「從者手足温」，上下皆温緩③，「逆者手足寒」，上下皆寒，寒熱何異？必作「足煖」、「足寒」，乃合經言上下寒熱之病。

又，「帝曰：何謂重虛？與《玉機》五虛同意。岐伯曰：脈氣上當爲「口」。虛《玉機》作「脈小」。尺當爲「皮」。虛，《玉機》作「皮寒」。是謂重虛。」又曰：「所謂氣虛者，言無常也；言語失常度，所謂少氣也。尺皮。虛者，行步恇然；陽虛。脈《機》五虛之脈。虛者，不象陰也。」皮寒。

據《脈經》三部之論，脈者統詞，即云診寸口，則尺脈亦在其内。茲何以尺對脈言？經所謂陰脈虛，及皮絡陽又虛，是謂重虛也。故下文言「尺當作「皮」。虛者行步恇然」。一說

---

① 經絡：原作「絡經」，據《素問》乙。

② 屬陽：「陽」原作「陰」，似誤，兹據文意擬改。

③ 上下皆温緩：此「緩」字疑衍。

「尺虛」當爲「足虛」。

《史記·倉公傳》：切其脈，經絡。循其尺，按：循尺即《方盛衰論》之循皮，調皮、審皮亦同。尺皮。索刺麤，即《診皮篇》「麤若枯魚之①鱗」。毛美而奉髮。毛、髮同，在外。

此傳先明言切脈，自是經絡二脈全該，則尺非寸、關、尺之尺脈，明矣；又曰循尺，與經文同，則是捫皮非切脈，又明矣。其下「尺索刺麤」即皮膚粗澀，何得以爲尺部？如謂尺脈，何以又言毛髮？謂毛髮與皮同在外，診法同也。是此傳「尺」字亦「皮」字之訛矣。○以上「尺」當爲「皮」者共十條，三十三字。

《素問·至真要大論》：帝曰：夫子言察陰陽所在而調之，論言人迎人迎，省稱可曰「人」，下文誤作「尺」。與寸口據此，以人迎寸口二脈比較，則下文與寸口相反者必爲人迎，非尺部之「尺」可知。相應，若引繩大小齊等，命曰平。陰之所在，寸口何如？岐伯曰：視歲南北，可知之矣。帝曰：願卒聞之。岐伯曰：北政之歲，北半球四千六支。少陰在泉，則寸口不應；厥陰在泉，則右不應；左、右，指地平言。以十二州、十二月比十二經，非六歲周輪。太陰在泉，則左不應。南政之歲，南半球四千六支。少陰司天，則寸口當作「人迎」。不應；與上相反。厥陰司天，則右不應；太陰司天，則左不應。其②不應

① 之：原脱，據《靈樞》補。
② 其：《素問》作「諸」，當從。

者，反其診則見矣。六氣爲十二支，各占三十度，以應一月，別有圖説。此指全球節令不同，十二月還相爲①本。非如舊説，中國一隅之地，六氣六年一周，互爲民病也。

帝曰：尺當作「人」。候何如？上詳寸口，此乃詳人迎。岐伯曰：北政之歲，以足六經配之。三陰在下，地球繞日，三州之地去日遠，多夜，爲在泉。則寸不應；陰在下，則陽在上。三陰在上，則三陽在下。則尺人。不應。南政之歲，以手六經當之。三陰在天，三州近日，常晝，爲司天。則寸不應；三陰在泉，三州遠日，爲在泉。則尺人。不應。左右同。故曰：知其要者，一言而終，不知其要，流散無窮。此之謂也。

尺候尺當作「人」。與寸候同法，均之反診則見矣。反其診者，與正者相反，所謂反而正②也。

黄氏《懸解》曰：人迎在頸，足陽明胃脈主候三陽；寸口在手，手太陰肺脈主候三陰。論言「人迎與寸口相應若引繩，小大齊等，命曰平」，《靈樞·禁服》語。是平人陰陽之均齊也。岐伯言「謹察陰陽所在而調之」，則陰陽之所在不同，人氣之盈虚不一矣。故帝問陰之所

---

① 爲：原脱，據《禮記·禮運》補。
② 而正：原作「正面」，據學苑出版社本黄元御《素問懸解》卷一二改。

在寸口少陰①。之脈應何如。此視歲之南政北政，可知之矣。北政之歲，天氣上行，尺當作「人」。應在泉，寸應司天。六氣以少陰爲君，少陰在泉，則寸口不應；兩手寸口。厥陰在泉，則右寸不應；少陰在②右。太陰在泉，則左寸不應。少陰在左。南政之歲，天氣下行，寸應在泉，尺人。應司天。少陰司天，則寸口當作「人迎」。不應；厥陰司天，則右寸[人]不應；太陰司天，則左寸[人]不應。諸不應者，反其診而察之則見矣，寸應在尺，人。尺人。應在寸也。南政北政，經無明訓，舊注荒唐，以甲、己爲南政，其餘八干爲北政，天地之氣南北平分，何其北政之多，而南政之少也，此真無稽之談矣。以理推之，一日之中，天氣晝南而夜北，是一日之南北政也；一歲之中，天氣夏南而冬北，是一歲之南北政也。天氣十二年一周。則三年在北，亥、子、丑。三年在東，寅、卯、辰。三年在南，巳、午、未。三年在西，申、酉、戌。在北則南面而布北方之政，是謂北政，天氣自北而南升，故尺人。主在泉，而寸主司天；在南則北面而布南方之政，是謂南政，天氣自南而北降，故寸主在泉，而尺人。主司天。六氣以少陰爲君，尺人。主在泉，故少陰在泉則寸不應；寸主司天，故少陰司天則尺人。不應。寸主在泉，故少陰司天則寸不應；尺人。主司天，故少陰在泉則尺人。不

① 少陰：此注文原置「陰之所在」下，兹據《素問懸解》卷一二乙。
② 在：原脱，據《素問懸解》卷一二補。

應。此南政北政之義也。天氣在東，亦自東而西行；天氣在西，亦自西而東行。不曰東政西政者，以純陰在九泉之下，其位爲北，純陽在九天之上，其位爲南；故六氣司天則在南，六氣在泉則居北①，司天、在泉，可以言政。東西者，南北之間氣，非天地之正位，不可以言政也。則自卯而後，天氣漸南，總以南政統之；自酉而後，天氣漸北，總以北政統之矣。按黄氏解南北政，《提要》亟稱之，實則北政即今之北半球，南政即南半球，彼此陰陽相反。十二支分占手足十二經，手司天則足在泉，足司天則手在泉，尺與寸對。據上文人迎寸口，則「尺」皆當作「人」也。

仲景《傷寒論序》：人迎趺陽，三部不參。又：持寸不及尺，當作「人」。握手不及足。

《内經》屢言專診寸口之非，蓋技術之學，後人每趨苟簡，故經預爲立坊。考仲景診法，趺陽、少陰與寸口並論者數十見，三部九候，不專診兩手寸口、分三部也。今本仲景書，關、尺之文凡十餘見，皆後人所羼補，非原文。蓋專診兩手爲六朝高陽生以後之僞法，王叔和《脈經》真本且無之，何況仲景？今通行王叔和《脈經》十卷，半僞半真；其僞者專以兩手立診法，分三部之寸、關、尺，分左右，以兩手通候十二藏府，又分虛實，其條目至二三十門。後世通行診手之書，亦於左右寸尺關斤斤界劃，以分配藏府，不能單言寸口、不分左右不分三部；乃仲景之書，以寸口與趺陽少陰爲三部，言寸口則單言寸口，不分左

① 居北：「北」原作「人」，據《素問懸解》卷一二改。

右三部，與叔和真《脈經》同。其有左右關、尺者，不過百中之一二，細校文理，皆爲淺人羼補。考診兩手之法，左人右寸，寸又只占右手三部之一，循名核實，有寸之文，而寸口之名當絶於書。今仲景書獨言寸口，不及關、尺，不分左、右者，無慮數十百條，知仲景時專用經三部九候古法，尚無《難經》獨診兩手之僞説，序中「持寸不及尺」，「尺」當爲「人」。《宋・龐安時傳》以喉、手、人、寸四字平對，人與喉爲一類，寸與手爲一類，寸在手，人迎在喉頸，少陰在足；亦六朝以後，以婦女不便診喉足，皆縮上下於兩手，以寸代頭頸，尺代兩足，專診兩手，而上下皆包。序云「持寸不及人」，謂專診寸口，不及喉頭上部；「握手不及足」，謂專診兩手，不及少陰下部。與《内經》斥專診寸口之説相同。若讀爲寸、關、尺之「尺」，則後世診寸、關、尺者皆三指同下，斷無食指下而無名指不診之理。且寸、尺相去不過數分，與下文手足相去太遠，比例亦不合，故仲景一上一下，以人、足對稱爲三部。又，仲景經有趺陽無人迎，序中言人迎，經則無之。凡一穴數名者多，趺陽即人迎之別名也，俗以衝陽爲趺陽，非是。

《宋史・龐安時傳》云：「察脈之要，莫急於人迎寸口。是二脈陰陽相應，如引兩繩，陰陽均，則繩之大小等，故定陰陽於喉手，喉，人迎；手，寸口。配覆溢於人寸，「人」舊誤作「尺」，今據文義改正。寓九候於浮沉，分九診動脈。分四温於傷寒。寒熱，診皮法。此皆扁鵲略開其端①，未詳。予參以《内經》諸書，考究而得其說。」俞理初云：據安時此言，以得人迎爲創獲，而《脈經·脈法贊》曰：「肝心出左②，脾肺出右，左主司官③，右主司府，左爲人迎，右爲氣口。」人迎脈亦不知，何以謂之「脈經④」矣！

○以上「尺」當爲「人」者。

《本輸篇》：「尺動脈在五里，五腧之禁也。」厥陰肝經。五里在氣衝下三寸陰股中，動脈。

《小鍼解》：「奪陰者死」，言取尺之五里，五往者也。

手足皆有五里穴，足穴動，手穴不動。《本輸》云：「尺動脈在五里」，則尺之當爲「足」，不待智者而知矣。自來說者皆以尺爲尺澤，五里爲手五里，考尺澤太陰肺脈，手五里陽明大腸脈，既不同經，則五里當自獨立，何以附屬他經穴而名之曰尺之五里乎？且全身各穴並無此例，故日本中島玄俊欲以五里穴改入手太陰肺經，以屬尺澤，同經以便統屬，然手五里究非動脈，說不可通。今讀「尺」爲「足」，足之五里，動脈，所以別於手之五里，

---

① 此皆扁鵲略開其端：「皆」、「略」字原脱，均據《宋史》補。
② 肝心出左：「肝」原作「肺」，據黄山書社《俞正燮全集》本《癸巳類稿》卷五《持素持篇》改。
③ 官：原作「言」，據《癸巳類稿》卷五《持素持篇》改。
④ 脈經：原倒作「經脈」，茲據文意乙。

非動脈，豈不直切了當哉！又，《氣穴論》云：「大禁二十五，在天府下五寸」，王注以爲手五里穴，手五里爲大禁，無所不可；而足五里之動脈，本論曰：「尺動脈在五里」，《小鍼》曰：「尺之五里」，二「尺」字當爲「足」字之誤，則固明而易見，無待繁徵博引矣。○改「尺」爲「足」之一。

《脈要精微論》曰：「尺内兩旁，則季脇也，尺外以候腎，尺裏以候腹中。附上，左外以候肝，内以候膈；右外以候胃，内以候脾。上附上，右外以候肺，内以候胸中；左外以候心，内以候膻中。前以候前，後以候後。上竟上者，胸喉中事也；下竟下者，少腹、腰、股、膝、脛、足中事也。」

王注：「上竟上，至魚際也；下竟下，謂盡尺之脈動處也。少腹胞氣海，在膀胱腰股膝脛足中之氣，動静皆分其近遠，及連接處以候之。」「尺内，謂尺澤之内也，注以尺爲尺澤。尺外，謂尺之外側也。季脇近腎，尺主之。」「尺裏候腹，季脇之内，則①腹之分也。肝主賁，賁鬲也」，「脾居中，故以内候之。胃爲市，故以外候之。肺葉垂外，故以外候之。胸中主氣管，故以内候之。心主，膈中也。膻中，氣海也，嗌也。」《新校正》疑此爲王氏之誤。

日本元簡廉夫②《素問識》：經所謂尺，明是尺即謂臂内一尺之部分，而決非寸、關、尺

---

① 則：原作「側」，據文意擬改。

② 元簡廉夫：原作「簡廉夫」，奪一「元」字。

之「尺」也。寸口分寸、關、尺三部，昉①於《難經》，馬、張諸家，以寸、關、尺之「尺」釋之，與經旨②差矣。今據王義考經文，圖③如左。

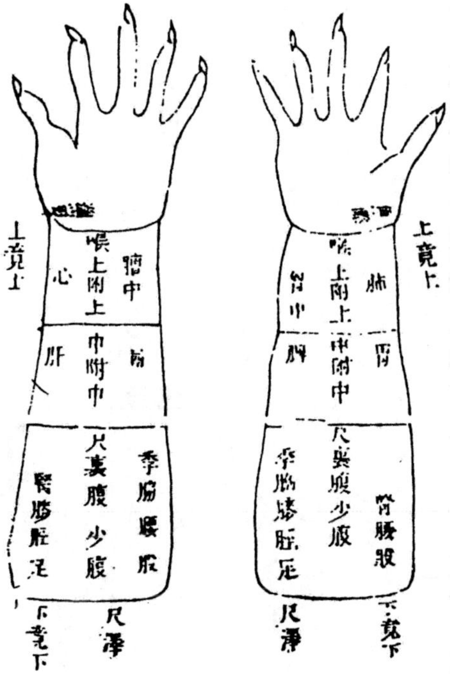

① 昉：原作「仿」，據文意擬改。
② 旨：原作「真」，據文意擬改。
③ 圖：原脱，據《素問識》卷二補。

李中梓《醫宗必讀①》《脈法心參圖》

分配藏府診候之圖

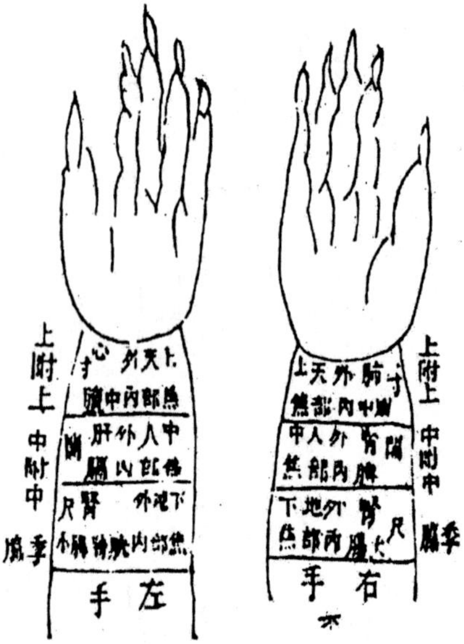

① 醫宗必讀：「讀」字原脱，而衍「一」字，兹爲删補。

《醫宗金鑑·四診心法》附《訂正素問脈要精微論》一則經文已見前，不録。

《四診心法》注云：「内」「外」二字，前人有以尺部一脈、前半部脈、後中部脈爲訓者；有以内側曰内、外側曰外爲訓者，皆非也。蓋脈之形，渾然純一，並不兩條，亦①不兩截。若以前半部、後半部爲是，則視爲兩截矣；若以尺内側、尺外側爲是，則視爲兩條矣。故知二説皆非也。熟玩通章經文，自知其爲傳寫之譌。豈有獨於脾胃則曰「右外以候胃，内以候脾」者耶？蓋外以候府，内以候藏，確然可考。故當以「外以候胃，内以候脾」之句爲正。其「尺外」之「外」字當是「裏」字，「尺裏」之「裏」字當是「外」字；中附上、左、右之「内」「外」字，上附上、左、右之「内」「外」字，皆當改之。故不循舊圖所列，以符外候府、内候藏之義也。「前以候前」，謂關之前寸也；「後以候後」，謂關之後尺也。「上竟上」者，謂上盡魚際也；「下竟下」者，謂下盡尺澤也。

按：《心法》以爲經文有傳寫之誤，是也。但所改正，猶仍《難經》寸、關、尺三部舊説，故再用古診法爲之考訂於後。

---

① 亦：原作「並」，據人民衛生出版社本《醫宗金鑑·四診心法》注文改。

《四診心法》訂正《素問》脈位圖

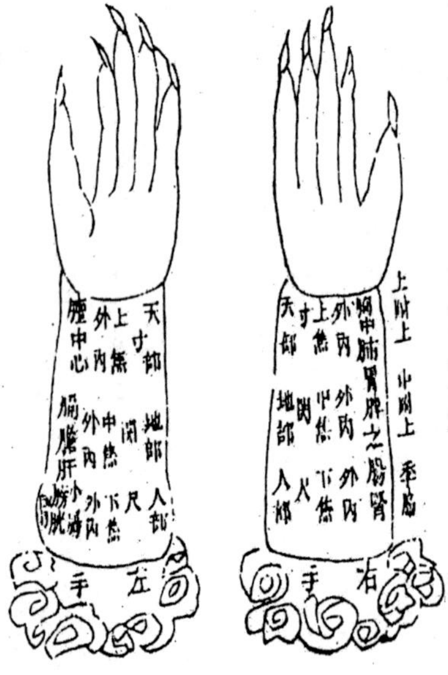

新考證《素問·脈要精微論》字誤圖説

尺[內]「尺」當爲「足」，「內」字衍文。兩旁，即下文「左」「右」。則季脇也，指大小腸而言。季脇，疑下文「膝脛」二字誤。尺足。外以候腎，尺足。裏《禁服篇》云：「肝左肺右，心表腎裏」，即下文內、外二字。內、外爲前後，與左、右爲四旁。以候腹。膀胱以上，爲下附下。《內經》缺「下附下」三字，當據下文補之。

中附上，當作「中」。左左、右，即兩旁。上「兩旁」包左、右。[外]衍文。以候肝，肝在左，與《禁服篇》同。內以候膈中；膻內，即表裏，爲前後。內即南方木，當爲表。右[外]衍文。以候胃，內當作「外」。以候脾。此爲中部四經。

上附上。右外衍文。以候肺，内前。以候胸中；三焦。左外衍文。以候心，内當作「外」。以候膻中。上部四診①。此爲絡。

前以候前，《禁服篇》以左右表裏爲四旁，云肝左、肺右、心表、腎裏，與此同。後以候後。前、後與左、右，爲四旁、四表。《尚書》云：「光被四表」，「四海會同」。以四時言，春肝左、西肺右、心居前、腎居後，即上文「表」「裏」與「内」「外」「四旁」等字也。上竟上者，即「上附上」。胸喉中事也；上焦心肺，即三焦包絡。〇中焦四經，肝、膽、脾、胃。下竟下者，少腹、腰、股、膝、脛、足中事也。上文三「尺」字皆「足」字之誤。下焦：腎、大小腸、膀胱。

① 上部四診：據上節末注，此「四診」疑係「四經」之誤，抑上注「四經」乃「四診」之誤耶？俟考。

上中下三部分診十二經全圖

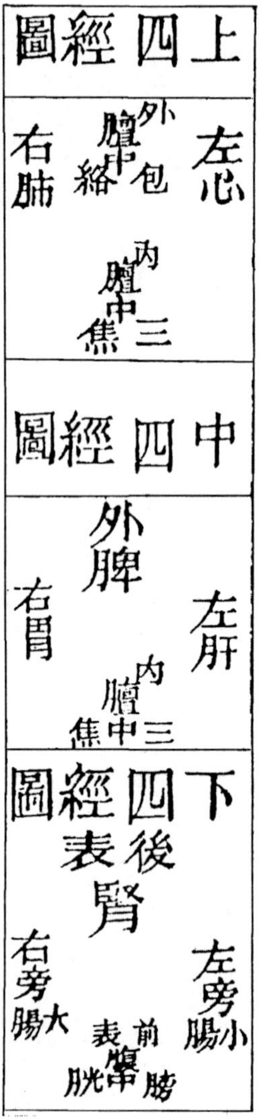

後人以寸、關、尺出於《內經》，皆據《素問·脈要精微論》言尺內、兩旁、尺外、尺裏，以爲三部寸、關、尺分配藏府之所本，不知《脈要精微論》之「尺」爲「足」之剥文，猶「皮」之剥成「尺」也。核本篇爲十二經診法，上四診，中四診，下當有四診。經文「尺」字上脱「下附下」三字，其文見於後，曰「下竟下者少腹腰股膝脛足中事也」云云。下部爲足，故診足之兩旁，則下「左」「右」二字之代名詞。季脇分左右，統二腸，外以候腎，內以候腹，爲少腹，即膀胱。上部心、肺，胸中三焦膻中、包絡，合爲上附上四經；中部脾、胃、肝、膽，即爲中附中四經；下部大小腸、腎、膀胱，即爲下附下四經。各部分前後左右四部，合三部爲十二經。三部之外，別有九候、九藏，此全經全絡三部九候之古法也。而《三部九候篇》言九藏者，除上部肺、中部胃、下部腎各爲部主外，所餘各有三候，附之以分爲九藏。此「尺」當爲「足」、歸於下部之定例也。必如此，乃可合於經義。後醫立兩手三部，乃移足診之下部，下焦縮入於手之尺内，於是將經文「足裏」「足外」「足兩旁」各「足」字改爲「尺」字，以診下焦。此《難經》始作之俑也。今考正經文，仍改還「足」字，以求合夫經義。

右一條「尺」當作「足」者。共改正二條，計五字。若兼足暖、足寒、足虚，則爲八字。

仲景診皮法

姪孫宗濬纂輯

皮膚

病人身大熱，反欲得衣者，熱在皮膚，寒在骨髓也。身大寒，反不欲近衣①者，寒在皮膚，熱在骨髓也。《太陽上篇》。

其身如蟲行皮中狀者，此以久虚故也。《陽明篇》。

内有乾血，肌膚甲錯。《金匱·血痺虚勞證治》。

邪在於絡，此診絡法。肌膚不仁。《中風歷節證治》。

腹中寒，上衝皮起，出見有頭足，上下痛，不可觸近。《寒疝宿食證治》。

渴而不惡寒者，此爲皮水。《水氣病證治》。

---

① 近衣：原作「得衣」，據廣西人民出版社本《桂林古本傷寒雜病論》卷六《辨太陽病脈證並治上》改。

皮水爲病，四肢腫，水氣在皮膚中，四肢聶聶動者。同右。

如有物在皮中狀，劇者不能食，身體疼重，煩躁，小便不利，此爲黄汗。同右。

酒疸下之。久久爲黑疸，目青面黑，心中如噉蒜虀狀，大便正黑，皮膚爪之不仁。《黄疸病證治》。

腸癰之爲病，其身甲錯，腹背爲陽，腹爲陰。皮急，按之診皮有按腹法。濡。《瘡癰腸癰浸淫證治》。

脈數無瘡，肌如魚鱗，時著男子，非只女身。《婦人雜病證治》。

面色青黄，膚瞤動即絡動者，難治。《太陽下篇》。

按：仲景診法以寸口、趺陽、少陰三部爲提綱，九候則依病診本經專穴，並參以皮、肉、絡、筋、骨諸診，以確知藏府陰陽寒熱之虚實，而後施治，皆祖法《靈》、《素》而不敢逾越者也。考《靈樞·論疾診尺》「皮」字之誤。及《素問·皮部論》二篇爲古診皮專篇，其他散見於各篇者，如「皮之厚薄」、「肉之堅脆」、皮膚之「滑澀」「寒温」「緩急」屢見，又「十二經絡脈者，皮之部也」，又「皮肉在此，外可度量切循而得之」，又：「色脈形肉不得相失也」，「百病之始生也，必先客於皮毛」，此皆言診皮之法彰明者也。自《難經》妄立新法，獨診兩寸，後來脈書因之，全以診皮名詞悍然歸之兩寸，於《内經》「皮」字又多改作「尺」，以牽合寸、關、尺之説，相沿成風，致使古法湮没，諸診不講。雖或十全一二，亦幸焉耳。醫爲生死攸關，故《内經》診經脈之外，必參證皮、絡、筋、骨諸診。兹特就仲景書中所言診皮法之名詞，分類鈔輯，並以言有「皮」明文者列首，使閲者一見了然，庶不致爲僞法迷罔，是所願也。

滑十二條。

小結胸病，正在心下，按之則痛，脈浮經。滑皮。者，小陷胸湯主之。脈浮經。滑皮。者，必下血；脈沉經。滑皮。者，脇熱利。《太陽中篇》。

傷寒脈浮經。滑，皮。此以表有熱，裏有寒，白虎湯主之。同右。

陽明病，譫語，發潮熱，脈滑皮。而「而」下多别爲一診。疾絡。者，小承氣湯主之。《陽明中篇》。

脈滑皮。而數經。者，有宿食也，宜下之。《陽明篇》。

傷寒脈滑皮。而厥皮。者，裏有熱也，白虎湯主之。《厥陰篇》。

趺陽人迎别名。脈浮而滑，滑皮。則穀氣實，浮則汗自出。《金匱·中風歷節脈證篇》。

脈數經。而滑皮。者，實也，下之愈。《腸滿宿食脈證篇》。

脈浮經。而細評。[滑]皮。傷飲。《痰飲欬嗽病脈證治篇》。

寸口脈沉經。而[滑]皮。者，中有水氣。《水氣病脈證治篇》。

下利脈遲經。而[滑]皮。者，實也，利未止，急下。《嘔吐噦下利病脈證治篇》。

少陰脈[滑]皮。而數經。者，陰中即生瘡。《婦人雜病脈證治篇》。

澀十三條。

何以知汗不出，以脈[澀]皮。故也。《太陽上篇》。

傷寒陽脈人迎。[澀]，皮。陰脈寸口。弦，當作「强」，「弦」非診脈名詞。法當腹中急痛。《太陽中篇》。

傷寒八九日，風濕相搏，身體疼煩，不能自轉側，不嘔，不渴，脈浮經。虛評。而[澀]皮。者，桂枝附子湯主之。《太陽下篇》。

微喘，直視，脈弦强。者生，[澀]皮。者死。《陽明篇》。

明日又不大便，脈反微[澀]皮。者，裏虛也，爲難治。同右。

趺陽脈浮經。而[澀]皮。浮則胃氣强，[澀]則小便數，浮澀相搏，大便則難，其脾爲約，麻仁丸主之。同右。

男子脈浮經。弱評。而濇，皮。爲無子。《金匱·血痺虚勞病脈證治篇》。

傷寒八九日，風濕相搏，身體疼煩，不能自轉側，不嘔，不渴，脈浮經。虚評。而濇皮。者，桂枝附子湯主之。《濕痓暍病脈證治篇》。

趺陽脈浮經。而濇，皮。浮則胃氣强，濇則小便數。《五藏風寒積聚病脈證治篇》。

寸口脈遲經。而濇，皮。遲則爲寒，濇則爲血不足。《水氣病脈證治篇》。

趺陽脈浮經。而濇，皮。浮則爲虚，濇則傷脾。《嘔吐噦下利病脈證治篇》。

朝食暮吐，暮食朝吐，名曰胃反。脈緊絡。而濇，皮。其病難治。同右。

寸口脈微評。而濇，皮。法當亡血。《瘡癰腸癰浸淫病脈證治篇》。

按：「滑」、「濇」二字爲診皮專名，血氣盛者則皮膚光滑，血氣虚者則皮膚枯濇。如《診皮篇》：「皮膚滑而脂澤者，風也；皮膚濇者，風痺也；皮膚粗如枯魚之鱗者，水泆飲也。」以滑、濇歸之診皮，雖婦孺皆可捫循而得之，亦如診經之浮、沉、遲、數，明白顯易。僞《脈經》既不診皮，遂以二名詞附之診經，經脈如何爲滑？如何爲濇？立説雖多，滑猶可附會，濇則萬不可通。影響迷糊，使人不可究詰。考仲景論脈，有明言某部者，如寸口、趺陽、少陰是也；其單稱脈而不言何部者，共百四十餘條，或明文在上，或下文有起例，苟知各門診法名詞，則診經、診絡、診皮一目了然。如「寸口脈遲而澀」，「趺陽脈浮而滑」，浮、遲爲診經正名，滑、澀爲診皮專名，其統稱脈，不言皮者，以滑、澀爲《内經》診皮專名，何必贅出？初不意僞《脈經》竟全移之兩寸也。至「而」字當讀爲「與」，脈與皮絡同診，上條所引「脈滑而厥者，裏有熱也」一條即是明證；必如舊説「而」下亦是脈象，則「而滑」「而澀」尚可通，「脈滑而厥」則萬不可通。又如「下利脈遲而滑」，既云遲矣，何又言滑？一部脈中萬無有如是之大相反者。據此參證，「而」字下别爲一診法明矣。至若脈與澀、滑連文無「而」字者，或指絡脈。讀者於原文下細探，則得矣。

緩五條。

太陽病，汗出惡風，脈緩皮。者，名爲中風。《太陽上篇》。

傷寒脈浮經。緩，皮。身不疼但重，乍輕乍重，無少陰證者，大青龍湯發之。《太陽中篇》。

太陽病，得之八九日，如瘧狀，發熱惡寒，熱多寒少，其人不嘔。清便欲自可，一日二三度發，脈微評。緩，皮。爲欲愈也。《上篇》。

寸口脈遲經。而緩，皮。遲則爲寒，緩則爲虛。《金匱·中風歷節病脈證治》。

寸口脈浮經。而緩，皮。浮則爲風，緩則爲痺。《黄疸病脈證治篇》。

緊二十三條。

太陽病，或已發熱，或未發熱，必惡寒，體痛，脈皮。陰腹。陽背。俱緊，皮。名曰傷寒。《太陽上篇》。

桂枝本爲解肌，若其人脈太陽。浮經。緊，皮。發熱，汗不出者，不可與也。常須識此，勿令誤也。《太陽上篇》。

脈浮經。而緊，皮。浮則爲風，緊則爲寒。肌肉堅緊，如《太陽下篇》所云肉上粟起者是。

太陽病，脈浮經。緊，皮。無汗，發熱，身疼痛，八九日不解，表證仍在，此當發汗。《太陽中篇》。

太陽病，脈浮經。緊，皮。發熱，身無汗，自衄者愈。同右。

脈浮經。緊，皮。法當身痛疼，宜以汗解之。同右。

傷寒脈浮經。緊，皮。不發汗，因致衄者，麻黄主之。同右。

形作傷寒，其脈不弦强。緊皮。而弱，評「弱」與「强」對。弱者必渴。同右。

傷寒六七日，結胸熱實，脈沉經。而緊，皮。心下痛，按之石鞕者，大陷胸湯主之。《下篇》。

傷寒，腹滿，譫語，寸口脈浮經。而緊，皮。此肝乘脾。名曰縱，刺期門。《中篇》。

太陽病，下之，其脈本經絡脈。促，筋絡。不結胸者，此爲欲解也；脈浮者，必結胸也；脈緊皮。者，必咽痛；脈絡。弦強。者，必兩脇拘急；脈細數者，頭痛未止；脈沉緊，皮。必欲嘔。《下篇》。

脈浮而緊，皮。而復下之，緊。反入裏，則作痞。按之自濡，但氣痞耳。同右。

陽明病，脈浮而緊皮。者，必潮熱，發作有時。但浮者，必盜汗出。《陽明篇》。

病人脈陰腹。陽背。俱緊，皮。反汗出者，緊不當汗出。亡陽也。此屬少陰，法當咽痛而復吐利。《少陰篇》。

少陰病，脈緊，皮。七八日自下利；脈暴微，少陰經脈太谿。手足反温；脈微當厥。脈緊皮。反去者，爲欲解也，雖煩，下利，必自愈。同右。

脇下偏痛，其脈緊皮。弦，強。此寒也，以温藥下之，宜大黄附子湯。《金匱·腹滿寒疝宿食篇》。

腹痛，脈弦強。而緊，皮。弦則衛氣不行，即惡寒。緊則不欲食，邪正相搏，即爲寒疝。

寒疝繞臍痛，若發則自汗出，手足厥冷，診皮。其脈沉經。緊皮。者，大烏頭煎主之。同右。

其脈數經。而緊皮。乃弦，絡。狀如弓弦，此指疝氣病狀，非指脈言。如本篇云：「腹中寒，上衝皮起，出見有頭足，上下痛不可觸近。」所謂「狀如弓弦」即類是。又考《黄帝内經太素·腰痛篇》云：「居陰之脈，令人腰痛，腰中如張弓弦。」據此，則「弓弦」二字之爲病狀，毫無疑義。按之按腹，非脈。不移，脈數弦者，當下；其寒脈緊大而遲者，必心下堅；脈大而緊者，陽中有陰也，可下之。同右。

脈緊皮。如轉索無常者，《脈經》作「左右無常」。此指積氣，非脈。有宿食也。同右。

太陽病，脈浮經。而緊，皮。法當骨節疼痛，反不疼，身體反重而酸，其人不渴，汗出即愈，此爲風水。《水氣病脈證治篇》。

趺陽診皮亦分經，如十四絡是也。脈當伏，今反緊，皮。本自有寒疝瘕，腹中痛，醫反下之，即胸滿短氣。同右。

寸口脈弦强。而緊，皮。弦則衛氣不行，緊則惡寒，水不沾流。走於腸間。同右。

少陰脈案《邪客篇》，診皮絡亦分經。緊皮。而沉，經。緊則爲痛，沉則爲水，小便即難。同右。

趺陽脈緊皮。而數，數則爲熱，熱則消穀，緊則爲寒，食則爲滿。《黄疸病脈證治篇》。

下利，脈數，有微熱，汗出令自愈。設脈緊皮。爲未解。《嘔吐噦下利病脈證治篇》。

按：「緩」、「緊」二字，脈法誤以歸之診經，後人解説者無慮數十家，大都牽扯別部名詞以形容之，至解「緊」字則云「數如切繩」，又謂與「弦」相似，然終不能使「緩」、「緊」二字於診經名詞中卓然獨立，不與衆相犯者，何哉？蓋移診皮法於經脈，無怪其詞費而難通也。按仲景以有汗無汗分風寒，「緩」與「緊」相反，即皮膚有汗無汗之分，有汗則皮肉解緩，無汗則皮膚緊縮。至診經而云「和緩」，則爲平人脈象，非病候矣。考《靈樞・歲露篇》曰：「四時八風之中人也，故有寒暑。寒則皮膚急而腠理閉，暑則皮膚緩而腠理開。」又《壽夭剛柔篇》：「黄帝曰：何謂形之緩急？伯高曰：形充而皮膚急者則夭，形充而皮膚緩者則壽。」考「緊」與「急」義同。《百病始生篇》云：「皮膚緩則腠理開。」《衛氣失常篇》云：「皮緩者膏，膏者多氣而皮縱緩。」《營衛生會篇》云：「寒濕之中人也，肌肉堅緊。」經文昭著，明證確鑿，是「緩」、「緊」之爲診皮，而非診經，可斷言矣。學者能即此而類推之，又何脈法之難學哉！

寒附：厥　厥冷　逆冷　厥逆　冷　涼　逆

少陰病，得之二三日，口中和，其背惡寒者，當灸①之，附子湯主之。《少陰篇》。

夫心下有留飲，其人背寒如掌大。診背與腹分陰陽。《金匱·腹滿寒疝宿食病症篇》。

太陽病，或已發熱，或未發熱，必惡寒。《太陽上篇》。

病有發熱惡寒者，發於陽也；無熱惡寒者，發於陰也。同右。

少陰病，身體痛，手足寒，骨節痛，脈沉者，附子湯主之。《少陰篇》。

脈沉小遲，名脱氣。其人疾行則喘喝，手足逆寒，腹滿，甚則溏泄，食不消化也。《金匱·血痺虚勞病治》。

身大寒，反不欲近衣者，寒在皮膚，熱在骨髓也。《太陽上篇》。

寒多熱少，陽氣退，故爲進也。《厥陰篇》。

瘧多寒者，名曰牡瘧。《金匱·瘧病脈證篇》。

---

① 灸：原作「炙」，據《傷寒雜病論》卷四改。

夫五藏六府氣絶於外者，外先絶。手足寒。《嘔吐噦下利篇》。

身有微熱，見厥者，難治。同右。

傷寒脈滑而厥者，裏有熱也。《厥陰篇》。

傷寒厥四日，熱反三日，復厥五日，其病爲進。同右。

傷寒厥七日，下利者，爲難治。同右。

傷寒先厥，後發熱，下利，必自止。同右。

凡厥者，陰陽氣不相接順，便爲①厥。同右。

傷寒發熱，下利至甚，厥不止者，死。同右。

傷寒厥而心下悸者，宜先治水。同右。

少陰病，吐利，手足厥冷，煩躁欲死者，吴茱萸湯主之。《少陰篇》。

病者手足厥冷，言我不結胸，小腹滿，按之痛者，此冷結在膀胱關元也。《厥陰篇》

---

① 爲：原脱，據《傷寒雜病論》卷一一補。

傷寒六七日，脈微，手足厥冷，煩躁，灸①厥陰。厥不還者，死。同右。

病人手足厥冷，脈絡。乍緊者，邪結在胸中，心下滿而煩，飢不能食者，病在胸中，當吐之，宜瓜蒂散。同右②。

下利後，脈絶，手足厥冷，晬時脈還，手足温者生，脈不還者死。同右。

少陰病，手足不逆冷，反發熱者，不死。《少陰篇》。

少陰病，惡寒，身蜷而利，手足逆冷者，不治。同右③。

寒疝腹中痛，逆冷，手足不仁，灸刺諸藥不能治，抵當烏頭桂枝湯主之。《金匱・腹滿寒疝宿食病治篇》。

寒氣不足，則手足逆冷。《水氣病篇》。

傷寒脈促，筋絡。手足厥逆，可下之。《厥陰篇》。

---

① 灸：原作「炙」，據《傷寒雜病論》卷一一改。

② 同右：二字原脱，據文例擬補。

③ 同右：二字原脱，據文例擬補。

諸四逆厥者，不可下，虛家亦然。同右。

大汗出，熱不去，内拘急，四肢疼，又下利，厥逆而惡寒者，四逆湯主之。同右。

傷寒六七日，大下後，寸脈沉而遲，手足厥逆，下部脈少陰及足三候。不至，咽喉不利，唾膿血，泄利不止者，難治，麻黄升麻湯主之。同右。

少陰病，下利，脈微者，與白通湯。利不止，厥逆無脈，乾嘔，煩者，白通加豬胆汁湯主之。服湯脈暴出死，微續者生。《少陰篇》。

陽氣不通即身冷，陰氣不通即骨疼。《水氣病篇》。

傷寒脈微而厥，七八日，膚冷，其人躁，無暫安時者，此爲藏厥。《厥陰篇》。

腎著之病，其人身體疼，腰中冷，如坐水中，形如水狀，反不渴，小便自利，飲食如故。病屬下焦，身勞汗出，衣裏冷濕，久久得之，腰以下冷痛，腹重如帶五千錢，甘薑苓朮湯主之。《五藏風寒聚積病脈治篇》。

婦人中風，發熱，經水適來，得之七八日，熱除而脈遲，身涼，胸脇下痛，如結胸狀，譫語者，此爲熱入血室也。《太陽下篇》。

少陰病，惡寒，四逆，身踡，脈不至，不煩而躁者死。《少陰篇》。

少陰病，吐利，躁煩，四逆者死。同右。

熱附温

若發汗已，身灼熱者，名曰風温。《太陽上篇》。

夜半陽氣還，兩足當熱。同右。

脈沉微，身無大熱者，乾薑附子湯主之。《太陽中篇》。

傷寒五六日，大下之後，身熱不去，心中結痛者，未欲解也，梔子豉湯主之。同右。

傷寒，醫以丸藥下之，身熱不去，微煩者，梔子乾薑湯主之。同右。

身有微熱，欬者，小柴胡湯主之。同右。

其人足心必熱，谷氣下流故也。診皮下及足心。〇同右。

傷寒四五日，身熱，惡風，頸項强，脇下滿，手足温而渴者，小柴胡湯主之。同右。

問曰：陽明外證云何？答曰：身熱汗自出，不惡寒，反惡熱也。《陽明篇》。

傷寒身熱發黄者，枝子柏皮湯主之。同右。

少陰病八九日，一身手足皆熱者。以熱在膀胱，必便血也。《少陰篇》。

少陰病，下利清穀，裏寒外熱，手足厥熱。同右。

病者身熱足寒，頸項强急，惡寒，時頭熱，面赤，目赤，獨頭動摇，卒口噤，背反張者，痙病也。《金匱・痙濕暍病篇》。

手足熱而欲嘔者，名曰癉瘧。《瘧病篇》。

額上黑，微汗出，手足中熱，薄暮即發，膀胱急，小便自利，名曰女勞疸，腹如水狀不治。《黄疸病篇》。

以手按腫上，診皮用按。熱者爲有膿。《瘡癰浸淫病治篇》。

若厥愈足温者，更作芍藥甘草湯與之，其腳即伸。《太陽上篇》。

師曰：夜半手足當温，兩腳當伸。同右。

傷寒四五日，身熱惡風，頸項强急，脇下滿，手足温而欬者，小柴胡湯主之。《太陽中篇》。

得病六七日，脈遲浮弱，惡風寒，手足温，醫二三下之，不能食，脇下滿痛，面目及身黄，頸項强，小便黃者，與小柴胡湯。同右。

面色青黃，膚瞤者，難治。今色發黃，手足[温]者易愈。同右。

傷寒脈浮而緩，皮。手足自[温]者，是爲繫在太陰。《陽明篇》。

陽明病，反無汗而小便利，二三日，嘔而欬，手足厥者，必苦頭痛，若不嘔不欬，手足自[温]者，頭不痛。同右。

陽明病下之，其外有熱，手足[温]，不結胸，心中懊憹，飢不欲食，但頭汗出，枝子豉湯主之。《陽明篇》。

少陰病，脈緊，皮。七八日，自下利，脈暴微，評。手足反[温]，脈緊反去者，爲欲解也。《少陰篇》。

少陰病下利，若利自止，惡寒而踡，手足[温]者，可治。同右。

下利，手足厥冷，灸之不[温]，若脈不還，反微喘者死。《厥陰篇》。

下利，脈絶，手足逆冷，晬時脈還，手足[温]者生，脈不還者死。《厥陰篇》。

按：寒、熱之爲病候而非脈象，固不待論，惟舊説專求寒熱於脈象，而不推之以診皮，殊未盡寒熱之義。考《外臺》「大腸虚寒方」引《删繁論》曰：「夫五藏六府，内應骨髓，外合皮毛膚肉。皮虚者寒，皮實者熱。凡皮虚實之應，主於肺與大腸。熱即應藏，寒即應府。」又《靈樞・衛氣失常篇》：「黄帝曰：身之寒温如何？伯高曰：膏者其肉淖，而粗理者身寒，細理者身熱；脂者其肉堅，細理者熱，粗理者寒。」又《素問・厥論》篇云：「陽氣盛，則足下熱；陰氣盛，則從五指至膝上寒。」《奇病論》云：「身熱如炭。」《骨痺肉苛篇》①云：「身寒如從水中出。」此皆診寒熱於皮膚之明文也。至如《傷寒・太陽上篇》云「身大寒，反不欲近衣。身大熱，反欲近衣」者，此又寒熱之變、淺深表裏之別也。夫察病之要，重在審辨陰陽寒熱表裏虚實而已，與其求之於脈象，疑似莫定，庶若診之於皮膚，寒熱立分。非必曰使人舍脈而專診皮，要在脈與皮同診，互相參證，則較諸單診脈者，損益可昭然判也。

堅附硬

下利後，三部脈皆平，按之心下堅者。《金匱・嘔吐噦下利病篇》。

脈緊皮。大而遲者，必心下堅。《腹滿宿食病篇》。

---

① 骨痺肉苛篇：此小有誤。下所引文出《素問・逆調論》，經亦無「骨痺肉苛」之篇，按《類經》卷一五《疾病類》四五則有目曰「骨痺肉苛」，而亦引是語。

心下痛，按之石硬者，大陷胸湯主之。《太陽下篇》。

從心下至少腹，硬滿而痛，不可近者，大陷胸湯主之。同右。

濡

下利後更煩，按之心下濡者，爲虚煩也。《嘔吐下利病治篇》。

其身甲錯，腹皮急，按之濡。《瘡癰①浸淫病篇》。

脈浮而緊，皮。而復下之，緊反入裏，則作痞，按之自濡，但氣痞耳。《太陽下篇》。

按：《脈訣》雖無「堅」、「濡」之明文，而解説「牢」、「軟」脈象者，則多藉「堅」「濡」二字以形容，是不但誤解「牢」「軟」，而並誤解「堅」「濡」矣。考《傷寒》所云，「堅」、「濡」皆屬候病於皮肉之法。又考之《靈樞·水脹篇》云：「膚脹者，寒氣客於皮膚之間，鼟鼟然而不堅。」又《壽夭剛柔篇》云：「骨有大小，肉有堅脆。」又《五閲五使篇》云：「肌肉堅緻，故可苦以針。」《素問·調經論》云：「寒邪之中人，皮膚不收，肌肉堅緊。」《經脈篇》云：「脈不

① 瘡癰：「癰」原作「淫」，據《金匱要略淺注》卷八改。

營則肌肉軟，肉不堅而淖澤。」據此，則「堅」、「濡」之爲診皮法明矣。又據此以例，「牢」、「軟」之非脈象，更可知矣。

〔附〕楊氏《太素》論診皮

楊注於「色脈」、「尺中」與「皮膚」之説，有離有合，又有爲後人誤改者，今彙爲一篇，以證隋以前古説。雖誤讀經文，而終與後人「寸、關、尺」懸殊也。

《靈樞·本輸篇》：《太素》同。尺澤者，肘中之動脈也。諸輸穴名義，已《明堂》具釋①也。尺澤與寸口同屬太陰肺脈，皆爲動脈，故楊《太素》注、王《素問》注皆以經誤寫「尺」字同爲「尺澤」動脈，非「寸、關、尺」三部之「尺」。

《素問·三部九候論》：《太素》缺篇名。中部天，手太陰也。楊注：中部之天，手太陰脈動，在中府、天府、俠白、尺澤四處，以候肺氣。楊氏《太素》與王啓玄《素問》注皆以經文「尺」之字誤指爲「尺澤」，此隋、唐大家不信《難經》「寸、關、尺」三部之古説，《新校正》乃以王氏爲誤，由於迷於僞法，而盜憎主人也。

《靈樞·邪氣藏府病形篇》：《太素·色脈尺診》。夫色脈與尺之相應也，如桴鼓影響之相應，不得相失也。

桴，伏留反，擊鼓槌也。答中色、脈及尺，以爲三種，不言問也。色謂面色，脈謂寸口，尺謂尺中也。即皮中。五藏六府，善惡之氣，見於色部、寸口、尺中，三候以觀色爲五色，寸口爲

① 具釋：「具」原作「其」，據《太素校注》卷一一楊注改。

脈，皮膚爲尺中，不以寸、關、尺爲三部。相應，如桴鼓，形影響聲，不得相失也。如肝色面青，寸口脈弦，尺膚專屬皮。有異，内外不相失也。

此亦本末根葉之出候也，故根死則葉枯矣。絡脈與皮色皆在外，爲末、葉，藏府爲本、根。

此則尺地以爲根莖①，色脈以爲枝葉，故根死枝葉枯變。楊説小誤。

色脈形肉，不得相失也。

色形肉②即是尺之皮膚，以皮膚爲尺。色、脈、尺膚，三種不相失也。視色一，察脈二，循皮三。

黄帝曰：願卒聞之。岐伯答曰：色青者，其脈弦。此脈爲絡脈。弦，當作「强」。

問色、脈、尺皮。三種之異，今但答色、脈，不言尺皮。者，以尺皮。變同脈故也。皮、絡相同，非經脈。

《靈樞・邪氣病藏府病形篇》《太素・色脈尺診篇》：脈絡。急者，尺之皮膚亦急；脈急者，寸口脈急也。以脈屬寸口，誤。尺之皮膚者，從尺澤至關，當作「腕」。此爲尺分也。以尺爲尺澤、以腕爲尺，乃誤説。尺分之中，關後一寸四字後人誤羼。動脈，以爲診尺澤與寸口同爲太

① 根莖：原作「根基」，據《太素校注》卷一五楊注改。

② 色形肉：「色」字原脱，據《太素校注》卷一五楊注補。

陰動脈候尺脈之部也。當尺爲臂。一寸當作寸口。以後①至尺澤，稱曰尺之皮膚。此爲楊氏誤解，不知「尺」爲「皮」之字誤，而以「尺澤」當之。觀過知仁，決非後世「寸、關、尺」之説。尺皮膚下，手太陰脈氣從藏來至指端，從指端還入於藏。來往均由尺澤而過。故尺下皮膚與尺[寸]寸字衍。脈六變同也。此指絡脈，詳《診絡篇》。皮膚者，以手捫循尺皮膚，急尤爲診皮明證。與寸口脈同。

脈緩者，尺之皮膚亦緩；

寸口脈緩，以手捫循，尺皮膚緩也。詳《診皮》、《絡》。

脈小者，尺之皮膚亦減而少氣；

寸口脈小，尺之皮膚減而少氣也。詳《診皮》、《絡》。

脈大者，尺之皮膚亦賁而起；

寸口脈大，尺之皮膚賁起能大。一曰亦大，疑是人改從大。以皮膚不能言「大」故也。

脈滑者，尺之皮膚亦滑；脈澀者，尺之皮膚亦澀。按寸口脈滑，即尺皮膚亦滑；寸口脈來蹇澀，尺之皮膚亦澀不滑也。詳《診皮》、《絡》。

---

① 以後：「後」原作「爲」，據《太素校注》卷一五楊注改。

凡此六變者，有微有甚，故善調[尺]皮。者，診皮。不待於[寸]口①。診絡脈，楊誤。寸口與尺各有六變，而六變各有微甚，可審取之。前調寸口脈六變，又調於尺中六變，可知尺不在寸口。方可知病。若能審調尺之皮膚六變，即得知病，不假診於寸口也。此皮與脈之分。

善調脈者，不待於色。皮、脈、色，即前所云三種。能參合而行之者，可以爲上工，上工十全九；行二者爲中工，中工十全七；行一者爲下工，下工十全六。察色，句。診脈，句。調尺，句。三法合行，得病之妙，故十全九，名曰上工；但知尺寸二者，十中全七，故爲中工；但明尺一法，十中全六。以爲下工也。

《靈樞·論疾診尺篇》《太素·尺診②》：審其尺皮。之緩急、小大、滑澀，肉之堅、脆，而病形定矣。尺皮。之緩急等，謂[尺]當爲衍字。脈及尺皮膚緩、急、小、大、滑、澀六種別也。肉堅、脆者，謂尺分中絡在肉分，指全身，注誤。肉之③堅、脆也。可見楊不以尺爲寸口之尺部。

---

① 寸口：原作「寸脈」，據《太素校注》卷一五楊注改。
② 尺診：「診」原作「真」，據《太素校注》卷一五改。
③ 之：原脱，據《太素校注》卷一五楊注補。

尺皮。溼以淖澤者，風也。

尺皮。分之中有潤，故溼也。

尺皮。肉弱者，解㑊安臥。

尺皮。肉耎弱者，身體懈惰而欲安臥。

尺皮。膚滑澤脂者，風也。

尺之膚加「尺」於「膚」上。滑而潤澤有脂者，内有風也。

尺皮。膚濇者，風痺。

尺皮。膚濇者内寒，故有風痺也。

尺皮。膚麤如枯魚之鱗者，水泆飲也。

尺皮。分之膚麤如魚鱗者，以爲候也。

其脈盛而滑者，汗且出也。脈指絡，滑指皮。

一寸之内，尺脈言脈，則楊以爲動脈。盛而滑者，汗將出。

尺皮。膚寒甚，脈絡。小者，洩，少氣也。尺皮。膚炬然，先熱後寒者，寒熱也；尺皮。膚先寒，久持之而熱①者，亦寒熱候也。

---

① 而熱：二字原脱，據《太素校注》卷一五補。

尺皮。膚冷，尺衍。脈小者，其病洩利，又少氣也。按尺皮膚先熱後冷，病寒熱也；尺皮膚先冷，久持乃熱，亦是寒熱之候也。

尺皮。炬然熱，人迎大者，即前之「脈」字。當奪血。尺皮。堅大，脈寸。小甚，少氣，悗有因加，立死。

尺之皮膚炬然而熱，喉邊人迎復大此脈指人迎，與尺澤遠矣。於常①者，奪血之候也。尺之皮膚堅而賁大，寸脈反少，主於少氣而悗脈指人寸，與皮膚不同②。者，立當死也。

《素問·平人氣象論》《太素·尺寸診篇》。臂多青脈絡可見。曰脱血。

臂，尺地也。楊以臂爲尺，是其誤，然終不用寸、關、尺之説，則後人不知矣。尺地絡脈脈有經絡之别。青黑爲寒，即知脱血，可見與皮同診者，皆屬絡脈。以其陽虚，陰盛乘陽③，故脈青。

尺皮。脈絡。緩澀者，謂之解㑊安卧。

緩爲陽也，澀爲陰，從關至尺取一寸，以爲尺部，尺部又陰。十五字後人據《難經》法羼，楊無寸、關、尺之説，觀上文已明。以陰氣多，解㑊安卧也。

---

① 常：原作「當」，據《太素校注》卷一五楊注改。
② 不同：原作「不可」，據文意擬改。
③ 陰盛乘陽：「陽」原作「湯」，據《太素校注》卷一五楊注改。

尺皮。脈絡。盛，謂之脱血。

尺皮。脈絡。盛，謂陰氣盛，陽氣虚，故脱血也。

尺皮。澀脈絡。滑，謂之多汗；尺皮。寒脈絡。細，謂之後洩。仲景風、寒由此而分。

尺之皮膚麤澀，尺之脈絡。滑，是謂陽盛陰虚，數故洩汗也。尺之皮膚冷，尺脈絡。沉細，是爲内寒，故後洩也。

脈尺皮。麤常熱者，謂之熱中。

脈之尺地皮膚麤，非尺地麤。又常熱，診皮。是其熱中也。

《素問·脈要精微論》：《太素·五藏脈診篇》。尺内兩傍，則季脇也。從關當爲「腕」。至尺澤爲尺也。即上以臂爲尺之説。季脇之部，當在尺中央兩傍，不在尺外兩傍。季脇有病，當見此處。

尺外以候腎，詳《釋尺》中。

尺中兩傍之外，以候兩腎之有病，當見此部也。

尺裏以候腹中，同上。

自尺内兩中間，總候腹中。

跗上以候胸中，

跗當爲「膚」，古通用字，故爲「跗」耳。當尺裏以上皮膚，以候胸中病。

前候前，後候後。同上。

當此尺裏跗前以候胸腹之前，跗後以候背後。

跗上，鬲上也；同上。

當尺裏跗上皮膚，以候鬲上也。

鬲下者，腹中事也。同上。

當尺裏膚上以下，以爲鬲下之分，即腹中事。

《靈樞·官能篇》：《太素·知官能篇》。審尺皮。之寒温滑澀，知其所苦。

言能審候尺之皮膚也。寒温決爲診皮，不能指爲尺脈。

《靈樞·邪客篇》：《太素·刺法篇》。因持其尺皮。之緩急，察其肉之堅脆、小大、滑澀、寒熱、燥溼也。

持尺皮膚，決死生也。

診筋篇補證

廖　平　撰
邱進之　校點

校點説明

《診筋篇補證》一卷，前有《古經診法序目》（作於民國元年壬子）、《古經診法十二種目録》，後附《古今圖書集成》之《筋門》、《十二筋病表》。據《六譯先生年譜》，是書成於民國四、五年（一九一五、一九一六）。診筋經文以《靈樞·經筋篇》及《素問·刺要痛論》爲主，多引《靈樞識》以作補證。《診筋篇補證》曾連載於《國學薈編》一九一五年第二、六期，一九一六年第一期。民國五年（一九一六）四川存古書局刊行，收入《六譯館叢書》，民國十二年（一九二三）重印。又有民國十三年（一九二四）上海千頃堂書局印《診斷學彙編》本。今以《六譯館叢書》本爲底本進行點校。

目録

古經診法序目

辛亥元日，讀徐靈胎《難經經釋》，確知《難經》出於叔和後，與高陽生時代相近，故與《脈訣》如出一手。大抵仲景、叔和皆恪守古法，婦女同診頭足。齊、梁以下，不能施之婦女，纏足之風始於其時。俗醫欲售其術，乃縮喉足於寸口。所謂持寸不及人，握手不及足，專診兩手，是漢末庸醫取便利己，懶及頭足，無怪後世寸口診法專行於世。惟《脈訣》歷代通人無不疑其僞謬，徐靈胎、俞理初曾有專書攻之。《四診心法》云：古法失傳，不得不姑存其說。二家又疑謬參半，以其背古改經者爲經外別傳。非古法大明，不能屏絶其謬。今除攻駁《難經》、僞《脈經》外，於《靈》、《素》中詳細推考，得古診法十二門，類經文而注之，以復秦漢之舊。惟其法不免繁重，恐簡脱者仍以不便棄之，則非余之所知也。四譯主人自序，時壬子七夕。

古經診法十二種目録

診筋篇補證

隋楊上善注
井研廖平補

《靈樞·經筋篇》：足太陽之筋，太陽與少陰相表裏，營、衛之行，由少陰而太陽，少陰在中指，則太陽當在第四指。起於今本此下有「足」字。小指之上，按：此仿手陽明在大指次指之間，疑當作小指次指之上。以太陽①當作無名指，又少陽居中指也。結於踝，邪上《靈樞識》：《甲乙》邪作「斜」。馬云：「邪、斜同。」結於膝，其下者，循足外側結於踵，上循跟《靈樞識》：張云：「踵即跟之突出者，跟即突上之鞕筋處也，乃僕參、申脈之分。」結於膕；其別者，有正、別之分。結於腨外，上膕中內廉，與膕中并《靈樞識》：張云：「此即大筋之旁出者，別爲柔耎短筋，亦猶木之有枝也。後凡言別者支者皆仿此。此支自外踝別行，由足腨肚之下尖處行少陽之後，結於腨之外側絡穴、飛揚之分，乃上膕內廉合大筋於委中而一之也。」上結於臀，上俠脊上項；《靈樞識》：張云：「夾脊背分左右，上項會於督脈之陶道、大椎，此皆附脊之剛筋也。」其支者別入，結於舌本；合少陰。其直者，結於枕骨，上頭下顏，結於鼻；其支者，爲目上綱，今本作「網」。下結於頄；《靈樞識》：張云：「綱，綱維也，所以約束目睫，司開闔者

① 太陽：原作「陽」，據上文注語補。

也。目下曰頄，即顴也。」志云：「網當作綱。」簡案：上綱，蓋謂睫上細筋，綱羅目窠者。頄①，《甲乙》作「鼽」，下同。○今本作「頄」。其下今本無此字。支者，從腋後外廉結於肩髃；其支者，入腋下，上出缺盆，上結於完骨；其支者，出缺盆，邪上出於鼽。楊注：十二經筋與十二經脈，同稟三陰三陽，行於手足，故分爲十二。但十二經脈主於血氣，内營五藏六府，外營頭身四支。十二經筋内行胸腹郭中，不入五藏六府。筋與經絡之分。奇經所謂陰維、陽維，即西人筋圖。脈有經脈、絡脈，筋有大筋、小筋、膜筋②。十二經筋起處與十二經脈流注並起於四末，然所起處有同有别其中多字誤，須細考。其有起維筋緩筋等，皆是大筋别名。凡十二筋起處、結處及循結之處，皆撰爲圖畫惜此圖佚，今當補之。示人，上具③如别傳。小指上，謂足指表上也。結，曲也，筋行迴曲之處謂之結□④結，筋脈有郤，筋有結也。顔，眉上也。下結於鼽，鼽中出氣之孔謂之鼻也，鼻形謂之鼽也。今本作「頄」。其病小疑當作「次」。指支，跟踵痛，《靈樞識》：簡案：支字諸家不釋，蓋支、枝⑤通，謂小指枝梧⑥於跟而腫痛。下文支缺盆、小指次指支並同。膕攣，脊反

---

① 頄：原作「鳩」，據《聿修堂醫書選》丹波元簡《靈樞識》改。
② 膜筋：原作「䐜筋」，據《太素校注》改。
③ 示人上具：前三字原缺作「□□□」，「具」原作「其」，據《太素校注》改。
④ □：原脱，據《太素校注》補。
⑤ 枝：原作「技」，據丹波氏《靈樞識》改。
⑥ 枝梧：原作「技捂」，據《靈樞識》改。

折，項筋急，肩不舉，腋支，缺盆中①紉今本作「紐」。痛。《靈樞識》：《説文》：「紐，系也。」《楚辭》注：結束也。不可左右摇。楊注：紉，女巾反，謂轉展痛也。治在燔鍼卻今本作「劫」，以下並同。刺，楊注：病脈言鍼灸之，言筋病但言燔鍼者，但鍼灸湯藥之道，多通療百病，然所便非無偏用之要也。《靈樞識》：張云：「燔鍼，燒鍼也；劫刺，因火氣而劫散寒邪也。」以知爲數，楊注：所以唯知病差爲鍼度數，如病筋痛，一度卻刺不差，可三四度，量其病差爲數也。《靈樞識》：《方言》云：「南楚病愈者謂之差，或謂之間，或謂之知。知，通語也。」以痛爲輸，楊注：「輸，謂孔穴也。」言筋，但以筋之所痛之處，即爲孔穴，不必要須依諸輸也。以筋爲陰陽氣之所資，陽維陰維②。中無有空，不得通於陰陽之氣上下往來，故二維不入脈度中，與二蹻不同。然邪入腠襲筋爲病，不能移輸，遂以病居痛處爲輸，故曰：筋者，無陰無陽，無左無右，以候痛也。《明堂》依穴療筋病者，此乃依脈引筋氣也。此見《甲乙》七卷以下，《明堂》佚文也。○《靈樞識》：「馬云：其所取之俞穴即痛處是也，俗云天應穴者。」名曰仲春痺。楊注：聖人南面而立，上覆於天，下載於地，總法於道，造化萬物，故人法四大而生，所以人身俱應四大。故正月即是少陽，以陽始起，故曰少陽；六月少陽，以陽衰少，故曰少陽；二月太陽，以其陽大，故曰太陽；五月太陽，以陽正大，故曰太陽；三月、四月陽明，二陽相合，故曰陽明。十二經筋，感寒、濕、風三種之氣所生諸病，皆曰筋痺。筋痺燔鍼爲當，故偏用之。餘脈、肉、皮、筋筋字衍。等痺，所宜各

① 中：原脱，據《靈樞》補。
② 陰維：原作「陰羅」，誤，今改。

異也。《靈樞識》：張云：「足太陽之筋，應二月之氣也，此與①《陰陽繫日月篇》義同，但彼以左足右足分十二經，以主十二月，此以手六經足六經分主十二月，蓋以辨陰陽盛衰之義也。」志云：「在外者皮膚爲陽，筋骨爲陰。病在陰者名曰痺，痺者，血氣留閉而爲痛也。卯者二月，主左足之太陽，故爲仲春之痺。蓋手足陰陽之筋應天之四時、歲之十二月，故其爲病亦應時而生，非由外感也。」

足少陽之筋，少陽與肝爲表裏，同在小指，肝在內側，膽在外側。○陽維，故稱維筋。起於小指次指二字疑衍。之今本無此字。上，上今本少一「上」字。結外踝，上循胻外廉，結於膝外廉；《靈樞識》：張云：「小指次指，即第四指竅陰之次也；外踝，丘墟之次；脛外廉外丘，陽交之次；膝外廉陽陵泉，陽關之次。此皆剛筋也。」○按：穴不能易，則但易其經名可也。其支者，今本此下有「別」字。起於今本無「於」字。外輔骨，上走髀，前者結於伏今本作「飲」。菟之上，後者結於尻；楊注：其支者，起外輔骨，凡有二支也。故前支上結伏菟，後支上走髀，結於尻前也。《靈樞識》：張云：「此支自外輔骨上走於髀，分爲二歧②，前結於陽明之伏菟，後結於督脈之尻。至此剛柔相制，所以聯臀膝而運樞機也。」其直者，上眇乘③今本作「眇」，下同。楊注：眇乘，季脇下也，以沼反。季脇，《靈樞識》：張云：「季脇下兩旁耎處曰眇。《五音篇》曰少也，蓋其處少骨之義。」上走腋前廉，繫於膺乳，結於缺盆；其直者，上出腋，貫缺盆，出太陽之前，循耳後腎主耳，爲外腎。上額角，交顛上，下走

① 與：原作「以」，據《靈樞識》改。
② 歧：原作「岐」。據《靈樞識》改。
③ 眇乘：原作「乘眇」，據《太素校注》乙。

頷，上結於鼽；今本作「頄」。其支者，結今本此下有「於」字。目外今本無此字。眥爲外維。《靈樞識》：張云：「此支者從顴上斜趨，結於目外眥，而爲目之外維。凡人能左右盼視者，正以此筋爲之伸縮也。」其病足①小指次指支轉筋，引膝外轉筋，膝不可屈伸，膕中今本無此字。筋急，前引髀，後引尻，今本此下有「即」字。上乘眇，季脇痛，上引缺盆膺乳頸，楊注：外維，太陽爲目上綱，陽明爲目下綱，少陽爲目外維。維筋故二維屬筋，所以維束人身。急，《靈樞識》：馬云：「頸維之筋皆急。」張云：「維者，牽繫之謂。」志云：「維筋，左右之交維也。」簡案：張注誤。從左之右，右目不可今本無此字。開，楊注：「此筋本起於足，至項上而交，至左右目，故左箱②有病，引右箱目不得開，右箱有病，引左箱目不得開也。」上過右角，並蹻③脈而行，左絡於右，故傷④左角，右足不用，命曰維筋相交。楊注：蹻脈至於目眥，故此筋交顛，左右下於目眥，與之並行也。筋既交於左右，故傷左額角，右足不用，傷右額角，左足不用，以此維筋相交故也。《靈樞識》：張云：「從左之右，則右目不開，是右病由左也，然則左目不開者，病由於右可知矣。角，額角也，並蹻脈而行者。陰蹻、陽蹻，陰陽相交，陽入陰，陰出陽，交於目鋭眥，故左絡於右，傷左角之筋而右足不用，則其從右之左者亦然。蓋筋之維絡相交如此

---

① 足：此字原無，據《太素校注》補。
② 左箱：原作「右箱」，據《太素校注》改。
③ 蹻：《太素校注》作「喬」。
④ 傷：原作「陽」，據《太素校注》改。

者。」治在燔鍼卻刺，以知爲數，以痛爲輸，名曰孟春痹。《靈樞識》：志云：「寅者，正月之生陽也，主左足之少陽，故爲孟春之痹。」

足陽明之筋，起於[中三]當作次指，與手陽明同。指，《靈樞識》：馬云：「蓋厲兑穴起於次指，而其筋則自次指以連三指。」張云：「即足之中指，厲兑之旁也。」結於跗上，邪外上加於輔骨，上結於膝外廉，直上結於髀樞，上循脇屬脊；楊注：刺瘧者，刺足陽明十指間，是知足陽明脈入於①中指内間外間，脈氣三指俱有，故筋起於中指並中指左右二指，故曰中三指也。楊注就誤本立説，非是。有本無「三」字。「三」字衍。「中」亦字誤，當作「次」。髖骨如臼，髀骨如樞，骨轉於中，故曰髀樞也。其直者，上循䯒②結於膝；《靈樞識》：「尻」字，《道藏》、《正脈》、熊、馬、志本並缺，馬一本作缺盆。案：此因小注有缺字下一盆字者，不可從。《甲乙》、樓氏《綱目》並作膝，張仍之，爲是。張云：「骭③，足脛骨也，其直者自跗循骭，結於膝下外廉、三里之次。」○今本作「尻」。其支者，結於外輔骨，合於少④陽；不言合太陰。直者，上循伏兔，上結於髀，聚於陰器，《靈樞識》：張云：「上行聚於陰器。陰陽總宗筋之會，會於氣街，而陽明爲之長也。」上腹而布，至缺盆結，楊注：「布，謂分布也。」上頸，

① 於：原脱，據《太素校注》補。
② 䯒：原作「骬」，據《太素校注》改。
③ 骭：原作「骬」，據丹波氏《靈樞識》改。下同。
④ 少：原脱，據《太素校注》補。

上俠今本作「挾」。口，合於鼽，今本作「頄」。下結於鼻，上合於太陽今本此下多「太陽」二字。爲目上綱，今本作「網」。陽明則爲目下綱；《靈樞識》：張云：「太陽細筋散於目上，故爲目上綱；陽明細筋散於目下，故爲目下綱。」《論疾診尺》云：「診目痛，赤脈從上下者太陽病，從下上者陽明病。」其支者，從頰結於耳前。楊注：「太陽爲目上綱，故得上眥動也；陽明爲目下綱，故得下眥動也。」《靈樞識》：張云：「其支者自頤頰間上結耳前，會於足少陽之上關、頷厭，上至頭維而終也。」其病足中指支，胻今本作「脛」。轉筋，足跳堅，《靈樞識》：張云：「跳者，跳動。堅者，堅强也。」伏菟轉筋，髀前腫，頹疝，腹筋急，引缺盆今本此下有「及」字。頰口卒今本作「卒口」。噼①，急者目不合，熱則筋弛縱。目不開。楊注：「寒則目綱上下拘急，故開不得合也。熱則上下緩縱，故合不得開。」噼音僻。頰筋有寒則急，引頰移口；有熱則筋弛縱緩，不勝故噼。楊注：「足陽明筋頰口過俠，故曰頰筋。移，謂引口離常處也。不勝，謂熱不勝其寒，所以緩口移去，故喎噼也。」《靈樞識》：張云：「僻，歪斜也。其筋自缺盆上頸頰，挾口上合於太陽，太陽爲目上網，陽明爲目下網，故凡目之不合不開，口之急縱歪斜者，皆足陽明之筋病，寒則急而熱則緩也。」志云：「蓋左筋急則口僻於左，左緩則口僻於右也。」治之以馬膏，膏其急者，以白酒和桂，以塗其緩者。楊注：「馬爲金畜，剋木筋也，故馬膏療筋急病也。桂酒洩熱，故可療緩筋也。」以桑鈎鈎之，即以生桑炭置之坎中，高下與今本作「以」。坐等，以膏熨急頰，且飲美酒，噉美炙，不飲酒者，自强也，爲之三拊今本作「指」。而已。《靈樞識》：《甲乙》炭作「灰」，《綱目》同。「以

① 噼：原作「僻」，據《太素校注》改。下同。

坐」作「與坐」，並似是。張云：「馬膏，馬脂也，其性味甘平柔潤，能養筋治痺，故可以膏其急者。白酒辣，桂性味辛温，能通經絡行血脈，故可以塗其緩者。桑之性平，能利關節，除風寒溼痺諸痛，故以桑鈎鈎之者，鈎正其口也。復以生桑火炭，置之地坎之中，高下以坐等者，欲其深淺適中，便於坐而得其煖也；然後以前膏熨其急頰，且飲之美酒，噉之美肉，皆助血舒筋之法也。雖不善飲，亦自强之。三拊而已，言再三拊摩其患處，則自已矣。」簡案：李時珍馬鬐膏①鬐，項上也。《發明》載本法云：「《靈樞》無注本，世多不知此方之妙。竊謂口頰喎僻乃風中血脈也。手足陽明之筋絡於口，會太陽之筋絡於目，寒則筋急而僻，熱則筋緩而縱。故左中寒則逼熱於右，右中寒則逼熱於左。寒者急而熱者緩也，急者皮膚頑痺，營衛凝滯。治法：急者緩之，緩者急之。故用馬膏之甘、平、柔、緩，以摩其急，以潤其痺，以通其血脈。用桂酒之辛熱急束，以塗其緩，以和其營、衛，以通其經絡。桑能治風痺、通節竅也。病在上者，酒以行之，甘以助之，故飲美酒噉炙肉云。」樓氏《綱目》云：「以水調生桑灰，於鈎柄之坎縫處，連頰塗之，以收其弛；其桑鈎柄別用②綫繫於肩後，使勿走作也。」王子接《古方選注》云：「坎，頰間之坎陷也，以桑灰置之坎中，務使高下厚薄相等也。」考「坎」字三説不同，然張注於高下以坐等，似爲妥帖。李杲《脾胃論》有清陽湯，治口喎頰顋急緊，乃爲此證設焉，當並考。志云：「此治口頰喎僻之法也，其轉筋瘨疝諸證，治在燔鍼刼刺。」

治在燔鍼卻刺，《靈樞識》：樓氏云：「『治在燔鍼』之上，當有『其病轉筋者』五字，如足厥陰筋行水清陰氣之下所言也。蓋燔鍼但宜施於③筋寒轉筋之病，其筋熱緩縱者，則不宜也。」**以痛爲輸，名曰季春痺。**楊注：「以新桑木麄細④

---

① 鬐：原作「耆」，據《太素校注》改。
② 用：原脱，據樓英《醫學綱目》卷一四改。
③ 施於：原作「於於」，據《太素校注》改。
④ 麄細：原作「剉細」，據《太素校注》改。

如指。以繩繫之，拘其緩箱，挽急箱。仍於壁上爲坎，令與坐等，坎中生桑炭火，以馬膏塗其急箱，猶須飲酒噉炙，和其寒温，如此摩拊①飲噉，爲之至三，自得中平。噉，徒敢反。拊，摩也。」音撫。○《靈樞識》：張云：「足陽明正盛之經，應三月之氣也。」志云：「辰者三月，主足之陽明，故爲季春之痹。」

足太陰之筋，起於大指與手太陰同。營、衛之行，由大指起，終於小指厥陰，中指則少陰所循部位也。之端内側，上結於内踝；《靈樞識》：張云：「大指之端内側隱白也，循覈骨而上，結於内踝，下商丘之次。」其直者，上結今本作「絡」，無「上結」二字。於膝内輔骨，楊注：膝内下小骨輔大骨者，長三寸半，名爲内輔骨也。《靈樞識》：張云：「『絡』當作『結』，此自内踝直上，結於膝内輔骨，陰陵泉之次。」簡按：有直者必有支者，疑脱之。上循陰股結於髀，《靈樞識》：張云：「股之内側曰陰股，結於髀，箕門之次也。」聚於陰器，楊注：陰器，宗筋所聚也。上腹結於臍，循腹裏結於脇，今本作「肋」。散於胸中；其内者，著今本作「着」。於脊。楊注：循腹裏，即別著脊也。其病足大指支，内踝痛，轉筋痛，膝内輔今本此下有「骨」字。痛，陰股引髀而痛，陰器紉今本作「紐」。痛，上今本作「下」。引臍與②兩脇痛，《靈樞識》：《甲乙》「下」作「上」，是。引膺中與今本無此字。脊内痛。治在燔鍼卻刺，以知爲數，以痛爲輸，名曰孟楊本作「仲」。秋痺。楊注：七月足之少陰，始起，故曰少陰；十二月手之少陰，以其陰衰，故曰少陰；八月足之太陰，以其陰大，故曰太陰；十一

---

① 拊：原作「附」，據《太素校注》改。下「拊」字同。

② 與：原脱，據《太素校注》補。

月手之太陰，以其陰正大，故曰太陰；九月足之厥陰，十月手之厥陰，交盡，故曰厥陰。八月之筋感三氣之病，名曰筋痺。有本以足太陰爲孟春，足少陰爲仲秋，誤耳。《靈樞識》：張云：「孟秋當作仲秋，此與下文足少陰條謬誤，當迭更之；蓋足太陰之經，應八月之氣也。」志云：「孟當作仲，酉者八月，主左足之太陰。故爲仲秋之痺。」

足少陰之筋，起於小「小」字當作「中」，手少陰亦同。指之下，手少陰由中衝至勞宮，足少陰亦當由中指至涌泉，今中指穴缺名，當補之。並今本此下有「足」字。太陰之筋。小指與大指相通，所以厥陰可云在足大指。邪走内踝之下，結於踵，與足今本無此字。太陽之筋合，離而合。而上結於内輔之下，《靈樞識》：《甲乙》「下」下有「入足心」三字。張云：「起小指之下，邪趨足心，又邪趨内側上然谷，並足太陰，商丘之次，走内踝之下，結於踵跟之間，與足太陽之筋合，由踵内側上行，結於内輔骨，下陰谷之次。」〇合而又離。並今本此下有「足」字。太陰之筋而上循陰股，結於陰器，此厥陰，非少陰。循脊内俠今本作「挾」。膂，上至項，結於枕骨，與足太陽之筋當起於第四指。合。離而又合。其病足下轉筋，及所過而結者皆痛及轉筋，病在此者主癇瘛及痓，《靈樞識》：張云：「癇，癲癇也。瘛，牽急也。痓，堅强反張，尤甚於瘛者也。足少陰爲天一之經，真陰受傷，故爲此病。」〇今本作「痙」。在外者不能俛，在内者不能仰，故陽病者腰反折不能俛，陰病者不能仰。楊注：瘛，既曳反。痓，擎井反，身强急也。在此，謂足少陰也。在小兒稱癇，在大人多稱癲。背爲外爲陽也，腹爲内爲陰也。故病在背筋，筋急故不得低頭也；病在腹筋，筋急不得仰身也。《靈樞識》：張云：「在外者與太陽之筋合，故不能俛；在内者循脊内挾膂上至項，故不能俯。陽病者，即在外者也；陰病者，即在内者也。」余伯榮云：「足少陰之筋與足太陽之筋上合於頸項，此藏府陰陽之氣交也。病在外在陽者，病太陽之氣，故腰反折不能俯；在内在陰者，病少陰之氣。故不能仰。如傷寒病，在太陽則有反折之痓强；在少陰，則蜷卧矣。」簡案：小兒癇病有内釣、外釣之別，亦此理也。治在燔鍼卻刺，以知爲數，以痛爲輸，在内者熨引飲藥，楊注：痛在皮膚筋骨外者，可療以燔鍼；病在腹胸内者，宜用熨法及道引並飲湯液藥等也。《靈樞識》：張云：「熨引所以舒筋，飲藥所以養血。」此筋折紉《靈樞識》：所，諸本作「折」，是也，當改。張云：「折紉者，即轉筋之甚，發日數，病日甚者，陰虧之極也，故當死不治。」〇今本作「所紐」。緩今本作「發」。數甚者，死不治，名曰孟今本作「仲」。秋痺。楊注：其筋轉痛，輕而可爲燔鍼，若折曲①紉緩之甚，死而不療也。《靈樞識》：張云：「仲秋誤也，當作孟秋。蓋足少陰爲生陰之經，應七月之氣也。」志云：「仲當作孟。申者七月之生陰也，主左足之少陰，故爲孟春之痺。」

足厥陰之筋，起於大指足厥陰正經當作小指。營、衛之行由太陰始厥陰絡，其支絡又由小指絡大指，以通其氣。一指之中不能占二陰，手三陰亦分占大指、中指、小指，此當於小指補肝經正穴也。之上，當補厥陰正支穴名。上結於内踝之前，《靈樞識》：張云：「大指上三毛際大敦次也，行跗上，與足太陰之筋並行，結於内踝前中封之次。」上循脛，上結於内輔之下，上循陰股，結於陰器，《靈樞識》：張云：「陰器者，合太陰、厥陰、陽明、少陰之筋，以及衝、任、督之脈，皆聚於此，故曰宗筋。厥陰屬肝，肝主筋，故絡諸筋②而一之，以成健運之用。」結絡諸筋。楊注：足三陰及足陽明筋皆聚陰器，足厥陰屈絡諸陰，故曰陰器名宗筋也。其病足大指此其支絡。支，内踝之前痛，内輔痛，陰股痛轉筋，陰器不用，傷於内則不起，傷於寒則陰縮入，傷於熱則縱挺不收。治

---

① 折曲：原作「曲折」，據《太素校注》乙。

② 故絡諸筋：四字原脱，據《靈樞識》補。

在行水清陰氣，《靈樞識》：《甲乙》「氣」作「器」。張云：「清，理也。此言當以藥治之，在通行水藏而調陰氣，蓋水則肝之母也。」志云：「厥陰之木，氣本於水，故治在行水，以清厥陰之氣。」其病今本此下有「轉」字。筋者，燔鍼卻刺，以知爲數，以痛爲輸，名曰季秋痺。楊注：婦人挺長爲病，丈夫挺不收爲病。陰氣，即丈夫陰氣①，謂陽氣虚也。陽氣虚故縮或不收，得陰即愈也。《靈樞識》：張云：「足厥陰者，陰盡之經也，故應九月之氣。」志云：「戌者九月，主右足之厥陰。」

手太陽之筋，手太陽與少陰相表裏。手少陰在中指，厥陰當在小指，此二筋當互易其名。起於小指當作「四指」。之上，上今本無此字。結於腕，上循臂内廉，結於肘内兑今本作「鋭」。骨之後，彈之應於今本無此字。小指之上，《靈樞識》：張云：「手小指之上外側，少澤穴也，上行結於手腕外側，腕骨，陽谷之次；上循臂内側，結於肘下鋭骨之後，小海之次。但於肘尖下兩骨罅中，以指捺其筋，則痠麻應於小指之上，是其驗也。」上今本無此字。入結於腋下；楊注：手小指表名上。肘兑，謂肘内箱尖骨，名曰兑骨。應，引也。其支者，後走腋後廉，《靈樞識》：《甲乙》作「從②腋走後廉，上繞臑外廉」。上繞肩甲，今本作「胛」③。循頸出足④太陽之筋今本無此字。

---

① 陰氣：原作「陰器」，據《太素校注》改。
② 從：原脱，據《靈樞識》補。
③ 胛：疑係「胛」字之誤。
④ 足：原作「走」，據《太素校注》改。

前，《靈樞識》：《甲乙》作「出足太陽之筋前」。張云：「自腋下與足太陽之筋合，走腋後廉，上繞肩胛①，行肩外腧、肩中腧，循頸中天窗之分，出走太陽經筋；自缺盆出者之前，同上結於耳後完骨之次也。」簡案：張注爲足太陽，乃與《甲乙》符矣。馬爲手太陽，誤。結於耳後完骨；其支者，入耳中；其直者，出耳上，下結於顑，楊注：含感反。今本作「頷」。上屬目外眥。其病手今本無此字。小指支痛，今本無此字。肘内兑今本作「鋭」。骨後廉痛，循臂陰入腋下，腋下痛，腋後廉痛，繞肩，肩甲今本作「繞肩胛」。引頸而痛，應耳中鳴痛，引頷目瞑，良久乃能今本作「得」。視，楊注：臂臑肉爲臂陰也。瞑，目閉也。音眠。○《靈樞識》：《甲乙》「得」作「能」。馬云：「其頸痛應耳中鳴而痛，其頸痛又引於頷而痛，且其痛時目瞑，良久乃得開視。」頭今本作「頸」。筋急則爲筋瘻頭踵，《靈樞識》：《甲乙》作「筋瘻頸腫」，諸本亦作「頸腫」，但張本作「瘇」。簡案：瘇、尰同，足腫也。後世爲腫脹之腫。非。張云：頸瘻頸腫，即鼠瘰之屬。」○今本作「筋瘻頸腫」。寒熱在頸者，治在燔鍼卻刺，以知爲數，以痛爲輸，其爲腫者，傷今本作「復」。而兑今本作「鋭」。之。《靈樞識》：張云：「刺而腫不退者，復刺之，當用鋭鍼，即鑱鍼也。」其今本作「本」。支者，上曲耳，今本作「牙」。循耳前屬目外眥，上額今本作「頷」。結於角，其病當所過者支轉筋。治在燔鍼卻刺，以知爲數，以痛爲輸，《靈樞識》：《甲乙》無此四十一字，與下節手少

① 肩胛：原作「肩脾」，據《靈樞識》改。

陽①之筋文重，當從《甲乙》删之。名曰仲夏痺。楊注：筋痿②，此之謂也。筋瘻頸腫者，皆是寒熱之氣也。故療寒熱筋瘻頸腫者，可以鍼傷於兑骨後彈應小指之處，兑之令盡。兑，尖鋭盡端也。或爲傷復也。六月手之少陽，正月足之少陽，五月手之太陽，二月足之太陽，四月手之陽明，三月足之陽明，筋於此時感氣爲病，故曰仲夏等痺也。《靈樞識》：張云：「手太陽之經，應五月之氣也。」

手少陽之筋，起於小指次指之端，當在小指之端外。足厥陰在内側，小指占二筋。結於腕，上循臂結於肘，上繞臑外廉，上肩走頸，合手太陽；其支者，當曲頰入繫舌本；其支者，上曲耳，今本作「牙」。循耳前屬目外眥，上乘頷③，結於角。是今本作「其」。病當所過者支今本此上有「即」字。轉筋，舌卷。治在燔鍼劫刺，以知爲數，以痛爲輸，名曰季夏痺。楊注：曲頰，在頰曲骨端。足少陽筋循頸向曲頰後，當曲頰入繫舌本，謂當風府下、舌根後，故風府一名舌本也。

手陽明之筋，起於大指外側。次指之端，合於合谷。結於腕，上循臂，上結於肘外，上臑，結於髃；其支者，繞肩甲，今本作「胛」。俠今本作「挾」。脊；直者，從肩髃上頸；其支者，上頰，結於鼽：楊注：肩髃，肩角也。音隅，又音偶也④。○今本作「頄」。其直者，上出手太陽之前，上左角，絡

① 手少陽：原作「手少陰」，據《靈樞識》改。
② 筋痿：原作「筋瘻」，據《太素校注》改。
③ 頷：原作「頜」，據《太素校注》改。
④ 「音隅」二句，原作夾注小字，據《太素校注》改。

頭，下右顴。今本作「頷」。其病當所過者支痛及轉筋，肩不舉頸，不可左右視。治在燔鍼卻刺，以知爲數，以痛爲輸，名曰孟夏痺。楊注：其筋左右交絡，故不得左右顧視。今經不言上右角、絡頭、下左顴，或可但言一邊也。

手太陰之筋，起於大指之上，內側。循指上行，結於魚後，楊注：大指表名爲上，循手向胸爲上行也。行寸口外側，上循臂結於肘中，上臑內廉，入腋下，出缺盆，結肩前髃，上結缺盆，楊注：並太陰脈行，故在臑也。肩端之骨名肩髃，是則後骨之前，即肩前髃也①。下絡胸裏，散貫賁，合賁下，下抵季肋。楊注：賁，謂膈也。筋雖不入藏府，仍散於膈也。今本作「抵季脇」，無「下」字。其病當所過者支轉筋痛，其今本作「甚」。成息賁者，今本無此字。脇急吐血。治在燔鍼卻刺，以知爲數，以痛爲輸，楊注：息，謂喘息。肺之積，名息賁，在右脇下，大如杯；久不愈，令人灑淅振寒熱、喘欬、發肺癰也。名曰仲冬痺。楊注：十二月手之少陰，七月足之少陰，十一月手之太陰，八月足之太陰，十月手心主厥陰，九月足厥陰，筋於此時感氣爲病，名曰仲冬痺也。十二經脈，足之三陰三陽，配十二月，手之三陰三陽，配甲乙等十數，與此十二經筋不同，良以陰陽之氣成物無方故耳。

手心主《內經》於手少陰每以手心主稱之，以其特別，不與衆同，然則但改手少陰脈爲「厥」即得。之筋，起於中

① 「肩髃」至「肩前隅也」：此十三字原作「爲上循手向胸爲上行也」，蓋涉上文而誤，今據《太素校注》改。

指，此當以腦爲少陰，少陰在中，故從中指起，屬督脈。馬玄台以包絡爲兩腰，是也。與太陰之筋並行，結於肘内廉，《靈樞識》：張云：「中指端中衝之次也，循指入掌中，至掌後大陵之次，並手太陰之筋，上結於肘中廉①、曲澤之次。」上臂陰，結腋下，下散前後俠今本作「挾」。脇；《靈樞識》：張云：「上臂陰天泉之次，由曲腋間並太陰之筋，結於腋下，當天池之次，下行②前後，布散挾脇，聯於手太陰、足少陽之筋。」其支者，入腋，下今本無此字。散胸中，結於賁，楊注：結於膈也。《靈樞識》：張云：「『臂』當作『賁』，蓋此支並太陰之筋，入散胸中，故同結於賁也。」志云：「『臂』當作『賁』，賁叶臂，散於胸中，結於賁門，故成息賁也。」○今本作「臂」。其病當所過者支轉筋，《靈樞識》：《甲乙》「筋」下有「痛手③心主」四字。及今本此上有「前」字。胸痛息賁。治在燔鍼卻刺，以知爲數，以痛爲輸，名曰孟冬痺。楊注：當此筋所過之處爲痺，即是所行之筋爲病也。《靈樞識》：張云：「手厥陰以兩陰交盡之經，故應十月之氣。」

手少陰此少字當作「厥」。太陰在始，少陰在中，厥陰在末。之筋，起於小指之内側，結於兑今本作「鋭」。骨，上結肘内廉。《靈樞識》：「張云：小指内側，少衝次也。結於鋭骨，神門次也。肘内廉，少海次也。」上入腋，交太陰，由小指交大指，即循環周而更始之義。舊以肝厥陰在足大指，與此義同。伏今本作「挾」。乳裏，結於胸中，

---

① 中廉：原作「内廉」，據《靈樞識》改。

② 下行：「下」字原脱，據《靈樞識》補。

③ 痛手：原作「痛心」，據《靈樞識》改。

循賁，楊注：兑骨，謂掌後當①小指下尖骨也。交手太陰已，伏於乳房之裏，然後結於胸也。《靈樞識》：張云：「『臂』字亦當作『賁』，蓋心主少陰之筋，皆與太陰合於賁而下行也。樓氏云：「臂，當作『胸』。」〇今本作「臂」。下繫於臍。其病內急，心承伏梁，下爲肘綱。《靈樞識》：張云：「承，承於下也。伏梁，堅伏之積也。綱，如羅網之牽急也。手少陰之筋，起於小指内側，結於鋭骨，上結肘内廉，上入腋，挾乳裏，結於胸中，下繫於臍，故在内則爲内急，爲伏梁，在外則爲肘綱，及當其所過之處，則爲轉筋等病。」〇今本作「網」。其病當所過者支轉筋及胸痛。今本作「支轉筋，筋痛」。治在燔鍼劫刺，以知爲數，以痛爲輸。其成伏梁唾膿血者，死不治。楊注：心之積，名曰伏梁，起臍上，如臂，上至心下。其筋循膈下臍，在此痛下，故曰承也。人肘屈伸②，以此筋爲綱維，故曰肘綱也。

經筋之病，寒則今本此下有「反折」二字。筋急，熱則弛縱不收，陰痿不用也。楊注：凡十二經筋，寒則急，熱則縱，不用之也③。陽急則反折，陰急則俛不伸。楊注：人背爲陽，腹爲陰。故在陽之筋急者，反折也；在陰之筋急，則俛不伸也。焠刺者，刺寒急，今本此下有「也」字。熱則筋縱，今本此下有「不收」二字。毋用燔鍼。楊注：焠，十④内反，謂燒鍼刺之也。問曰：熱病皆有行灸，筋熱爲病，何以不用

---

① 掌後當：原作「掌外」，據《太素校注》改。
② 屈伸：原作「伸屈」，據《太素校注》乙。
③ 不用之：原作「不收」，據《太素校注》改。
④ 十：日本仁和寺鈔本作「千」，似當從。

火鍼？答曰：皮肉受於熱病，脈通而易，故須行灸；筋自受病，通之爲難，寒熱自在於筋，病以痛爲輸，不依餘輸也。《靈樞識》：張云：「此以下，皆結上文經筋爲病而總言之也。」馬云：「寒急有陰陽之分。背爲陽，陽急則反折；腹爲陰，陰急則俛不伸。故制爲焠刺者，正爲寒也。」焠刺，即燔鍼。簡案：張以陽急陰急爲足太陽少陰，非。名曰季冬痺。楊注：經筋之病下，總論十二經脈；此之一句，屬手少陰筋①也。《靈樞識》：樓氏以此五字移前段「唾血膿者死不治」下，張同，云：「手少陰之經，應十二月之氣也。此節舊在後『無用燔鍼』之下，蓋誤次也，今移正於此。」

足之陽明，手之太陽，筋急則口目爲噼，眥急不能卒視，治皆如右方。楊注：檢手太陽有耳中鳴、引頷、目瞑之言，無口目噼，亦可引頷即口目噼也。皆用前方寒急焠刺也。《靈樞識》：《甲乙》「噼」作「僻」。馬云：「噼、僻同，口僻之義。此申言胃與小腸二經之筋，其有病當治，法如前也。足之陽明胃經、手之太陽小腸經，其筋若急，則口與目皆②爲喎噼，其目眥亦急，不能猝然視物，治之者，用燔鍼以③劫刺之。以知病爲刺數，以痛處爲輸穴，故曰治法如右方也。前俱詳言，而又申言之，叮嚀之意也。」簡案：志以右方爲右喎之方，誤甚。〇今本此下有「也」字。

《素問・刺腰痛論》：此言腰痛，今以歸之《診筋》，中多云維脈，筋，所以束維一身也。足太陽脈令人腰痛引項脊尻，《素問識》：熊音苦高反。簡案：《說文》「尻，脽也，從尸，九聲」，《廣雅》「尻，臀也」。又《增韻》「丘刀切，脊梁盡處」，此與古義異，當考。背如重狀，《素問識》：重，《甲乙》作「腫」。刺其郄中太陽正經《素問識》：《經別

---

① 手少陰筋：原作「少陰陰筋」，據《太素校注》改。
② 皆：原作「眥」，據《靈樞識》改。
③ 以：原脫，據《靈樞識》補。

篇》曰：「足太陽之正，別入於膕中。」高據王注，爲是。馬、張以爲崑崙穴，誤。出血，春無見血。楊注：項、脊、尻皆足太陽脈①行處，故腰痛相引。郄中，足太陽，刺金門。足太陽在冬春時氣衰，出血恐虛，故禁之也。

少陽令人腰痛，如以鍼刺其皮中，循循然《素問識》：吴云：「循循，漸也，言漸次不可以俛仰也。」張云：「遲滯貌。」簡案：《離合真邪論》云，「其行於脈中循循然」，當從吴注。不可以俛仰，不可今本此下有「以」字。顧，《素問識》：《甲乙》「顧」上有「左右」二字。刺少陽成骨《素問識》：《甲乙》作「盛骨」。吴云：「成骨之端，陽關穴也。」張同。志云：「膝外廉，陽陵泉之下當作「上」。有獨起之骨，爲成骨。蓋足少陽主骨，至此筋骨交會之處。」樓氏《綱目》云：「按此謂陽陵泉穴。」簡案：《甲乙》：陽關在陽陵泉上三寸，犢鼻外陷者中；陽陵泉在膝下一寸，䯒外廉陷者中。考王注，二穴並不相當，必是別穴。沈氏《釋骨》云：「膝之上下内外皆以髕爲斷。成骨之旁，䯒骨之端，不至上旁膝，膝乃䯒之譌也。」此說有理。之端出血，成骨在膝外廉之骨獨起，今本此下有「也」字。夏無見血。楊注：少陽，足少陽也。其脈行頸循脇出氣街以行腰，故腰痛不可俛仰反顧。成骨，膝臏外側起大骨，足少陽脈循脾出過，故腰痛刺之。足少陽在春，至夏氣衰，出血恐虛，故禁之。

陽明令人腰痛不可今本此下有「以」字。顧，顧如有見者，喜今本作「善」。悲，《素問識》：吴云：「仲景所謂如見鬼狀，是也。善悲者，陽明熱甚，而神消亡也。經曰：『神有餘則笑不休，不足則悲』，此之謂也。」刺陽明於骭今本作「䯒」。前《素問識》：《新校正》云，「䯒」《甲乙》作「骭」，今《甲乙》作「胻」。簡案：䯒，字書「牛脊骨」，胻，《說文》「脛端也」、《廣雅》「脛也」。然《本經》䯒、胻通用。三痏，上下和之，《素問識》：「張云：兼上下巨虚而言也。志、高同。」出

① 太陽脈：原作「太明」，據《太素校注》改。

血，秋無見血。楊注：足陽明支者，循喉嚨入缺盆，又支者，循腹裏下氣街，故腰痛不可顧。陽明穀氣虛，故妄有見。虛爲肝氣所剋，故喜悲。下循胻外廉，故刺之以和上下。足陽明在仲夏①，至秋而衰，出血恐虛，故禁之也。

足少陰令人腰痛引脊内痛，今本作「廉」。刺足今本無此字。少陰内踝下今本作「上」。二痏，《素問識》：高云：「左右太谿二痏。」簡案：當以復溜爲正。春無出今本作「見」。血，出血大虛，今本作「出血太多」。不可復也。楊注：足少陰脈上股内後廉，貫脊屬腎絡膀胱，故腰痛引脊内痛也。出然骨之下，循内踝之後，故取内踝之下。少陰與太陽在冬，至春氣衰，出血恐虛，故禁之也。《靈樞識》：《甲乙》「不」上有「虛」字。馬云：「腎氣不可復也。」張同。高云：「出血太多，至冬不可復藏也。」簡案：據《甲乙》，謂血虛不可復也。

居今本作「厥」。陰之脈令人腰痛，腰中如張今本此下有「弓」字。弩弦。《素問識》：吳云：「厥陰之脈，抵少腹，屬肝。肝主筋，肝病則筋急，故令腰中如張弓弩弦。」刺居陰之脈，《素問識》：簡案：《新校正》「脈」改「絡」。《經脈篇》云：「足厥陰之别，名曰蠡溝，去内踝五寸，别走少陽。」在腨踵《素問識》：吳云：「腨，足腹也。腨踵，足腹盡處也。」魚腸今作「魚腹」。之外，循之累累然，《素問識》：吳云：「邪之所結，如波隴在絡者。」乃鍼今本無此字。刺之，其病令人今本此下有「善」字。言嘿嘿然今本作「默默然」。不慧，《素問識》：簡案：善言默默，諸家注屬牽强，當仍全本删「善」字，義始通。志云：不慧，語言之不明矣。〇簡案：「其病」云云以下十五字，與前四經腰痛之例不同，

① 「陽明」下原有「脈」字，據《太素校注》删。

恐是衍文。刺之三痏。楊注：居陰脈在腨踵魚腸之外，其處唯有足太陽脈，當是足太陽絡也。

解脈《素問識》：高云：「解，散也。解脈，周身横紋之脈，散於皮膚，太陽之所主也。」志同。簡案：與王、吴諸家少異。令人腰痛引膺，今本作「令人腰痛，痛而引肩」。目盳盳然，今本作「目䀮䀮然」。時遺溲，刺解脈，在引筋肉分間，《素問識》：志云：「太陽之委中穴也。」樓云：「愚按膝外廉筋肉分間，即委陽穴是也。」在今本無此字。郄外廉《素問識》：郄，膕中横紋也。廉，棱也。之横脈出血，血變今本此下有「而」字。止。楊注：解脈行處爲病，與足厥陰相似，亦有是足厥陰絡脈。同陰之脈《素問識》：馬、張仍王注，吴云「未詳」。然曰刺外踝絶骨之端，則足少陽之脈所抵耳，故王冰注爲少陽之别絡。簡案《經脈篇》云：足少陽之脈「直下抵絶骨之端」，吴證、王注原於此。志云：「蹻脈有陰陽，男女陰陽，經絡交并，故爲同陰之脈。」高云：「陽蹻之脈，從陰出陽，故曰同陰。」并誤。令人腰痛，痛如小鍼《素問識》：稱錘也。《廣雅》：「權，謂之錘，其形垂也。」馬依《太素》作「鍼」。張云：「如小錘居其中，重而痛也。」簡案：今從張注。○今本作「錘」。居其中，怫然①腫，刺同陰之脈，在外踝上絶骨之端，爲三痏。楊注：同陰脈在外踝上絶骨之端，當是足少陽絡脈也。

解脈令人腰痛如别，今本作「如引帶」。常如折腰之今本無此字。狀，喜怒，《素問識》：吴云：「太陽之脈絡於腎，腎志恐，故善恐。」張同。○簡案：有兩解脈，全云「恐誤未詳」，然考其證候及所刺穴道，俱屬足太陽，故王以降，並無疑及者。○今本作「善恐」。刺解脈，在郄中結絡如黍米，刺之，血射似黑，見赤血而已。楊注：前

① 怫然：《素問識》作「弗然」。

之解脈與厥陰相似，今此刺解脈郄中，當是取足厥陰郄中之絡也。

陽維之脈，令人腰痛，今本此下多一「痛」字。上怫今本作「佛」。然今本此下有「脈」字。腫，刺陽維之脈，脈與太陽合腨下間，上今本作「去」。地一尺所。楊注：陽維，諸陽之會，從頭下至金門、陽交即是也。行腰與足太陽合於腨下間，上地一尺之中，療陽維腫①痛也。《素問識》：《新校正》及馬、張、高並爲承山穴。志云：「陽維起於諸陽之會，其脈發於足太陽；金門穴在足外踝下一寸五分，諸家並云一寸，唯《八脈考》爲一寸五分。上外踝七寸，會足少陽於陽交，爲陽維之郄，見《甲乙》。故當與太陽合腨下間而取之，蓋取陽維之郄也。郄上踝七寸，是離地一尺所矣。」簡案：陽交在脛外側，不宜曰腨下間。志注未爲得矣。所、許同，詳見《通雅》。

衡絶今本作「衡絡」。之脈，《素問識》：志云：「此論帶脈爲病，而令人腰痛也。衡，横也。帶脈横絡於腰間，故曰衡絡之脈。夫足之三陽循腰而下，足之三陰及奇經之脈皆循腰而上，病則上下不通，陰陽間阻，而爲腰痛之證。」簡案：此勝於舊注。令人腰痛，痛不可以俛，不可以仰，《素問識》：「《甲乙》作『俛不得仰』，爲是。」則恐仆，今本作「痛不可以俛仰，仰則恐仆」。得之舉重傷腰，衡絶絡，惡血歸之，今本作「衡絡絶，惡血歸之」。刺之在郄陽筋之間，《素問識》：《甲乙》「筋之」作「之筋」爲是。上郄數寸衡今本作「衡」。居《素問識》：馬、張仍王注。吴云：「郄陽，浮郄、委陽二穴也。上郄數寸，上於委中數寸也。衡居，令②病人平坐也。」志云：「郄陽，謂足太陽之浮郄。」高云：「刺之在浮郄、會陽大筋之間。申明會陽之穴，上浮郄數寸，横居臀下也。」簡按：數説未允。樓氏引王注云：「今按委陽正在郄

① 腫：原作「腰」，據《太素校注》改。
② 令：原作「今」，據《素問識》改。

外廉横紋盡處是穴，非上郄也；殷門上郄一尺是穴，非數寸也，蓋郄陽筋者。按郄内外廉各有一大筋，上結於臀，今謂外廉之大筋，故曰陽筋也。上郄數寸，於外廉大筋之兩間，視其血絡盛者横居，爲二痏出血。」此説極①是。《甲乙》别條有「殷門主之」，病、候與此同，當參考。爲二痏出血。楊注：衝脈循脊裏，因舉重衝脈絡絶，惡血歸聚之處以爲腰痛，可刺衝②郄陽筋間，上數寸衝氣居處。會陰之脈《素問識》：馬云：「會陰者，本任脈經之穴名。督脈由會陰而行於背，則會陰之脈，自腰下會於後陰。其脈受邪，亦能使人腰痛也。高云：會陰，在大便之前、小便之後。任督二脈相會於前後二陰間，故曰會陰。」令人腰痛，痛上漯漯然《素問識》：《甲乙》作「濈然」。熊音漯徒合反，音踏；張音磊。簡按：漯漯，水攢聚貌，見木玄虚③《海賦》注。汗④，汗乾令人欲飲，今本此下多一「飲」字。已欲走，《素問識》：高云：「漯漯然汗出，陰氣虚，而陰液外注也；汗乾令人欲飲，飲已欲走，陽氣虚，而陽熱外馳也。」刺直陽之脈《素問識》：馬、吴、張並據王注。高云：「直陽，太陽與督脈相合之脈也。」簡按：任脈與督脈相合之脈，蓋「直」、「値」通用，見於《史記・甯成傳》。遇也，即兩脈會遇之義。《新校正》「直陽之脈即會陰之脈」，是也。王注《骨空論》云：「任脈、衝脈、督脈者，一源而三歧也。以任脈循背者，謂之督脈；自少腹直上者，謂之任脈，是以背腹陰陽别爲名目爾。」知是二脈分歧之處即其會遇之地，故名之會陰，亦名直陽耳。志云：「會陰」節後，當有刺條；刺直陽之前，宜有腰痛。或簡脱與？

---

① 極：原作「即」，據《素問識》改。
② 衝：原作「衡」，據《太素校注》改。
③ 木玄虚：原作「水玄虚」。晋木華撰有《海賦》，華字玄虚，因改。
④ 此「汗」字原脱，據《太素校注》補。

抑督①與任交病，在陰而取之陽耶？此説近②是，然未察直陽即會陰也。脈上二今本作「三」。痏③，在蹻上郄下下三寸《素問識》：《甲乙》「五寸」作「三所」。高云：「三痏者，刺陽蹻之申脈，太陽之郄中。又蹻上郄下各相去五寸之承山，皆有血絡橫居，視其盛者，刺其出④血。由此言之，則蹻與郄，及蹻上郄下，但刺橫居之血絡，不必拘於穴也。」○今本作「在蹻上郄下五寸」。所今本無此字。橫居，視其今本作「出」。盛者出血。楊注：刺直陽者，有本作「會陽」，蹻上郄下橫居絡脈也。

飛陽之脈，《素問識》：馬云：「本足太陽經穴名也，此穴爲足太陽之絡，別走少陰。」吴、張同。高云：「飛陽，陰維之脈也，陰維之脈，起於足少陰之築賓，今曰飛陽者。」《經脈篇》云：「足太陽之別，名曰飛陽，去踝七寸，別走少陰，是飛陽乃別出於太陽，而仍走少陰也。」簡按：高、志仍王注。考《經脈篇》，飛陽在去踝七寸，且在少陰之後，而下文云在内踝上五寸，又云少陰之前，乃知飛陽非太陽經之飛陽也。下文云陰維之會，亦知飛陽是非陰維之脈也。蓋此指足厥陰蠡溝穴。《經脈篇》云：「足厥陰之別，名曰蠡溝，去内踝五寸，別走少陽」；從陰經而走陽經，故名飛陽，義或取於此歟？前注恐誤。令人腰痛，痛上怫怫然，《素問識》：張云：「言痛狀如嗔憤也。」甚則悲以恐，刺飛陽之脈，在内踝上二今本作「五」。寸《素問識》：《甲乙》作二寸。簡按：王注爲復溜，故《新校正》據《甲乙》改二寸。馬、張、高並云築賓穴。簡按：考

---

① 督：原作「腎」，據丹波氏《素問識》改。

② 近：原作「迩」，據丹波氏《素問識》改。

③ 上二痏：「上」前原衍「脈」字，據《太素校注》删。

④ 「出」字原無，據文意擬補。

《甲乙》諸書，築賓穴云在内踝上腨分中，而不云在五寸，則其説難憑。太今本作「少」。陰之前，《素問識》：簡按：復溜、築賓俱是少陰經穴，若依前注，「之前」二字屬衍文。」與陰維會。楊注：足太陽别，名曰飛陽，有本「飛」爲「蜚」。太陽去外踝上七寸，别走足少陰。當至内踝上二寸，足少陰之前，與陰維會處，是此刺處也。《素問識》：簡按：《甲乙》云，築賓陰維之郄，在足内踝上腨分中，此謂刺内踝上五寸，與陰維之會二穴。王意亦爾。○今本作與陰維之會。

昌陽之脈《素問識》：馬云：「昌陽，係足少陰腎經穴名，又名復溜。足少陰之脈，其直行者，從腎上貫肝鬲，入肺中，循喉嚨，俠舌本；其支者，從肺出，絡心，注胸中。故昌陽之脈，令人腰痛，其痛引膺，以膺即胸之旁也。」張、吴同。簡按：《甲乙》「復溜」一名「昌陽」，下文云舌卷不能言，亦少陰所注故爾。今從馬注。令人腰痛，痛引膺，目䀮䀮然，今本作「目𥆧𥆧然」。甚則反折，《素問識》：吴云：「少陰合於太陽，故反折。」舌卷不能言，刺内筋《素問識》：馬云：「以復溜在内筋中，爲二痏，其穴在踝上大筋之前、太陰經①之後，踝上二寸所。張云：内筋，筋之内也，即復溜穴。簡按：志、高俱據王爲交信，蓋復溜、交信並在内踝上二寸，止隔一條筋，前是復溜，後是交信，而此云昌陽之脈，當從馬、張。」爲二痏，在内踝上大筋前太陰後，《素問識》：《甲乙》無「前太陰」三字，當是脱文。」上踝三今本作「二」。寸所。楊注：内筋在踝大筋前太陰後，内踝上三寸所。大筋，當是足太陰之筋。内筋支筋，在足太陽大筋之前，足太陰筋之後，内踝上三寸也。

散脈《素問識》：馬云：「愚於此節散脈有疑，何王注便以爲足太陰之地機？偏考他處，又無散脈之説，但按地機穴

① 經：原脱，據《素問識》補。

亦治腰痛不可俛仰，故且從王注耳。」吳云：「散脈，陽明別絡之散行者也。」高云：「衝脈也。衝脈起於胞中，秉陰血而澹滲皮膚，一如太陽之通體解脈，故曰散脈；血不充於皮膚，故腰痛而身熱。」志同。簡按：高及志以同陰以下六條爲七經八脈之義，故有此説。然衝脈不宜謂散脈，恐是强解，今從吳注。義具於下文。令人腰痛而熱，熱甚生煩，今本作「炬」。腰下如有横木今本作「脈」。居其中，甚則遺溲，刺散脈，在膝前今本此下有「骨」字。肉分間，《素問識》：吳云：「陽明之脈至氣街而合，故令遺溲。陽明之脈下膝臏中，循脛外廉，故刺其處。」張云：「按此節似指陽明經爲散脈，而王氏釋爲太陰，若乎有疑。但本篇獨缺太陰刺法，而下文有云上熱刺足太陰者，若以此相照應，及考之地機穴主治腰痛，故今從王氏之注。」高云：「膝前之骨，犢鼻穴也；及肉分間，三里穴也；絡外廉，上廉穴也。」簡按：張據馬説從王注，雖似有理，然考《甲乙》，地機穴在膝下五寸，焉得言膝前？故樓氏《綱目》云：「王注謂地機者，非也。既云膝前骨肉分間，絡外廉束脈，當在三里、陽陵泉三穴上之骨上與膝分間是穴，横刺三痏也。」三穴當是二穴，或恐脱一穴名與？此説頗有理。今從吳，以散脈爲陽明之别絡；從樓，以膝前骨肉分間，不拘於穴，爲膝骨上肉分間横刺三痏之義。高注三穴，於束脈之義未切貼。在今本無此字。絡外廉束脈《素問識》：吳云：「以繩堅束之，視其波隴爲痏。」簡按：此注不可從。爲三痏。楊注：散脈在膝①前肉分間者，十二經脈中，唯足厥陰、足少陽在膝前主溲，故當是此二經之别名。在二經大絡外廉小筋②名束脈，亦名散脈也。肉里之脈《素問識》：吳云「未詳」，馬、張依王注。志云：「肉者分肉，里者肌肉之文理也。」高云：「里、理同，肉理，肌肉之文理也。肉理之脈，外通於皮，内通於筋。腰痛不可以欬，不能外通於皮也；欬則筋縮急，不能内通於筋也。」簡按：諸説不一，今且從王注。令人腰痛，不可以欬，欬則筋攣今本作「縮」。

① 膝：原作「脈」，據《太素校注》改。
② 筋：原作「絡」，據《太素校注》改。

急，刺肉里之脈爲二痏，在太陽之外，少陽絶骨之後。楊注：太陽外，絶骨後，當是少陰爲肉里脈也。《素問識》：《甲乙》「後」作「端」，簡按：《本輸篇》云：「陽輔，外踝之上，輔骨之前，及絶骨之端也。」《氣穴論》云「分肉二穴」，王注云：「在足外踝上絶骨之端三分，筋肉分間，陽維脈氣所發」；《新校正》云：「詳處所，疑是陽輔。」今此節《甲乙》作絶骨之端，明是陽輔，況筋縮急，膽病所主①，宜無疑焉。高云「乃太陽附陽穴也」，此依《甲乙》云附陽「太陽前少陽後」，而於筋縮急無所關。宜從王注。

腰痛俠脊而痛至頭沈沈《素問識》：熊音殊，如羽鳥飛。馬云：「成無己釋《傷寒論》，以爲『伸頸之貌也』」。張云「凭伏貌」；志云：「短羽之鳥，背强欲舒之象。」簡按：《通雅》云：《説文》「𠘧，鳥之短羽，飛𠘧𠘧也」，孫愐收作几，《韻會》云：「有鉤挑者，爲几案之几，音寄；不鉤挑者爲几，音朱，鳥短羽也。」鄭明選《粃言》云：「《黄帝内經》云『腰痛挾脊痛，至頭几几然』，几音殳，鳥之短羽者，人病頭項强臂縮，則似之。與几字不同，几字尾上引，几字則否。」此宜以音朱爲正，張似爲几字而釋，蓋本於《本事方》。《本事方》爲几案之几，非也。當考。〇今本作「几几」。然，目䀮䀮今本作「目睆睆」。欲僵，今本此下有「仆」字。刺足陽明今本作「太陽」。郄今本此下有「中」字。出血。楊注：足陽明在頭下，支者起胃下口，循腹裏下至氣街。腹裏近脊，故腰痛刺足陽明郄中出血也。

腰痛上寒，《素問識》：以下三十八字又見於《靈・雜病篇》，「痛」下更有「痛」字。吴云：「皮膚上寒，是爲寒包熱，宜寫其表。」張云：「上寒上熱，皆以上體言也。」高云：「此言腰痛寒熱，亦刺三陽三陰，不但三陽三陰之脈令人腰痛而始刺也。上文言六氣而不及太陰，故此亦不言太陰也。」簡按：據《靈樞》當從吴注，言三陽三陰而不言太陰者，必是脱文。刺足太陽、陽明；上熱，《素問識》：《靈樞》、《甲乙》「上」上有「痛」字。吴云：「皮膚上熱，是爲熱實而達於表，宜寫其

---

① 所主：原作「所生」，據《素問識》改。

裏，故刺足厥陰。」刺足厥陰；不可以俛仰，《素問識》：吴云：「少陽之脈，行於身之兩側，故俛仰皆不利。」張同。高云：「陰陽樞轉不和，故刺足少陽，所以和其樞，而使陰陽旋轉也。」刺足少陽；中熱如今本作「而」。喘，《素問識》：張云：「少陰主水，水病無以刺火，故中熱。」刺足少陰，刺郄中《素問識》：張云：「刺足之少陰，湧泉、大鍾悉主之。郄中，委中也。」簡按：吴云「少陰之郄，水泉也」，志云「郄，隙也，謂經穴之空隙爲郄。陰郄者，足少陰之築賓穴也」，並誤。出血。楊注：腰痛上熱，補當腰足太陽、足陽明脈。腰痛上寒，寫當腰足厥陰脈。足少陽主機關①，不可俛仰，取足少陽。腰痛中熱□②如喘氣動，可取足少陰郄中出血也。

腰痛引少腹控䏚，不可今本此下有「以」字。仰，《素問識》：馬云：「控，按也。」簡案：《繆刺論》「腰痛」上有「邪客於太陰之絡」七字，「仰」下有「息」字，今《甲乙》「仰」上無「俛」字，與《新校正》所引異。控，吴、張仍王注，今從之。腰今本此上有「刺」字。尻交者兩今本此下有「髁」字。胂上，以月生死爲痏數，發鍼立已。楊注：䏚，以沼反。胂，脊骨兩箱肉也。

腰痛痛上寒，取足太陽；痛上熱，取足厥陰；不可以俛仰，取足太陽；中熱而喘，取足少陰、膕中血絡③。楊注：前腰痛刺郄中，此刺膕中也。

---

① 機關：「關」字原脱，據《太素校注》補。
② □：原脱，據《太素校注》補。
③ 絡：原作「結」，據《太素校注》改。

陽維之脈，令人腰痛，痛上弗然脈腫，刺陽維之脈，脈與太陽合腨下間上地一尺所。飛陽之脈，在内踝上二寸，太陰之前，與陰維會①。楊注：《八十一難》云：陽維起於諸陽②之會，則諸陽脈會也；陰維起於③諸陰之交，則三陰交也。陽維維於陽，綱維諸陽之脈也；陰維維於陰，綱維諸陰之脈也。陰陽不能相維，則悵然失志，不能自持，陽不維於陽，陰不維於陰也。陽維陰維綺絡於身，溢蓄不能還流溉灌④，諸經血脈隆盛，溢入八脈而不還也。腨下間上地一尺所，即陽交穴，陽維郄也；陰維會即築賓穴，陰維郄也。

① 「陰維會」其上四十七字脱，據《太素》卷十《經脈之三・陰陽維脈》補。
② 陽：《太素》卷十《經脈之三・陰陽維脈》作「脈」。
③ 陰維起於：四字原脱，據《太素校注》補。
④ 溢蓄：原作「蓄溢」，溉灌：原作「灌溉」，均據《太素校注》乙。

筋門　録《圖書集成》

《黄帝素問·上古天真論》：楊本作「壽限」。女子四七，筋骨堅，毛髮①長極，身體盛壯。楊注：身之筋骨體髮，無不盛極。〇張注：女子天癸之數，七七而止。年當四七，正及材力之中，故身體盛壯，髮長極矣。丈夫《素問識》：《大戴禮》：「丈者，長也；夫者，扶也，言長制萬物者也。」王充《論衡》云：「人形一丈，正形也，名男子，爲丈夫。」又云：「不滿丈者，失其正也。」三八，腎氣平均，筋骨勁强，故真牙生而長極。張注：「腎水生肝血，故筋亦勁强也。」餘注同前「女」也。七八肝氣衰，筋不能動，天癸竭，精少，腎藏衰，形體皆極。張注：「肝主筋，肝衰故筋不能動；腎主骨，腎衰故形體疲極。」

《生氣通天論》：楊本作「調陰陽」。因於濕首如裹，濕熱不攘，《素問識》：朱氏《格致餘論》云：「濕者土濁之氣，首爲諸陽之會，其位高而氣清，其體虚，濁氣熏蒸，清道不通，沉重而不爽利，似乎有物以蒙冒之，失而不治，濕鬱爲熱，熱留不去。大筋緛短者，熱傷血不能養筋，故爲拘攣；小筋弛長者，濕傷筋不能束骨，故爲痿弱。因於濕，首如裹，各三字爲句，文正而意明。」高云：「大筋連於骨内，緛短則屈而不伸；小筋絡於骨外，弛長則伸而不屈。」〇朱氏《新定章句》：「因於寒，體若燔炭，汗出而散。因於暑，汗，煩則喘喝，静則多言。因於濕(句)，首如裹(句)，濕熱不攘(句)，大筋緛短，小筋弛長。緛短爲拘，弛長爲痿。因於氣，爲腫」云云。簡按：馬、張、志、高並循原文而釋，吴及九達、薛

---

① 毛髮：《素問》及《古今圖書集成》俱無「毛」字。

氏《原旨》等，從朱氏改定。大筋緛短，小筋弛長。《素問識》：弛，宋本作弛。按：弛、弛同，《説文》「弓解也」。張璐曰：「先搐瓜蒂散，次與羌活勝濕湯。」緛短者爲拘，弛長者爲痿。楊注：「如，而也。攘，除也。人有病熱，用水濕頭而以物裹人，望除其熱，是則大筋得寒濕縮，小筋得熱緩長。弛，緩也，絶爾反。筋之緩瘲，四支不收，故爲痿也。」○張注：「濕土用事，雖屬長夏之氣，然土王四季，則感發無時，但濕之中人，有内外上下之辨。濕傷外者，雨霧陰濕之屬也；濕在上者，則首如裹，謂若以物蒙裹然者，凡人行瘴霧之中及酒多之後，覺瘴壅頭面，即其狀也。濕熱，濕鬱成熱也。攘，退也。濕熱不退而下及肢體，大筋受之則血傷，故爲緛短；小筋受之則柔弱，故爲弛長。緛短，故拘攣不伸。弛長，故痿弱無力。○攘，如羊切。緛，音軟，縮也。弛，音矢，廢弛也。」陽氣，大怒則形氣絶，《素問識》：馬云：「形氣經絡，阻絶不通。」《奇病論》云「胞之絡脈絶」，亦阻絶之義，非斷絶之謂。高本形下句，注云：「形者，悖悖然見於其面也。氣絶者，怒則氣上不接於下也。」簡按：高注誤。而血菀於上，使人薄厥。張注：「此下言怒氣傷肝，及汗濕肥甘風寒之類，皆足以傷陽氣也。人之陽氣，惟貴充和，若大怒傷肝，則氣血皆逆，甚至形氣俱絶，則筋脈不通，故血逆妄行，菀積於上焦也。相迫曰薄，氣逆曰厥，氣血俱亂，故爲薄厥。《舉痛論》曰『怒則氣逆，甚則嘔吐』，《邪氣藏府病形篇》曰『有所大怒，氣上而不下，積於脇下則傷肝』，皆此謂也。」○《素問識》：吴云：「薄，雷風相薄之薄。」注云：「薄，迫也。」簡按：《聖濟總録》：赤茯苓湯，治薄厥暴怒。怒則傷肝，氣逆胸中不和，甚則嘔血鼽衄。赤茯苓、人參、桔梗、陳皮各一兩，芍藥、麥門冬、檳榔各半兩，右爲末，每服三錢；水一盞，生薑五片，同煎至八分，去滓温服，不計時候。有傷於筋，縱，楊注：「陰并於陽，盛怒則衛氣壅絶，血之菀陳，上并於頭，使人有仆，故曰前厥，并傷於筋，故痿瘲也。」其若不容。張注：「怒傷形氣，必及於筋。肝主筋也，筋傷則縱緩不收，手足無措，其若不能容者。」○《素問識》：馬云：「胸腹䐜脹，真若有不能容物者矣。」吴云：「縱而不收，其若不能爲容止矣。」志云：「筋傷而弛縱，則四體若不容我所用也。」簡按：吴、志似是，王意亦當如此。味過於辛，筋脈沮弛，《素問識》：張云：「沮，壞也。」志云：「遏抑也。」簡按：王訓「潤」，恐非是。精神乃央。楊注：「辛以資肺，今辛多傷肺，肺以主氣，筋之氣壞，洩於皮毛也。心神剋肺氣阻洩，神氣英盛，浮散無用也。」○《素問識》：《新校正》云：「央，乃殃也。」馬云：「央者，半也。」《四氣調神論》有「未央絶滅」，此言精神僅可至半也。簡按：二説並通，王訓「久」，恐誤。又按：五味偏過生疾，其例不一。言脾氣者二，言心氣者亦二，肝氣、腎氣、胃氣各一，而不及肺氣，未詳何理。抑古文誤耶？○楊本作「英」。是故謹和五味，則骨正筋柔，氣血以流，湊楊本作「腠」。理《素問識》：《廣雅》「湊，聚也」。《汲冢周書》：「周於中土，以爲天下之大湊。」蓋會聚元真之處，故謂之湊，以其在肌肉中，又從肉作「腠」。《文心雕龍》：「湊理無常。」吴注：《舉痛論》云：『腠，汗孔也；理，肉紋也。』《瘧論》『汗空疏，腠理開』，知是以腠爲汗孔者誤。」以密。楊注：調五味各得其所者，則鹹能資骨，故骨正也；酸能資筋，故筋柔也；辛能資氣，故氣流也；苦能資血，故血流也；甘能資肉，故腠理密也。如是則氣骨以精，《素問識》：宋本作「骨氣」。高云：『五味和，則腎主之骨以正，肝主之筋以柔，肺主之氣、心主之血以流，脾主之湊理以密。誠如是也。則有形之骨，無形之氣，皆以精粹，可謂謹道如法，生氣通天，而長有天命矣。」謹道如法，長有天命。楊注：「謹，順也。如是調養身者，則氣骨常得精勝，上順天道，如先聖法，則壽弊天地，故長有天命也。」○張注：「五味入口，藏於胃，以養五藏氣。故當謹和五味，則骨正筋柔，氣血以流。蓋凡在内者，皆陰氣爲之主也。然陰氣在裏，腠理在外，若不相及，而此曰湊理以密者，緣陰陽表裏原自相依，不惟陽密足以固陰，而陰强乃能壯陽也。故如上文之邪因於外而爲喘喝，爲痿厥，爲精亡，爲洞洩欬嗽等症，此陽病之及於陰。又如煩勞大怒，飲食起居之不節，而爲煎厥，爲形氣絶，爲筋脈腸痔氣逆骨壞等證。是傷於陰者，亦能病及外體陽分，此陰之所以不可忽也。大都本篇之意，在帝則首言陽氣，以發通天之大本；在伯則續言陰氣，以備陰陽之全義。故在前則言氣，氣本於天以養陽也；在後則言味，味本於地以養陰也。其所以詳言陰陽者，蓋欲分表裏，明精氣。辨正邪之本末耳。然本篇首曰通天，中曰服天氣，末曰長有天命，所重在天①，則其重在陽氣可知矣。故言地無非天也，言陰氣者無非陽也。通篇大義在陽氣者若天與日，失其所，則折壽而不彰，一言可以蔽之。」

《六節藏象論》：**肝者，罷極之本，魂之居也，**《素問識》：《本神篇》云：「隨神往來者謂之魂。」簡按：《左傳》昭七年，子産曰：「人生始化曰魄，既生魄，陽曰魂。用物精多，則魂魄强，是以有精爽至於神明。」杜注：「魄，形也。陽，神氣也。」孔穎達《正義》云：人禀五常以生，感陰陽以靈。有身體之質，名之曰形；有嘘吸之動，謂之爲氣。形氣合而爲用，知力以此而强，故得成爲人也。其初，人之生也，始變化爲形，形之靈者，名之曰魄也；既生魄矣，魄内自有陽氣，氣之神者，名之曰魂也。魂魄神靈之名，附形之靈爲魄，附氣之神爲魂也。附形之靈者，謂初生之時，耳目心識，手足運動，啼呼爲聲，此則魄之靈也；附氣之神者，謂精神性識，漸有所知，此則附氣之神也。」《孝經説》曰：「魄，白也。魂，芸也。白，明白也；芸，芸動也。形有體質，取明白爲名；氣惟嘘吸，取芸動爲義。蓋精亦神也，爽亦明也，精是神之未著，爽是明之未昭。」《關尹子》云「魂藏肝，魄藏肺」；《五行大義》引老子經，亦同。《韓詩外傳》云「精藏腎，神藏心，魂藏肝，魄藏肺，志藏脾」；《説文》：「魂，陽氣也」，「魄，陰神也。」俱與本經之義相發焉。**其華在爪，其充在筋，以生氣血，**《素問識》：簡按：上文云心「其充在血脈」，又云「肺者氣之本」，而又於肝云「以生血氣」，最可疑。宜依上文例删此四字，從《太素》而補入其色與味。**其味酸，其色蒼，此爲陽中之少陽，通於春氣。**張注：「人之運動，由乎筋力，運動過勞，筋必罷極。肝藏魂，故爲魂之居。爪者筋之餘，故其華在爪，其充在筋。肝屬木，位居東方，爲發生之始，故以生血氣。酸者木之味，蒼者木之色。木王於春，陽猶未盛，故爲陽中之少陽，通於春氣。」〇按：上文三藏皆不言色味，而肝脾二藏獨言之，意必脱簡也。五藏色味詳載《五運行大論》及《陰陽應象大論》等篇，見後五、六。〇罷，音皮。

《五藏生成篇》：**肝之合，筋也；其榮，爪也；其主，肺也。多食辛，則筋急爪枯。**張注：

---

① 「中曰」至「所重在天」：原脱，據《古今圖書集成》補。

「肝屬木，木曲直而柔，筋體象之，故合於筋。爪者筋之餘，故榮於爪。木受金之制，故肝以肺爲主。」諸筋當作「骨」。者皆屬於節。楊本無注。○張注：「筋骨堅强，所以連屬骨節。如《宣明五氣篇》曰『久行傷筋』，以諸筋皆屬於骨節故也。」○節：楊本作「肝」，今本作「節」，當讀爲「腎」。

《脈要精微論》帝曰：癰瘇筋攣骨痛，此皆安生？張注：「此言諸病癰瘇而有兼筋攣骨痛者也。諸家以癰瘇筋攣骨痛釋爲三症，殊失經意，觀下文云『此寒氣之腫』，則其所問在腫，義可知矣。」岐伯曰：此寒氣之腫，八風之變也。張注：「惟風寒之變在經，所以兼筋骨之痛。今有病大項風、蝦蟆瘟之屬，或爲頭項咽喉之癰，或爲肢節筋肉之腫，正此類也①。此八風義，詳《運氣類》三十五。」

《平人氣象論》：藏真散於肝，《素問識》：吳云：「肝氣喜散，春時肝木用事，故五藏天真之氣，皆散於肝。」肝藏筋膜楊本無「膜」字。之氣也。楊注：「藏真者，真弦脈也。弦無胃氣曰散，弦脈不能自散，以其肝藏散無胃氣，所以真藏散於肝也。故肝藏神，藏於魂也；肝藏氣者，藏筋氣也。」○張注：「春木用事，其氣升散，故藏真之氣散於肝，而肝之所藏，則筋膜之氣也。《金匱真言論》云『東方青色，入通於肝』，是以知病之在筋也。○藏，上去聲，下平聲。後皆同。

《玉機真藏論》：風者，百病之長也。《素問識》：《風論》、《骨空論》、《靈・五色篇》、《通天篇》亦有此語。弗治②，腎傳之心，病筋脈相引而急，病名曰瘛。《素問識》：熊音尺世反，「瘈」同；詳義見《診要經終篇》。馬云「音異，後世作瘈」。吳云：「心主血脈，心病則血燥，血燥則筋脈相引而急，手足拘攣，病名曰瘛。」張同。簡案：馬以『瘈』

---

① 正此類也：原脱，據《古今圖書集成》補。
② 弗治：原脱，據《素問》補。

爲後世字，非。當此之時，可灸可藥；弗治，滿十日，法當死。張注：「腎邪尅火，則傳於心，心主血脈，心病則血燥，血燥則筋脈相引而急，手足攣掣，病名曰瘛。邪氣至心，其病已極，此而弗治，故不出十日當死。瘛，音翅。」〇《素問識》：吴云：「天干一周，五藏生意皆息，故死。」

《經脈別論》：食氣入胃，精散於肝，淫氣於筋。張注：「精，食氣之精華也。肝主筋，故胃散穀氣於肝，則浸淫滋養於筋也。」

《宣明五氣篇》：酸走筋，筋病無多食酸。張注：「酸能收縮，故病在筋者無多食酸。」《五味論》曰：「酸走筋，多食之令人癃。」肝主筋。張注：「肝主筋膜，應木之柔而連絡關節也。」久行傷筋。張注：「行者之勞在筋也。」〇《素問識》：志云：「行走罷極則傷筋。」

《痿論》：肝氣熱，則膽洩、口苦、筋膜《素問識》：張云：「膜猶幕也。凡肉理藏府之間，其成片聯絡薄筋皆謂之膜，所以屏障血氣者也。凡筋膜所在之處，脈絡必分，血氣必聚，故又謂之膜原，亦謂之脂膜。」乾，筋膜乾則筋急而攣，發爲筋痿。楊注：「攣者筋寒急。有熱膜筋乾爲攣，如筋得火，卷縮爲攣，伸爲瘲，故爲筋痿。」〇張注：「肝痿者，筋痿也。膽附於肝，肝氣熱則膽汗溢洩，故爲口苦；筋膜受熱則血液乾燥，故拘急而攣，爲筋痿也。」

《大奇論》：心手經。脈其脈所循。滿與上三藏同。大，《素問識》：張云：「火有餘也。心主血脈，火盛則血涸，故癎瘛筋攣。」癎瘛筋攣。楊注：「心脈實滿仍大，是則多氣熱甚，故發小兒癎病。以其少血陰氣不足，故寒而筋攣也。」〇《素問識》：《甲乙》「瘛」作「痓」。張云：「癎，音閒，癲癎也。瘛，音熾，抽搐也。攣，音戀，拘攣也。」高云：「神氣不通於心包則癎，神氣不行於骨節則瘛。癎則筋攣於內，瘛則筋攣於外也。」簡按：下文云「二陰急爲癎厥」，《通評虛實論》云「刺癎驚脈五」，《靈・經筋篇》云「癎瘛及痓」，《寒熱病篇》云「暴攣癎眩，足不任身」，《內經》言癎者如此。詳見《通評虛實論》注。《玉機真藏論》云：「筋脈相引而急，病名曰瘛。」王注：「筋脈受熱，而自跳掣，故名曰瘛。」《靈・邪氣藏府病形篇》云：「心脈急甚者爲瘛瘲，肝脈微濇，爲瘛攣筋痺。」瘛瘲，詳見《診要經終篇》注。並與本篇互發。」肝疑當作「脾」。脈小急，癇瘛筋攣。楊注：「小則陰陽二氣不足，急則爲寒，是爲虛寒熱乘爲癇，及寒爲筋攣。」〇張注：「肝藏血，小爲血不足，急爲邪有餘，故爲是病。夫癇瘛筋攣，病一也，而心肝二經皆有之，一以内熱，一以風寒，寒熱不同，血衰一也，故同有是病。」

十二筋病表

足太陽足太陽之筋，其病小指支，跟腫痛，膕攣，脊反折，項筋急，肩不舉，腋支，缺盆中紉痛，不可左右搖；治在燔鍼卻刺，以知爲數，以痛爲輸，名曰仲春痺。

足少陽足少陽之筋，其病小指次指支轉筋，引膝外轉筋，膝不可屈伸，膕中筋急，前引髀，後引尻，上乘䏚，季脇痛，上引缺盆膺乳，頸維筋急，從左之右，右目不可開，上過右角，並蹻脈而行，左絡於右，故傷左角，右足不用，名曰維筋相交。治在燔鍼卻刺，以知爲數，以痛爲輸，名曰孟春痺。

足陽明足陽明之筋，其病足中指支，骭轉筋，腳跳堅，伏菟轉筋，髀前腫，㿗疝，腹痛筋急，引缺盆頰口卒僻，急者目不合，熱則筋弛縱，目不開。頰筋有寒則急，引頰移口；有熱則筋弛縱緩，不勝故僻。治在燔鍼卻刺，以知爲數，以痛爲輸，名曰季春痺。

足太陰足太陰之筋，其病足大指支，内踝痛轉筋痛，膝内輔痛，陰股引髀而痛，陰器紉痛，上引臍與兩脇痛，引膺中與脊内痛。治在燔鍼卻刺，以知爲數，以痛爲輸，名曰仲秋痺。

足少陰足少陰之筋，其病足下轉筋，及所過而結者皆痛及轉筋，病在此者，主癇瘛及痓，在外者不能俛，在内者不能仰，故陽病者腰反折不能俛，陰病者不能仰。治在燔鍼卻刺，以知爲數，以痛爲輸，在内者熨引飲藥。此筋折紉緩數甚者，死不治，名曰孟秋痺。

足厥陰足厥陰之筋，其病足大指支，内踝之前痛，内輔痛，陰股痛轉筋，陰器不用，傷於内則不起，傷於寒則陰縮入，傷於熱則縱挺不收。治在行水清陰氣，其病筋者，燔鍼卻刺，以知爲數，以痛爲輸，名曰季秋痺。

手太陽手太陽之筋，其病手小指支痛，肘内兑骨後廉痛，循臂陰入腋下，腋下痛，腋後廉痛，繞肩、肩甲引頸而痛，應耳中鳴痛引頷，目瞑，良久乃能視，頭筋急則爲筋瘻頭踵。寒熱在頸者，治在燔鍼卻刺，以知爲數，以痛爲輸，名曰仲夏痺。

手少陽手少陽之筋，是病當所過者支轉筋，舌卷。治在燔鍼卻刺，以知爲數，以痛爲輸，名曰季夏痺。

手陽明手陽明之筋，其病當所過者支痛及轉筋，肩不舉頸，不可左右視。治在燔鍼卻刺，以知爲數，以痛爲輸，名曰孟夏痺。

手太陰手太陰之筋，其病當所過者支轉筋痛，其成息賁者，脇急吐血。治在燔鍼卻刺，以知爲數，以痛爲輸，名曰仲冬痺。

手少陰手少陰之筋，其病内急，心承伏梁，下爲肘網，當所過者支轉筋，筋痛。治在燔鍼卻刺，以知爲數，以痛爲輸。其成伏梁唾膿血者，死不治。名曰季冬痺也。

手心主手心主之筋，其病當所過者則支轉筋，及胸痛，息賁。治在燔鍼卻刺，以知爲數，以痛爲輸，名曰孟冬痺。

診骨篇補證

〔附〕中西骨格辯正

廖平 撰

邱進之 校點

校點説明

《診骨篇補證》又名《診骨篇補正》。據《六譯先生年譜》，診骨經文以《靈樞·骨度篇》爲主，其散見於各篇者則據《古今圖書集成》「筋門」及「骨髓門」鈔録。先録楊上善注，次爲廖平本人補。附録日本小坂營升《經穴纂要·周身名位骨》一篇及劉廷楨《中西骨格辯正》。《診骨篇補證》刊載於《國學薈編》民國四年（一九一五）第十二期、民國五年（一九一六）第一期。民國五年四川存古書局刊行，收入《六譯館叢書》，民國十二年（一九二三）重印。又有民國十三年（一九二四）上海千頃堂書局印《診斷學彙編》本。今以《六譯館叢書》本爲底本進行點校。

目録

診骨篇補證

隋楊上善注
井研廖平補

《骨度篇》《靈樞・骨度篇》，楊注全。黄帝問伯高曰：脈度言脈之長短，何以立之也？楊注：脈度，謂三陰三陽之脈所起之度，但不知長短也。伯高答今本無此字。曰：先度其骨節之小大廣狹長短，而脈度定矣。楊注：人之皮肉可肥瘦增減，骨節之度不可延縮，故欲定脈之長短，先言骨度也。《靈樞識》：志云：「此言經脈之長短，從骨節之大小廣狹長短而定其度數。故曰骨爲幹，脈爲營，如藤蔓之營附於木幹也。」黄帝問曰：願聞衆人之度，人長七尺五寸者，《靈樞識》：張云：「此言欲知脈度者，必先求骨度以察其詳也。衆人者，衆人之常度也。常人之長，多以七尺五寸爲率；如《經水篇》岐伯云「八尺之士」，《周禮・考工記》亦曰人長八尺，乃指偉人之度而言。皆古黍尺數也。黍尺一尺，得今曲尺八寸。」志云：「長七尺五寸者，上古適中之人也。」其骨節之大小長短各幾何？楊注：聖人賢人及無別與分者之外，衆人之骨，度量多同，故請衆人之度，即請中度之人①大小長短也。伯高答今本無此「答」字。曰：頭之大骨圍二尺六寸，楊注：衆人之中，又爲三等：七尺六寸以上，名爲大人；七尺四寸以下，名爲小人；七尺五寸，名爲中人。今以中人爲法，則大人小人皆以

---

① 即請中度之人：「即請」，人民衛生出版社本《黄帝内經太素校注》卷一三楊注作「及請」。

爲定。何者？取一合七尺五寸人身量之，合有七十五分，則七尺六寸以上大人，亦准爲七十五分，七尺四寸以下乃至嬰兒，亦准七十五分，以此爲定，分立經脈長短並取空穴。自頸項骨以上爲頭顱骨，以爲頭大骨也，當其粗處以繩圍也。《靈樞識》：張云：「圍，周圍也。」簡案：頭骨於耳尖上周圍而度之。胸圍《靈樞識》：張云：「此兼胸脇而言也。缺盆之下、兩乳之間爲胸。」四尺五寸，楊注：缺盆以下𩩲骬①以上爲胸，當中圍也。腰圍《靈樞識》：張云：「平臍周圍曰腰。」志云：「此胸骨、腰骨圍轉一周之總數也。」簡案：平臍周圍無骨，此蓋腰髖骨之周圍。四尺二寸。楊注：當二十一椎腰輸之中圍也。髮至今本作「所」。覆者，顱至項長今本無此「長」字。尺二寸，楊注：頭顱骨，取髮所覆之處，前後量也。《靈樞識》：馬云：「此言仰人之骨度，蓋縱而數之也。顱，頭顱也，顱之皮生髮，髮所覆者即顱也。」張云：「髮所覆者，謂髮際也。前髮際爲額顱，後髮際以下爲項。前自顱，後至項，長一尺二寸。」《圖翼》云：「如髮際不明，則取眉心直上，後至大杼骨，折作一尺八寸。」髮以下至頤《靈樞識》：馬云：「頷下爲頤，髮際以下至頤長一尺。」長一尺，君今本作「男」。子參今本作「終」。折。楊注：髮際以下至頤端，量之一尺。一尺面分中分爲三，三分謂天、地、人②。君子三分齊等，與衆人不同也。參，三也。《靈樞識》：男，諸本作「君」，當改。《甲乙》作「君子參折」，注云：一作「三」，又作「中」。馬云：「言士君子之面部，三停齊等，可以始中終而三折之也，衆人未必然耳。」張云：「終，終始也；折，折衷也。言上文之約數雖如此，然人有大小不同，故君子當約其終始，而因人以折衷之。此雖指頭胸爲言，則下部亦然矣。」簡案：據《甲乙》，馬三停之解似是。結喉以下至缺盆中《靈樞識》：

---

① 𩩲骬：原作「𩩲骭」，據《黄帝内經太素校注》卷一三楊注改。下「𩩲骬」同。

② 三分謂天地人：「謂」原作「爲」，據《黄帝内經太素校注》卷一三楊注改。

張云：「舌根之下，肺之上系，屈曲外凸者爲結喉，膺上横骨爲巨骨，巨骨上陷中爲缺盆。」《圖翼》云：「即天突穴處。」長四寸，楊注：頤端，横當結喉端也。結喉端至缺盆中，不取上下量。缺盆以下至髃骬長九寸，楊注：從缺盆中至髃骬，岐際①量也。過則肺大，不滿則肺小。楊注：心肺俱在胸中，心在肺間，故不言大小也。《靈樞識》：張云：「髃骬一名鳩尾，一名尾翳，蔽心骨也。缺盆之下，鳩尾之上，是爲胸，肺藏所居，故胸大則肺亦大，胸小則肺亦小也。」髃骬今本作「骭」。以下至天樞《靈樞識》：張云：「天樞在臍傍二寸，足陽明經穴。自髃骭之下，臍之上，是爲中焦，胃之所居。故上腹長大者，胃亦大；上腹短小者，胃亦小也。」《圖翼》云：「天樞，足陽明穴名，在臍旁。此指平臍而言。」簡案：《至真要大論》云「半，所謂天樞也」，王冰注：身之半，正謂臍中也。長八寸，楊注：天樞俠臍，故量髃骭下但八寸。過則胃大，不滿則胃小。楊注：八寸之中亦有脾藏，以其胃大，故但言胃大小也。天樞以下至横骨《靈樞識》：張云：「横骨，陰毛中曲骨也。自天樞下至横骨，是爲下焦，迴腸所居也。故小腹長大者，迴腸亦大；小腹短狹者，迴腸亦小也。」長六寸半，過則迴腸廣長。不滿則短。楊注：横骨，謂陰上横骨。迴腸，大腸也。大腸當臍，小腸在後，附脊臍上，故不言之也。横骨長六寸半，楊注：横量非數。下至内輔之上廉長一尺八寸，楊注：内輔，膝下内箱骨，輔脛也②。《靈樞識》：張云：「横骨横長六寸半，一曰七寸半。廉，隅際也。内輔，膝間内側大骨也，亦曰輔骨。」内輔之上廉以下至下廉長三寸半，楊注：内輔骨長三寸半也。

---

① 岐際：《黄帝内經太素校注》卷一三楊注作「皮際」。

② 輔脛也：原作「輔頸」，據《黄帝内經太素校注》卷一三楊注改。

《靈樞識》：張云：「此言輔骨之上下隅也。」內輔之下廉以下至內踝《靈樞識》：馬云：「足跟前兩旁起骨爲踝，在外爲外踝骨，而在內爲內踝骨。」李時珍云：「踝，足螺螄骨①也。」志云：「內輔內踝者，以足八字分立，則內骨偏向於面也。」長尺三寸，內踝以下至地長三寸，楊注：內踝端至地也。膝膕以下至跗屬《靈樞識》：《圖翼》云：「膕，腿灣也；跗，足面也。膝在前，膕在後。跗屬者，凡兩踝前後脛掌所交之處，皆爲跗之屬也。」長尺六寸，跗屬以下至地長三寸，楊注：從膝以下，當膝後曲處量也。故骨圍大則太過，小則不及。楊注：故頭骨圍大，則過於身骨；頭骨圍小，不及身骨也。《靈樞識》：張云：「凡上文所言，皆中人之度，其有大者過之，小者不及也。下文同法。」角以下至柱骨《靈樞識》：張云：「此下言側人之縱度也。角，頭側大骨耳上高角也；柱骨，肩骨之上②頸項之根也。」長一尺，楊注：缺盆左右箱上下高骨，名曰柱骨。後額角至此柱骨端，合有一尺，與頤端齊也。計柱骨上下長四寸，經不言也。行腋中不見者《靈樞識》：張云：「此自柱骨下通腋中，隱伏不見之處。」長四寸，楊注：排手而行，取腋下不見處以上至柱骨，四寸也。腋以下至季脇《靈樞識》：張云：「脇下盡處，短小之肋，是爲季脇。季，小也。」長尺二寸，楊注：季肋曰季脇。季脇以下至髀樞《靈樞識》：張云：「足股曰髀，髀上外側骨縫曰樞，此運動之機也。」志云：「在臀之兩旁，即足少陽之環跳穴處。」長六寸，楊注：尻髀二骨相接之處，名曰髀樞。髀樞以下至膝中《靈樞識》：張云：「言膝外側骨縫之次。」志云：「膝蓋骨內之中分。」長尺九寸，楊

---

① 足螺螄骨：「螺」下原衍「足」字，據上海科技出版社本丹波元簡《靈樞識》卷三刪。

② 肩骨之上：「肩骨」原作「扇骨」，據《靈樞識》卷三改。

注：當膝側中。膝以下至外踝長尺六寸，楊注：至外踝之中也。外踝以下至京骨《靈樞識》：張云：「足太陽穴名，在足小指本節後，大骨下赤白肉際陷中。」長三寸，京骨以下至地長一寸。楊注：外踝下如前高骨，名曰京骨。耳後當完骨《靈樞識》：張云：「此言耳後之横度也。耳後高骨曰完骨，足少陽穴名，入髮際四分左右，相去廣九寸。」志云：「從耳以至於腦後也。廣，横闊也。」者廣九寸，耳前當耳門者廣尺三寸，楊注：頭顱圍有二尺六寸，此完骨相去九寸，耳門相去尺三寸，合有二尺二寸。小四寸者，各取完骨之前至耳二寸，兩箱合有四寸，並前即有二尺六寸，經不言之也。兩顴楊注：顴，巨員反，頰骨也。之間相去七寸，兩乳之間廣九寸半，兩髀之間廣六寸半。楊注：兩顴兩乳取其端，兩髀取中也。《靈樞識》：張云：「此言仰人之横度也。耳門者，即手太陽聽宮之分。目下高骨爲顴。兩髀之間，言兩股之中横骨兩頭盡處也。」《圖翼》云：「横骨兩頭之處，俗名髀縫。」七寸，《甲乙》作九寸半，注云：「《九墟》作七寸。」足長尺二寸，廣四寸半。楊注：取足中指至足跟端量之，以取長也；以尺二長中折處横量之，以取廣也。肩至肘《靈樞識》：張云：「肩，肩端也。臂之中節曰肘。」長尺七寸，楊注：從肩端至肘端量也。肘至腕《靈樞識》：張云：「臂掌之節曰腕。」長尺二寸半，楊注：肘端至腕。腕者，臂手相接之處。腕至中指本節《靈樞識》：志云：「本節者，指掌交接之骨節。末者，指尖也。」長四寸，楊注：指有三節，此爲下節，故曰本節。本節至其末長四寸半。楊注：從本節端至中指末，合四寸半。今人取手大指第一節爲寸，以定鍼灸分寸者，不相當也。項髮以下至膂今本作「背」。骨《靈樞識》：背，《甲乙》作「脊」，「二寸半」作「三寸半」。馬云：「此言伏人之骨度也。」張云：「項髮，項後髮際也。背骨，除項骨之外，以第一節大椎骨爲言也。」長三寸半，楊注：膂骨，脊骨。從後髮際下至脊端量之也。膂骨以下至

尾骶二十一節長三尺，楊注：每七節長一尺也，故二十一節長三尺也，下文具之。上節長一寸四分分之一，奇分在下。楊注：舉上一節以爲例，餘皆同也。分之一者，一寸□□①之外，更有餘分之一也，其實則七分分之二也。故上七節下至於膂骨九寸八分分之七。楊注：此七節之數也，每節一寸四分分之一，故七節得九寸八分分之七。其實一尺全也。何者？每節餘分七分分之二，七節有餘分十四，以七除十四得二分，二分並九寸八分②，故爲一尺也。《靈樞識》：《甲乙》「膂」作「脊」，「四分分之一」作「四分分之七奇分之一」。張云：「膂骨，脊骨也。項脊骨共二十四椎，内除項骨三節，膂骨自大椎而下至尾骶，計共二十一節，共長三尺。上節各長一寸四分分之一，即一寸四分一釐也，故上之七節共長九寸八分七釐，其有餘不盡之奇分，皆在下部諸節也。」簡案：本節詳論上七節之度數，而不及八節以下。考《神應經》云，中七椎，每椎一寸六分一釐，十四椎與臍平，共二尺一寸一分四釐。《圖翼》作一尺一寸二分七釐，是。下七椎，每椎一寸二分六釐。《圖翼》云：「共八寸八分二釐③，總共二尺九寸九分六釐，不足四釐者，有零未盡也。」此衆人之骨度也，《靈樞識》：簡案：計其大概，伏人八尺二寸五分，仰人七尺五寸，側人七尺一寸。所以立經脈之長短也。楊注：此爲衆人骨度多同者爲準，以立經脈長短也。是故視其經絡之在於身也，其見浮而堅者，其見明而大者，多血；細而沉者，少今本作「多」。氣也。楊注：見而浮

---

① □□：此表缺字之二空格原無，據《太素校注》卷一三楊注補。據蕭延平「按」，所缺字「據經文當作『四分』二字」。

② 九寸八分：「八」字原脱，據《太素校注》卷一三楊注補。

③ 共八寸八分二釐：「共」原作「其」，據《靈樞識》卷三改。

堅者，絡脈也。其見明而大者①，血盛也。細而沉者，少氣少血。或作「多氣」也。《靈樞識》：《甲乙》「氣」下有「乃經之長短」五字。張云：「此結首節而言，因骨度以辨經絡②，乃可察其血氣之盛衰也。」簡案：此一節與骨度不相涉，疑是他篇錯簡。

---

① 其見明而大者：《太素校注》卷一三楊注作「見而明大者」，當從。
② 因骨度以辨經絡：「經絡」原作「絡絡」，據《靈樞識》卷三改。

骨髓門 録《圖書集成》。

《黄帝素問・生氣通天篇》：楊本作《調陰陽》。是以聖人陳陰陽①，筋脈和同，骨髓堅固，氣血皆順，如是則内外調和，邪不能客，耳目聰明，氣立如故。楊注：故聖人陳陰陽，使人調外内之氣，和而不争也。味過於鹹，則大骨氣勞，短肌，氣抑。楊注：鹹以資骨，今鹹過傷骨，則脾無所尅，故肌肉短小，脾氣壅抑也。

《六節藏象論》：腎者主蟄，封膽②藏而不泄。藏之本，精之處也。《素問識》：《本神篇》云，生之來謂之精。其華在髮，其充在骨，爲陰中之少陰，《素問識》：《十二原篇》云「陰中之太陰，腎也」，《繫日月篇》云「腎爲陰中之太陰」，《新校正》爲是。簡按：張注引《刺禁論》規《新校正》之説，爲强解焉。通於冬氣。張注：「腎者，胃之關也，位居亥、子，開竅二陰而司約束，故爲主蟄封藏之本。腎主水。受五藏六府之精而藏之，故曰精之處也。髮爲血之餘，精足則血足而髮盛③，故其華在髮。腎之合骨也，故其充在骨。腎爲陰藏，故爲陰中之少陰，通於冬氣。○愚按：《新校正》言

① 聖人陳陰陽：「陳陰陽」原作「調陰陽」，據《古今圖書集成醫部全録・骨髓門》改。又，《素問》及《太素》亦俱作「陳陰陽」。
② 膽：據文意，似當作「腎」。
③ 精足則血足而髮盛：原作「筋足而髮盛」，據人民衛生出版社本張介賓《類經》卷三改補。

全元起本及《甲乙經》、《太素》俱以肺作陽中之少陰①，腎作陰中之太陰。蓋謂肺在十二經雖屬太陰，然陰在陽中，當爲少陰也②；腎在十二經雖屬少陰，然陰在陰中，當為太陰也。此説亦理。然考之《刺禁論》，云『鬲肓之上，中有父母』，乃指心火肺金爲父母也。父曰太陽，母曰太陰，自無不可；腎雖屬水，而陽生於子，即曰少陰，於義亦當。此當仍以本經爲正。」

《五藏生成篇》：腎之合骨也，其榮髮也，其主脾也。腎屬水，腎藏精，骨藏髓，精髓同類，故腎合骨；髮爲精血之餘，精髓充滿，其髮必榮，故榮在髮；水受土之制，故腎以脾爲主。多食甘，則骨痛而髮落，此五味之所傷也。張注：「甘從土化，土能尅水，故病在腎之骨與髮也。《五味篇》曰：腎病禁甘。」諸髓皆屬於腦。洩於外腎，所謂少陽。

《五藏別論》：腦、髓、骨、脈、以上四者，皆瀉於外腎。膽、此指外腎。女子胞，此六讀作二。者地氣之所生也，皆藏於陰而象於地，故藏而不瀉，名曰奇恒之府。楊注：胞，豹交反，生兒裹也。地主苞納收藏，腦髓等六者③法地之氣，陰藏不寫，故得名藏；以其聚，故亦名府。府，聚也。此本非常府，乃是奇恒之府，奇異恒常。○張注：「凡此六者原非六府之數，以其藏蓄陰精，故曰地氣所生，皆稱爲府。然膽居六府之一，獨其藏而不寫，與他府之傳化者爲異；女子之胞，子宮是也，亦以出納精氣，爲成胎孕者爲奇。故此六者，均稱爲奇恒之府也。」○可藏可瀉，與

---

① 作陽中之少陰：「作」原作「爲」，「少」字原脱，據《類經》卷三改補。

② 肺在十二經雖屬太陰，然陰在陽中，當爲少陰也：因下文有脱，此三句原作「肺在十二經雖屬少陰，然陰在陰中，當爲太陰也」，據《類經》卷三改。

③ 者：原無，據文意補。

五府不同。

《診要經終論》云：少陽終者，耳聾，外腎爲少陽。百節皆縱，宗筋。目睘絶系，《素問識》：馬云：「目睘者，猶俗云眼圈也；其所謂系者，即《大惑篇》之所謂系也。」吴「睘」作「環」，注云：「目環轉旁視也。」高作「寰」，注云：「謂目之寰宇，與眼系相絶，不相維繫也。」簡按：睘，《音釋》音瓊，《説文》作瞏，目驚視也。《韻會》「葵營切」，音瓊。張、志並依王注爲是。絶系一日半死，其死也，青白乃色矣①。今本作「死」。張注：「手足少陽之脈皆入於耳中，亦皆至於目鋭眥②，故爲耳聾目睘也。睘者，目視如驚貌，因少陽之系絶，不能轉旋，故若此也。膽者，筋其應，少陽氣絶，故百節皆縱也。木之色也青，金之色也白，金木相賊，則青白相見，此少陽之死候也。睘，音瓊。」○《素問識》：高云：「《刺禁論》云，『刺中膽者，一日半死』，色先青白者，日半之前，先見木受金刑之色，乃死矣。」

《平人氣象論》：藏真下於腎，内腎心包絡。腎藏骨髓之氣也。楊注：腎爲五藏和氣之下，今腎無胃氣，乃過下於腎也。故腎藏藏神，藏於志也，腎藏藏氣，骨髓氣也。自此以上，即是人迎胃脈候五藏氣也。○張注：「冬水用事，其氣閉藏，故藏真之氣下於腎，而腎之所藏則骨髓之氣。《金匱真言論》曰：『北方黑色，入通於腎』，是以知病之在骨也。」○兩腰屬於腦。

《宣明五氣篇》：苦走骨，骨病無多食苦。張注：「苦性沉降，陰也；骨屬腎，亦陰也。骨得苦，則沉陰益甚，骨重難舉矣，故骨病者禁苦。《五味論》曰：『苦走骨，多食之令人變嘔。』」○「上二節，按《九鍼論》曰：『苦走血③，病在

---

① 青白乃色矣：此恐有誤，當依《素問》作「色先青白，乃死矣」。

② 至於目鋭眥：「至於」原作「入於」，據《類經》卷一八改。

③ 苦走血：原作「苦走筋」，據《類經》卷一五改。

血，無食苦；鹹走骨，病在骨，無食鹹』，與此稍異。蓋火化苦，故走血；水化鹹，故走骨，義亦當然也。」腎主骨，張注：「腎主骨髓，應水石之沉，而爲立身之幹①，爲萬化之原②也。」久立傷骨。張注：「立者之勞在骨也。」○《素問識》：志云：「久立則傷腰腎膝脛，故傷骨。」

《逆調論》：帝曰：人有身寒，湯火不能熱，厚衣不能温，然不凍慄，是爲何病？岐伯曰：是人者，素腎氣勝，以水爲事，《素問識》：志云：「腎氣勝者，腎水之氣勝也；以水爲事者，膀胱之水勝也。謂其人水寒之氣偏勝。」簡按：馬、張仍王注爲縱慾之義，考文義，恐不然。太陽氣衰，腎脂此接内腎③。枯不長，《素問識》：高云：「是人有寒者，平素腎氣勝；腎氣勝，則以水爲事，故太陽陽氣衰；太陽陽氣衰，則爲孤陰；孤陰不長，故腎脂枯不長。」一水不能勝兩火。《素問識》：高云：「七字在下，誤重於此，衍文也。」簡按：此前注所未發，今從此。腎者水也而生於骨，腎不生則水不能滿，故寒甚至骨也。張注：「素腎氣勝者，必恃勝而多慾，故以水爲事。太陽者，少陰之表，陰中之陽也。慾多則精傷於腎，而脂枯不長，脂枯則水不勝火，火盛則腎水愈虚，骨髓不充，氣涸於内，故寒甚至骨也。」所以不能凍慄者，肝一陽也，心二陽也，腎孤藏也，《素問識》：高云：「寒甚至骨，宜凍慄矣。所以不能凍慄者，腎水生肝木，肝爲陰中之陽，故肝一陽也；少陰合心火，心爲陽中之陽，故心二陽也；腎爲陰中之陰，故腎孤藏也。一陽二陽，火也；孤藏，水也，今一水不能勝二火，故雖寒甚至骨，而不能凍慄也。寒在於骨，病名曰骨痺。骨痺

---

① 立身之幹：「之」字原脱，據《類經》卷一五補。

② 萬化之原：「萬化」原作「萬物」，據《類經》卷一五改。

③ 此接内腎：「接」字恐誤，或當作「此指内腎」。

者，骨節拘攣，是人當攣節也。此言水火逆調，而獨陽不生，則爲肉爍；孤陰不長，則爲攣節也。」簡按：諸家不知前文「一水不能勝兩火」七字衍文，以陽盛陰虛爲解，故文理乖違，不能貫通，得高注而義始顯。一水不能勝二火，故不能凍慄，病名曰骨痺①，是人當攣節也。張注：「肝有少陽之相火，心爲少陰之君火，腎一水也。一水已竭，二火猶存，是陰氣已虛於中，而浮陽獨盛於外，故身骨雖寒而不至凍慄。然水不勝火，則筋骨皆失所滋，故肢節當爲拘攣。」

《經脈篇》：足少陰膽爲少陰。氣絶，則骨枯。少陰者，冬脈也，伏行而濡骨髓者也②，故骨不濡則肉不能著也。骨肉不相親，則肉軟卻；肉軟卻，故齒長而垢、髮無澤；髮無澤者，骨先死。戊篤己死，土勝水也。張注：「足少陰者，腎也。腎屬水，故爲冬脈。腎主骨，故腎氣絶則骨先死。其證在骨肉不相親附，則齒長而垢；精髓不能濡潤，則髮枯無澤也。腎水畏土，故死於戊己。」○「垢」，音茍。」

---

① 病名曰骨痺：「病」字原脱，據《素問》補。
② 濡骨髓者也：「也」字原脱，據《靈樞》補。

周身名位骨 録日本《經穴纂要》。

囟《金鑑》曰：顛前之頭骨。嬰兒腦骨未合，軟而跳動之處，曰顖門。《人鏡經》曰：頂顙前爲顖。《無冤録》曰：顖門在百會之前。**髮際**《金鑑》曰：囟前爲髮際。**額顱**《金鑑》曰：額前髮際之下。《無冤録》曰：首骨也，在**顖**門之下。《經穴指掌圖書》曰：顱下曰額。額，郭也，即天庭也。《無冤録》曰：額角在頭顱左右。**顔**《釋骨》曰：額之中曰顔，曰庭。《六書故》曰：自頞達於顙爲顔①。《靈樞·五色篇》曰：明堂者，鼻也；闕者，眉間也；庭者，顔也。又云：庭，首面也。《釋骨》：自庭至下極皆顔。《説文》曰：眉目之間。**闕**《釋骨》曰：眉間曰闕。**下極**《釋骨》曰：闕之下曰下極。**頞**《金鑑》曰：鼻梁，即山根也。鼻亦下極。《經絡全書》：鼻，山根也，俗呼爲鼻梁。**鼻柱**《金鑑》曰：兩孔之界骨，名曰鼻柱。下至鼻之盡處，名曰準頭。《釋骨》曰：鼻骨，曰鼻柱，曰明堂骨。**鼻孔**《人鏡經》曰：人中上兩旁爲鼻孔。**人中**《金鑑》曰：鼻柱下、脣上，名水溝。**脣**《人鏡經》曰：口沿爲脣。**齒**《人鏡經》曰：口内前小者爲齒。《小兒方訣》曰：自腦分入齦中作三十二齒，而齒牙有不及三十二數者，變不足其常也，或二十八日即至長二十八齒，已下仿之，但不

---

① 自頞達於顙爲顔：「於」原作「兮」，據四庫本《六書故》卷一〇改。

過三十二數。牙《圖翼》曰：前小者曰齒，後大曰牙。《人鏡經》曰：齒傍大者爲牙。齗《人鏡經》曰：根肉爲齗。《經絡全書》曰：齒根肉也，亦作「齦」。舌《人鏡經》曰：齒内爲舌。舌本《金鑑》曰：舌本者，舌根也。懸癰《醫彀》①曰：舌本上爲懸癰。羡㯈《人鏡經》曰：地閣上陷爲羡㯈。地閣《金鑑》曰：即兩牙車相交之骨，又名頦，俗名下巴骨。《經絡全書》曰：頦，一名地閣。結喉《金鑑》曰：喉之管。《藏府指掌圖書》曰：十二節，上三節微小，下九節微大，第四節乃結喉也。額角《人鏡經》曰：額顱前兩傍爲額角。頭骨《金鑑》曰：額兩旁稜處之骨也。鬢骨《經穴指掌圖》曰：耳前動處，一名鬢骨，即顳顬。一名鬢骨，俗曰兩太陽。曲隅《人鏡經》曰：額角兩旁耳上髮際爲曲隅。《釋骨》曰：形曲，故曰曲角。目《金鑑》曰：目者，司視之竅也。《口問篇》曰：心者，五藏六府之主也；目者，宗脈之所聚也。

---

① 醫彀：此誤，下「舌本」云云，《醫彀》無其說。按：《經穴纂要》多舉明人孫志宏《醫彀》之文，而所引語率皆不見於《醫彀》，如此條，當出自金劉完素所撰《素問要旨論》，卷六《通明形氣篇》云「舌本相對爲懸雍」（據中醫藥出版社本《劉完素醫學全書》）。今按人民衛生出版社點校本《簡明醫彀》八卷，未有論及骨者，亦未聞別有一《醫彀》，豈日本所見之《醫彀》與本土傳本有異乎？姑仍其舊而存原貌。

目眶《經絡全書》曰：瞼也，俗呼爲眼胞。**目綱**《金鑑》曰：綱者，上下目胞之兩瞼邊①，又名曰睫，司目之開闔也。**目胞**《金鑑》曰：目胞者，一名目窠，一名目裹，即上下兩目外衛之胞也。《無冤録》曰：眼之裹胞也，俗呼眼蓋也。**目珠**《金鑑》曰：目睛之俗名也。**目系**《金鑑》曰：目睛入腦之系也。《人鏡經》曰：目内連深處爲系。**宮骨**《聖濟總録》曰：左睛之上爲宮骨。**命門骨**《聖濟總録》曰：右睛之上爲命門骨。**内眥**《醫彀》②曰：内眥者，爲睛明。**外眥**《醫彀》曰：外眥者，爲鋭眥③。《金鑑》曰：内眥乃近鼻之内眼角，以其大而圓，故又名大眥；外眥，目外者近鬢前之眼角也，以其小而尖，故稱目鋭眥。**頣**《釋骨》曰：目下之起骨曰頣④。《經穴指掌圖書》曰：面秀骨。《經絡全書》曰：頣者頄也，俗呼顴骨。**面頄骨**《釋骨》曰：頣下旁而大者，曰面頄骨，亦顴骨，亦曰頄。**關**《釋骨》曰：耳前曰關。**兑髮**《人鏡經》：耳前髮腳爲兑髮。**蔽**《金鑑》曰：耳門也。**耳郭**《金鑑》曰：耳輪也。**頰**《金鑑》曰：耳前顴側面旁之稱。《經絡全書》曰：面旁也，在耳下，亦名蕃車。《無冤録》曰：腮頰面旁。**大迎骨**《釋骨》曰：曲骨前斷而若逆。

---

① 兩瞼邊：「瞼」原作「眼」，據人民衛生出版社本小坂元祐《經穴纂要》卷五改。
② 語見劉完素《素問要旨論》卷六，似不出《醫彀》。
③ 鋭眥：原作「鋭骨」，據《素問要旨論》改。按：此語似不出《醫彀》。
④ 目下之起骨曰頣：「之起骨」三字原脱，據昭代叢書本沈彤《釋骨》補。

顑《金鑑》曰：顑者，俗呼爲腮，口旁頰前肉之空軟處。**頷**《金鑑》曰：頦下結喉上兩側肉之軟處。《無冤録》曰：頷頦在頤下。**頤**《金鑑》曰：口角後顑下。鄭玄曰：頤者，口車之名也。**吻**《金鑑》曰：口之四周也。

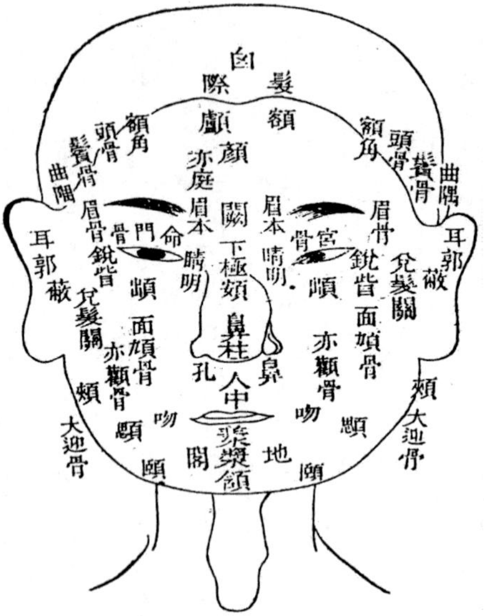

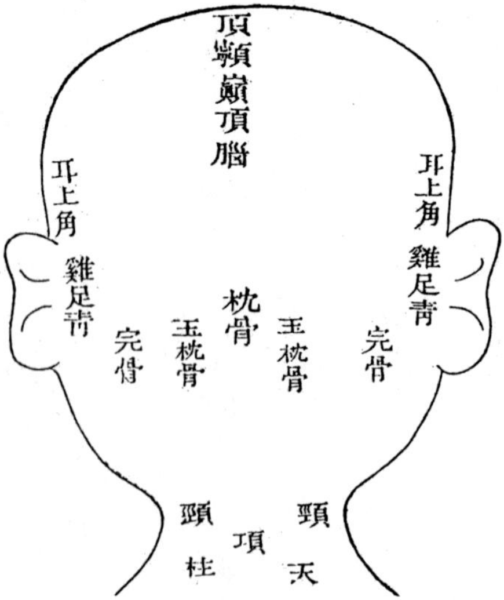

《金鑑》曰：凡前曰面，凡後曰背。居頭之前故曰面。

頂顲《人鏡經》曰：巔前爲頂顲。**巔**《金鑑》曰：頭頂也，巔，頂骨也，俗名天靈蓋。**腦**《金鑑》曰：腦者，頭骨髓也，俗名腦子。**枕骨**《釋骨》曰：巔之後橫起者曰頭橫骨，曰枕骨。《金鑑》曰：後山骨，即枕骨也。**玉枕骨**《釋骨》

曰：枕骨之兩旁最起者，曰玉枕骨。**完骨**《釋骨》曰：玉枕骨下高以長，在耳後曰完骨。《金鑑》曰：壽臺骨即完骨，在耳後，接於耳之玉樓骨者也。**柱骨**《釋骨》曰：三節植頸項者①，通曰柱骨。**頸**《金鑑》曰：頸之莖也。又曰：頸者莖之側也。又曰：頭之莖骨，肩骨上際之骨，俗名天柱骨。**項**《金鑑》曰：頸後莖骨之上，三節圓骨也。**鷄足青**《金鑑》曰：耳本脈中爲鷄足青。**耳上角**《釋骨》曰：耳之後上起者。

巨骨《釋骨》曰：肩端前横而大。《圖翼》曰：膺上横骨。**缺盆**《經穴指掌圖》曰：結喉下、巨骨上缺陷處，若盆也。**髃骨**《釋骨》曰：乃缺盆骨兩旁之端，即肩端骨②。《玉篇》曰：骨端也。**胸**《金鑑》曰：缺盆下腹上，有骨之處。《圖翼》曰：兩乳之間。**膺**《金鑑》曰：胸前兩旁高處也。**乳**《金鑑》曰：膺上突起兩肉，有頭③。**髑骬**《釋骨》曰：蔽心者曰髑骬，曰鳩尾，曰心蔽骨，曰臆前蔽骨。**腹**《金鑑》曰：胸下。《圖翼》曰：臍上下皆曰腹。**臍**《金鑑》曰：人之初生，胞帶之處也。**少腹**《金鑑》曰：臍下曰少腹，亦名小腹④。《太平御覽》曰：有小腹之別，臍下曰小腹，臍下旁曰少腹。

---

① 植頸項：「頸項」原作「頸頂」，據《經穴纂要》卷五改。
② 即肩端骨：「即」原作「則」，據《釋骨》改。
③ 膺上突起兩肉有頭：「起兩」二字原脱，據四庫本《醫宗金鑑》卷八〇補。
④ 亦名小腹：「名」字原無，據四庫本《醫宗金鑑》卷八〇補。

《保命歌括》曰：臍以下曰水腹，水汋所聚也，又曰少腹。少，小也，比於臍上爲小也。**毛際**《金鑑》曰：小腹下横骨間，叢毛之際也。**横骨**《釋骨》曰：髑骬直下，横兩股間者曰横骨，曰股際骨。《經穴指掌圖》曰：陰毛中有陷，如偃月。**曲骨**《釋骨》曰：横骨中央，兩垂而壓陰器者①。**篡**《金鑑》曰：横骨下，兩股之前，相合共結之凹也。前後兩陰之間，名下極穴，又名屏翳穴②、會陰穴，即男女陰氣之所也。《人鏡經》曰：纂内深處爲下極穴。**陰廷**《人鏡經》曰：下極之前，男爲陰廷，女爲窈漏，陰廷下爲陰器。**廷孔**《類經》曰：女人溺孔，在前陰中横骨之下；男子溺孔亦横骨之下中央，爲宗筋所函，不見耳。馬注曰：廷，孔也，其孔即溺孔之端。蓋窈漏之中有溺孔，其端正在陰廷，乃溺孔之端也。**睾丸**《金鑑》曰：男子前陰兩丸也。**莖**張氏曰：陰器者，合太陽、厥陰、陽明、少陰之筋，及衝、任、督之脈，皆聚於此，故曰宗筋。厥陰屬肝，肝主筋，故絡諸筋而一之，以成健運之用。《説郛》曰：陰莖屬足厥陰肝經；陰囊屬足厥陰肝經；睾丸屬足厥陰肝經；陰中，即陰户之口，屬足厥陰肝經；陰户。即陰門之口，屬足厥陰肝經。

---

① 壓陰器者：「壓」原作作「厭」，據《釋骨》改。

② 又名屏翳穴：「名」字原無，據《醫宗金鑑》卷八〇補。

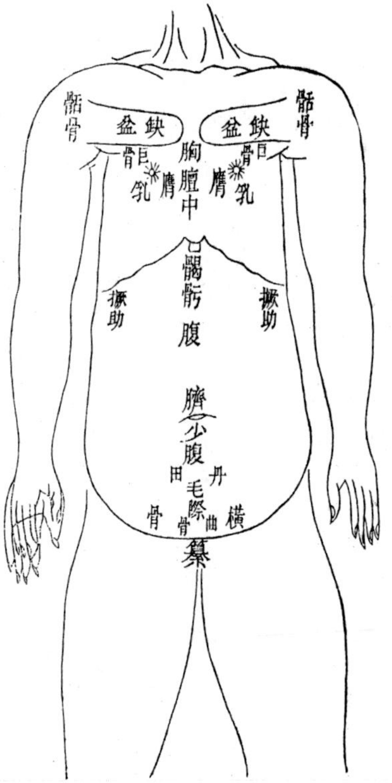

背《釋骨》曰：項大椎之下二十一節，通曰脊骨，曰脊椎，曰膂骨，曰中䏶。第一節曰脊大椎，形如杼，故亦曰杼骨；第十三節至十六節曰高骨，曰大骨；其以上七節曰背骨，則第八節以下乃曰膂骨；末節曰尻骨，曰骶骨，曰脊骶，曰尾骶，亦曰骶，曰尾屈，曰撅骨，曰窮骨。《生氣通天論》王注曰：「高骨，謂腰高之骨①。」是高骨通謂腰間脊骨之高者。沈彤按：上七節皆背骨，而膂骨自八節以下，明矣。又《說文》訓吕爲脊骨，訓背爲脊，而訓脊則兼背、吕，亦一脊而分上背下吕之證。又《氣穴論》云「中䏶兩旁各五穴」，注謂起肺俞至腎俞，肺俞在第三椎下兩旁，腎俞在十四椎下兩旁。是中䏶云者，謂第三椎至十四椎爲膂之中也。此又以背骨五節②通稱爲䏶也。《六書精藴》曰：吕，力莒切，脊骨也。凡二十一部，如珠氣行一起一

① 腰高之骨：原作「腰之高骨」，據《素問》王注改。
② 背骨五節：原作「膂骨五骨」，據《釋骨》改。

伏也，象上下相貫形，凡藏府皆系於吕，心系於五椎，自十七至二十爲腰監骨所弇，心之前有蔽骨，天然之妙也。或從肉作「膂」，脊之重。在骨不在肉也。借爲律吕之「吕」。《萬病回春》曰：背，倍也，在後稱也。又曰：脊，積也，積續骨節終上下。《人鏡經》曰：脊骨節爲傾，傾骨下近處爲傾尾，傾尾鋭爲尾蛆骨，一名骶骨，又曰脊骨，除項骨三節，二十一盡處爲尾蛆骨。

扁骨《人鏡經》曰：骶骨兩旁爲扁骨。**尻**《人鏡經》曰：八髎盡分各處爲尻。《金鑑》曰：尻骨者。腰骨下十七椎、十八椎、十九椎、二十椎、二十一椎五節之骨也。上四節紋之旁左右各四孔，骨形内凹如瓦①，長四五寸許，上寬下窄，末節更小，如人參蘆形，名尾閭，一名骶端，一名橛骨，一名窮骨，在肛門後②。其骨上外兩旁，形如馬蹄，附着兩骨上端，俗名骻骨③。

腰骨《金鑑》曰：脊骨十四椎下，十五十六椎間。尻上之骨也。其形中凹，上寬下窄，方圓二三寸許④，兩旁四孔，下接尻

---

① 内凹如瓦：「内」字原無，據《醫宗金鑑》卷八〇補。
② 在肛門後：「在」字原無，據《醫宗金鑑》卷八〇補。
③ 俗名骻骨：「名」字原脱，據《醫宗金鑑》卷八〇補。
④ 方圓二三寸許：「方圓」原作「方田」，據《醫宗金鑑》卷八〇改。

骨上際。《醫彀》曰：監骨①上爲腰骨，一名髗。**骬**《醫彀》曰：髗上爲骬。**腰髁**②《圖翼》③曰：腰髁④，即腰胯骨也，自十六椎而下，俠脊附着⑤之處也。**腰監骨**⑥《醫彀》曰：尻上横者爲腰監骨。**臀**《金鑑》曰：尻旁之大肉也。《人鏡經》曰：臀肉爲脽⑦。《醫經原旨》曰：凡形充而臀削者，必非福壽之兆，**胂**《金鑑》曰：腰下兩旁，髁骨上之肉也⑧。

三柱骨《醫彀》曰：肩胛際會處，爲三柱骨。**骮**《醫彀》曰：三柱之上，兩傍之前，爲骮。**肩胛**《醫彀》曰：肩解下成

---

① 監骨：原作「藍骨」，《素問要旨論》卷六云：「監骨上爲腰骨」，因據改。按：此語似不出《醫彀》，下條之注語「骬」亦然。

② 腰髁：原作「腰踝」，張景岳《類經圖翼》卷三作「腰髁」，注稱：「髁，苦瓦切。中原雅音作去聲。即腰胯骨……。」據改。

③ 圖翼：原作「金翼」，然所引之語僅見《類經圖翼》卷三《周身骨部名目》，因改。

④ 腰髁：原作「腰髀」，據中醫藥出版社本《張景岳醫學全書·類經圖翼》卷三改。

⑤ 俠脊附着：「俠脊」原作「伏脊」，據《張景岳醫學全書·類經圖翼》卷三改。

⑥ 腰監骨：原作「腰藍骨」，釋文「尻上横者爲腰監骨」之「腰監骨」亦誤，均據《素問要旨論》卷六改。按：此語似不出《醫彀》。

⑦ 臀肉爲脽：「脽」原作「睢」，據《經穴纂要》卷五改。

⑧ 髁骨上之肉：「髁骨」原作「髀骨」，據《醫宗金鑑》卷八〇改。

片者爲肩胛，一名膊。**肩解**《金鑑》曰：肩端之骨節解處也。**小髃**《釋骨》曰：肩前微起者。**髃骨**《釋骨》曰：缺盆骨兩旁之端，肩端骨。《醫㝅》曰：肩兩端骨間爲髃骨。**䐃**《醫㝅》曰：凡二十一節，通項骨三節，共二十四節。脊肉爲䐃。**膂**《醫㝅》①曰：䐃兩傍爲膂胛。又曰：膂肉爲胛，一名脢。《經典釋文》：脢，武杯反，又音每。心之上口之下也。鄭玄曰：背脊肉也。《説文》：脢，背肉也。

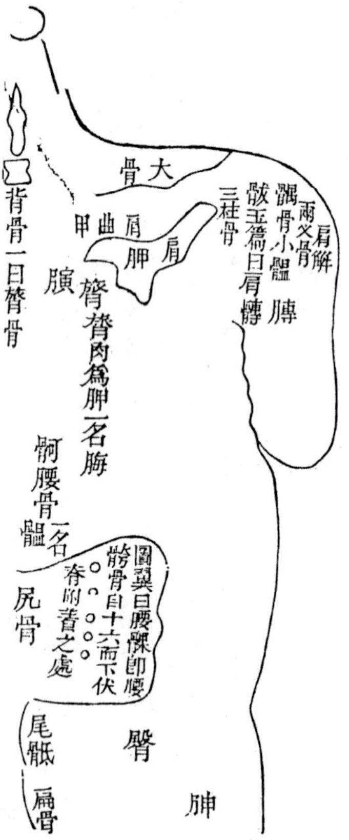

① 按：以上六引《醫㝅》，所引之語則皆出劉完素《素問要旨論》，而未見於《醫㝅》。

腋①《釋骨》曰：肩之下，脇之上際。《圖翼》曰：腋下亦曰胳。《玉篇》曰：胳，腋下也。**胠**《説文》：胠，腋下也。《圖翼》曰：腋下脇上。《金鑑》曰：胠統脅肋之總，名曰胠。《釋骨》曰：後乳三寸②者曰胠。胠骨五，左曰左胠，右曰右胠，其抱胸過乳而兩端相直者，曰膺中骨。**脅**《釋骨》曰：膺中骨之下及胠外者曰脅骨，曰脅肋。胠及膺中骨之在乳下者，通曰脅。《至真要大論》注曰：脅，謂兩乳之下及胠外也。**橛肋**《釋骨》曰：脅骨之短而在下者，曰橛肋，三。**季肋**《釋骨》曰：橛肋最短俠脊者，曰季肋。其橛肋之第三條，曰季脅。**脇支**《釋骨》曰：凡脅骨之端通曰脅支，亦曰支。**骹**張志聰曰：「胸脇交分之扁骨，内膈前連於胸之鳩尾，旁連於脇，後連於脊之十一椎。」《釋骨》曰：脇支之端相交者曰骹。**眇**《玉機真藏論》曰：季脇之下，俠脊兩旁空軟處也。《金鑑》曰：脇下無肋骨空軟處也。**楗**《骨空論》王注曰：髀輔骨上，横骨下，股外之中，側立摇動，取之，筋動應手。《經絡全書》曰：在髀輔骨上，腰横骨下，股外之中，側立摇動，取之筋動應手是也。**髀樞**③《圖翼》曰：楗骨下，髀之上，曰髀樞，當環跳穴。

---

① 「腋」字原無外框，據文例補。
② 後乳三寸：「後」字原脱，據《釋骨》補。
③ 「髀樞」二字原無外框，據文例補。

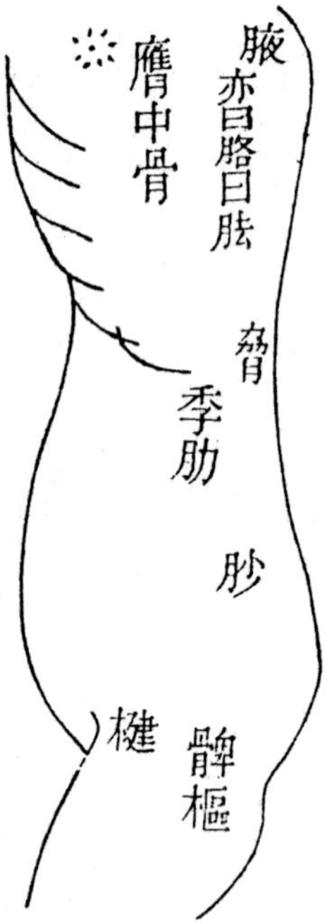

膝《釋名》曰：膝，伸也。可屈伸。《金鑑》曰：股中節上下交接處。**膝解**《金鑑》曰：膝之節解也。《人鏡經》曰：髀關下膝解爲骸關。《骨空論》曰「膝解爲骸關」，注曰：膝外爲骸關，《集注》：膝後分解之處。**臏骨**《説文》：膝端也。《釋骨》曰：蓋骨也，膝蓋之骨曰膝臏。《經絡全書》曰：膝蓋骨也，又名連骸骨。又，《釋骨》曰：膝旁不曰輔①，曰連骸，骸上者，骽之上端也。《説文》曰：骸，脛骨。《圖翼》曰：膝下内外側大骨。**髕**《説文》：膝脛間骨也。《人鏡經》曰：臏下通爲髕。**輔骨**《人鏡經》曰：髕外爲後輔骨。《釋骨》曰：俠膝之骨曰輔骨，内曰内輔，外曰外輔。**骱**《釋骨》曰：

---

① 膝旁不曰輔：原作「輔骨旁不曰輔」，據《釋骨》删改。

在膝以下者曰骱骨，骱亦作胻。骱者小股也，亦曰足骭。脛，與骭同。曰骸，曰骭。《類經》曰：骭足骭骨骸①。《説文》曰：脛骨，又曰骱，骹骨。《經絡全書》曰：脛骨之近足而細於股内者，亦名之爲骭骨。**成骨**《釋骨》曰：骱外廉起骨成骱者，曰成骨。《刺腰痛論》注曰：謂膝外近下骱骨上端，兩起骨相並間陷容指者也。骱骨所成柱膝髀骨，故謂之成骨。**踝**《釋骨》曰：骱下端起骨曰踝。内曰内踝，外曰外踝。**腕**《人鏡經》曰：脛下盡處，爲曲節，一名腕。**跗**《圖翼》曰：足面也：《人鏡經》曰：岐骨上爲跗。**岐骨**《人鏡經》曰：本節後爲岐骨。**本節**《人鏡經》曰：聚毛後爲本節。**京骨**《釋骨》曰：足外側大骨曰京骨。**束骨**《釋骨》曰：小指本節後曰束骨。**附屬**《釋骨》曰：外側近踝者曰附屬。《類經》曰：足面前後皆跗之屬。**跟**《釋骨》曰：兩踝後在踵者曰跟骨。《圖翼》曰：足根也。《回春》曰：足後曰跟。《人鏡經》曰：足掌後爲跟。**三毛**《人鏡經》曰：大指爪甲之後，爲三毛。**聚毛**《人鏡經》曰：三毛後横紋爲聚毛。

---

① 骭足骭骨骸：《類經》卷四作「脛骨曰骸」，當據改。

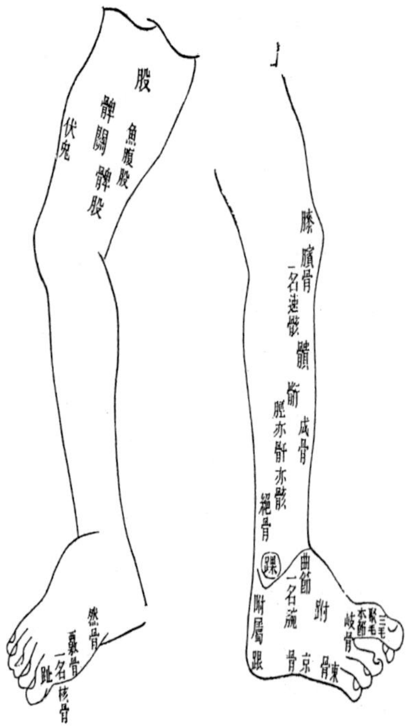

股《人鏡經》曰：髀樞下股，一名胯。股骨爲骯䯊。《説文》曰：胯，股也。《金鑑》曰：下身兩支通稱也，俗名大腿、小腿。**魚腹股**《人鏡經》曰：股下爲魚腹股。**髀**《人鏡經》曰：魚腹股外爲髀關。**髀關**《人鏡經》曰：伏兔後交文中，爲髀關。**伏兔**《人鏡經》曰：髀之前，膝上起肉，爲伏兔。**膕**《人鏡經》曰：膝後曲處爲膕。《金鑑》曰：膝屈，俗名腿凹也。**腨**《説文》曰：腓腸也。《至真要大論》王注曰：䯒後軟肉處也。《金鑑》曰：腨者，下腿肚也，一名腓腸，俗名小腿肚。**然骨**《釋骨》曰：内踝下前起大骨。**覈**《釋骨》曰：跗内下爲覈骨，一名核骨。《圖翼》曰：足大指本節後，内側円骨。《醫學綱目》曰：本節後約二寸，内踝前約三寸，如棗核，横於足内踝赤白肉際者是也。**趾**《金鑑》曰：其數五，名爲趾者，别於手也。

跖《人鏡經》曰：大指下爲跖。**跽**《人鏡經》曰：跖下爲跽。**板**《人鏡經》曰：跽後爲板。**蹄**《釋名》曰：蹄，底也，足底也。《回春》曰：蹄，底也，乃足之底。**足心**《人鏡經》曰：板後爲足心。**足掌**《人鏡經》曰：足心後爲足掌。**踵**《釋名》曰：踵，鍾也，鍾，聚也，上體之所鍾聚也。《金鑑》曰：足下面，着於地之謂也，俗名腳底板。

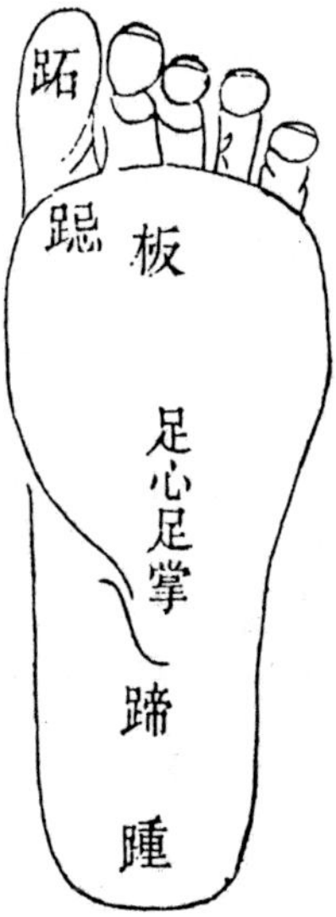

髆《人鏡經》曰：從肩解後①之下爲髆。**臑**《人鏡經》曰：髆下對腋爲臑。《金鑑》曰：肩髆下内側對腋處高起耎白肉也。**臂**《圖翼》曰：肘之上下皆名臂。一曰：自曲池以下爲臂。《金鑑》曰：一名肱，俗名肐膊。《説文》曰：臂，手上也。《人鏡經》曰：臑下爲股，一名臂。**腕**《人鏡經》曰：臂骨盡處爲腕②。《金鑑》曰：臂掌骨接交處，以其宛居，故名也。當外側之骨，名曰高骨，一名鋭骨，亦曰踝骨。馬氏曰：掌後高骨爲纏骨。**掌骨**《金鑑》曰：掌者，手之衆指之本也。手之

---

① 肩解後：原作「肩前後」，據《經穴纂要》卷五改。

② 臂骨盡處爲腕：《經穴纂要》卷五「腕」作「脘」。

衆骨①名壅骨。**手背**《金鑑》曰：手背者，手之表也。**岐骨**《金鑑》曰：凡骨之兩叉者皆名岐骨，手足同。**虎口**《人鏡經》曰：岐骨前爲虎口。**指**《金鑑》曰：指者，手指之骨也。第一大指，名巨指；第二名食指；第三中指，名將指；第四名無名指；第五爲小指。《圖翼》曰：謂大指之次指，即食指也，足亦同。謂小指之次指，即無名指也，足同。**爪甲**《金鑑》曰：爪甲者，指之甲也。足趾同。**腡**《玉篇》曰：腡，手理也。

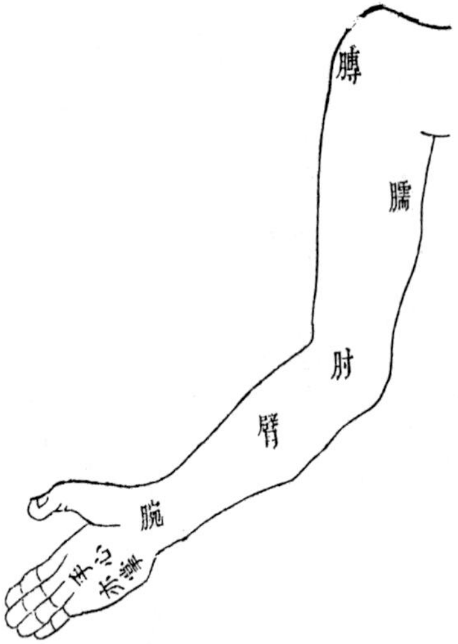

① 手之衆骨：《醫宗金鑑》作「掌之衆骨」，當從。

《聖濟總録》曰：凡三百六十五骨也，天地相參，惟人至靈。其女人則無頂威骨、左洞、右棚及初步等五骨①，止三百六十骨。

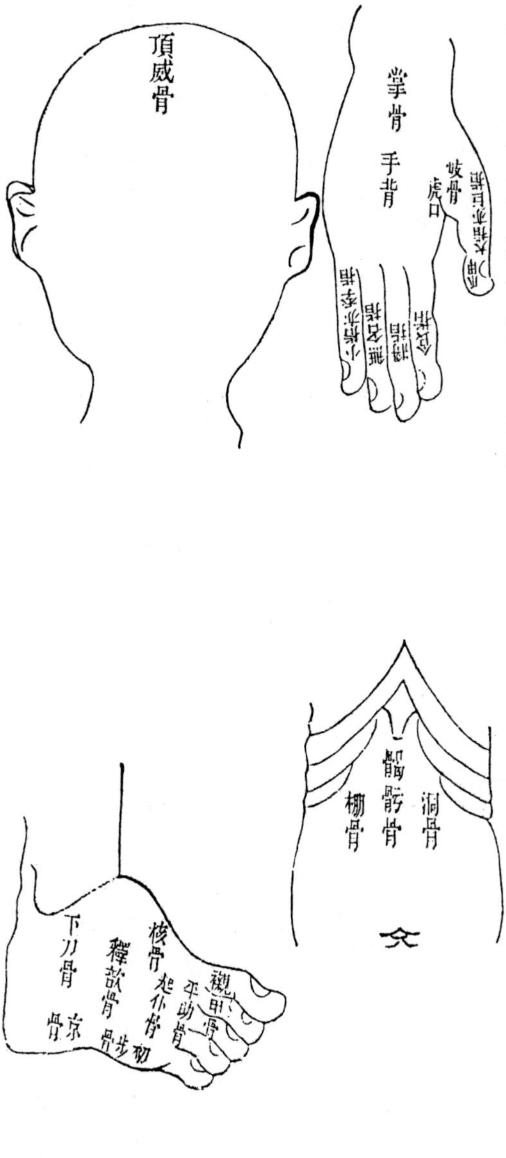

① 右棚及初步等五骨：「及」原作「乃」，據《聖濟總録》卷一九一改。

順骨之左爲洞骨，順骨之右爲棚骨，洞棚下中央爲髑骬，直下爲天樞骨。

髁骨之前，各有下力骨①；踝骨之後，各有京骨②。下力骨之前，各有釋欹骨③；釋欹之前，有起仆骨。起仆之前，各有襯甲骨，釋欹骨兩旁，各有核骨。起仆之下，各有初步骨。

骨

《宣明五氣篇》曰：腎主骨。

《說文》曰：骨者，體之質也，肉之核也④。

《醫彀》曰：男子骨色⑤純白，婦人骨色淡黑。男子髑髏骨自項及耳至腦後，共八片，腦後横一縫，當正直下髮際，别有一直縫。婦人只六片，腦後横一縫，當正直下則無縫。左右肋，男十二條，八長四短；女十四條，八長六短。

---

① 下力骨：原作「下刀骨」，據《聖濟總録》卷一九一改。後「下力骨」同。

② 京骨：原作「威骨」，據《經穴纂要》卷五改。

③ 釋欹骨，原作「釋歆骨」，據《聖濟總録》卷一九一改。下二「釋欹」同。

④「骨者」至「之核也」：按：檢《說文》，未見有此等語。

⑤「男子骨色」以下，似亦不出《醫彀》，而其所云則與《洗冤集録》卷三《驗骨》之文多同。

《類》注曰：左右肋骨①各十二條，八長四短。女人多檠夫骨②二條，左右各十四條。

《吴醫彙講》曰：男子肋骨二十有四，女子肋骨二十有八；男子頭骨八塊，女子頭骨六塊。

《類》注曰：尾骶骨，男子者尖③，女子者圓而平。

《金鑑》曰：顛頂骨，男子三叉縫，女子十字縫。

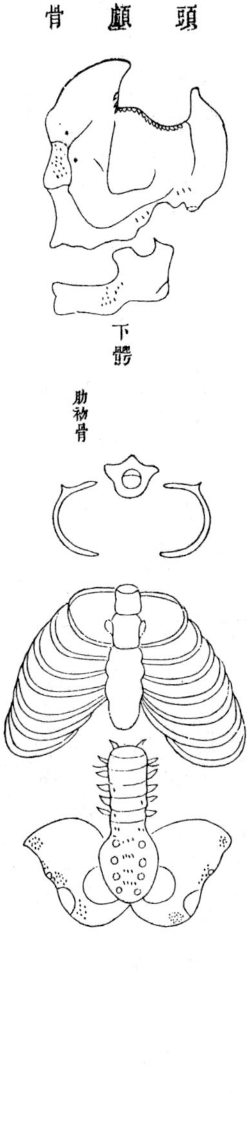

---

① 左右肋骨：「左右」二字原無，據《類經》卷八補。
② 檠夫骨：「檠」原作「擎」，又脱「骨」字，兹據《類經》卷八改補。
③ 男子者尖：「者」字原脱，據《類經》卷八補。

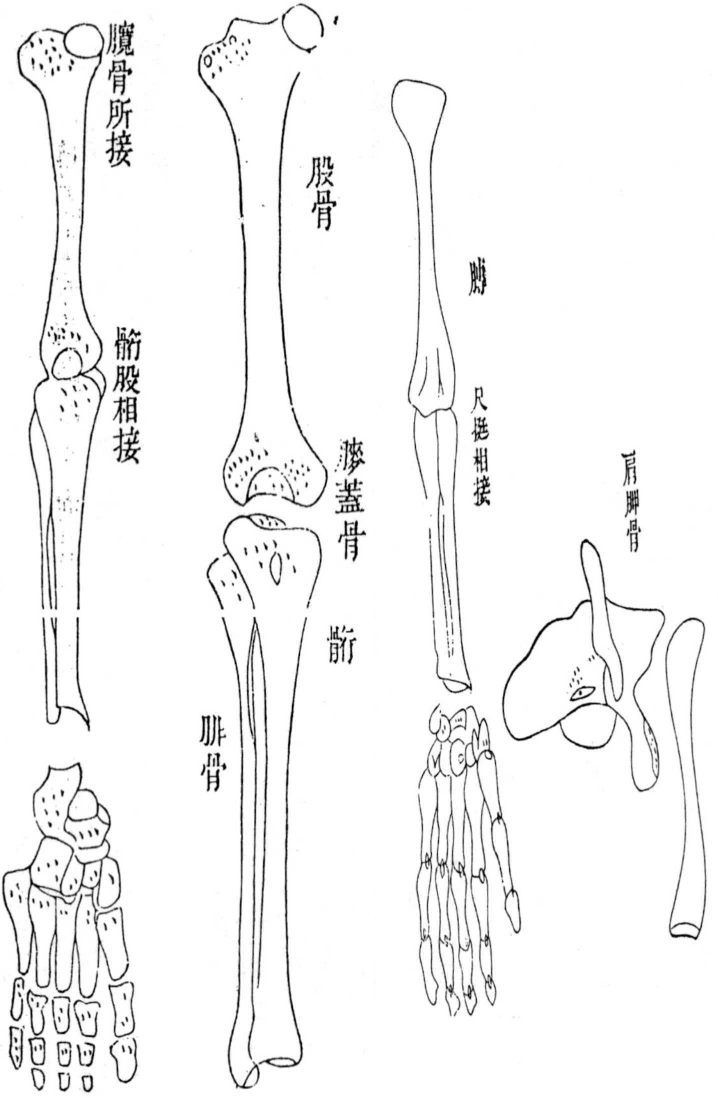
髖骨所接
骱股相接
股骨
膝蓋骨
骱
腓骨
膊
尺橈相接
肩胛骨

齒

《醫學原始》曰：齒屬腎，腎乃骨之餘。上齗屬胃，下齗屬大腸。何少年齒密，老年齒疎？而齒性原剛①，胡有收縮②而致稀疎者乎？艾儒略曰：齒形上平寬、下稍鋭，而人身百體之長有時而止，惟齒③則自少而壯至老，益加長焉。

---

① 齒性原剛：「原剛」原作「厚剛」，據上海科學技術出版社《明清中醫珍善孤本精選十種》之《醫學原始》卷四改。

② 胡有收縮：「胡有」原作「故有」，據《醫學原始》卷四改。

③ 惟齒：「惟」原作「性」，據《醫學原始》卷四改。

慈谿劉廷楨《中西骨格辯正》

全體骨格總論

嘗考中土醫書，汗牛充棟，自《素問》、《靈樞》、《甲乙》等經以下，所載骨數散見錯出，其融會而貫通者實鮮，惟《部頒骨圖》，以及各種《洗冤録》，論列諸骨，大端雖具，而於全體骨數難免失實，且有大相徑庭者。《内經》不載骨數，第曰人身三百六十五骨節，不過按週天三百六十五度，與人身固有之骨仍不相符。西醫詳核人身骨數確有二百，統分五大類：曰頭面，頭骨八，面骨十四，共計二十二骨。曰脊梁，項骨七節，背骨十二節，腰骨五節，鈞骨一，尾閭骨一，共計二十六骨。曰胸膛，胸骨一，舌骨一，肋骨二十四條，肋軔不計，共二十六骨。曰上肢，肩胛骨一，鎖子骨一，臂骨一，正肘骨一，轉肘骨一，手腕骨八，手掌骨五①，手指骨十四節，共三十二骨。曰下肢；胯骨一，大腿骨一，小腿骨一，輔腿骨一，膝蓋骨一，腳腕骨七，腳掌骨五，腳指十四節，共三十一骨。此外，耳部另有微細小骨，左右各三枚，又齒牙三十二，共得二百三十八骨。曩值好善之士埋胔掩骼時，楨從旁驗視暴露各骨，遂得詳細摹圖；歸而證之

① 手掌骨五：「手掌骨」原作「年掌骨」，據文意擬改。

西醫書中所載圖説，又與西國太醫院給發西方人真骨相較，考形稽數，腮合①無差。於是知中醫骨格之誤，病在牢守古訓，不事檢點，以致承僞襲繆，失其真原。爰就中西諸書博考而節録之，且參以見聞，互相折證，日手一編，久而成帙。非敢自用師心，厚誣往哲，亦聊備稽考而已。

骨之原質

考骨質蓋由生質、土質合成，生質百分中居三十三分之三十，土質百分中居六十七分之七十。生質者何？凍膠血珠之類；熱水煮之能化。土質者何？鈣燐鎂弗原質之一。之類。即鈣燐五十四分・○四，鈣灰養十一分・三十，鈣弗二分，鎂燐一分・十六，鏀與鏀緑一分・二十。年壯時骨中生質居多，偶或跌仆，其骨堅韌不斷；年老時骨中土質居多，偶或跌仆，其骨鬆脆易折。如幼年不合養身之理。骨中生質過多，其骨愈形韌軟，每有軟骨如龜背、軟腳等症。歪斜之症。取治宜服鈣燐等劑，補其土質。以故幼年、壯年、老年之骨，其中生質、土質分數各有不同，列表如左：

年歲	生質分數	土質分數
生至週歲	三十五・三十七分	六十四・六十三分

① 腮合：疑當作「脗合」。

十歲時	三十二・六十二分	六十七・三十八分
三十六歲	三十二・四分	六十七・九十六分
七十一歲	三十二・九十四分	六十七・六分
軟骨症	七十九・七十五分	二十・二十五分

從知土質多者其骨堅，生質多者其骨軟。簡法驗之，如五圖，可用骨一塊浸入淡輕緑酸中，輕緑酸一分，清水五六分。數日後，骨中土質均爲輕緑化蝕，骨之形色雖不大變，而土質已去，堅性已失，所存者柔軟而韌，可以隨意扭轉；西國有用此法專製象牙各件者。再用骨一塊，或以火煅，或熱水煮，則生質消化，韌性已失，所存者全係土質。略擣之，易碎成粉。至於飛禽之骨，土質爲多，是以骨體較密而白；胎生之骨土質略少，鱗介尤少，至於魚則更少矣。骨中土質以鈣炭養、鈣燐養爲最要，鈣燐愈多，骨亦愈堅。牙齒質中鈣燐較骨更多，是以牙齒較骨更堅。食物中五穀最能養人，正以其質所涵鈣燐爲最多，是以骨中生質、土質均藉飲食滋補長大。人身全體既不外生質、土質合成，故各種食物亦不外乎植物、動物兩種，植物補養身中之土質，動物補養身中之生質。幼兒專飲乳汁，不食植物各料。是以骨多生質；年邁血氣枯衰，骨中生質漸減。是以骨多土質。此骨之原也。覈骨中土質法：將骨横切成片，用千三百倍大顯微鏡映視之，見在骨珠與細網之中，在生質模上有小點，形如米粒，即土質也。如加濸輕緑酸，米粒即化爲烏有。此粒約大六千至一萬四千分寸之一，凡腐骨症，用五百倍大顯微鏡映視其膿，亦有此米粒之土質。

骨之體質

前論骨質本由生質土質相合而成，或問生、土兩質究何如相合成骨，此則造化生人，具有自然之妙，非醫理所能道其玄妙也。然第曰生質土質合成爲骨，此猶渾括之言，未臻詳盡，今再闡發其微，依骨體各層剖解，西醫稱曰剖解學。條分縷晰，臚陳如左：

一曰海棉質。其形鬆如蜂窠，故曰海棉質，如骨裏面與髓相連之處，以及長骨兩端骨節皆係此質，如六、七圖；又如頭顱骨，外皆堅骨，其間皆係海棉質，如九、十圖。以及全體諸骨，無一不有此質。考此質本係骨體之層變鬆，佈成油管，連絡如絨；其如何連絡之方向，正當身體之壓力，與骨體聯絡一氣，故此質雖如海棉，而有極大之托力與阻力。如行立之時，全賴脊骨、大腿骨、小腿骨之托力以托之；又如跳躍，所以不致受震者，亦海棉質之阻力也。海棉質之孔大小形狀不一，孔孔相通，用汞灌入枯骨此端，能由彼端海棉質流出。孔中充滿黄髓，與長骨之髓同。

一曰骨衣。諸骨之有衣，猶樹之有皮，樹無皮則枯，骨無衣則死。所以藉此滋養并包裹全骨之用。其質由極粗堅骨連綱用顯微鏡映視，形如綱眼相連，人身肌肉藏府各部均有此綱，大同小異。在骨者堅，故名堅骨連綱。所成，分佈周密，愈分愈細，包護骨面，兼有微絲血管相輔而行，漸至骨面小孔，穿入骨體以養之，如八圖。幼年，骨之長大全賴骨衣；至骨長足，專賴骨衣而養之。是以骨衣偶因外傷撕破，或因炎熱損壞，骨失滋養，不免變死、潰爛。

一曰骨體。骨衣之内即骨體也，由生質、土質兩相合成，其體極密極緊，猶如象牙質，細覈之，積累如層。如長骨中截，無不皆然，惟長骨兩端則漸變鬆薄①，成海棉形，即名曰海棉質。海棉質外仍有骨體一層，甚薄，可以揭去。凡骨體如長骨之中截。細密極緊者，生質少土質多，海棉質則生質多土質少，故屍骨中長骨之兩端經久易蝕變，如蜂窠鬆脆之質，因生質易於化去。中幹則堅硬，經久不變。欲驗其堅質，即土質之形狀。可以骨横切薄片②，映於顯微鏡，見有無數小孔，名曰骨體微管，或曰養管。所以引血入骨之路。二百餘年前英名醫哈味嘻所考出。此管在骨體外，而形狀細密，至骨體内面骨内面藏骨髓。漸漸鬆大，愈向裏愈變大，約粗貳百分寸之一；愈向外愈變細，約粗二千分寸之一，内與骨髓海棉質相通，外與骨衣之血管吻接。且映視養骨管，四圍有無數黑點，而内空，形如蜘蛛，長徑約二千分寸之一，短徑約六千分寸之一，名曰骨珠。每珠之邊有細網連絡，約粗一萬四千至二萬分寸之一。此網甚細，血不能入，但吸血中之汁，以養骨珠；如骨偶有損傷，此網有自修之功用。此網又與養骨管相通。是以骨體雖堅，細覈之，不外骨珠、養骨管、骨質細網等黏結而成也。西醫統稱骨體之管曰哈味嘻管，管

① 鬆薄：原作「鬆簿」，據文意擬改。

② 薄片：原作「簿片」，據文意改。

中寬處曰哈味嘻孔，此孔能將舊骨并無用之質消去，另生骨質新點以補之。其無哈味嘻處，即白色透明之骨質也。如哈味嘻管炎熱血多，則骨漸脹大，割視之，色赤浮鬆，變爲海棉質，或日久漸變爲堅硬之骨，此因層層脹大，骨管充塞故也。十二至十七圖。

一曰骨體腦筋。骨與骨衣俱有腦筋附麗，或由骨中幹之孔，或由骨兩端細孔而入；有專麗於骨者，有兼佈於髓者，不一而定。大抵無病之骨知覺少，骨炎或斷後新生之骨知覺更大，其功全主於腦筋。

一曰骨體吸管。在骨體哈味嘻管空處，均有極細吸管之形質，專司收攝。每見骨體變大，或新生之骨，其邊倍大，未幾而漸小如常①者，即吸管之用也。

一曰骨脈管。概分爲三：一自骨衣脈管而入，漸漸分佈骨體；二自骨節脈管而入，即骨端細孔。漸漸分佈海棉質；三自養骨血管而入。此養血骨管，概自骨幹中截小孔通入，漸漸分佈骨體，或直入骨髓。其迴血管大於脈管，由略大之孔而出。

一曰骨髓。凡長骨中均有骨髓，色黄，概由脂油與血管堆聚而成，計百分中有油九十六分。至於脊骨、胸骨、頭骨、肋骨之髓，色紅，計百分中有油一分、蛋白廿二分、水七十五分。嬰兒之髓幾皆紅色，用顯微鏡映視，有數條珠子，形狀不一。髓中之脈管概由骨體中幹之

---

① 漸小如常：原作「漸少如常」，據文意改。

孔斜入，再分爲上下兩支，佈散髓中，與骨節相通。

骨之連網

人身全體各部各有連網，佈滿成體，骨亦然也。上文云骨係生質、土質合成，若將骨一塊浸淡輕緑酸中，漸變爲柔軟之質，曰生質，此生質大半即骨之連網。連網猶海絨也，生質、土質充實其中各孔，變其形質，即成爲骨。骨分韌骨、堅骨，連網亦分韌骨連網與堅骨連網，此二者，二而一者也。〇一曰韌骨連網。又分三種。一色亮，在胸骨、肋骨盡端，與鼻骨、脾韌骨、氣管骨、眼胞骨有之；二色黄，在耳内與會壓蓋有之；三色白，在蟄肉、肋骨、脊骨、膝骨有之。此外更有圓形者，在髀臼節、肩臂節之骨蟄有之。此三種韌骨網所成之骨，或曰磁韌骨，以其通明如磁，多在骨端有之。或曰自縮韌骨，因有自縮力，多在耳管與聲管。或曰朋。因半屬韌骨，半屬筋綫，多在骨節，不使兩骨磨擦。其中有幼年時韌骨至壯年變爲堅骨者，曰暫韌骨；有一生韌軟不變者，曰常韌骨，如各骨盡端與耳、鼻、眼、聲管、氣管等處有之。〇二曰堅骨連網，諸骨除去韌骨，餘即堅骨連網。如大腿骨與各長骨，皆堅多而韌少，其餘各骨有韌多而堅少者。其實韌骨網與堅骨網同是一樣連網，不過合生質多成爲韌骨者，即稱韌骨連網；合土質多成爲堅骨者，即稱堅骨連網。所成之骨雖異，連網之質則一也。

骨之生長

骨之生長分爲兩端。〇一、由脆而成者居多。考受胎約二月後，凡將來可以變骨之脆，有薄膜包裹，細點如膠，自此細點可以積成純脆，即衆多細珠合成此珠。有衣，衣有血管。純脆將變爲骨之時，脆衣血管必先變大加多，以引土質或稱骨點也。沉於脆珠之上，每沉下土質多少，即減去生質多少；其脆珠愈分愈多，漸大，較平常大五六倍，且排列不亂，其珠之圍即變爲骨，而珠内之點即成骨珠。後脆珠本質漸減，骨亦漸堅。且脆珠變爲骨與骨珠之時，因有吸力，亦變爲衆多細孔，有紅髓與血管通入，充塞其中，其未充塞之孔即成爲海棉質，或與骨珠相合，成爲極密骨質。由此合成爲哈味嘻管。其純脆變骨，土質如何沉下，生質如何減去，均有一定之位、一定之數與一定之理。如扁骨由中心漸散於外，長骨由中桿漸達兩端。如大腿骨，胎内三月時，第一骨點先發於中桿，漸向兩端變發；至十月後，其第二骨點發於下桿，成爲膝節之端；至生下一年，其第三骨點發於上桿，成爲骨之頭；至四歲，其第四骨點由大阜發出；至十四五歲，其第五骨點由骨之小阜發出。自此以後，方稱完骨。又如胎兒頭顱骨，本係柔軟如膜，臨産時，此骨能錯合縮小，易於生産。其餘如無名骨、鈎骨、胸骨、肩胛骨等，本分數條韌骨，待長成方合一骨。二、由膜而成之骨。即如胎兒腦蓋囟門，本係二層密合之膜，後由兩膜之間沉上土質，漸成爲骨。至出世時見嬰兒顖門跳動，緣此處仍是薄膜，尚未沉上土質成骨，是以應腦而跳；待二三歲後，其間土質漸成爲骨，堅實不跳，惟二骨鬭榫相合之處仍是此膜，合爲骨縫。無論頭顱，扁骨之面與長骨之四圍均依此法長成；其將變骨之時，亦是二膜之間血管先脹大，將生質流出，次將土質沉上漸漸圍成哈味嘻路。諸骨無論由脆而成、由膜而成，見十八至廿一圖。既成爲骨，即有骨衣蓋護。大約二十五歲後，各骨皆長成完畢，全身亦由此長足矣。

骨之形式

骨形不一，有長短、大小、圓扁、厚薄、寬隘、凹凸之不同。長骨者形圓而長，其兩端較中幹略大，與別骨相接者，名曰骨端，其中幹較兩端略細者，名曰骨桿，如大腿骨、小腿骨、輔腿骨、上下臂骨、輔臂骨即轉肘骨。、手腳掌骨、手腳指骨等類是也。扁骨者形扁成片，内外堅硬光滑，四面有骨齒即有無齒者。與別骨錯接，如枕骨、顱頂骨、鼻梁骨、淚管骨、犁頭骨、肩胛骨、無名骨、胸骨、肋骨等類是也。此外如脊梁各骨、耳門骨、蝴蝗骨、羅節骨、上下牀骨、水泡骨等類，形狀甚雜，筆難形容。更有相連而凹者，如髀臼肩盂①、耳盂是也；有相連而凸者，如大腿杵、牙牀鈎是也。至於各骨本形又有不同而同者，其名亦然。凡骨凸如錐者曰骨錐，尖利

① 髀臼肩盂：「髀」疑係「髆」之誤字。

如鋒者曰骨鋒，高起如阜者曰骨阜，横列如岡者曰骨岡，細列如脊者曰骨脊，低窪如壑者曰骨壑。微凹如槽者曰骨槽，有縫如裂者曰骨裂，骨體有孔直入者曰骨孔，骨體有孔斜入者曰骨管。凡欲研究骨格，有此一定名目，然後檢骨列論，方可名實相符耳。

骨之名數遵乾隆三十五年部頒《檢骨格》列左。

頂心骨以下仰面之骨。	顖門骨	左右額骨
額顱骨	左右太陽骨	左右眉棱骨
左右眼眶骨	鼻梁骨	左右顴骨
左右顋頰骨	上下口骨	齒上下
頷頦骨	左右頰車骨	左右耳竅
結喉共四層。	龜子骨即胸前三骨左右。	心坎骨
左右肩井臆骨	左右横髃骨	左右飯匙骨
左右胳膊骨	左右肘骨	左右臂骨
左右髀骨	左右手踝	左右手外踝
左右腕骨	左右手掌骨共十塊。	左右手指骨共二十有八節。
左右胯骨前	左右腿骨	左右膝蓋骨

左右脛骨	左右骬骨婦人無。	左右足踝
左右足外踝骨	左右跂骨	左右足掌骨趺骨共十塊。
左右趾骨共二十有六節。	左右腳跟骨共八塊。	腦後骨以下合面之骨。
左右乘枕骨婦人無左右。	左右耳根骨	項頸骨共五節。
左右琵琶骨亦名髀骨。	脊背骨共六節，次節横出者曰髖骨。	脊膂骨共七節。
兩肋骨即釵骨共二十有四條，婦人多四條。	腰眼骨共五節。	
方骨	左右胯骨後。	尾蛆骨男子九竅，女子六竅。

楨按，《驗骨格》與《骨圖》所列各骨有異者摘録如左：

一《骨圖》列結喉　《檢骨格》列嗓、喉、結喉骨

一《骨圖》列手腕骨、連踝　《檢骨格》列兩腕骨

一《骨圖》足掌骨與趺骨分列　《檢骨格》足掌骨、趺骨合列

一《骨圖》列内踝　《檢骨格》列兩足踝與兩足外踝

一《骨圖》列琵琶骨亦名髖骨，分左右　《檢骨格》不分左右

一《骨圖》列肋骨即釵骨共二十四條　《檢骨格》謂婦人多四條

一《骨圖》列腰門骨五節　《檢骨格》列腰眼骨五節

統計以上《骨圖》與《檢骨格》，共得百八十九骨，内左右額角、上下齒、左右耳竅、結喉、左右手外踝、左右手踝、左右足踝不稱骨者不計，又胯骨分前後不分左右，減去二骨。與西醫所驗二百骨不合。因中醫有以一骨而得數名者，或以數骨合稱爲一者，並髑髏内本有多骨，中醫並無論及者，故其數有不合耳。今以中西骨數列表於下：

一、全體各骨表　二、頭面各骨表　三、脊梁各骨表
四、胸堂各骨表　五、上肢各骨表　六、下肢各骨表

一	中醫分類	西醫分類
	全體各骨，中書並不分類，惟《部頒骨圖》列仰面骨、合面骨兩大種。	一、頭面各骨 二、脊梁各骨 三、胸堂各骨 四、上肢各骨 五、下肢各骨

二

中醫所分頭面各骨之數

計仰面骨：

一、頂心骨
二、顖門骨
三、額角骨
四、額顱骨
五、扶桑骨
六、眉稜骨
七、眼眶骨
八、鼻梁骨
九、嗓喉骨
十、顴骨
十一、頰車骨
十二、上牙牀骨
十三、口骨附齒
十四、頷頦骨
十五、耳根骨

計合面骨：

一、腦後骨
二、乘枕骨

西醫所分頭面各骨之數

計頭骨：

一、枕骨
二、額骨
三、左顱頂骨
四、右顱頂骨
五、左耳門骨
六、右耳門骨
七、蝴蝶骨
八、羅篩骨

計面骨：

一、左上牙牀
二、右上牙牀
三、左顴骨
四、右顴骨
五、左鼻梁骨
六、右鼻梁骨
七、左腭骨
八、右腭骨
九、左淚管骨
十、右淚管骨
十一、左水泡骨
十二、右水泡骨
十三、下牙牀骨
十四、犁頭骨

三	
中醫脊梁之骨數	西醫脊梁之骨數
一、頸項骨五節 二、琵琶骨一 三、背脊骨六節 四、脊膂骨七節 五、腰骨五節 六、方骨一 七、尾蛆骨一	一、項骨七節 二、背脊骨十二節 三、腰骨五節 四、鈎骨五 五、尾閭骨四

四	
中醫胸膛骨數	西醫胸膛骨數
一、左右肩髃骨 二、左右肩井臆骨 三、龜子骨心坎骨 四、左右橫髃骨 五、左右肋骨 計二十四條	一、胸骨一 二、舌骨一 三、肋骨二十四 四、肋韌骨 五、背骨已詳列脊骨表中。

五	六
中醫上肢各骨之數	中醫下肢各骨數
計仰面骨： 一、左右飯匙骨 二、左右胎膊骨 三、左右肘骨 四、左右臂骨 五、左右髀骨 六、左右手踝骨	一、前後胯骨 二、左右大腿骨 三、左右膝蓋骨 四、左右脛骨 五、左右骱骨 六、左右足踝骨 七、外踝骨
七、左右外踝骨 八、左右腕骨連踝 九、手掌骨左右各五條 十、手指骨左右各十四 計合面骨： 琵琶骨	八、左右跂骨與 九、腳根骨 十、足掌骨左右各五條。 十一、左右足趾骨各十三節。
西醫上肢各骨之數	西醫下肢各骨數
一、肩胛骨 二、鎖子骨 三、臂骨 四、正肘骨 五、轉肘骨 六、手腕骨左右各有八骨。 七、手掌骨左右各五骨。 八、手指骨左右各十四。	一、左右胯骨又名盆骨。 二、三、左右大腿小腿骨 四、左右輔腿骨 五、左右膝蓋骨 六、左右腳腕骨各七。 七、左右腳掌骨左右各五。 八、腳趾骨左右各十四節。

〔附〕釋骨篇

讀《昭代叢書・廣編》，有吴江沈君諱彤字冠雲者所著《釋骨》一編，其命名頗爲詳明，特附録之。閲是書者，宜合《素問》《氣府論》、《骨空論》①以及《靈樞・骨度》等篇參觀，庶有得焉。

骨爲身之幹，其載於《内經》、《甲乙經》者以十百數，皆各有其部與其形象。然名之單複分總，散見錯出，能辨析而會通者實鮮。余方嗟其爲學者之闕，適吴生球從事經穴，數以是請，遂與之詳考而條釋以貽之。

頭之骨曰顱。其上曰顛、亦作巔。曰腦蓋、曰腦頂、亦曰頂，其會曰顖。《説文》作「囟」，訓頭會。腦蓋乃謂頭骨交會之腦蓋，非指蓋之全也。《玉篇》訓頂門。其横在髮際前者曰額顱，亦曰額。額之中曰顔、曰庭，其旁曰額角。其前在眉頭者曰眉本，在目匡上者曰匡上，陷骨眉間曰闕。其下曰下極，下極者，目間也。眉目間亦通曰顔。《五色篇》云：「闕者，眉間也」；「庭者，顔也。」下論察色之部云：「庭者，首面也。闕上者，咽喉也。闕中者，肺也。」是顔在闕上之上矣。《衛氣篇》云手陽明「標在顔下」，蓋謂挾鼻孔之脈穴。若

---

① 骨空論：原作「骨孔論」，據《素問》改。

顔但在闕上，則去鼻太遠，故自庭至下極皆顔也。《説文》亦訓顔爲眉目之間。 顛之旁嶄然起者曰頭角，亦曰角。左曰左角，右曰右角。《經筋篇》云：「足少陽之筋，循耳後，上額角，交巔上。」彤按：耳上近巔者乃頭角，非額角也，故額骨爲頭角之訛。則其下所云右角左角者亦頭角也。舊説以左右角爲額角，誤。 當耳之後上起者曰耳上角，曰耳後上角； 其前曰耳前角，亦曰角，形曲，故又曰曲角。曲角，經文俱誤作「曲周」，惟《氣府論》注周作「角」，今從之。 顛之後横起者，曰頭横骨，曰枕骨； 其兩旁尤起者，曰玉枕骨； 其旁下高以長、在耳後者，曰完骨。 頭横骨中央之下端曰顱際鋭骨。 顱亦曰頭之大骨。 自額顱而下，鼻之骨曰鼻柱，曰明堂骨。 其旁微起者曰鼻髃。 目之下起骨曰䪼。 其下旁高而大者，曰面鼽骨，曰顴骨，亦曰大顴，亦曰頄。 鼽、頄古通用。 頄之下端曰兑骨。 兑，古「鋭」字。 在耳前者曰關。 穴有名上關、下關者，謂在關之上、下也； 有名顴窌者，謂在顴之下也； 有名完骨者，謂在完骨之際也。 凡穴名與骨同者，皆仿此。 耳下曲骨載頰，在頷後者頷，《説文》作「頜」，與「頤」同訓「顄」，蓋從口内言之。 若從口外言，則兩旁爲頷，頷前爲頤，不容相假，故《内經》無通稱者。 曰頰車，曰曲頰，曰巨屈。 亦作曲。 曲骨前斷而若逆者曰大迎骨。 通回帀口頰下之骨曰或骨。《骨空論》云：「或骨空在口下，當兩肩」，王太僕注云：「謂大迎穴也。」彤按《説文》，「或」即「域」本字； 云或骨者①，以其骨在口頰下，象邦域之回帀也。 其在頤者曰角，曰斷基，曰斷骨，曰齒； 上曰上齒，下曰下齒，凡十有二。 牝齒曰牙，中央齒形奇，左右齒形偶，奇則牡，偶則牝。 而《説文》、《玉篇》並以牙爲牡

---

① 云或骨者：「或」字原脱，據《昭代叢書》本《釋骨》補。

齒，恐傳寫之訛。上下各十，或八或九、或十有二，不齊也。其最後生者曰真牙。其自齒左右轉勢微曲者，曰曲牙。《氣穴論》①云：「曲牙二穴」，王注云：「頰車穴，在耳下曲頰端。」彤謂耳下曲頰端去曲牙甚遠，恐非經意；若指牙之近頰車者，則其牙未嘗曲。吳生以二穴爲地倉。地倉俠口旁四分，正當牙曲處，足證吾説。牙之後橫舌本者曰橫骨。自顱際鋭骨而下骨三節、植頸項者，通曰柱骨②。其隱筋肉中者曰復骨，張景岳云：「復」當作「伏」。上曰上椎，下起骨曰項大椎。亦作「頓」。項大椎之下二十一節，「節」亦曰「頓」，作「焦」誤。「頓」亦作「椎」。通曰脊骨，曰脊椎，曰膂骨，曰中胎。第一節曰脊大椎，形如杼③，故亦曰杼骨；第十三節至十六節曰高骨，曰大骨；《生氣通天論》云：「腎氣乃傷，高骨乃壞」，王注云：「高骨，謂腰之高骨④。」是高骨通謂腰間脊骨之高者也。《論》又云：「味過於鹹，大骨氣勞」，注云：「鹹歸腎也。」按腰爲腎府，此大骨當在腰間，即諸高骨也。説者專指命門穴上一節爲高骨、大骨，未盡。其以上七節曰背骨者，則第八節以下乃曰膂骨；《骨度篇》云「項髮以下至背骨」，又云「膂骨以下至尾骶」，彤按此篇文體，凡骨名相承説者，下皆同上，知「膂」本「背」字，傳寫致訛。篇内又云：「上七節至於膂骨⑤」，則上七節皆背骨，而膂骨自八節以下，明矣。又，《説文》訓呂爲脊骨，

① 氣穴論：原作「穴氣説」，據《釋骨》改。
② 通曰柱骨：「通曰」原作「通用」，據《釋骨》改。
③ 形如杼：「杼」下原衍「骨」字，據《釋骨》删。
④ 謂腰之高骨：「謂」原作「爲」，據《釋骨》改。
⑤ 上七節至於膂骨：「上七節」原作「十七節」，據《釋骨》改。

訓背爲脊，而訓脊則兼背、吕，亦一脊而分上背下吕之證。又按《氣穴論》云中䏶兩旁各五穴，注謂起肺俞至腎俞，「肺俞在第三椎下兩旁」，「腎俞在第十四椎下兩旁」，是中䏶云者，謂第三椎至十四椎爲膂之中也。此又以背骨五節通稱爲䏶也。末節曰尻骨，曰骶骨，一作「骨骶」，恐文倒，否則「脊」誤爲「骨」。曰脊骶，曰尾骶，亦曰骶，曰尾屈，曰橛骨，曰窮骨；其骨之扁戾者曰扁骨。俠脊骨第一節至十二節，環而前斜下者二十四條，皆曰肋，婦人則二十八條。其在腋下而後乳三寸者曰胠。胠骨五，左曰左胠，右曰右胠。其抱胸過乳而兩端相直者曰膺中骨，七。《氣府論》云：「膺中骨間各一」，王注云：「謂膺窗等六穴」；「膺中骨陷中各一」，王注云：「謂璇璣至中庭六穴」。彤謂穴在骨下間，穴有六，則膺中骨當七矣，蓋乳上五乳下二也。其在膺中骨之下及胠外者曰脅骨，曰脅肋。胠及膺中骨之在乳下者亦通曰脅。《至真要大論》注云：「脅，謂兩乳之下及胠外也。」脅骨之短而在下者曰橛肋，三。其最短俠脊者曰季肋。其橛肋之第三條曰季脅。凡脇骨之端通曰脅支，亦曰支脅。支端之相交者曰骹。張景岳以脅下之骨爲骹，「下」字誤。膺中骨之上，自結喉下四寸至肩端，前横而大者，曰巨骨。其半環中斷者曰缺盆骨。在肩者曰肩上横骨。在肩端者曰䯏骨。《師傳篇》云：「五藏六府，心爲之主，缺盆爲之道。䯏骨有餘，以候䯧骬。」彤按：此䯏骨乃謂缺盆骨，兩旁之端即肩端骨也。蓋䯧骬本蔽心之骨，而缺盆即心藏之道。䯧骬之上爲膺中陷骨，缺盆骨之旁爲肩端骨。膺中陷骨之於缺盆骨，䯧骬之於肩端骨，其長短皆各相應，故必用肩端骨候䯧骬也。然則䯏骨之爲肩端骨，信矣。舊説以䯏骨爲髃骭之端，則與上文不貫。且髃骭甚小①，不須更以端候。至有以「䯏」作「䯊」而訓爲膝骨者，尤誤。䯏骨之起者曰髃骨，曰肩前髃。微起者曰小髃骨。小髃骨之前歧出者曰肩端。上行兩叉骨缺盆外，伏頸旁壅肉下者，曰𢘦骨，曰缺盆外骨。其骨即肋骨之第一條也。肩後橫骨曰大骨。其在旁者，曰曲腋上骨，曰肩臑。後大骨，其成片被肩垂背者曰肩甲，亦作「胛」，下同。至《經脈篇》所云「別下貫胛」者，「胛」乃「胂」之誤字，故不列。曰肩髆，亦曰髆。肩甲之在上屈折者曰肩曲甲。其近小髃骨者曰肩中央曲甲，當膺骨兩端中陷下者曰膺中陷骨。陷骨下蔽心者曰髑骭，曰鳩尾，曰心蔽骨，曰臆前蔽骨。髑骭直下橫兩股間者曰橫骨，曰股際骨。其中央兩垂而壓陰器者曰曲骨。陰器之後，繞䐈腸而綴骶端者曰陰尾。骨骶之上，俠脊十七節至二十節起骨曰腰髁骨，曰兩髁。其旁臨兩股者曰監骨，曰大骨，曰髂，一身之伸屈司焉，故通曰機關。關之旁曰髀樞，亦曰樞機者，髀骨之入樞者也。自肩兩旁而下，在肘以上者曰髆骨。肩與髆之會於前廉者曰肩端。兩骨其會於後者曰肩曲甲。下兩骨髆者，大臂也。在肘以下者曰臂骨。臂骨二，上曰上骨，則下曰下骨也。其在肘者曰肘骨，曰肘大骨，曰肘外大骨。《本腧篇》、《甲乙經》所云「肘內大骨」者，「內」乃「外」之訛字，故不列。其內微起者曰肘內鋭骨。合其大者鋭者曰肘內側兩骨。肘大骨之上兩起者曰肘外輔骨。臂骨之在外者曰臂外兩骨。其在內近腕者曰關。穴有名內關、外關者以此。至《本腧篇》所云

① 且髃骭甚小：「且」原作「耳」，據《釋骨》改。

「掌後兩骨」者，「骨」乃「筋」之訛字，故不列。若《難經》之所謂關，則上骨内端之微高者也。其下骨外端起者曰手外踝，亦曰踝外。踝前微起者曰腕骨，腕，亦作「宛」。曰腕中兑骨，亦曰鋭骨。其又前者曰腕前起骨。束掌者曰掌束骨。掌束骨之後廉微起者曰掌後兑骨。舊説以手踝當之，誤。手大指本節後起骨曰壅骨。《邪客篇》論手太陰之脈云：「内屈與諸陰絡會於魚際，伏行壅骨之下，外屈出於寸口而行」，是壅骨固在魚際旁寸口前。舊説謂即掌後高骨，誤。兼旁之岐出者通曰大指岐骨。其與次指合形如谷，故又曰合谷。兩骨自兩髂而下在膝以上者曰髀骨，曰股骨。其直者曰楗。《骨空論》云：「輔骨上横骨下爲楗。」是楗即髀骨之直者也。又考《枯骨象》，髀樞在關旁納機，不在機端，而説者名髀骨爲髀樞骨，又以爲在楗骨下，誤甚。其斜上俠髖者，則所謂機也。在膝以下者曰䯒骨。「䯒」亦作「胻」。䯒者小股也，亦曰足⿰骨巠，《説文》訓䯒爲脛耑，然《内經》皆通稱，惟《大奇論》䯒與脛對言，而《甲乙經》所集䯒亦作脛，蓋不可分也。脛與⿰骨巠同。曰骸，曰骭。髀⿰骨巠之間曰骸關，《骨空論》云：「膝解爲骸關。」王注謂在膝外。彤按：即膝外解上下之輔骨，蓋名關本取兩骨可開闔之義，故指骨解與兩骨並通。餘仿此。曰股樞，一作「樞股」，恐文倒。亦曰樞。蓋膝之骨曰膝髕。俠膝之骨曰輔骨，内曰内輔，外曰外輔。其專以骸上爲輔者，《骨空論》云「骸下爲輔」，「下」乃「上」之訛也。則膝旁不曰輔，而曰連骸。骸上者，⿰骨巠之上端也，䯒外廉起骨成䯒者曰成骨。《刺腰痛論》云：「成骨，在膝外廉之骨獨起者」，彤按：膝之上下内外者皆以髕爲斷，成骨旁䯒骨之端，不至上旁膝，膝乃䯒之訛也①。「成」一作「盛」，亦誤②。骬下端起骨曰髁，内曰内髁，外曰外髁。外髁上細而短、附骬者，曰絶骨。兩髁後在踵者曰跟骨。在内髁下者曰内髁之後屬。内髁下前起大骨曰然骨。足大指岐出者曰大指岐骨。大指本節後宛宛者曰腕骨。其在内側如核者曰核骨。核，亦作「覈」。足外側大骨曰京骨。京骨之前當小指本節後者曰束骨。小指、次指岐出者曰足小指、次指岐骨。足上曰跗，其外側近髁者曰跗屬。一作「屬跗」，恐文倒。凡肘腋髀膕，兩端相接骨通曰機關，亦曰關。髀之關，即《骨空論》所云「膕上爲關」，王注云「當楗之後」者也。穴有名髀關者，以其正直髀關之前故耳。膕之關即骸關也。手足腕兩端骨亦通曰關。

---

① 膝乃骬之訛："乃"原作"内"，恐誤，兹據文意擬改。

② 亦誤："誤"下原衍"之"字，據《釋骨》删。

診絡篇補證

廖平　撰
邱進之　校點

校點説明

據《六譯先生年譜》，《診絡篇》成於民國元年（一九一二）八月。《診絡篇補證》係廖平關於「診絡學」的著作匯編，包括《診絡篇補證引用内經篇目》、《楊氏太素診絡篇補證》（上、中、下卷）、《史記倉公傳診絡法》、《仲景診絡彙鈔》、《診絡篇病表》、《診絡篇》附《診絡名詞》。其中《診絡篇補證引用内經篇目》刊載於民國三年（一九一四）《國學薈編》第八期，《楊氏太素診絡篇補證》刊載於民國三年（一九一四）《國學薈編》第六、七、九期，《史記倉公傳診絡法》、《仲景診絡彙鈔》刊載於民國五年（一九一六）《國學薈編》第二期，《診絡篇病表》刊載於民國三年（一九一四）《國學薈編》第九期。民國五年（一九一六）四川存古書局刊行，收入《六譯館叢書》。又有民國十三年（一九二四）上海千頃堂書局印《診斷學彙編》本。

目録

《診絡篇補證》引用《内經》篇目

上卷

中卷

《靈·經别篇》十四條，共七百零二字。
《素·平人氣象論》二十一字。
《素·三部九候論》十字。
《靈·禁服篇》八字。
《素·皮部論》八條，共四百五十六字。
《靈·經脈篇》十二條，九百二十四字。
《素·脈解篇》六條，共六百四十七字。

下卷

《素·繆刺論》二十四條，共一千二百零三字。
《靈·血絡篇》全。

此三卷略以脈絡病證治法爲次。其文先載篇之長者，其他篇短章碎文，俟搜輯補刊於後。

楊氏太素診絡篇補證卷上

隋　楊上善撰注
井研　廖平補證

《靈樞・經脈篇》：黄坤載《靈樞懸解》此數節仍在《經脈篇》，蓋以下十五絡爲診絡專篇，故以歸《經別》，此數節爲辨經與絡之分，故可仍在《經脈篇》也。黄帝曰：楊目作《經絡別異》。經脈十二經脈者，伏行分肉之間，以五診言之，經脈在第三層，内有筋骨，外爲皮肉。深而不見，衝爲伏衝，與奇經更深，或在腹内，中醫所略，當據《泰西圖説》補之。《内經》於經脈每言出入，出在外，入在内；中人詳外，西書詳内。其常見者，足張讀作「手」。太陰過於内張亦作「外」。踝之上，無所隱，故見也。按：十九字當爲衍文。《類》注讀足爲「手」，即指寸口。手、足皆有踝名。諸脈之浮而常見者，皆絡脈也。楊注：十二經脈及諸絡脈，其不見者，謂十一經也。其可見者，謂足太陰經，上行至於踝上，以及皮薄，故見也。諸餘絡脈，皆見者也。首條見「楊注」，以下從略。六經絡手陽明、少陽之大絡也，二經亦名大絡，非獨脾胃。起於五指間，上合肘中。六陽絡中，手陽明絡，肺府指大腸言。之絡也；少陽絡，三焦之絡也。手陽明大腸之經，起大指次指之間，即大指次指及中指内間，手陽明絡起也；手少陽經，起小指次指之間，即小指四指及中指外間，手少陽脈起也。故二脈絡起五指間。飲酒者，衛氣先行皮膚，先充絡脈，五穀蒸化，氣行孫絡，由孫絡而大絡。絡脈先盛，按：以飲酒明絡盛。故衛氣已平，此尚是氣。營氣入營乃化赤血。乃滿，由絡乃流於經。而經脈大盛也。酒是熟穀之液，入胃先行皮膚，故衛氣盛。衛氣注於脈中，故平，營氣滿也。營氣滿於所入之經，則所入經，脈絡大盛動也。《類》注本篇云：「衛氣者，水穀之悍氣也。其氣慓疾①滑利，不入於經。酒亦水穀之悍氣，其慓疾之性亦然。故飲酒者，必隨衛氣先達皮膚，先充絡脈。絡脈先盛，則衛氣已平，而後營氣滿，經脈乃盛矣。平，猶潮平也，即盛滿之謂。」又曰：「按脈有經絡，經在内，絡在外；氣有營、衛，營在内，衛在外。今飲酒者，其氣自内達外，似宜先經而後絡，兹乃先絡而後經者，何也？蓋營氣者，猶原泉之混混，循行地中，周流不息者也，故曰營行脈中；衛氣者，猶雨霧之鬱蒸，透徹上下，偏及萬物者也②，故曰衛行脈外。是以雨霧之出於地，必先入百川，而後歸河海；衛氣之出於胃，必先充絡脈，而後達諸經。故《經水篇》以十二經分配十二水。然則經即大地江河，絡猶原野之百川也③。此經絡營衛之辨。」脈絡。之卒然動者，不動者以動爲變。動如肌④肉跳動，眼皮跳動。經云乳下動應手⑤，爲虚里，胃之大絡。動皆屬絡，乃以動爲占。皆邪氣居之，因邪乃動，不如經脈之常動。後世二十七脈之「動」字本爲診絡法，後人誤以爲診經名詞。留於本末。十二經脈⑥當作絡脈。有卒

---

① 慓疾：原作「漂疾」，據人民衛生出版社本張介賓《類經》七《經絡類》改。下「慓疾」同。

② 「故曰營行脈中」至「偏及萬物者也」：此五句原脱，據張介賓《類經》七《經絡類》補。

③ 原野之百川也：原作「原也百川」，據張介賓《類經》七《經絡類》改。

④ 肌：原作「飢」，據文意擬改。

⑤ 應手：《素問・平人氣象論》作「應衣」，當從。

⑥ 脈：原脱，據人民衛生出版社本《黄帝内經太素》楊注卷九補。

然動者，皆是營衛之氣將邪氣①入此脈中，故此絡。脈動也。本末，即是此經本末也。絡脈將邪入於衛氣，衛氣將邪入於此脈本末之中，留而不出，故爲動也。酒即邪也。以酒喻邪，其動同。不動絡若不動。則熱，若邪在脈中，盛而不動，則當邪居處蒸而熱也。不堅陽甚。○堅爲皮絡名詞。則陷且空，虛則宜灸之。不與衆同，經云獨陷下者病。空，與「孔」同。是以知其何脈絡與經部位相同，由動分府藏。之病。今本作動。當邪居處，熱邪盛也，必爲堅鞕②。若寒邪盛多，脈陷肉③空，與平人不同。以此候之④，知十二經中何經之病。注：經，當作「絡」；與平人不同，當作「與別絡不同」。

雷公曰：何以知經脈之與絡脈異耶？問經、絡之分。據經絡部位相同。黃帝曰：經脈者，常不可見，淺爲絡，深爲經。其虛實也，診法重分虛實。以氣口知之。十二經動脈皆爲氣口。脈之見者，不須按切，有目可覩。皆絡脈也。經脈不見，若候其虛實，當診寸口可知之也。絡脈橫居，五色可見，即目觀之，以知虛實也。雷公曰：細子無以明其然。細子，謙稱也。經脈診氣口可知虛實，猶未明其絡脈見之然也。黃帝曰：諸絡脈皆不能經大節之間，《類》注：「大節，大關節也。」絕道，間道也。凡經脈所行，必由谿谷

---

① 氣：原脱，據《太素》楊注補。

② 必爲堅鞕：原作「必爲堅堅孟鞕反」，據《太素》楊注改。《太素》楊注載蕭氏「平按」云：「必爲堅鞕，『鞕』字右旁有『五孟反』三字小注，袁刻作『必為堅，堅，孟鞕反』，與原鈔不合。」因據以删改。

③ 肉：原作「入」，據《太素》楊注改。

④ 之：原脱，據《太素》楊注補。

大節之間，絡脈所行，乃不經大節，而於經脈不到之處出入聯絡，以爲流通之用。然絡有大小，大者曰大絡，小者曰孫絡。大絡猶木之①幹，行有出入；孫絡猶木之枝，散於膚腠，故其會皆見於外。」必②行絶道志云：絶道，别道也。而出入③，出可見，入不可見。復其出。合於皮中，故皮絡同候。其會聯絡之所。皆見於外。大節，謂四支十二大節等也。凡絡脈之行，至大節間止，緣於絡道出節至外，入於皮中，與餘絡合，見於皮。絶，止也。故諸刺絡脈者，《類》注：「凡人手臂④之露筋者，皆顯然可察，俗謂之青筋。此非經非脈，即畜血之大絡也。」必刺其結上，結爲診絡與筋名詞。甚血者如俗以瓷去惡血。雖毋⑤結，急取之，詳《刺血絡篇》。以寫其邪而出其血，留之發爲痺。此言療絡所在也。結，聚也。邪客於絡有血聚處，可刺去之；雖無聚處，觀其絡脈血盛之處即有邪居，可刺去之。恐其邪氣停留，發爲痺病也。《類》注：「凡刺絡脈者，必刺其結上。此以血之所聚，其結麤突⑥倍常，是爲結上，即當刺處也。若血聚已甚，雖⑦無結絡，亦必急取之以去其邪血，否則發爲痺痛之病。今西北之俗，但遇風寒痛

---

① 之：原脱，據《類經》補。
② 必：原脱，據《黄帝内經太素》補。
③ 必行絶道而出入：《黄帝内經太素》作「必行絶而道出」，而「入」字属下句。
④ 臂：《類經》作「背」。
⑤ 毋：原作「无」，據《黄帝内經太素》改。
⑥ 突：原脱，據《類經》補。
⑦ 雖：原作「盛」，據《類經》改。

痺等疾，即以繩帶緊束上臂，令手肘青筋脹突，乃用磁鋒於肘中曲澤穴次合絡結上，砭取其血，謂之放寒。即此節之遺法，勿謂其無所據也。」

凡診絡脈，今依此立「診絡門」。脈色青此以色診絡法。則寒且痛，絡忽變，與面異。赤則有熱。此文凡數見。有以爲常色無病者，有以爲病色者，其人面絡色同爲常，面絡色忽異者爲病也。胃中寒，手魚《甲乙》有「際」字。之絡多青矣；《診尺篇》：「魚上白肉有青血脈者，胃中有寒。」胃中有熱，魚絡亦赤；魚黑者，留久《甲乙》作「久留」。痺也；其有赤有青有黑者，即下所謂五色也。中央寄王四時，故經云脾乍數乍遲、乍疎乍止，皆據寄王四時言之。又，中又自分五方，爲五五二十五之起例。寒熱；此言診絡虚實法也。絡色有三，青、赤、黑也，但青有寒，但赤有熱，但黑有痺；三色具①者，即有寒熱也。色之候者，青赤二色候胃中也。皆候魚絡胃者，手陽明脈與太陰合，太陰之脈循胃口至魚，故候太陰之絡，知胃寒熱。胃中有痺，亦可候魚，若邪客處久留成痺，即便診之。其青而小短者，絡之變色，與其賁起跳動有長有短，目可察視，故長、短非診經脈名詞。少氣也。青色主寒，而短小者，即寒氣少也。《類》注：「此診絡脈之色可以察病，而手魚之絡尤爲顯淺易見也。寒則血氣凝澀，凝澀則青黑，故青則寒且痛。熱則氣血淖澤，淖澤則黄赤，故赤則有熱。手魚者，大指本節②間之豐肉也。魚雖手太陰之部，而胃氣至於手太陰，故可以候胃氣。五色之病，惟黑爲甚。其暴黑者，以痺之留久而致也。其赤黑青色不常者，寒熱氣之往來也。其青而短者，青爲陰勝，短爲陽不足，

① 具：原作「俱」，據《黄帝内經太素》改。
② 節：原脱，據《類經》補。

故爲少氣也。」

凡刺寒熱者，此解上節之文。皆多血絡，必間日而一取之，血盡乃止，乃調其虚實。此言刺絡脈法也。寒熱，胃中寒熱也，以胃氣故青赤，絡脈血乃多者也。欲爲多日刺之，故間日取，得平乃止也。

解其小樓、馬、志三本作「青」。而短者少氣，甚寫之則悗，悗甚則仆，不能言，悗則急坐之。陰絡小而短者，則陰氣少，故甚寫則踣倒。坐而屈之即脈滿，故醒而能言也。亦可陰陽絡皆小短，即二氣俱少，寫之仆也。仆，踣也。《類》注：「視其絡脈之小而短者，氣少故也，不可刺之。虚盛而寫，其氣重虚，必致昏悶①，甚則運仆暴脱，不能出言；急扶坐之，使得氣轉以漸而甦。若偃②卧則氣滯，恐致不救也。」

黄帝曰：夫子言皮之十二部，皮亦分十二經。其生病何如？岐伯曰：皮者脈絡。之部也。皮絡相連。邪客於皮則腠理開，肌肉解緩。開則邪入客於絡脈，由皮至絡，第二層。絡脈滿則注於經脈，第三層。經脈滿則入舍於府藏。一作「筋骨」。故皮者有分部，不與吴云：「不及也。言邪客皮部則部中壅滯，經氣不及，而生大病也。」張云：「若不預爲之治，則邪將日深而變生大病也。與、預同。」高云：「若府藏之氣不與於皮，而生大病也。與，去聲。」簡按：《甲乙》作「不愈」，義尤明顯。而生大病。前明邪入皮毛乃至稟於腸胃，次言邪入

---

① 悶：原作「仆」，據《類經》改。

② 偃：原作「仆」，據《類經》改。

乃至筋骨之間，今言邪入至於藏府，皆可以從淺至深，以至於大，在淺不療，遂生大病也。與，療也。黄帝曰：善。

夫絡脈之見也，外可見，而不動。其五色各異，視絡色與面色，爲二法。青黄赤白黑不同，其故何也？上以五色分病狀，故問其與面部同異。岐伯曰：經讀作「面」。有常色，經脈不可見，何從而知其色？此不過就五行推而言之。而絡無常吳「常」下句。變也①。常，謂五色見者定是絡色也。然五藏六府之注定屬五行，故藏府大經各有常色。陰絡隨於陰經，色亦不改。陽絡雖屬陽經，以是陽脈之陽，故隨時變也。黄帝曰：經面。之常色何如？經脈不見，何以定色？岐伯曰：心赤，肺白，肝青，脾黄，腎黑，此指五態五色見於面者。皆亦應其經面。脈之色。五藏五行之色，皆合經脈，故經之色常□②也。謂五藏之色見於面，與經相同。黄帝曰：其絡之陰陽以藏府分。亦應其經乎？經以五態之人面色言。岐伯曰：陰不病常見爲陰。絡之色應其經，與面相同，面何色，絡亦同。陽絡有病。之色變無常，張云：『《脈度篇》曰：『經脈爲裏，支而横者爲絡，絡之别者爲孫。』故合經絡而言，則經在裏爲陰，絡在外爲陽。若單以絡脈爲言，則又有大絡孫絡在内在外之别。深而在内者，是爲陰絡，陰絡近經，色則應之，故分五行以配五藏，而色有常也；淺而在外者，是爲陽絡，陽絡浮顯，色不應經，故隨四時之氣以爲進退而變無常也。觀《百病死生篇》曰『陽絡傷則血外溢，陰絡傷則血内溢』，其義可知。何近代諸

---

① 也：原作「色」，據《素問・經絡論》改。

② 常□：「□」原無，據《黄帝内經太素》楊注補。「平按」云：「常」下缺字，依經文當作「應」。

家之注，吴，馬。皆以六陰爲陰絡，六陽爲陽絡，豈陽經之絡必無常，陰經之絡必無變乎？皆誤也。」○五態面與絡色同。病在絡，小病絡色變，而面色不變也。隨時而行。絡有陰陽。按①：陰絡是陰之陰，故隨經色不變；陽絡是陽之陽，故隨時變也。以大絡爲陰絡，孫絡爲陽絡，大絡難變，孫絡易變。以大小分，非陽絡不變也。寒多其人平脈以寒熱分。則凝涩②，凝北方水藏之人。涩則青黑，面、絡同色。熱多則淖澤，《甲乙》澤作「滜」，注音「皐」。考滜、澤同，《詩》「鶴鳴九皐」，毛傳：「皐，澤也。」《史記·天官書》「其色大圜黄滜」，注音「澤」。淖，出《陰陽别論》。○③南方熱藏之人。淖澤則黄赤，此其常色者④，謂之無病也。淖，丈⑤卓反，濡甚也。解其陽絡隨⑥時而變也。冬月寒甚，則⑦經脈凝涩不通⑧。凝涩不通，則陽絡瘀而青黑；夏日熱盛，血氣濡甚，則陽絡熱而黄赤也。

---

① 據《黄帝内經太素》，楊注無此「按」字。
② 凝涩：《黄帝内經太素》作「泣泣」，下「凝涩」同；而《素問》、《甲乙》均作「凝泣」。
③ ○：原無，據語意及文例擬補。
④ 淖澤則黄赤此其常色者：十字原脱，據《黄帝内經太素》補。
⑤ 丈：原作「文」，據《黄帝内經太素》楊注改。
⑥ 隨：原脱，據《黄帝内經太素》楊注補。
⑦ 則：原作「雖」，據《黄帝内經太素》楊注改。
⑧ 凝涩不通：四字原脱，據《黄帝内經太素》楊注補。

陽絡如此隨四時而變者，此爲①陽絡常色，謂之無病之候也。不可見而色見者，病也。○《甲乙》皆作「其」。馬云：「八字當在『從四時而行也』之下。」吳、志並同。簡按：張、高順文注釋，非是。色上則五色皆見曰寒熱，此當作「五色」。俱見者，謂之寒熱。張云：「五色俱見，則陰陽變亂，失其常矣，故爲往來寒熱之病。」吳此下補「此皆變色謂之有病」八字。○此指脾言。黄帝曰：善。隨一時中五色俱見者，此爲寒熱之病也。

《素問·氣穴論》曰：是論孫絡也。帝曰：余已知氣血之處，遊鍼之居，願聞孫絡谿谷亦有所應乎？《類》注：「孫絡，支別之小絡也。」岐伯曰：孫絡三百六十五穴會，亦以應一歲，以下言孫絡之會也。十五絡脈從經脈生，謂之子也；小絡從十五絡生，乃是經脈之孫也。孫絡與三百六十五穴氣會，以法一歲之氣也。《類》注：「孫絡之云穴會，以絡與穴爲會也，穴深在内，絡淺在外，内外爲會，故曰穴會，非謂氣穴之外別有三百六十五絡穴也。」以洫今本作「溢」。奇邪，以通營衛。洫謂溝洫，水行處也。孫絡行於奇邪營衛之氣，故曰洫。《素問識》：張云：「溢，注也，滿也。奇，異也。邪自皮毛而溢於絡者，以左注右，以右注左，其氣無常處而不入於經，是爲奇邪。表裏之氣，由絡以通，故以通營衛。」高云：「《繆刺論》曰邪入舍於孫絡，不得入於經，流溢於大絡而生奇病。奇邪，猶奇病也。奇邪在絡，故孫絡以溢奇邪。溢，發溢，猶外出也。孫絡之所以溢奇邪者，以孫絡合大絡而通營衛也。」簡按：高注義長。然以上下文義求之，「以通營衛」四字恐衍。稽留營洫，今本作「營衛稽留」。衛散營溢，今本多此四字。氣濁血著，濁，今本作「竭」。外爲發熱，内爲少氣。若稽留營血，洫中不行，遂令血濁血著，皮膚發

① 爲：原作「謂」，據《黄帝内經太素》楊注改。

熱，營、衛不行，故曰少氣也。《類》注：「邪氣留於營、衛，故衛氣散，營氣溢。氣竭於內，故爲少氣。血著於經，故爲發熱。」疾寫無怠，以通營、衛，見而寫之，毋問所會。如此孫絡血氣洫道不通，有血之處，即疾寫之，以通營、衛，不須求其輸會而生疑慮。《類》注：「邪客於絡，則病及營、衛，故疾寫則營、衛通。寫絡者，但見其結即可刺，不必問經穴之所會①。」黄帝曰：善。

岐伯曰：孫絡之脈別經者，其血盛而當寫者，亦三百六十五脈，類注：即首節三百六十五穴會之義。並注於絡，傳注十二絡按：此絡字當作「經」，故下云「非獨絡脈」，非辨十二與十四之不同。脈，非獨十四絡脈也，絡以十四爲正，舊説合脾大包爲十五者非。舉可寫孫絡注大絡之數也，並注於十二皮部絡②也。十二別走絡脈，並任、督二脈，爲十四絡也。脾之大絡，從脾而出，不從脈起，故不入數。言諸孫絡傳注十二之③絡，非獨注於十四絡也。《類》注：「孫絡之多，皆傳注於十二經之大絡，非獨十四絡穴也。絡有十五，而此言十四，內大包即脾經也。」○《素問識》：高④云：「並注於絡，絡，大絡也。《靈樞·經脈論》有手太陰少陰心主太陽陽明少陽之別，足太陽陽明少陽太陰少陰厥陰之別，並任脈之別，督脈之別，爲十四大絡，故曰傳注十四絡脈，非獨手足三陰三陽之十二絡脈也。『四』舊本譌『二』，『二』舊本譌『四』，今改。」內解寫於中者十脈。解，別也。其諸絡脈別者，內寫十脈也。十

① 會：原脱，據《類經》補。
② 注於十二皮部絡：原作「注皮部十二絡」，據《黄帝内經太素》改。
③ 之：原作「支」，據《黄帝内經太素》改。
④ 高：原脱，據人民衛生出版社本丹波元簡《素問識》補。

脈，謂五藏脈兩箱合論，故有十也。《素問識》：張云：「解，散也，即《刺節真邪篇》解結之謂。寫，寫去其實也。中者，五藏也。此言絡雖十二，而分屬於五藏，故可解寫於中。左右各五，故曰十脈。」高云：「十四絡脈，外合孫絡則有三百六十五會，內合五藏則有左右五俞之十脈，故曰內解。寫於中者十脈，所以承十四絡脈，而申明內通五藏之俞脈，以補上文孫絡之未盡者又如此。」

《素問·繆刺論》：黄帝問岐伯曰：余聞繆刺，未得意也。何謂繆刺？岐伯曰：夫邪之客於形也，必先舍於皮毛，留而不去，入舍於孫脈，留而不去，入舍於絡脈，留而不去，入舍於經脈，內連五藏，散於腸胃，陰陽更盛，五藏乃傷，此邪之從皮毛而入極於五藏之次也。此陰陽二邪俱盛，從於皮毛，至於五藏，故以五藏爲次也。如此則治其經焉。今邪客於皮毛，入舍於孫絡，《素問識》：絡，《甲乙》作「脈」；據上文，當從《甲乙》。留而不去，閉塞不通，不得入於經，流溢於大絡，《素問識》引吴注曰：「十二經支注之大絡，即《難經》所謂絡脈十五絡也。」高云：「流溢，傳注也。《氣穴論》云孫絡之脈别經者並注於絡、傳注十四絡脈者①是也。」而生奇病焉。《素問識》：張云：「病在支絡，行不由經，故曰奇病。」志曰：「奇病者，謂病氣在左而證見於右，病氣在右而證見於左。蓋大絡乃經脈之别，陰走陽，陽走陰者也。」夫邪客大絡者，左注右，右注左，上下左右，與經相干，《素問識》：馬云：「其邪客大絡，左注於右，右注於左，上下左右與經相干，其

① 者：原脱，據《素問識》補。

實不得入於經，而止①布於四末。」志曰：「《經脈篇》曰手太陰之別，並太陰之經直入掌中，手少陰之別，循經入於心中，蓋大絡俱並經附行，故曰與經相干。」高云：「經，經隧也。經隧者，五藏六府之大絡也，故與經相干而輸布於手足之四末。其氣左右流行，無有常處，經隧相干，故不入於經俞。不入於經俞，刺其絡脈，故命曰繆刺。」簡按：據②諸家之義，干，預也，即干涉之干。布於四末，其氣無常處，不入於經輸，名③曰繆刺。如此至經，可療經之脈輸。若邪客皮毛孫絡，溢於④大絡，而生⑤奇病，左右相注，與經相干，乃至於布四末，其氣居無常處而不入經，可以繆刺之。張注：「支而横者爲絡，邪客於大絡，故左注右、右注左，布於四末而氣無常處，故當治以繆刺。」

《靈樞·癰疽篇》：黄帝問於岐伯曰：余聞腸胃受穀，上焦出氣，以温分肉，而養骨節，通腠理。中焦出氣如露，指氣。上注谿谷，而滲孫脈，津液和調，變化而赤爲血。血和則孫脈先滿，滿乃注於絡脈，皆盈，《靈樞識》⑥：《甲乙》「皆」上更有「絡脈」二字，《千金翼》同。乃注於經脈。出氣，謂營氣也。經絡及孫絡有内有外，内在藏府，外在筋骨肉間。穀入於胃，津液滲於孫絡，入於大絡，大絡入

---

① 止：原作「只」，據《素問識》改。
② 據：原脱，據《素問識》補。
③ 名：《素問·繆刺論》及《黄帝内經太素》卷二三《量繆刺》俱作「命」，似當從。
④ 於：原作「入」，據《黄帝内經太素》改。
⑤ 生：原作「去」，據《黄帝内經太素》改。
⑥ 靈樞識：原作「素問識」。按，其文見《靈樞識》卷六《癰疽篇第八十一》，因改。

經，流注於外；外之孫絡，以受於寒温四時之氣入絡行經，以注於内。今明水穀津液，入於①孫絡，乃至於經也。内外經絡行於藏府，藏府氣和②，乃得生也。陰陽已張，因息乃行。此段楊注詳内外經絡出入，最爲精妙。唐宋以下，此法絶響，惜哉！

《靈樞·百病始生篇》：是故虚邪之中人也，始於皮膚，皮膚緩則腠理開，從毛髮入，入則柩③深，深則毛髮立淅然，皮膚痛。《邪傳篇》。皮膚緩者，皮膚爲邪所中，無力不能收，故緩也。留而不去，則傳舍於絡脈，在絡脈之時，痛於肌肉，其痛之時，大經乃代。去，散邪也。孫絡大絡，皆稱絡脈也。十二經脈行皆代息，以大經在肌肉中，令④肌肉痛，故大經代息也。《類》注：「邪在⑤皮毛，當治於外。留而不去，其入漸深，則傳舍於絡脈，絡淺於經，故痛於肌肉之間。若肌肉之痛漸息，是邪將去絡而深，大經代受之矣。」岐伯曰：其著孫絡之脈而成積者，其積往來上下，臂手孫絡之居也，浮而緩，不能勾積而止之，故往來移行，腸間之水，湊滲注灌，濯濯有音，居，著也。邪氣著⑥於臂手孫絡，隨絡往來上下，其孫

---

① 入於：原作「内入」，據《黄帝内經太素》改。
② 行於藏府藏府氣和：原作「行於藏府之氣和」，據《黄帝内經太素》改。
③ 柩：原作「極」，據《黄帝内經太素》卷二七改。楊注：「柩，久也。」
④ 令：《黄帝内經太素》據日鈔本作「今」。
⑤ 在：原作「中」，據《類經》一三改。
⑥ 著：原作「注」，據《黄帝内經太素》改。

絡浮緩，不能勾止積氣，臂手之絡行在腸間，故邪隨絡脈往來，令腸間之水湊滲有聲也。有寒則脈䐜滿雷引，故時切痛。邪循於絡，在腸間時，有寒則孫絡䐜滿①，引腸而作雷聲，時有切痛。張注：「凡絡脈之細小者，皆孫絡也。句，拘也。邪著孫絡成積者，其積能往來上下。蓋積在大腸小腸之絡，皆屬手②經，其絡浮而淺，緩而不急，不能勾積而留止之，故移行於腸胃之間。若有水，則湊滲注灌，濯濯有聲；若有寒，則爲脹滿及雷鳴，相引時爲切痛。」

卒然盛食多飲③則脈滿，脈，張本作「腸」。起居不節，用力過度，則絡脈傷。陽絡傷則血外溢，血④外溢則衄血；陰絡傷則血内溢，血内溢則便血；腸外之絡傷，則血溢於腸外。腸外⑤有寒，汁沫與血相薄，則并合凝⑥聚不得散，積成矣。盛飲多食無節，遂令脈滿。起居用力過度，内絡脈傷。若傷腸内陽絡，則便衄血；若傷腸内陰絡，遂則便血；若傷腸外之絡，則血與寒汁凝聚爲積。此則生積所由二也。

---

① 有寒則孫絡䐜滿：原作「有聲則孫脈䐜滿」，據《黄帝内經太素》改。
② 手：原作「於」，據《類經》改。
③ 卒然盛食多飲：「卒然」上原有「又」字，「多飲」二字原作夾注，據《黄帝内經太素》删改。
④ 血：原脱，據《黄帝内經太素》補。
⑤ 外：原作「胃」，據《黄帝内經太素》改。
⑥ 凝：《黄帝内經太素》作「涘」。

《素問・脈解篇》：所謂客孫脈則頭痛鼻鼽腹腫者，陽明并於上，上者則其孫絡太陰也①，故頭痛鼻鼽腹腫。太陰經脈，至於舌下，太陰孫絡，絡於頭鼻，故陽明并於太陰孫絡，至鼻鼽腹腫也。

《靈樞・九鍼十二原篇》：經脈十二，絡脈十五，凡二十七氣以上下，《類》注：「藏有五，府有六，而復有手厥陰心主一經，是爲十二經。十二經各有絡脈，如手太陰別絡在列缺之類是也，此外又有任脈之絡曰屏翳，督脈之絡曰長强，脾之大絡曰大包，共爲十五絡。十二、十五，總二十七氣，以通周身上下也。」所出爲井，所溜爲滎②，所注爲腧，所行爲經，所入爲合。二十七氣所行，皆在五腧也。《類》注：「二十七經絡所行之氣③，皆在五腧之間。」節之交，三百六十五會，知其要者，一言而終；不知其要，流散無窮。馬云：「凡節之所交，計三百六十五會，實經絡滲灌諸節者也。此節者乃要之所在。」所言節者，神氣之所遊行出入也，非皮肉筋骨也。《類》注：「《小鍼解》云：『節之交三百六十五會者，絡脈之滲灌諸節者也。』即此神氣之義。」〇楊注佚。

《小鍼解》云：節之交，三百六十五會者，絡脈之滲灌諸節者也。楊注佚④。

---

① 上者則其孫絡太陰也：「其」字原脱，據《黄帝内經太素》卷八補。孫絡，《黄帝内經太素》作「孫脈」。

② 滎：原作「榮」，人民衛生出版社本《黄帝内經太素校注》卷二一及《靈樞》皆作「滎」，因據改。

③ 二十七經絡所行之氣：原作「二十七絡所行」，據《類經》八《經絡類》改。

④ 此條正文及注語顯係涉上條末之注文「類注」云云而誤衍，當刪。

《素問·徵四失論》：夫經脈十二，絡脈三百六十五，此皆人之所明知，工之所循用也。

《素問①·水熱穴論》：凡五十七穴者，皆藏之陰絡，水之所客也。

《素問·調經論》：夫十二經脈者，皆絡三百六十五節。節有病必被經脈，經脈之病皆有虚實，何以合之？《類》注：「所謂節者，神氣之所會也。」岐伯曰：五藏者，故得六府與爲表裏，經絡支節，各生虚實，視②其病所居，隨而調之。《類》注：「經絡各生支節，故爲三百六十五節。」病在脈，調之血；病在血，調之絡；《類》注：「《癰疽篇》曰：『血和則孫脈先滿溢，乃注於絡脈，而後注於經脈』，《百病始生篇》曰：『陽絡傷則血外溢，陰絡傷則血内溢』，本論云：『孫絡外溢則經有留血』，故病在血者，當調之絡也。」病在氣，調之衛；病在肉③，調之分肉；病在筋，調之筋；病在骨，調之骨。

又云：神有餘，則寫其小絡之血，出血，勿之深斥。斥，推也。謂勿深推也。神之有餘氣淺，故刺小絡出血也。神不足，視其虚絡，切而致之，刺而利之，毋出其血，毋洩其氣。○孫絡外溢，則經有留血。○視其血絡，刺出其血，無令惡血得入於經，以成其病。○形有餘，則寫其陽經，不足則補其陽絡。陽經陽絡，足陽明經及絡也。或爲陽營，非也。《類》注同。○絡之與孫脈俱輸

① 素問：原作「靈樞」，據《素問》篇目改。
② 視：原脱，《素問》同。據《黄帝内經太素》卷二四補。
③ 肉：原作「内」，據《素問》改。

於經，大絡孫絡，俱輸血氣入於大經，則大經血氣俱實者也。《素問識》：吴作「孫絡」，注云：「絡①，正絡也；孫絡，支絡也。」志云②：「絡者，經脈之支別也。孫絡者，乃③孫絡之脈别經者。」簡按：今仍志。血與氣并，則爲實焉。

○風雨之傷人也，先客於皮膚，傳入於孫脈，孫脈滿則傳入於絡脈，絡脈滿乃輸於大經。人因飢，虚汗出，腠理開發，風雨之氣，因客腠理，次入孫絡，次入大絡，次入大經也。《素問識》：馬云：「《皮部論》：『邪客於皮，則腠理開，開則邪入，客於絡脈，絡脈滿則注於經脈，經脈滿則入舍於府藏也』；《繆刺論》：『邪之客於形也，必先舍於皮毛，留而不去，入舍於孫脈；留而不去，入舍於絡脈；留而不去。入舍於經脈。』義同。」

---

① 絡：原脱，據《素問識》卷七補。
② 云：原作「絡」，據《黄帝内經太素》改。
③ 乃：原作「乃云」，據《黄帝内經太素》删「云」字。

楊氏太素診絡篇補證卷中

隋　楊上善撰注
井研　廖平補證

《靈樞・經別篇》黄坤載《靈樞懸解》以十五絡之文舊入《經脈篇》爲錯簡，提歸《經別篇》十二正別之後，下與《經筋篇》相聯，今從之。以前數節仍在《經脈篇》。○楊目作《十五絡脈》。案：當爲十四絡，任、督與十二絡也。脾之大絡終屬脾經，乃爲互見。考金大定本《圖經》引扁鵲爲十二絡脈，此不數任、督爲十二，《氣穴論》①云：「並注於絡，傳注十二絡脈，當作經脈。非獨十四絡也。」合任、督則爲十四，與此篇同。舊説以脾之大絡合數爲十五絡，張氏《類經》又以胃之大絡合爲十六絡；按《經脈篇》云「手少陽陽明之大絡也」，則非獨脾胃可稱大絡，大腸三焦亦可稱大絡。則脾之大絡一節，只足爲脾絡之傳文，不當另數爲十五也。

手太陰之別，黄氏《懸解》以十五絡脈皆以「別」爲標目，故以歸入《經別篇》。故診經爲《經脈》，診絡爲《經別》，界限可規畫焉。○去腕一寸半。別，即離合之「離」。正脈循行，忽有歧枝離本經別行，與他經相合，或入藏府，同爲別也。名曰列缺。十二正經，有八奇經，合廿脈，名爲之經。廿脈中，十二經脈督脈及任脈衝脈，有②十四經，案：

---

① 氣穴論：原作「氣血論」，據《素問》篇目改。

② 有：原脱，據《黄帝内經太素》卷九楊注補。

楊注以任、衝合爲一脈數之，此經亦有任無衝。各别出一脈，有十四脈，脾藏復出一脈，合有十五脈，此脾絡雜出之傳。脾絡止於大包，故以爲言，非於脾絡外别爲大絡。名爲大絡。任、衝及脾所出，散絡而已；餘十三絡從經而出，行散絡已，别走餘經，以爲交通。從十五絡别出小絡，名爲孫絡。任衝二脈雖别，同稱一絡，名曰尾翳，似不别也，别於太陰一經，故曰别也。餘皆仿之。此别走絡，分别大經，所以稱缺，當注是經渠。此穴列於缺減大經之處，故曰列缺也。注從舊讀爲「十五」，非。諸經對孫絡皆可稱大絡，非獨脾胃乃言大。起於腕下①分間，腕下分間，即手太陰經也。並太陰之經②下行用順。直入從外進内爲入，則外不可見。掌中，當衍。散入又入。於魚際。從列缺至魚際四穴。馬云：「此下十二節詳言十二絡穴，而此先以肺經言之也。夫不曰絡而曰别者，以此穴由本經而别走鄰經也。手太陰肺經之别穴名曰列缺，去腕側上一寸半。起於腕上分肉之間，並本經太陰之經入手陽明大腸經，以直入掌中，而散入於魚際。」其病諸本有「實」字，一作「甚」。手兑《甲乙》作「鋭」，下有「骨」字。掌熱，太陰絡病，每絡詳别穴所在，及上下地位、病證、刺法與所合。取之去腕一寸半，《甲乙》作「一寸」，非。别離本經别去，故「别」與「離」同義。走絡合。陽明。並，薄浪反。絡入魚際，别走陽明經也，陽明與太陰合也。餘皆仿此。每絡詳别穴所在，及上下行地位、病證、刺法與所合。

手少陰之别。此與《經脈篇》同。始詳循行所在，次言虚實病狀，終言治法。名曰通里。《太素》注於各穴名目

---

① 腕下：《黄帝内經太素》作「掖下」，注「腕下」同。《靈樞》作「腕上」。

② 經：原作「道」，據《靈樞·經脈》改。

皆有説，不無附會，今不盡取之。去腕一寸，今本有「半」字，衍。別而上行，此詳上行，由手走胸爲逆。循經與經同行，上行四穴。入於心中，屬心。繫舌本，絡亦入藏府，非但行外。屬目系。馬云：「此言心經之絡穴也。通里穴爲絡，去腕一寸，別而上行，循本經入於心中，繫舌本，屬目系。」〇經穴，止於極泉，在臂。其實則支鬲，馬云：「膈間若有所支，而不暢也。」虚則不能言，取之腕後一寸，別走太陽。里，居處也。此穴乃是手少陰脈氣別通，爲絡居處，故曰通里也。支，搘①也。少陰脈起心中，故實則搘膈而間②之，虚則不能言也。

手心讀作「囟」。主囟爲君主之宫，謂兩要。爲腦之宫城，腦無輸，有病囟主當之，謂以腰代腦受過。之別，腰附脊居中，爲腦髓之代表。故其脈居中指。俗以附心脂當之，非。名曰内三焦與心主相表裏，藏曰内關，府曰外關。關，手心主至此太陰少陰之内，起於別絡，内通心包，入於少陽，故曰内關也。去腕二寸，出由内而出，未出之先不可見。於兩筋之間，上行，由手走頭爲逆。循經以上，繫於心包絡，馬云：「心包絡，經之絡穴也。夫手厥陰心包絡經而謂之手心主者，以其代心經以行事也。其別名曰内關，去手腕上廉二寸之兩筋間，循本經以上繫於心包絡。如心系間邪氣盛而實，則心必痛。」〇兩腎爲包絡。心系實則心痛，虚則爲煩，與《甲乙》同。今本作「頭③强」。取之兩筋間。檢《明堂經》，「兩筋間」下有別走少陽之言，此經無者，當是脱也。志云：此不曰「別走陽明」，或簡脱

---

① 搘：原作「[扌者]」，據《黄帝内經太素》楊注改。下「搘」同。
② 間：原作「問」，據《黄帝内經太素》楊注改。
③ 頭：原作「項」，據《靈樞》改。

也。

手太陽小腸。之别，其分歧處爲别。名曰支正。正，正經也。支，絡脈也。太陽正經之上，支别此絡，走向少陰，故曰支正也。去腕五寸，内注由外别有一支内注。少陰；手少陰心。其别者，此又一支。上走由手走頭，順行。肘，絡肩髃。肺絡所循。實則節《甲乙》作「筋」。弛①肘廢，志云：「手太陽小腸主液，實則津液留滯，不能淖澤與②骨，是以節弛肘廢。」虚則生肬，《靈樞識》③：馬云：「《海篇》釋爲贅，蓋贅瘤之類。」張云：「肬音尤，贅也，瘤也。」簡案：肬與瘤自别。《巢源》「疣目候④」云：「疣目者，人手足邊忽生如豆，粗强於肉」；樓氏《綱目》云，疣「俗稱鷄眼子」；《藏經音義》：「肬、疣同。《埤蒼》云『皮上結也』，《莊子》云『附贅懸疣』。或作『默』，今俗謂之『侯』。」志云「即皻痤之類」，誤也。小者如指痂疥，取之去腕五寸。所别。别走少陰。施，縱緩也。肬音尤，疳⑤也，又贅也，皮外小結也。疳音目。痂，假瑕反，瘡甲也。疥，公薤反也。

手陽明之别，西人解剖學於藏府及筋四末骨深處，《醫説》則詳外略内，以至兩歧，互相非笑。今以經之離合出入求之，則二説交相爲用，缺一不可。名曰偏歷，手陽明經上偏出此絡，經歷手臂，别走太陰，故曰偏歷也。去

① 弛：《黄帝内經太素》作「施」。
② 與：原作「於」，據上海科技出版社本《靈樞識》卷二改。
③ 靈樞識：原作「素問識」。按，其文見《靈樞識》卷二《經脈第十》，因改。
④ 候：原作「侯」，據人民衛生出版社本《諸病源候論校釋》卷三一改。
⑤ 疳：原作「腫」，據《黄帝内經太素》改。

腕三寸，别走太陰；其别者，上循臂，乘肩髃，上曲頰偏齒；丹波元簡云：偏，謂偏止於曲頰之處。○上行順。其别者，入耳會於宗脈。《靈樞識》①：馬云：「此言大腸經之絡穴也。偏歷去手腕後三寸，别走入於手太陰肺經。其支别者，上循臂之温溜、下廉、上廉、三里、曲池，以乘肩髃，上曲頰，入上齒縫中；又其支别者，入耳，合於宗脈。」張云：「按本經筋脈皆無入耳上目之文，惟此别絡有之。宗脈者，脈聚於耳目之間者也。」實則齲《甲乙》有「齒」字。耳聾，虚則齒寒痹鬲，今本作「痹隔」。取之所别。手陽明絡，上於曲頰，偏於下齒之中。宗，總也。耳中有手太陽、手少陽、足少陽、足陽明絡四脈總會處，故曰宗脈。手陽明絡别入耳中，與宗脈會，故實則齲而聾也。五陽之絡皆貫於膈，故陽虚膈中痹熱之病如此也。

手少陽三焦。之别，名曰外外，與心主内相對。關，此處少陽之絡，别行心主外關，故曰外關也。去腕二寸，外繞臂，上行順。注胸中，絡亦入腔内。合心主。馬云：此言三焦經之絡穴也②。外關去手腕外廉二寸，外繞於臂，注於胸中，以合手厥陰心主之脈，以三焦與心包絡爲表裏也。其病實則肘攣，虚則不收③，絡病多在外。取之所别。實則肘急，故攣；虚則緩縱，故肘不收也。

足太陽之别，名曰飛陽，此太陽絡别走向少陰經，迅疾如飛，故曰飛陽也。去踝七寸，上。别走

① 靈樞識：原作「素問識」。按，其文見《靈樞識》卷二《經脈第十》，因改。
② 三焦經之絡穴也：原作「三焦之絡血」，據《靈樞識》卷二改。
③ 收：原作「入」，據《黄帝内經太素》改。

少陰。馬云：此言膀胱經之絡穴也。飛揚去足外踝上七寸，別走少陰腎經，以膀胱與腎爲表裏也。實則鼻窒《甲乙》作「窒鼻」，今本作「鼽窒」。頭背痛，虛則鼽衄，取之所別。窒，塞也，知栗反。太陽走目内眥，絡入鼻中，故實則鼻塞也；虛則無力自守，故鼻衄也。

足少陽舊説爲膽，今以膽爲藏。外腎專司生殖，即《難經》所謂命門。之別，離合出入。別，即離也。名曰光明，光明，即眼也。少陽厥陰主眼，故少陽絡得其名。去踝五寸，別走府經絡爲別。厥陰，舊以肝膽自爲表裏，今定少陽爲外腎，則表裏不同位矣。下由頭走足，順。絡足跗上。馬云：此言膽經之絡穴也。光明穴去外踝上五寸，別走足厥陰肝經，以膽與肝爲表裏也；下絡足之跗面①，即俠谿、地五會、臨泣等處也。實則厥，虛則痿躄，坐不能起，取之所別。少陽之絡，腰以上實，多生厥逆病；腰以下脈虛，則痿躄，跛不能行也。躄，音擘也。

足陽明之別，胃有大絡曰虛里，爲此經之傳。名曰豐隆，足陽明穀氣隆盛，至此處豐溢出於大絡，故曰豐隆。去踝八寸，別走太陰②；府經絡爲別。其別者，循脛骨外廉上絡頭，合諸經之氣，下絡喉嗌。馬云：「此言胃經之經穴也。豐隆去外踝上八寸，別走足太陰脾經，以胃與脾爲表裏。循脛骨外廉之上下巨虛等穴，上至頭項而絡之，以合於諸經之氣。蓋胃爲五藏六府之大海也，其頭項之下則絡於喉嗌。」張云：「喉嗌、缺盆，爲諸經之孔道，故合諸經之氣，下絡喉嗌。」其病氣逆則喉痺卒馬云：當作「猝」。瘖，實則狂癲疾，虛則足不收脛枯，

① 面：原作「而」，據《靈樞識》卷二改。
② 陰：原作「隆」，據《黃帝内經太素》改。

取之所别。實并於上，故爲癲疾；虚則下不足，故足不收。

足太陰之别，脾胃稱大絡，手陽明少陽亦稱大絡。名曰公孫，肝木爲公，心火爲子，脾土爲孫。穴在公孫之脈，因名公孫也①。去本節之後一寸，别走陽明；其别者，入絡腸胃。馬云：「此言脾經之絡穴也。公孫去②足大指本節後一寸，别走足陽明胃經，以脾與胃爲表裏也。其别者，入絡於腸胃之中。」〇下文「脾之大絡名曰大包」即傳此經之文，可以參考。厥氣上逆則霍亂，實則腹中切痛，虚則鼓脹，取之所别。陽明絡入腸胃，清濁相干，厥氣亂於腸胃，遂有霍亂。食多脈實，故腹中痛。無食脈虚，故邪氣脹滿。

足少陰之别，膽爲水藏，其神玄武，與心相對，同爲少陰，一主氣，一主血，爲肺肝之主宰。《内經》或稱膽，又或稱爲腎，名實同異，須就文義定之。名曰大鍾，鍾，注也。此穴乃是少陰大絡别注之處，故曰大鍾。當踝後繞跟，别走太陽；膽與膀胱爲表裏，非内腎。其别者，並經上走於心包，「包」字當爲衍文。下貫腰脊。馬云：「此言腎經之絡穴也。大鍾穴當内踝後繞跟處，别走足太陽膀胱經。以腎與膀胱爲表裏也。又其别者，并本經脈氣之行，以上走於手厥陰心包絡經之下，而外則貫於腰脊間。」〇内腎之腰爲腦髓所屬，爲心主，一名包絡。腦爲君主，居中建極，以統十二經，故囟主脈出中指，入掌心。兩腰分左右，如二伯之夾輔也。其病氣逆則煩悶，實則閉癃，少陰與太陽相表裏。虚則腰痛，腎俞。取之所别。大鍾絡走心包，故病則煩悶，實則膀胱閉淋，不足則爲腰痛也。

足厥陰肝與外腎相表裏。之别，名曰蠡溝，蠡，力洒反，瓢勺也。胻骨之内上下虚處，有似瓢勺渠溝，

---

① 因名公孫也：原作「固名公孫」，據《黄帝内經太素》改。

② 去：原作「走」，據《靈樞識》卷二改。

此因名曰蠡溝。去内踝五寸，別走少陽；外腎。隋唐以後以其附於内腎爲附庸，不列十二經絡之分，後人從丹經内①，乃創命門以代之。所謂命門工用，全屬外腎。其別者，循脛《甲乙》作「經」。上皋即睪丸，在女子爲子處。結於莖。馬云：「此言肝經之絡穴也。蠡溝去内踝上五寸陷中，別走足少陽膽經，以肝與膽爲表裏也。經於足脛，以上於睪丸，結於莖垂。」○肝主筋，莖稱宗筋，女子爲包。其病氣逆則皋腫卒疝，泰西生殖器之説全屬睪丸，子處等人皆略之。實則挺長舊説命門有水有火司運化等説，全係生殖器之事。熱，虚則暴癢，肝病全在外腎，以二經相表裏。取之所別。皋，囊也。此絡上囊聚於陰莖也。挺長，陰挺出長也，虚則陰癢也。

督脈道家兩要之神作鹿形，即督脈也。要附脊，爲腦部左右，夾輔宮城。之別，今本「任」在「督」前。名曰長强，督脈諸陽脈長，其氣强盛，穴居其處，故曰長强也。俠膂上項，上散頭上，下當肩甲左右，別走太陽，督與小腸膀胱無涉，此當指任脈天突。入貫膂。馬云：此言督脈經之有絡穴也。長强挾膂上項，散於頭上，下則當於肩胛②之左右。其別者則走於足太陽膀胱經，以入貫於膂筋之間。實則脊强，虚則頭重，高揺之，張云：謂力弱不勝而顫掉也。俠脊兩要心主。之有過者，腦有病，心主代之。取之所別。俠脊有過，則知督脈兩道以爲定③也。

---

① 此「内」字疑衍。
② 胛：原作「脾」，據《靈樞識》卷二改。
③ 定：原作「病」，據《黄帝内經太素》改。

任督之别①，十二經爲外藩，任督二脈居中馭外，爲十二經之主宰。時醫多略内②詳外，非也。滑氏《十四經發揮》加入任、督，是也，但當首列之耳。名曰尾翳，下鳩尾，散於腹。實則腹皮痛，虚則癢搔，診絡於虚實俱詳。取之所别。尾則鳩尾，一名尾翳，是心之蔽骨。此之絡脈起於尾翳，故得其名。任、衝二經，此中合有一絡者，以其營處是同，故合之也。任、衝浮絡，行腹皮中，故實盛痛也；虚以不足，故邪爲癢搔。葉牢反。志云：「按任脈起於中極之下，以上毛際，循腹裏，上關元，至咽喉，上頤循面入目。所謂尾翳者，即鳩尾之上。蓋任脈之别絡，出於下極，并經而上，復下於鳩尾，以散於腹，絡氣實則腸皮③急，虚則癢搔，當取之所别絡也。」丹波元簡案：「《甲乙》云：『鳩尾，一名尾翳，一名鶻骬，在臆前蔽骨下五分，任脈之别。』由此考之，尾翳即蔽骨，猶鶻骬即蔽骨，而又爲鳩尾，一名也。張改屏翳爲會陰穴，非也。」〇任督當作任脈。

脾之大絡脈④，前已見脾絡公孫，此再舉，亦如《四海篇》之腦爲髓海，再言衝爲十二經⑤之海，一經一傳。血海從略。名曰大包，脾爲中土，四藏之主，包裹處也，故曰大包也⑥。脾經之穴名。〇考脾二十一穴止於大包，公孫

---

① 任督之别：《黄帝内經太素》作「任衝之别」，楊注亦作「任衝」解。《靈樞》作「任脈之别」。
② 内：原脱，據文意擬補。
③ 腸皮：恐誤，當依《靈樞》經文作「腹皮」，
④ 絡脈：原作「脈絡」，據《黄帝内經太素》乙。
⑤ 經：原脱，據《黄帝内經太素》卷五《四海合篇》補。
⑥ 也：原作「之也」，據《黄帝内經太素》楊注改。

在第四。諸經之絡，經詳其所始，略其所終，一見大包，以示其例，非公孫大絡之外別有大包大絡、脾有二大絡也。出淵腋下三寸，布胸脇。實則身盡痛，虛則百節皆縱。張云：脾之大絡名大包，在淵腋下三寸，布胸脇，出九肋間，總統陰陽諸絡，由脾灌溉五藏者也，故其爲病如此也。此脈若羅元簡云：據馬注，「羅」字下句爲是。絡之血者，《血絡篇》詳矣。皆取之所別。脾之盛氣①，腋下三寸。當淵腋而出，布於胸脇，散於百體。故實則徧身皆痛，虛則穀氣不足，所以百節緩縱。此脈乃是人身之上羅絡之血脈也，由是有病皆取之也。治絡多瓷鋒放血之法，時醫惟詳於痧疫，内證無用之者，以未嘗診絡故也。

凡此十五絡者，當作十四。實則必見，賁起，動，腫。虛則必下，陷下。視之不見，求之上下，《皮部論》「上下同法」，謂手足互求之。又讀作「左右」。人讀作「正」。經不讀作「必」。同，經用巨刺。絡脈異所。盛則血滿脈中，故必見；虛則脈中少血，故必下。脈下②難見，故上下求之。人之稟氣得身，百體不可一者，豈有經絡而得同乎？故須上下求之，方得見也。絡則繆刺，詳下《繆刺篇》。

《平人氣象論》篇：胃之大絡，名曰虛里，貫鬲絡肺，出於左「左」字衍。乳下，其動應衣。此胃絡動耳。《類經》注以爲大病極虛之候，恐不然也。

[解]乳之下其動應衣，宗氣泄。乳下虛里之脈。《新校正》：全本、《甲乙》無此十字。

---

① 盛氣：原作「氣盛」，據《黄帝内經太素》乙。

② 下：原作「中」，據《黄帝内經太素》改。

《素問·三部九候篇》：脈鈎、經脈四時之鈎非脈名，詳《脈學輯要評》。據此，惟絡乃有鈎名。代者，《史記·倉公傳》：「代則絡脈有過。」按：倉公言絡者，多爲古診絡法。皆絡脈之病也。《禁服篇》：「代則取血絡①，且飲藥。」邪在血絡，致令脈代，可刺去邪血，飲湯實之。經脈無代，絡動時動時止，於代俱切，故經云「代」。正經動脈無鈎狀，絡脈其動時賁起，有鈎形，如小兒三關。

《素問·皮部論》：黄帝問岐伯曰：楊作《經脈皮部》。余聞皮有分部，前説十五大絡，循其行處以求其病，次説皮部十二絡之以十二經上之以②皮分十二部，以取其病，故曰皮有部也。脈有經紀，大絡小絡，總以十二大脈，以爲皮部經紀。筋有結絡，十二經筋各有結聚，各有包絡。骨有度量，骨有大小長短度量。其所生病各異。以其皮脈筋骨各各不同，故皮脈筋骨生病異之。别其分部，左右上下，陰陽所在，别其皮脈筋骨分部異者，有左有右，有上有下，有陰有陽，六種所在。病之終始，病客前六，有初有極也。願聞其道。岐伯曰：欲知皮部，指絡言。以經脈爲紀。志云：紀，記也。欲知皮之分部，當以所見之絡脈分之，然當以經脈爲記。○絡依經脈而行。

陽明之陽，三陽，爲陽絡。名曰害蜚讀作「蟦」。蜚，馬云：「陽明而曰害蜚者，陽氣自盛，萬物陽極，則有歸陰之義，故曰害蜚。物之飛者，尤爲屬陽也。如《詩經》有『四月莠要』，及《本草》『至夏③則草枯，而有夏枯草』之類。」吴云：「害，

---

① 血絡：原作「絡脈」，《靈樞》、《太素》俱作「血絡」，據改。
② 此「以」字疑衍。
③ 至夏：疑當作「夏至」。

與「闔」同，所謂『陽明爲闔』是也。蜚，蠢動也。蓋陽明者，面也，面者，午也；五月陽氣蠢動，而一陰氣上，與陽始争，是闔其陽也。」張云：「蜚，古『飛』字。蜚者，飛揚也，言陽盛而浮也。凡盛極者必損，故陽之盛也在陽明，陽之損也亦在陽明，是以陽明之陽名曰害蜚。」高云：「陽明之陽，行身之前而主闔，闔則不開，有害於飛，故名曰害蜚。蜚猶開也。」簡按：諸注未允。蓋害①、盍、闔古通用，《爾雅·釋言》「害，盍也」，郭注：「盍，何不也，或作害。」《莊子·則陽篇》云「闔嘗舍之」，注：「何不試舍其所爲乎。」《爾雅·釋宫》「闔謂之扉」，疏：「闔，扇也。」《説文》曰：「闔，門扇也，一曰閉也。」蜚音「扉」，害蜚即是闔扉，門扇之謂，《離合真邪論》云「陽明爲闔」，義相通。害，讀爲胡臘切。上手。下足。同法，蜚，扶②貴反。陽明大經爲陽，故大小絡爲陽明之陽。陽明之脈，有手有足，手則爲上，足則爲下；又，手陽明在手爲下，在頭爲上；足陽明在頭爲上，在足爲下，診色行鍼，皆同法也。餘皆仿此。《甲乙》「上」上有「十二經」三字。○從别分之，從四末走内，爲上；從内走四末，爲下。視其部中有浮絡者，浮，與經不見相對。皆陽明之絡也。浮，謂大小絡見於皮者也。

其色診絡以辨色爲一大門。多青絡變色，與面異。則痛，此節爲絡之變色。下云常色無病，指絡與面色同者；此以爲病，指絡與面色③異者。同面爲無病常色，異面則爲變色。多黑面色不常黑，絡變此色。則痺，絡脈俱有五色，然衆絡以色偏多者候其别病。邪客分肉之間，迫肉初痛，故絡青也。久留爲冷爲熱，或

---

① 害：原脱，據《素問識》卷七補。
② 扶：原作「妖」，據學苑出版社《黄帝内經太素新校正》卷九改。
③ 色：原脱，依上句文例擬補。

爲不仁，以成於痺，故絡青深爲胎黑也。多黃赤則熱，痺熱在中，氣溢皮膚，故絡黃赤也。下文「熱多則淖澤，淖澤則黃赤」，文與此同，而以爲常色無病，此以爲病，文似相反；此指絡與面色異，彼言面絡色同。多白絡色獨變白。則寒，堊白，寒也。故寒氣在中，絡白色也。五色皆見，中央寄王四時，又一方之中自有五態，合爲廿五人。則寒熱。青赤黃等爲陽①色也，白黑二種爲陰色也，今二色俱見，當知所病有寒熱也。絡盛邪留於絡而倍盛。則入於經。盛，大小絡盛也。大小絡中痛、痺、熱、寒、寒熱②五邪盛者，則循絡入經也。由絡傳經，爲經病，屬五診。陽主外，陰主內。陽絡主外，陰絡主內也。在陽絡者主外，在陰絡者主內也。吳：「二句移於『爲紀者』之下。」張云：「絡爲陽，故主外；經爲陰，故主內。如《壽夭剛柔篇》曰『內有陰陽，外亦有陰陽，在內者，五藏爲陰，六府爲陽；在外者，筋骨爲陰，皮膚爲陽』也。凡後六經之上下、五色之爲病，其陰陽內外皆同此。」○由陰陽分內外。

少陽之陽，名曰樞「樞」與「轄」對。持。《甲乙》「持」作「杼」。吳云：「樞，樞軸也，所謂少陽爲樞是也。持，把持也。蓋少陽居於表裏之間，猶持樞軸也。」張云：「樞，樞機也。持，主持也。少陽居三陽表裏之間，如樞之運，而持其出入之機，故曰樞持。」簡按：據《甲乙》，樞杼即樞軸。《詩·小雅》「小東大東，杼柚其空」，柚、軸同。《淮南·説林訓》：「黼黻之美，在於杼軸。」上下同法，《甲乙》無此四字。下同。○手、足同。視其部中，有浮絡脈者，皆少陽之絡也。吳此下補「五色診視如上」六字。○諸圖皆詳經穴，宜補十二絡圖。絡盛則入經，故在陽者主內，外。在陰者主

---

① 陽：原作「楊」，據《黃帝內經太素》楊注改。

② 熱：原脱，據《黃帝內經太素》楊注補。

出，出，《甲乙》作「外」。吴删「故在陽」以下十九字，云：「與上文不相承，僭去之。」張云：「邪必由絡入經，故其在陽者主内，言自陽分而入於内也；在陰者主出，以滲於内，言出於經而滲入於藏也。此邪氣之序，諸經之皆然者。『出』字義非外出之謂，説文曰：『出，進也，象草木益滋上出達也。』觀下文少陰經云『其出者從陰内注於骨』，與此『出』字同意。」志云：「在外六經之氣從陽而内，在内經脈之氣從陰而外，出於皮膚，復從皮膚①而入肌肉筋骨，以滲於藏府募②原之間，而内通於五藏。此論經脈之氣環轉無端，蓋從内而外也。」高云：「皮絡之邪過盛，則入客於經。絡爲陽主外，絡盛客經，則陽氣内入，故在陽者主内；經爲陰主内，陽氣内入，則陰氣外出，故在陰者主出。出而復入，以滲於内，此陰陽經絡外内出入，不獨手足少陽爲然，而諸經皆然。」簡按：上文云陽主外、陰主内，則似義相戾，故張引《説文》，訓出爲進，殆屬强解。今姑仍高義。**滲於内也，諸經皆然矣。少陽絡盛則入於經，故主内也；經盛外溢，故主出也。諸陰陽絡主内出者，例以此知也。滲，山蔭反。**

太陽之陽，名曰關樞。馬云：「蓋少陽爲樞，而此太陽爲三陽，最在外，則此太陽爲關樞也。《陰陽離合論》以陽明爲闔、太陽爲開，而此以太陽爲關；關者，闔也，蓋彼就表之表而言，而此對少陽而言耳。」吴云：「關，固衛也。少陽爲樞，轉布陽氣，太陽則約束而固衛其轉布之陽，故曰關樞。」張云：「《陰陽離合論》曰『太陽爲開』，辭異而義同也。」高云：「太陽之陽，行身之背而主開，故名曰關樞。關，猶係也，樞轉始開，開之係於樞也。」簡按：《老子》「善閉者無關楗而不可開」，《説文》「關，以横木持門户也」，由是觀之，關無「開」之義，吴注爲長。蓋《陰陽離合論》「開」、「闔」、「樞」則以形層而言，此篇則以皮部而言，此所以不能無異也。且害蜚樞持關樞之類，爲三陽三陰之稱者，不過借以見神機樞轉之義，亦宜無深意焉。上

---

① 復從皮膚：四字原脱，據《素問識》卷七補。
② 募：原作「幕」，據《素問識》卷七改。

下同法，視其部中有浮絡脈者，皆太陽之絡也，絡盛則入客於經。外盛者，則入於大①經也。

少陰之陰，名曰樞儒。吴云：「儒，當作『臑』。手少陰之脈，下循臑内後廉，足少陰之脈，上股内後廉，皆柔軟肉勝之處，故曰臑。樞臑者，樞機運於臑内也。所謂『三陰離合，少陰爲樞』是也。」張云：「儒，《説文》柔也，王氏曰『順也』。少陰爲三陰開闔之樞，而陰氣柔順，故曰樞儒。」高云：「少陰之陰，從腨膕而上，注胸中而止，樞轉神機，區别水火，故名曰樞儒。儒，猶區也。」簡按：諸注亦未允。儒，《新校正》引《甲乙》作「檽」，似是。檽，音軟。或作「楆」，又作「栭」，《爾雅》「栭謂之楶」，注：「即櫨也」，疏：「謂斗栱也」；《蒼頡篇》云：「櫨，栱，柱上木也，柱上承斗之曲木也。」見《一切經音義》。少陰之陰，取名於樞上柱頭之檽，故曰樞檽歟。今本《甲乙》作「樞儒」。上下同法，視其部中有浮絡者，皆少陰之絡也。吴此下補「五色診視如陽明」七字。絡盛則入客於經，其入於經也，從陽部注於經；從陽絡部注於陽經也。其經出者，從陰注於骨。從陰絡部出注陰經，内注於骨，少陰主骨也。吴云：「出，謂出於陽經也。出於陽則入於陰，入於陰，故注於骨。」張云：「謂出於經而入於骨，即前少陽經云『在陰者主出以滲於内』之義。」

心主之陰，高云：心主手厥陰心主包絡也，手足無分，上下同法，故舉手之厥陰以明之。是足之厥陰亦同於手之厥陰也。名曰害轄。肩。馬云：「肩，重也。萬物從陰而沉，而此陰氣有以殺之，故曰害肩。」吴云：「厥陰脈上抵腋下，故曰害肩。害、闔同，蓋言闔聚陰氣於肩腋之分，所謂『厥陰爲闔』是也。」張云：「肩，任也，載也。陽主乎運，陰主乎載，陰盛之極，其氣必傷。是陰之盛也在厥陰，陰之傷也亦在厥陰，故曰害肩。然則陽明曰害蜚、此曰害肩者，即陰極陽極之義。」高

① 大：原脱，據《黄帝内經太素》楊注補。

云：「心主之陰，起於胸中而主闔，闔則不能外任，故名曰害肩。肩，猶任也。」簡按：諸注亦未允。蓋肩、梋同，枅也。《説文》「枅，屋櫨也」，徐鍇云：「柱上横木承棟者，横之似笄也。」《説文》又曰：「關，門欂櫨也。」《爾雅・釋宮》曰：「關謂之榩」，注：「柱上欂也，亦名枅」，疏：「柱上方木」，是也。《集韻》：「枅，或作梋。」闔梋者，謂闔扉上容樞之枅與？上下同法，視其部中有浮絡者，皆心主之絡也，絡盛則入客於經。

太陰之陰，名曰關轄、樞、關，皆取機械名詞。蟄①。吴云：「關，封也，所謂『太陰爲關』是也。簡按：《陰陽離合論》「太陰爲開」，而吴云爲「關」，誤也。蟄，蟄蟲也。蓋太陰者裏也，裏者子也；十一月，萬物氣皆藏於中，猶封蟄也。」張云：「關者，固於外；蟄者，伏於中。」高云：「太陰之陰，循足脛交出厥陰之前而主開，故曰關蟄。蟄猶藏也，藏而後開，開之關於蟄也。」簡按：諸注亦未允。《甲乙》蟄作「執」。蓋蟄是槷之譌，槷、闑同，《穀梁傳》昭八年「以葛覆質以爲槷」，范寧注：「槷，門中臬。」《釋文》：「槷，門橛也。」《爾雅》：「橛謂之闑。」《周禮・考工記》鄭注：「闑，古文作槷，乃門中橛也。」關槷者，取義於門中之橛，左右之扉所合處歟？上下同法，視其部中有浮絡者，皆太陰之絡也。絡盛則入客於經。

凡十二經此字當作「絡」。脈者，大定本《圖經》曰：扁鵲所謂經脈十二、絡脈十二者，皆因其原如環之無端，絡以十二計之。皮之部也。皮有部者，以十二脈分爲部也。絡與皮連，故同診者多。是故百病之始生也，下廣論外邪主於百病，次第所由也。必先客於皮毛，五診之首。邪中之則腠理開，仲景之「緩解」。開則入客於絡由皮入絡。脈，留而不去，傳入於府，或作「筋」。廩於腸胃。或

---

① 蟄：《黄帝内經太素》作「樞」。

作「骨」。外邪氣，風寒暑濕，邪入身爲病，先著皮毛，留而不出①，則腠理孔開，因開而入，即客於絡脈。絡脈傳入陽經，陽經傳入六府，於是稟②承腸胃之氣，以爲百病。吴云：「稟，舍也。」簡按：王注爲是。

［解］邪之始入於皮也，五診始皮。泝③然《甲乙》作「淅④然」。吴云：「泝⑤、淅同，灑淅惡寒也。」張云：「泝然，竪起也，寒慄貌。泝音素，逆流曰泝。」簡按：從《甲乙》爲是。起豪毛，開腠理。泝，蘇護反，流逆上也，謂寒邪逆入腠理也。外邪入身爲病也，初着皮毛，能開腠理也。其入於絡也，則絡脈盛盛，動也，以邪客之。色變；能令絡盛色變也。診絡色以定病。其入客於經也，《診經篇》。則減邪初在絡，則絡賁起；邪由絡入經，則絡邪退而減。虚乃陷下；減氣爲虚，乃血少脈陷也。陷下屬絡。邪已去絡入經，故絡之賁起陷下，非經脈能陷下。其留於筋骨之間，診筋、骨二法。寒多則筋攣骨痛，熱多則經施骨消，肉爍吴云「肉熱也」，張云「銷鑠也」。簡按《逆調論》「肉爍」，王注：「爍，言消也。」是。䐃破，吴云：䐃者，肩肘髀厭皮肉也。䐃破者，人熱盛則反側多，而皮破也。詳見《玉機真藏論》注。毛直而敗矣。循經入於筋骨之

① 出：原作「去」，據《黄帝内經太素》卷九改。
② 稟：原作「廩」，據《黄帝内經太素》卷九改。
③ 泝：原作「沂」，據《黄帝内經太素》卷九及《素問・皮部論》改。
④ 淅：原作「浙」，據《素問識》卷七改。又，下二「淅」字原俱作「浙」，亦據《素問識》改。
⑤ 泝：原作「沂」，據《素問識》改。又，下三「泝」字原俱作「沂」，亦據《素問識》改。

間，留而不去。寒邪不去，則爲二病：筋①攣拘急，一也；骨乃疼痛，二也。若熱邪不去則以五病：筋熱緩施，一也；骨熱消細，二也；身肉爍，三也，爍，餘藥反，淫邪在内也；䐃②臑破裂，四也；毛焦而直，五也。熱邪如此客於筋骨之間，遂至於死地也。張云：液不足，而皮毛枯槁也。

《靈樞·經脈篇》：此據本篇以經脈常動，絡不動者也，卒然動者，有邪客之，故以動屬絡。動，即俗所謂肉跳、眼皮跳，或動或止，故有代名詞。

肺手太陰之脈，此「脈」字包經、絡、筋三事而言，五診惟皮、骨不在。是動二十二難曰：「經言脈有是動，有所生病，一脈輒變爲二病者，何也？然：經言是動者，氣也；所生病者，血也。邪在氣，氣爲是動；邪在血，血爲所生病。氣主呴之，血主濡之。氣留而不行者，爲氣先病也；血壅而不濡③者，爲血後病也。故先爲是動，後所生病也。」○虞注：「氣病傳血，此乃一脈變爲二病。脈動反常，邪在氣；氣受邪，傳之與血，故血爲所生病。呴之，氣留行之貌也；濡者，濡潤之貌。言人身所稟者氣血也，氣血通行，沮潤人身，其爲病也若此。」丁注：「氣主呴之，呴，謂吹嘘往來之象④。人一身經脈，通行氣血，或居一經脈中，氣留不行，故血壅而不濡，其氣先病，名曰是動；血壅不濡後病，名曰所生。此是一脈輒⑤變爲二病也。」

---

① 筋：原作「筋骨」字，據《黄帝内經太素》卷九改。
② 䐃：原作「膕」，據《黄帝内經太素》楊注改。
③ 濡：原作「行」，據守山閣叢書本《難經集注》卷三改。
④ 象：原作「氣」，據《難經集注》改。
⑤ 輒：原作「或」，據《難經集注》改。

滑「氣主呴之，謂氣煦嘘往①來，薰蒸於皮膚分肉也。血主濡之，謂血濡潤筋骨，滑利關節，榮養藏府也。此『脈』字非尺寸之脈，乃十二經隧之脈。每脈中輒有二病者，蓋以有在氣在血之分也。」徐「此亦非經之②全文，乃約經語以成文者也。是動、所生病，見《靈樞·經脈篇》。是動諸病乃本經之病，所生之病則以類推，而旁及他經者，經文並無氣血分屬之説。」○張云：「動，言變也，變則變常而爲病也。如《陰陽應象大論》曰『在變動爲握③』、『爲噦』之類，即此之謂。」○馬云：「是皆肺經所生之病耳。按《難經》『二十二難』以是動爲氣、所生爲血，即動、生二字分爲氣血，乃《難經》之臆説耳。」張云：「按『二十二難』云云若乎近理，然細察本篇之義，凡在五藏，則各言藏④所生病；凡在六府，則或言血、或脈、或筋、或骨、或津液，其所生病本各有所主，非以氣血二字統言十二經者也。《難經》之言，似非經旨。」志云：「是動者，病因於外；所生者，病因於內。凡病有因於外者，有因于內者⑤，有因於外而及⑥於內者，有因於內而及於外⑦者，有外內之兼病者；本篇統論藏府經氣，

---

① 往：原作「然」，據人民衛生出版社整理本滑壽《難經本義》卷上改。
② 之：原作「文」，據中醫藥出版社本《徐靈胎醫學全書·難經經釋》改。
③ 握：原作「喔」，據《靈樞識》卷二改。
④ 藏：原作「難」，據《靈樞識》卷二改。
⑤ 有因于内者：五字原脱，據《靈樞識》卷二補。
⑥ 及：原作「急」，據《靈樞識》卷二改。
⑦ 及於外：原作「急於內」，據《靈樞識》卷二改。

故曰肺①手太陰之脈，曰是動，曰所生。治②病者當隨其所見之證，以别外内之因，又不必先爲是動、後及所生，而病證之畢具也。」簡按：馬以此一句爲結文，張則按下節爲解，楊珣則「肺下」爲句；蓋「是動」「所生」其義不明晰，亦未知孰是。○今案：動之爲絡脈，本經已詳。蓋經脈常動不休，不以動爲候；絡，不動者也，故以動爲病。考本篇十二經絡脈之動，各有病狀不同，病由絡分，非以一「動」字可占一定之病。仲景所謂絡脈賁起，非動脈有此，諸家從《難經》固非，馬、張、楊三説亦未確，故丹波疑不能定。今以屬絡脈與經脈之分，證之經脈，則動屬絡無疑矣。則病肺脹滿，膨膨而欬喘，《靈樞識》引《銅人》注：膨膨「謂氣不宣暢也」，按即《繆刺論》「氣滿」也。缺盆中痛，甚則交兩手而瞀，此爲臂脈行臂。厥。《素問·繆刺論》：「邪客於③手陽明當作「太陰」。之絡，令人氣滿胸中，喘息而支胠，胸中熱。」是主肺所生病者，此爲經病，故五藏用本藏名，惟心主言脈，六府則以血脈筋骨津液爲名。欬上氣喘喝，煩心胸滿④，臑臂内前廉痛厥，掌中熱。以上皆爲經病，下文所謂「不盛不虚，以經取之」。氣盛有餘，則肩背痛，風寒汗出中風，小便數而欠。氣虚則肩背痛寒，少氣不足以息，溺色變。

① 肺：原作「肝」，據《靈樞識》卷二改。
② 治：原脱，據《靈樞識》卷二補。
③ 邪客於：三字原脱，致文意不明，兹據《素問》補。
④ 滿：原作「痛」，據《靈樞》改。

爲此諸病①，今以凡言盛衰者歸入絡病。「生」爲診經病，「動」爲診絡病，舉此以示例，下多從略。盛凡言盛衰者，皆爲絡病。則寫之，虛則補之，熱則疾之，寒則留之，寒熱爲皮。陷下絡脈陷，與賁起對。則灸之，以上詳絡，所謂繆刺血絡詳之，經病亦附此内。不盛不虛，以經取之。經病。爲是肺所生病者，則爲經刺、巨刺。下十一經皆同。

大腸手陽明之脈，是動則病齒痛頸腫。《繆刺論》：邪客於手陽明之絡，令人耳聾，時不聞。○「動」義如前。手陽明之支者，從缺盆上頸貫頰，入下齒中也。

是主津液所生病者，楊上善注：「《八十一難》云，『邪在血，血②爲所生病』也，『血主濡之』也，是爲血及津液皆爲濡也。津，汗也，以下所生之病，皆是血之津汗③所生之病也。」張云：大腸與肺爲表裏，肺主氣，而津液由於氣化，故凡大腸之或泄或秘，皆津液所生之病，而主在大腸也。目黄，口乾，鼽衄，喉痺，肩前臑痛，大指次指痛④不用。凡言經病，皆言手足五指，以經由指起故也，故指以上爲經病。○經病舉二條以示例，以下從略。

---

① 爲此諸病：原作「諸爲此病」，據《靈樞》改。
② 血：原脱，據《黄帝内經太素》卷八補。
③ 津汗：原作「經脈」，據《黄帝内經太素》改。
④ 痛：原脱，據《靈樞》補。

氣①有餘則當脈所過者熱腫，是②動所生之病，有盛有虚。盛③者，此脈所過之處熱及腫也。虚則寒慄不復。陽虚陰并，故寒慄也。

爲此諸病，統動生絡與經而言。盛則寫之，虚則補之，熱則疾之，寒則留之，陷下則灸之，不盛不虚，以經取之。

胃足陽明之脈，十二篇次序本營、衛運行，初由手太陰，由腹走手；次由手陽明，由手走頭；三由足陽明，由頭走足；四由足太陰，由足走胸。二藏二府爲三陽三陰，皆加三倍。是動則病洒洒振寒，善伸，數欠，顔黑，病至則惡人與火，聞木音則惕然而驚，心欲動，至，甚也。陽明，土也④。土惡木，故病甚惡木音也。陽明主肉，血盛，故惡火⑤也。陽明厥喘悶，悶故惡人也。獨閉户塞牖⑥而處，陰静而暗，陽動而明，今陰氣加陽，故欲獨閉户牖處也。甚則欲上高而歌，棄衣而走，陽盛故也。賁響⑦腹脹，是爲骭厥。張云：嚮

---

① 氣：《黄帝内經太素》作「氣盛」。

② 是：原作「足」，據《黄帝内經太素》改。

③ 盛：原作「熱」，據《黄帝内經太素》改。

④ 陽明土也：四字原脱，據《黄帝内經太素》補。

⑤ 火：原作「木」，據《黄帝内經太素》改。

⑥ 塞牖：原作「寒牖」，據《靈樞》改。按，《黄帝内經太素》但作「牖」。

⑦ 響：《黄帝内經太素》作「嚮」。

音「鄉」①。謂陽氣賁聚虚滿爲腹脹也。以陽盛於足，故欲登高，棄衣而走，皆曰骭厥也。○張云：「賁響，腸中雷鳴也。」「骭，足脛也。陽明之脈，自膝臏下脛骨外廉②，故爲脛骭厥逆③。」○《繆刺論》：「邪客於足陽明之絡。」○《素問識》④：馬、吴、張並依《新校正》作「絡」，志仍原文作「經」，云：「此言經脈之互交者，亦當以繆取也。」高同。簡按：據⑤王注及志、高，則刺大經之病也，似與巨刺無别⑥。今亦⑦仍《新校正》。令人鼽衄下齒寒。十二經動病皆言「厥」。

《脈解篇》：陽明所謂洒洒振寒者，陽明者，午也，五月，盛陽之陰也；陽盛而陰氣加之，故洒洒然振寒也。所謂盛則厥、惡人與火、聞木音則惕惕而驚者，陽氣與陰氣相薄，水火相惡，故惕然而驚也。所謂欲獨閉户牖而處者，陰陽相薄也，陽盡而陰盛，故欲閉户牖而居。本經有經有論有問有評有解，亦如《喪服》之經、記、大傳、閒傳、問。記、傳以下，皆經師相傳，屢代而成，

---

① 嚮音鄉：原作「賁音鄉」，「賁」字顯誤，兹據文意改。又按，考《太素》楊注，幾與此條全同。楊注云：「嚮音鄉。謂陽氣賁聚虚滿為腹脹也。以陽盛於腳，故欲登高棄衣而走，名為骭厥也。」據此，注或非張某語，當屬楊上善；冠以「張云」，或因涉下注而誤也。

② 陽明之脈自膝臏下脛骨外廉：原作「陽明之病目上臏下脛骨外廉」，據《靈樞識》卷二改。

③ 厥逆：原作「骨也」，據《靈樞識》卷二改。

④ 按，廖氏引此條，係爲「邪客於足陽明之絡」一條「補證」，「《素問識》」之上不當用「○」。

⑤ 據：原脱，據《素問識》卷八補。

⑥ 巨刺無别：原作「巨陽無分」，據《素問識》卷八改。

⑦ 亦：原脱，據《素問識》卷八補。

《内經》則不分經論問評解，皆歸黄帝。所謂依託，經、論皆出七十弟子也。

爲此諸病，統經絡而言經病，云是血所生病者。盛則寫之，虚則補之，《經别篇》云：「凡此十五絡者，盛則必見，虚則必下。」楊注：盛則血滿脈中，故必見；虚則脈中少血①，故必下。熱則疾之，寒則留之，陷下則灸之，此與《禁服》、《終始》同。〇繆刺血絡。不盛不虚，以經取之。盛則人迎大於寸口三倍，虚則反小。〇張云：「中焦受穀，變化而赤爲血，故陽明爲多氣多血之經，而主血所生病者。」志曰：「本經曰『穀入於胃，脈道以通，血氣乃行②』，《平脈篇》曰『水入於經，而血乃成』，胃爲水穀之海，主生此營血，故是主血所生病者。」

記《平人氣象論》：胃之大絡，名曰虚里，貫鬲絡肺，出於左乳下，其動應衣。大包爲脾脈之中，虚里爲胃脈之中，互舉始中絡以見例，非别有二絡。

脾足太陰之脈，脾爲孤藏，不如肺心肝膽同居相連，爲牝牡藏也。是動則病舌本强，食則嘔，胃脘痛，脘，胃府也。脘，音管也。腹脹，善噫，得後與氣，則快然如衰。寒氣客胃，厥逆從下上散，散已復上出胃，故爲噫也。穀入胃已，其氣上爲營、衛及膻中氣，後有下行與糟粕俱下者，名曰餘氣；餘氣不與糟粕俱下，壅而爲脹，今得之洩之，故快然腹減也。楊本作「得後出餘氣則快然如衰」。《脈解》云：「太陰所謂食則嘔者，曰物盛滿而上溢，故嘔也。」「所謂病脹者，曰③太

---

① 脈中少血：原作「小血」，據《黄帝内經太素》卷九改補。

② 氣乃行：原作「海主生」，據《靈樞》改。

③ 曰：原脱，據《黄帝内經太素》卷八《經脈病解》補。

陰子也，十一月萬物皆藏於中，故曰病脹。」「所謂上走心爲噫者，曰陰盛而上走於陽明，陽明絡屬心，故曰上走心爲噫也。」「所謂得後與氣則快然而衰①者，曰十一月陰氣下衰而陽氣且出，故曰得後與氣則快然而衰也。」

身體皆重。《靈樞識》曰：《銅人》注云：「以脾主肉，故脹②病則身體重也。」○《繆刺論》：「邪客於足太陰之絡，令人腰痛引少腹控䏚，不可以作息。」○《素問識》云：吴云：「足③太陰，濕土也，濕病者先注於腰，故腰痛。太陰之筋聚於陰器，循腹裏結脇，故引少腹控䏚。」張云：「足太陰之絡，上入布胸脇，而筋着於脊，故爲病如此控引也。」

記 脾之大絡諸絡皆可稱大絡，以對孫絡言，非獨脾胃二經有大絡。名曰大包。出淵腋下三寸，布胸脇，實則身盡痛，虚則百節皆縱。《素問識》：高云：「《經脈論》曰『脾之大絡，名曰大包。出淵腋，布胸脇，實則心盡痛，虚則百節盡皆④縱。』令人腰痛引少腹，身盡痛之意也；控䏚不可以仰息，布胸脇，百節盡皆縱⑤之意也。」

爲此諸病，盛則寫之，虚則補之，熱則疾之，寒則留之，陷下則灸之，不盛不虚，以經取之。

---

① 而衰：原作「如衰」，據《黄帝内經太素》改。下「而衰」同。
② 脹：原作「脾」，據《靈樞識》改。
③ 足：原脱，據《素問識》卷八補。
④ 皆：原脱，據《素問識》卷八補。
⑤ 盡皆縱：原作「皆縱」，據《素問識》卷八改。

心肺下之心爲火藏，與膽同爲少陰，水火既濟也。若君主之心指腦言，讀作囟，名同實異，非以肺下之心主神經爲元首。手少陰之脈，問曰：《九卷》心有二經，謂手少陰、心主，手少陰經不得有輸。手少陰外經受病，亦有療處。其内心藏不得受邪，受邪即死。又《九卷·本輸》之中，手少陰經及輸並皆不言，今此《十二經脈》及《明堂流注》，少陰經脈及輸皆有，若爲通精？答曰：經言心者五藏六府之大主，精神之舍。其藏堅固，邪不能客。客之則心傷，心傷則神去，神去即死。故諸邪之在於心者，皆在心之包絡。包絡，心主脈也，故有脈不得有輸也。手少陰外經有病者，可療之於手掌兑骨之端。又恐經脈受邪傷藏，故本輸之中，輸並手少陰經亦復去之。今此《十二經脈》手少陰經是動所生皆有諸病，俱言盛衰，並行補寫，及《明堂流注》具①有五輸者，以其心藏不得多受外邪②，其餘飲食湯藥，内資心藏，有損有益，不可無也。故好食好藥資心，心即調適；若惡食惡藥資心，心即爲病。是以心不受邪者，不可受邪也。言手少陰是動所生致病及③《明堂》有五輸療者，據受内資受外④邪也。言手少陰是受邪，故有病也。是動則病嗌乾心痛，《繆刺論》：「邪客於足少陰當作「手少陰」。之絡，令人卒心痛，暴脹胸脇支滿，無積者。」〇《素問識》：馬云：「腎經絡穴，大鍾也。」簡按：張、吴諸家

---

① 具：原作「其」，據《黄帝内經太素》卷八改。
② 外邪：原作「外間邪」，據《黄帝内經太素》卷八改。
③ 生致病及：原作「致致病又」，據《黄帝内經太素》卷八改。
④ 受外：原作「外受」，據《黄帝内經太素》卷八乙。

不指言其①穴，蓋絡②泛言一經之絡也。馬每絡注某穴，恐非。渴而欲飲，按：是篇所言，皆無大病危證，以其病當在經絡，未入藏府骨髓故也。篇名「經脈」，所云固不出絡經筋範圍也。是爲臂厥。心經病，心而多熱，故渴而欲飲。其脈循臂，故是動爲臂厥之病也。與手太陰同。

爲此諸病，盛則寫之，虛則補之，熱則疾之，寒則留之，陷下則灸之，不盛不虛。以經取之。

小腸手太陽之脈，與心爲表裏，一上二下，一藏一府，不如肝膽本爲合藏，分之爲二，以配五行，又自相爲表裏。是動則病咽痛頷腫，不可以顧，肩似拔，臑似折。《繆刺論》：邪客於足少陽當作手太陽。之絡，留於樞中，痛痺不舉。○《靈樞識》「頷腫」云：「《銅人》注曰：『頷，謂頰下也。』張云：『本經之脈，循咽下膈；其支者循頸上頰，故爲是病。』」

爲此諸病，承「動」「生」而生。盛則寫之，虛則補之，熱則疾之，寒則留之，陷下則灸之，不盛不虛，以經取之。

膀胱足太陽之脈，仲景《傷寒》之太陽證。是動則病仲景診絡有十餘見。衝頭痛，目似脱，項似拔，脊痛，腰似折，髀《甲乙》無「髀」字，丹波云：「似是。張以髀爲髀樞，未知是否。」不可以迴，膕如結，腨如裂，

---

① 其：原作「某」，據《素問識》改。

② 絡：原脱，據《素問識》補。

《靈樞識》：張云：「周身筋脈，惟足太陽爲多爲巨，其下者結於踵，結於腨①，結於膕，結於臀；其上者挾腰脊，絡②肩項，上頭爲目上綱，下結於頄。故凡爲攣、爲弛，爲反張戴眼之類，皆足太陽之水虧，而主③筋所生病者。」汪云：「主筋，義未詳。」按：太陽病多痓急，如上症，皆風傷筋④也。是爲踝厥。膕、腨之病者，皆是太陽行踝之後，爲厥失逆病也。結，謂束縛也。《繆刺論》：邪客於足太陽之絡，令人拘攣背急，引脇而痛，内引心而痛。〇張云：足太陽經挾脊抵腰中，故拘攣脊⑤急；其筋從腋後入腋下，故引脇而痛。

《脈解》云：太陽所謂腫、要脽痛者，正月太陽寅，寅，太陽也。正月，陽氣出在上，而陰氣盛，陽未得自次也，故腫要脽痛也。所謂病偏虚爲跛者，正月陽氣凍解地氣而出也，偏虚者冬寒頗有不足者，故偏虚爲跛也。所謂强上引背者，陽氣大上而争，故强上也。爲此諸病，盛則寫之，虚則補之，陷下則灸之，不盛不虚，以經取之。

足少陰之脈，仲景《傷寒》足少陰，少陰之腎，腎《内經》心與腎皆一名數藏，名同實異，各宜就本篇文義攷⑥之。

---

① 腨：原作「踹」，據《靈樞識》改。
② 絡：原作「結」，據《靈樞識》改。
③ 主：原作「生」，據《靈樞識》改。
④ 筋：原脱，據《靈樞識》補。
⑤ 脊：原作「筋」，據《素問識》改。
⑥ 攷：原作「改」，蓋形近而誤，據文意改。

當爲肝下之膽，爲水藏，與膀胱爲表裏。肝膽同居，與心肺同，不能同屬木，又以毗連爲表裏。道家畫膽神爲龜、蛇，是也。是動則病飢不欲食，面黑如地色，少陰脈①病，陰氣有餘，不能消食，故飢不能食也。以陰氣盛，故面黑如地色也。欬唾則有血，喝喝則喘，《甲乙》注作「喉鳴」，《銅人》亦作「喉鳴而喘」。唾爲腎液，少陰入肺，故少陰病熱，欬而唾血。雖唾②，喉中不盡，故呼吸有聲，又如喘也。坐而欲起，起目䀮䀮，如無所見，少陰貫肝，肝脈系目，今少陰病，從坐而起，上引於目，目精氣散，故䀮䀮無所見也。心如懸病飢狀，足少陰病則手少陰之氣不足，故心如懸飢狀也。氣不足則善恐，《靈樞識》：馬云：《陰陽應象大論》：「腎在志爲恐。」張云：「腎氣怯。故惕惕如人將捕之。」《甲乙》無「氣不足」以下十四字。心惕惕如人將捕之，是爲骨厥。前之病是骨厥所爲。厥，謂骨精失逆。惕，謂懼③也。《内經》腎、膽二字每互用，以腎主骨，水藏也。又以膽主骨，則膽即腎，腎即膽。其他少陽屬腎，外腎。腎主耳。少陽外腎。又如十一經皆取決於膽，則又以膽爲外腎。

○《繆刺論》：邪客於足少陰之絡，令人咽④痛，不可内食，無故善怒，氣⑤上走賁上。

《脈解》：所謂嘔欬、上氣喘者，陰氣在下，陽氣在上，諸陽氣浮，無所依從，故嘔欬上

---

① 脈：原脱，據《黄帝内經太素》補。
② 唾：原作「唾血」，據《黄帝内經太素》楊注改。
③ 懼：原作「厥」，據《黄帝内經太素》楊注改。
④ 咽：《素問・繆刺論》作「嗌」。
⑤ 氣：原脱，據《素問・繆刺論》補。

氣喘也。所謂邑邑不能久立，久坐起則目䀮䀮無所見者，萬物陰陽不定，未①有主也。秋氣始至，微霜始下，而方殺萬物，陰陽内奪，故目䀮䀮無所見也。所謂少氣善怒者，陽氣不治②；陽氣不治③，則陽氣不得出，肝氣當治而未得，故善怒。與《繆刺論》同。善怒者，名曰煎厥。所謂恐如人將捕之者，秋氣萬物未有畢去，陰氣少陽氣入，陰陽相薄④，故恐也。所謂惡聞食臭者，胃無氣故惡聞食臭也。所謂面黑如地色者，秋氣内奪，故變於⑤色也。

爲此諸病，盛則瀉之，虚則補之，熱則疾之，寒則留之，陷下則灸之，不盛不虚，以經取之。

心主十二經爲十二州，如天子⑥之十二諸侯，此在左右兩旁，居邊鄙地位者也，凡發號施令，皆聽命於中央。督任居中建極，由内馭外，乃爲人身之主。故醫詳外經而略中府，丹訣詳任督而略四支。腦爲元首，居高臨下，督脈主之。要居督脊左右，如二伯夾輔天子；故十一經之脈不由中指出，惟心包絡出於中指，入掌中勞宮，以其居中夾輔也。道家畫包絡神作

---

① 未：原作「謂」，據《素問・脈解》改。
② 治：原作「至」，據《素問・脈解》改。
③ 陽氣不治：四字原脱，據《素問・脈解》補。
④ 薄：原作「搏」，據《素問・脈解》改。
⑤ 於：原脱，據《素問・脈解》補。
⑥ 天子：原作「天」，據文意擬改。

鹿形，以屬督脈也。今故以要爲手心主。心主，讀作囟主，爲腦之外屏藩。手厥陰心囟。包之脈，心神爲五藏六府之主，故曰心主。厥陰之脈，行至於足，名足厥陰；行至於手，名手厥陰。以陰氣交盡，故曰厥陰。心外有脂，包裹其心，名曰心包。脈起胸中，入此包中，名手厥陰。故心有兩經也：心中起者，名手少陰；屬於心包，名手厥陰。有脈別行，無別藏形，三焦有氣有脈，亦無別形，故手厥陰與手少陽以爲表裏也。是動則病手熱，今本作「心中熱」。肘攣腋腫，今本作「臂肘攣急腋腫」。甚則胸中滿，心憺憺大動，面赤，目黄。今本此下有「喜笑不休」四字。○《繆刺論》：邪客於手太陽當作手厥陰。之絡，令人拘攣背急，引脇而痛，内引心而痛。

爲此諸病，盛則瀉之，虚則補之，熱則疾之，寒則留之，陷下則灸之，不盛不虚，以經取之。

三焦手少陽之脈，上焦在心下，下膈在胃上口，主納而①不出，其理在膻中。中焦在胃中口，不上不下，主腐熟水穀，其理在臍旁。下焦在臍下，當膀胱上口，主分别清濁，主出而不納，其理在臍下一寸。上焦之氣如雲霧在天，中焦之氣如漚雨在空，下焦之氣如溝瀆流地也。是動則病耳聾，渾渾焞焞，嗌腫，喉痺。《繆刺論》：邪客於手陽之絡，《甲②乙》作「少陰之絡」，一作「少陽」。令人喉痺，舌卷，口乾，煩心，臂内廉痛，手不及頭。

爲此諸病，盛則寫之，虚則補之，熱則疾之，寒則留之，陷下則灸之，不盛不虚，以經取之。

膽足少陽之脈，外腎之别名，故屬少陽。○外腎主寫，故爲府所藏，五藏盛，乃能泄。前以誤以要與外腎爲要之

---

① 而：原脱，據《黄帝内經太素》補。

② 甲：原作「用」，據文意改。

附庸，腎爲腰之附庸，不以入十二經之數。然外腎之功用，所繫甚大，乃別撰命門以代之。凡命門之功用，全屬外腎、女子胞，今定此名，而命門可以退藏不用。是動則病口苦，善太息，心脇痛，不能反側。膽熱，苦汁循脈入頰，故口苦，名曰膽瘅。脈循胸脇，喜太息及心脇皆痛也。甚則面塵，體無膏澤，足少陽反熱，診皮。是爲陽厥。甚，謂①陽厥熱甚也。足少陽起面，熱甚②則頭顱前熱，故面塵色也。陽厥，少陽厥也。《繆刺論》：邪客於足少陽之絡，令人脇痛，欬，汗出。

《脈解》云：少陽所謂心脇痛者，言少陽盛也。盛者，心之所表也。九月陽氣盡而陰氣盛③，故心脇痛也。所謂不可反側者，陰氣藏物也。物藏則不動，故不可反④側也。

爲此諸病，盛則寫之，虛則補之，熱則疾之，寒則留之，陷下則灸之，不盛不虛，以經取之。

肝與外腎相表裏。足厥陰之脈，肝爲木，膽爲水，亦如肺爲金、心爲火，肝萬不可與膽自爲表裏，又同屬木。蓋膽藏而非府，外腎府而非藏，故一定之說也。是動則病腰痛，不可以俛仰，主筋之故，詳《診筋篇》。○馬云：「肝與腎通，則膂筋之脈通於肝。」張云：「足厥陰支別者，與太陰少陽之脈同結於腰髁下中髎、下髎之間，故爲腰痛。《刺腰痛篇》云：『厥陰之脈，令人腰痛，如張弓弩弦。』」丈夫㿗疝，婦人少腹子宮，與睾丸相同，與肝爲外表裏，故肝病囊縮。睾丸又爲宗筋。

---

① 謂：原作「則爲」，據《黃帝内經太素》刪改。
② 甚：原脱，據《黃帝内經太素》補。
③ 陽氣盡而陰氣盛：原作「陽氣盛而陰氣盡」，據《素問・脈解》改。
④ 反：原作「轉」，據《素問・脈解》改。

腫，《繆刺》：邪客於足厥陰之絡，令人卒疝暴痛。〇《靈樞識》：張云：「足厥陰氣逆，則爲睾腫卒疝。婦人少腹腫，即疝病也。」汪云：「脈抵少腹，婦人亦有疝，但不名疝，而曰瘕。」〇《素問識》：高云：「《經脈篇》曰：『足厥陰之别，其病氣逆，則睾腫卒疝』，故邪客於足厥陰之絡，令人卒疝暴痛。」甚則嗌乾，面塵。肝合足少陽，陽盛並陰，故面塵色也。

爲此諸病，甚則寫之，虚則補之，熱則疾之，寒則留之，陷下則灸之，不盛不虚，以經取之。

《脈解》云：厥陰所謂癩疝①少腹腫者，厥陰者辰也，三月陽中之陰，邪在中，故曰癩疝少腹腫也。所謂腰脊痛不可以俛仰者，三月一振榮華，萬物一俛而不仰也。所謂癩癃疝②膚脹者，曰陰亦盛而脈脹不通，故曰癩③癃疝也。所謂甚則嗌乾者，陰陽相薄而熱，故嗌乾也。

---

① 癩疝：原作「癀疝」，據《素問·脈解》改。下「故曰癩疝」之「癩疝」同。
② 癩癃疝：原作「癀癃疝者」，據《素問·脈解》改。
③ 癩：原作「癀」，據《素問·脈解》改。

楊氏太素診絡篇補證卷下

治法

《素問·繆刺篇》：黄帝曰：願聞繆刺，以左取右，以右取左，爲之奈何？其與巨刺何以别之？此問繆刺巨刺之異。岐伯曰：邪客於經也，左盛則右病，右盛則左病。先言巨刺也。邪氣中乎經也，左箱邪氣有盛，則刺右之盛經；以刺左右大經，故曰巨刺。巨，大也。病亦有易移者，左病未已而右脈先病，如此者，必巨刺之，必中其中經，非絡脈也。左箱病已，右箱次病，名後病。今左箱病之未已，即右箱病起，故曰先病，名曰易移。如此之類，可巨刺之。故絡病者，其痛與經脈繆處，故名曰繆刺矣。痛病在於左，右大絡異於經絡，故名繆。繆，異也。黄帝曰：願聞繆刺奈何？取之何如？以上請廣言繆刺也。

岐伯曰：邪客於足少陰之絡，令人卒心痛、暴脹，胸脇支滿，足少陰直脈，從腎上入肺中；支者從肝出絡心，注胸中，故卒心痛也。從腎而上，故暴脹也。注於胸中，胸脇支滿也。以足少陰大鍾之絡傍經而上，故少陰脈行處絡爲病也。無積者，刺然骨之前出其血，如食頃而已；不已①，左取右，右取左。病新②發者，五日已。聚，陽病也。積，陰病也。其所發之病，未積之時，刺然骨前出血也。然骨在足内踝下大骨，刺此大骨之前絡脈也。

邪客於手少陽之絡，令人喉痺、舌卷，口乾、煩心，臂内廉痛，手不及頭。刺小指次指爪甲上内去端如韭葉各一痏，壯者立已，老者有頃已。左取右，右取左。此新病數日者也。手少陽外關之絡，從外關上繞臂内廉，上注胸，合心主之脈，胸中之氣上熏，故喉痺舌卷，口乾煩心，臂内廉痛，手不上頭也。老者氣血衰，故有頃已也。

邪客於足厥陰之絡，令人卒疝暴痛。刺足大指爪甲上與肉交者各一痏，男子立已，女子有頃乃已，左取右，右取左。足厥陰亟溝之絡，其别者循脛上鼻，結於莖，故病③卒疝暴痛也。疝痛者，陰之病也。女子陰氣不勝於陽，故有頃已也。

邪客於足太陽之絡，令人頭項痛肩痛。刺足小指爪甲上與肉交者各一痏，立已。不已，刺外踝下三痏，左取右，右取左。足太陽支正之絡，别者上走肘，絡肩髃，故頭項痛也。足小指甲上與肉交處，此絡所出處也。外踝下，亦此絡行處也。

---

① 不已：二字原脱，據《素問》補。

② 病新：原作「新病」，據《黄帝内經太素》卷二三《量繆刺》及《素問》乙。

③ 病：原作「痛」，據《黄帝内經太素》楊注改。

邪客於手陽明之絡，令人氣滿胸中，喘息而支胠，胸中熱。刺手大指次指爪甲上去端如韭葉，各一痏，左取右，右取左，如食頃已。手陽明偏歷之絡，其支者，上臂垂肩髃，上曲頰。不言至於胸胠，而言胸胠痛者，手陽明之正，膺乳別上入柱骨下走大腸，屬於肺，故胸滿喘息支胠胸熱也。以此推之，正別脈者皆爲絡。

邪客於臂掌之間，不可得屈。刺其踝後，先以指按之痛，乃刺之，以月死生爲痏數，月生一日一痏，二日二痏，十六日十四痏。腕前爲掌，腕後爲臂。手外踝後是手陽明脈所行之處，有脈見者是手陽明絡，臂掌不得屈者，取此絡也。

邪客於陽蹻，令人目痛。從内眥始，刺外踝之下半寸所合各二痏，左刺右，右刺左，如行十里頃而已。陽蹻從足上行至目内眥。故目痛刺足外踝之下中脈①所生絡也。人有所墮墜，惡血在内，腹中滿脹，不得前後，先飲利藥。此上傷厥陰之脈，下傷少陰之絡，刺足内踝之下然骨之前血脈出血，刺足跗上動脈，不已，刺三毛上各一痏，見血立已，左刺右，右刺左。人有墮傷，惡血在腹中，不得大小便者，可飲破血之湯，利而出之。若不愈者，可刺足内踝之下大骨之前足少陰之絡，又取三毛，厥陰之絡。善悲善驚不樂，刺如右方。厥陰之脈入眼，故傷厥陰，虛而善悲及不樂也。志主驚懼，故傷少陰之脈，令人驚喜。俱用前方，刺三處也。

---

① 中脈：據《太素》「平按」，當是「申脈」之訛。

邪客於手陽明之絡，令人耳聾時不聞。刺手大指次指爪甲上去端如韭葉，各一痏，立聞。不已，刺中指爪甲上與肉交者，立聞。其不時聞者，不可刺也。手陽明偏歷之絡，別者入耳會於宗脈，故邪客令人耳聾也。不時聞者，病成，不可療。耳中生①風者，亦刺之如此數，左刺右，右刺左。人覺耳中有風出者，是邪客手陽明絡，故用方同之也。

痺往來行無常處者，在分肉間痛而刺之，以月死生爲數。有痺往來手陽明絡分肉間，爲痛痺也。從月一日至十五日爲月生也，從十六日至卅日爲月死也。用鍼者，隨氣盛衰以爲痏數，鍼過其月數則脱氣，不及月數則氣不寫。左刺右，右刺左。病已，止；不已，復刺如法。用鍼之數，隨氣盛衰，盛則益數，衰則減數。輒過其數，必即脱氣，不增其數，邪氣不寫。增減病仍不愈，刺如前法也。

[解]月生一日一痏，二日二痏，十五日十五痏，十六日十四痏。月生氣血漸增，故其痏從增至十五日也。十六日後月減，人氣漸衰。故從十四痏減至月盡，名曰月死也。

邪客於足陽明之絡，令人鼽衄，下齒寒。刺中指爪甲上與肉交者各一痏，左刺右，右刺左。足陽明豐隆之絡，別者上絡頸，合諸經之氣，下絡喉嗌，故從鼽入於下齒，所以邪客令人鼽衄下齒冷也。手陽明經入下齒中，足陽明經入上齒中，不入下齒；今言齒寒者，足陽明絡入下齒也。又尋絡之生病處，不是大絡行處者，乃是大絡支分小絡發病者也。

---

① 生：原作「出」，據《黄帝内經太素》改。

邪客於足少陽之絡，令人脇痛，欬，汗出。刺足小指次指爪甲上與肉交者各一痏，不得息立已，汗出立止。欬者温衣飲食，一日已。左刺右，右刺左，病立已，不已，復刺之如法。又足少陽光明之絡，去足踝五寸，别走厥陰，下絡足跗，不至於脇。足少陽正别者，入季脇①之間，循胸裏屬膽，散之上肝貫心，上俠咽，故脇痛也。貫心上肺，故欬也。貫心，故汗出也。與肉交處刺絡邪客處不得息者，亦肺病也。肺以惡寒，故刺出血已，須温衣暖飲食也。

邪客於足少陰之絡，令人咽痛，不可内食，無故善怒，氣上走賁上，刺足下中央之脈各三痏，凡六刺立已。左刺右，右刺左。足少陰大鍾之絡，别者傍經上走心包，故咽痛不能内食也。少陰正經，直者上貫肝膈，絡既傍經而上，故善②怒，氣走賁上也。賁，膈也。足上中央有湧泉穴，少陰脈③也。

邪客於足太陰之絡，令人腰痛，引少腹控眇，足太陰公孫之絡④，别者入絡腸胃，足太陰别，上至髀合於陽明，與别俱行，上絡於咽，貫舌中。故舌中央脈者，即足太陰别脈者也。此絡既言至髀上行，則貫腰入少腹過眇，所以腰痛引少腹控眇也。不可以仰⑤息。刺其腰尻之解，兩胂之上，以月死生爲痏

---

① 脇：原作「肋」，據《黄帝内經太素》楊注改。
② 善：原作「喜」，據《黄帝内經太素》楊注改。
③ 少陰脈：上原衍「刺於湧泉穴」五字，據《黄帝内經太素》楊注删。
④ 絡：原作「脈」，據《黄帝内經太素》楊注改。
⑤ 仰：原作「作」，據《黄帝内經太素》改。

數，發鍼立已。左刺右，右刺左。尻解之兩胂上，此絡之腰刺也。胂，以真反。

邪客於足太陽之絡，令人拘攣背急，引脇而痛，内引心而痛。足太陽飛陽之絡，去踝七寸，別走少陽，不至腰膕；足太陽正別，入膕中，其一道下尻五寸，別入於肛，屬於膀胱，散之腎，從膂當心入散；直者從膂上於項，復屬太陽，故邪客拘攣背急、引脇引心痛。刺之從項始，數脊椎俠背疾按之，應手而痛，刺之傍，三痏立已。脊有廿一椎，以兩手挾脊當椎按之，痛處即是足太陽絡，其輸兩傍，各刺三痏也。

邪客於足少陽之絡，令人留於樞中痛，髀不舉。刺樞中以豪鍼，寒則久留鍼，以月死生爲痏數，立已。又足少陽光明之絡，去踝五寸，別走少陰，不至樞中；足少陽正別，繞髀入毛際，合厥陰，別者入季肋間，故髀樞中久痛，及髀不舉也。留，停久也。豪鍼，如豪毛也，如蚊①蝱喙也。靜以徐往。微養之，久留，以取痛痺也。

治諸經刺之所過者不痛，則繆刺之。刺十二經所過之處不痛者，病在於絡，故繆刺也。

耳聾，刺手陽明，不已，刺其通脈出耳前者。巨刺手陽明並商陽等穴，不已，巨刺手太陽出走耳聽會穴。齒齲，刺手陽明，不已，刺其脈入齒中者，立已。刺手陽明輸三間等穴，不已，刺手陽明兑端穴。

---

① 蚊：《黄帝内經太素》楊注作「蟲」。

邪客於五藏之間，其病也，脈引而痛，時來時止，視其病脈，繆刺之。於手足爪甲上，視其脈，出其血，間日一刺，一刺不已，五刺已。五藏之脈，引而有痛，視其左右病脈所在，可繆刺之手足爪甲上。十二經脈井之絡脈，故取之也，亦是取經井以療絡病也。

繆傳，刺上齒。足陽明絡，左病右痛，右病左痛，可刺上齒足陽明絡。齒脣寒痛，視其手背脈血者去之，足陽明中指爪甲上一痏，手大指次指爪甲上各一痏，立已，左取右，右取左。手陽明脈入下齒中，還出俠口，交人中；足陽明脈入上齒中，還出俠口環脣，下交承漿，故取手陽明血絡，以去齒脣痛也。足中指爪甲上，足陽明絡，故亦取之；手大指次指爪甲上亦是手陽明絡，故亦取之。皆視其病左右，繆刺之。

嗌中腫，不能內唾，時不能出唾者，繆刺然骨之前出血，立已，左刺右，右刺左。足少陰經出然骨而上肺中，循喉嚨，俠舌本，故嗌中腫，刺然骨前絡脈也。

邪客於手足少陰太陰足陽明絡，此五絡皆會於耳中，上絡左角，手少陰、足少陰、手太陰、足太陰、足陽明，此五經脈，手少陰通里①，入心中，繫舌本，孫絡至耳中；足少陰經至舌本，皮部絡入耳也；手太陰正別，從喉嚨，亦孫絡入耳中；足太陰經，連舌本下，散舌下，亦皮部絡入耳中；足陽明經，上耳前，過客主人前，亦皮部絡入耳中。此五絡入於耳中，相會通已，上絡於左角。左角，陽也。五絡俱竭，令人

① 里：原作「理」，據《黃帝内經太素》楊注改。

身脈皆動而形無知也，其狀若尸厥。此五絡爲身綱紀，故此脈絶，諸脈亂動，形不知人，與尸厥死之相似，非尸厥也。刺足大指内側甲下去端如韭葉，此刺足太陰隱白穴也。後刺足心，刺足少陰湧泉穴也。後刺足中指甲上各一痏，刺足陽明厲兑穴也。後刺手大指之内去端如韭葉，刺手太陰少商穴也。後刺少陰兑骨之端各一痏，立已。刺手少陰神門穴也。此前五刺皆中其經穴，以調絡病。不已，以竹筒吹其兩耳中，鬄其左角之髮方寸燔治，飲以美酒一杯，不能飲者灌之，立止。鬄，恥歷反，除也。耳中，五絡會處也。左角，五絡絡處也。

凡刺之數，必先視其經脈，切而順之，審其虚實而調之。不調者，經刺之；不調者，偏有虚實也。偏有虚實者，可從經穴調其氣也。有痛而經不病者，繆刺之；循經候之不見有病，仍有病者，此病有異處，故左痛刺右等，名曰繆刺。因視皮部有血絡者盡取之，此繆刺之數也。繆刺之處皮部絡邪血，皆刺去之，名曰繆刺之法。數，法也。

《靈樞·血絡篇》：絡爲輕病，其絡有淤血，可以目見，以瓷鋒或鍼刺出惡血，則病自愈，故以「血絡」名篇。黄帝曰：願聞奇邪張云：即《繆刺論》所論奇病也。在絡不在經，行無常處，故曰奇邪。而不在經者。岐伯曰：血絡志云：血絡者，外之絡脈孫脈，見於皮膚之間，血氣有所留積，則失其外内出入之機。是也。邪在血絡奇絡之中，故曰奇邪也。黄帝曰：刺血絡而仆者，何也？血出而射者，何也？血出黑而濁者，何也？血清半爲汁者，何也？發鍼而腫者，何也？血出多若少而面色蒼蒼然者，何也？發鍼面色不變而煩悶者，何也？多出血而不動摇者，何也？願聞其故。刺絡有此八種之異，請解所以也。岐伯曰：脈氣盛而血虚者，刺之則脱氣，脱氣則仆。脈中氣多血少，血持於氣，刺之氣血俱出，其血先虚而復①脱氣，氣血俱奪，故仆也。張云：氣雖盛而血則虚者，若瀉其氣，則陰陽俱脱。故爲仆倒。血氣俱盛而陰氣多者，其血滑，刺之則射之。陽氣多者其血滑，刺之血射。此爲陰氣多者，陰多爲澀，故「陰」字錯也。陽氣蓄積，久留而不寫者，其血黑以濁，故不能射。熱氣久留癰蒸，故血黑而濁也。新飲而液滲於絡，而未合和血也，故血出而汁別焉。其不新飲者，身中有水，久則爲腫。新水未變爲血，所以别行，舊水留而不寫，以爲水腫。志云：「『其不新飲者，身中有水，久而爲腫』，蓋言血乃水穀之津液所化，若不新飲而出爲汗者，乃身中之水也。」簡案：此答上文「半爲汁者」之問也。腫，乃水腫之謂。陰氣積於陽，則其氣因於絡，故刺之血未出而氣先行，故腫。陰氣久積陽絡之中，刺之陰血澀而未行，陽氣先行，故腫。簡案：此答上文「發鍼而腫者」之問也。腫，乃鍼痕腫起之謂，與上節異義。陰陽之氣，新相得而未和合，因而寫則陰陽俱脱、表裏相離，故脱色面蒼然。得，遇也，陰陽咸和，則表裏相持，未合刺之，故俱脱離，所以脱色面色青。刺之血出多，色不變，《甲乙》無「血出多色」四字。簡案：此答上「色不變而煩悗者」之問，「血出多」三字衍文。而煩悶者，刺絡中虚經，虚經之屬於陰者陰脱，故煩悶。刺絡血者，邪盡血變。血多其色不變，其心悶者，以其刺屬藏虚經，陰氣有脱，致使心悶也。張本「悶」作「悗」。陰陽相得而合爲痺者，此爲内溢於經，外注於絡，如是者陰陽俱有餘，張云：經絡之病俱有餘。雖多出血，弗能虚也。黄帝曰：鍼入如肉

① 復：原作「後」，據《黄帝内經太素》楊注改。

著者，何也？岐伯曰：熱氣因於鍼則鍼熱，熱則肉著馬云：「著、着同。」張云：「肉著者，吸著於鍼也。鍼入而熱，肉必附之，故緊濇難轉，而堅不可拔也。」鍼，故堅焉。膚肌氣熱，故令鍼熱，鍼熱則肉著，轉之爲難。可動鍼久留，熱去鍼寒，自然相離也。

《史記・倉公傳》診絡法

脈法曰：「脈長而弦，不得代四時者，其病主於肝，和即筋主病也。代則絡脈有過。」經主病和者，其病得之筋髓裏。其代絶而脈賁者，病得之酒且内。

代者經病，病去過人，人則去。絡脈主病。

熱上則熏陽明，爛流絡，流絡動則脈結發，脈結發則爛解，故絡交。熱氣已上行，至頭而動，故頭痛。

診其脈，心氣也，濁躁而經也，此絡陽病也。

食不下則絡脈有過，絡脈有過則血上出，血上出者死。

切之時，不平而代。不平者，血不居其處，代者，時參擊並至，乍躁乍大也。此兩絡脈絶，故死不治。

肝一絡連屬結絶乳下陽明，故絡絶，開陽明脈，陽明脈傷，即當狂走。

腹之所以腫者，言厥陰之絡結小腹也。厥陰有過則脈結動，動則腹腫。

一番一絡者，牡疝也。

仲景診絡彙鈔 絡 動 瞤 促 結 代 如弓弦 如轉索 如蛇 雙弦 偏弦 直上下

邪客於絡，肌膚不仁。《金匱·中風歷節病篇》。

浮者血虛，脈絡空虛。同右。

寒傷經絡，凝堅在上。《婦人雜病篇》。

太陽病，脈浮而動數，浮則爲風，數則爲熱，動則爲痛，數則爲虛。《太陽》下篇。

寸口脈弱而①動，動即爲驚，弱則爲悸。《驚悸吐衄下血病篇》。

脈得諸芤動微緊②，男子失精，女子夢交。《血痺虛勞病篇》。

心傷者，其人勞倦，即頭面赤而下重，心中痛而自煩，發熱，當臍跳動，其脈弦，此③爲心

---

① 而：原脱，據《金匱》補。
② 微緊：二字原脱，據《金匱》補。
③ 此：原脱，據《金匱》補。

藏傷所致也。《五藏風寒積聚病篇》。

服之則厥逆，筋惕肉瞤，此爲逆也。《太陽》中篇。

太陽病發汗，汗出不解，其人仍發熱，心下悸，頭眩，身瞤動，振振欲擗地者，真武湯主之。《太陽》中篇。

病人常以手指臂腫痛，其人身體瞤瞤者，藜蘆甘草湯主之。《轉筋狐疝病篇》。

肝中風者，頭目瞤，兩脇痛，行常傴，令人嗜甘。《五藏風寒積聚病篇》。

脾中風者，翕翕發熱，形如醉人，腹中煩重①，皮目瞤瞤而短氣。同右。

太陽病，下之後，其脈促，胸滿者，桂枝去芍藥湯主之。上篇。

太陽病，桂枝證，醫反下之，利遂不止②，脈促者，表未解也。同右。

太陽病，下之，其脈促，不結胸者，此爲欲解也。下篇。

太陽病，身黄，脈沉結，小便不利，爲無血也。《太陽》中篇。

---

① 重：原脱，據《金匱》補。

② 止：原脱，據《太陽病》中篇補。

傷寒，脈結代，心動悸者，炙甘草湯主之。下篇。

其脈數而乃弦，狀如弓弦，此謂病狀，食積非脈形，《内經》有明文。按之不動，《腹滿寒疝宿食病篇》。

脈緊，如轉索無常者，此指積氣病狀，不指脈。有宿食也。同右。

若發其汗，寒溫相得，其表益虛，即惡寒甚，發其汗已，其脈如蛇。經云：鈎爲絡病。○《痓濕暍病篇》。

脈雙弦强。者，寒也；脈偏弦者，飲也。雙强如陰陽俱緊，謂寸口趺陽相同。《痰飲欬嗽篇》。

夫痓脈，按之緊，脈如弦，直上下此病狀。行。《痓濕暍病篇》。

《脈經》云：痓家，其脈堅，皮肉。直上下。病狀。○同右。

《診絡篇》病表

	《靈樞·經脈篇》	經脈篇	《素問·繆刺論》	《素問·皮部論》
手太陰	肺手太陰之脈，是動則病肺脹滿膨膨而喘欬，缺盆中痛，甚則交兩手而瞀，此爲臂厥。爲此諸病，盛則寫之，虛則補之，熱則疾之，寒則留之，陷下則灸之，不盛不虛，以經取之。案：爲此諸病，以下十二經文皆同。今詳於此，以下經略。	手太陰之别曰列缺，其病實則手鋭掌熱，虛則欠㰦①，小便遺數。	邪客於手陽明當作手太陰。之絡，令人氣滿胸中，喘息而支胠，胸中熱。	太陰之陰，名曰關蟄。上下同法，視其部中有浮絡者，皆太陰之絡也，絡盛則入客於經。

① 㰦：原作「劫」，據《靈樞》改。

手陽明	足陽明
太陽手陽明之脈，是動則病齒痛頸腫。	胃足陽明之脈，是動則病洒洒振寒，善伸數欠，顔黑，病至則惡人與火，聞木音則惕然而驚，心欲動①，獨閉户塞牖而處，甚則欲上高而歌，棄衣而走，賁響腹脹，是爲骭厥。
手陽明之別曰偏歷，實則齲聾，虛則齒寒痺膈。	足陽明之別曰豐隆，其病氣逆則喉痺卒瘖，實則狂顛，虛則足不收，脛枯。
邪客於手陽明之絡，令人耳聾，時不聞音。	邪客於足陽明之絡，令人鼻衄，下齒寒。
陽明之陽，名曰害蜚。上下同法，視其部中有浮絡者，皆陽明之絡也。其色多青則痛，多黑則痺，黃赤則熱，多白則寒，五色皆見則寒熱也。絡盛則入客於經，陽主外，陰主内。	同前。

① 動：原脱，據《靈樞》補。

足太陰	脾足太陰之脈，是動則病舌本强，食則嘔，胃脘①痛，腹脹善噫，得後與氣則快然如衰，身體皆重。	足太陰之別曰公孫，厥氣上逆則病霍亂，實則腸中切痛，虛則鼓脹。	邪客於足太陰之絡，令人腰痛，引少腹控䏚，不可以作②息。	同手太陰。
手少陰	心手少陰之脈，是動則病咽乾，身痛，渴而欲飲，是爲臂厥。	手少陰之別，名曰通里，其病實則支膈，虛則不能言。	邪客於足手。少陰之絡，令人卒心痛，暴脹，胸脇支滿。	少陰之陰，名曰樞儒。上下同法，視其部中有浮絡者，皆少陰之絡也，絡盛則入客於經。其入經也，從陽部注於經；其出者，從陰内注於骨。

① 脘：原作「腕」，據《靈樞》改。
② 作：今《素問》通行本作「仰」。

手太陽	足太陽
小腸手太陽之脈，是動則病咽痛頷腫，不可以顧，肩似拔，臑似折。	膀胱足太陽之脈，是動則病②衝頭痛，目似脱③，項如拔，脊痛腰似折，髀不可以曲，膕如結，腨④如裂，是爲踝厥。
手太陽之別，名曰支正，實則節①弛肘廢，虚則生肬，小者如指痂疥。	足太陽之別，名曰飛揚，實則鼽窒，頭背痛，虚則鼽衄。
邪客於足少陽當作手太陽。之絡，令人留於樞中痛，痺不舉。	邪客於足太陽之絡，令人頭肩項痛。
太陽之陽，名曰關樞，上下同法，視其部中有浮絡者，皆太陽之絡也，絡盛則入客於經。	同前。

① 節：原作「筋」，據《靈樞》改。
② 病：原作「似」，據《靈樞》改。
③ 脱：原作「鋭」，據《靈樞》改。
④ 腨：原作「踹」，據《靈樞》改。

足少陰	腎足少陰之脈，是動則病飢不欲食，面如漆柴，欬唾則有血，喝喝而喘，坐而欲起，目䀮䀮如無所見，心如懸，若飢狀，氣不足則善恐，心惕惕如人將捕之，是爲骨厥。	足少陰之別，名曰大鍾，其病氣逆則煩悶，實則閉癃，虛則要痛。	邪客於足少陰之絡，令人咽痛，不可内食，無故善怒，氣①上走賁上。	同手少陰。
手心主	心主手厥陰心包絡之脈，是動則病心中熱，臂肘攣急，腋腫，甚則胸脇支滿，心中憺憺大動，面赤，目黄②，喜笑不休。	手心主之別，名曰内關。心系實則心痛，虛則爲頭强。	邪客於手太陽當作手厥陰。之絡，令人拘攣背急，引脇而痛，内引心而痛。	心主之陰，名曰害肩。上下同法，視其部中有浮絡者，皆心主之絡也，絡盛則入客於經。

① 氣：原脱，據《素問》補。
② 面赤目黄：原作「目黄面赤」，據《靈樞》乙。

手少陽	三焦手少陽之脈，是動則病耳聾渾渾①焞焞，嗌腫，喉痹。	手少陽之別，名曰外關。病實則肘攣，虛則不收。	邪客於手少陽之絡，令人喉痹舌卷，口乾煩心，臂内廉痛，手不及頭。	少陽之陽，名曰樞持。上下同法，視其部中有浮絡者，皆少陽之絡也，絡盛則入客於經。
足少陽	膽足少陽之脈，是動則病口苦，善太息，心脇痛，不能轉側，甚則面微有塵，體無膏澤，足外反熱，是爲陽厥。	足少陽之別，名曰光明。實則厥，虛則痿躄②，坐不能起。	邪客於足少陽之絡，令人脇痛，欬，汗出。	同前。
足厥陰	肝足厥陰之脈，是動則病腰痛，不可以俛仰。丈夫㿉③疝，婦人少腹腫，甚則嗌乾，面塵脱色。	足厥陰之別，名曰蠡溝。其病氣逆則睾腫卒疝，實則挺長，虛則暴癢。	邪客於足厥陰之絡，令人卒疝暴痛。	同手心主。

① 渾渾：原作「煇煇」，據《靈樞》改。
② 躄：原作「痺」，據《靈樞》改。
③ 㿉：原作「癩」，據《靈樞》改。

《診絡篇》附診絡名詞。

動　結　緩　急與診皮同。　五色　賁起　陷下　長　短　滿　喘二名後人多以脈狀解之。

動

《經脈篇》云：「是動則病」某某云云。「二十二難」曰：「經言脈有是動，有所生病。一脈輒變爲二病者」，謂「經有是動者，氣也，所生病者，血也。邪在氣，氣爲是動；邪在血，血爲所生病」。○案：一脈而變二病，皆經脈絡脈之分也。經脈常動不休，不以動爲病；絡脈不動者，故以動爲病。經言「是動則病」者，謂絡脈，非謂經脈也。曰「是動」，明是不動而動者也，非絡脈而何？若以「是動」爲經脈常動則病，是人無時不病矣。可乎？

又云：脈卒然動者，皆邪氣居之。此謂絡脈無邪氣居之不動，動則有邪，故「是動則病」句，《經脈篇》十二經皆有之。

《平人氣象論》云：乳之下，其動應衣，宗氣泄也。宗氣泄則氣損，泄亦是動，則病也。

《經脈篇》十二絡脈之動，各有病狀不同。病由絡分，非以一「動」字可占一定之病也。○俗言心跳、眼跳，即動脈肉跳，絡跳，同爲動也。

王叔和曰：《脈經》僞卷，非叔和書。「動脈見於關上，無頭尾，大如豆，診筋法：筋縮如豆，有目可見，經脈無之。厥厥然動摇。」此不診絡脈，故移爲診寸口名詞。○此惟絡脈有此證象，經脈無之。王子亨曰：「鼓動大抵改造脈名皆出於七表八裏九道之僞説。而暴於指下不常，氣血相乘，搏擊而動。」案：此即所謂弦、强，何得爲「動」定稱？蓋誤以爲診經法，故必加以別狀，乃可爲病。

何夢瑶曰：「數而跳突名動，「動」有本義，若「數」與「跳突」，皆非「動」字本義。大驚多見此脈。蓋驚則心胸跳突，故脈亦應之而跳突也。」案：《經脈篇》言以邪客之而動，非驚也。以飲酒爲比例，醉後絡漲色紅爲動。

仲景《傷寒論》《辨脈》、《平脈》二篇，皆後人所羼。謂：「數脈見於關上，仲景原書無寸、關、尺。上下無頭尾，與《脈經》僞卷同，故知爲僞羼。厥厥然動搖」者。案：此當指絡脈賁起耳。故丹波元簡曰：「《脈訣》論動脈，含糊謬妄，時珍已辨之。」此不惟動脈，其實脈書皆同此弊。

結

「刺絡論」云：「諸刺絡脈者，皆刺其結上。甚血者，雖無結，急取之，以瀉其邪而出其血。留之，發爲痺也。」此言絡脈有結，急刺之，勿留以成痺。又曰：「胃之大絡，結而横，有目可見，或以爲脈名，誤。有積矣。此言胃之大絡有結，則必有積滯之病。」《三部九候論》曰：「上實下虛，切而從之。索其結絡脈。刺①出其血，刺血專指絡。以見通之。」邪入絡脈成結，則血不通，故必刺出之。

① 刺：原作「則」，據《素問》改。

《陰陽二十五人》曰：「切循其經絡之凝濇，結而不通者，此於身皆爲痛痺。致氣以温之，血和乃止。其結絡者，脈結血不行，決之乃行。以上皆言邪入血絡，凝濇不行，則積而爲結，必刺之出血，以瀉其邪，則氣血自通矣。宛陳血不結者，則予之。」此言結則決之，不結，舍之。

「鍼刺」云：「衝脈並少陰之經，《太素》注：少陰不下行，乃衝下行。故別絡結則跗上①不動，太谿穴動脈。不動則厥，衝脈下行以温足，不下行則厥。厥則寒矣。」○案：經絡有時盤結，有目可覩爲結，如結繩、解結之「結」，血脈縮結，刺血解散。經文即憑七表八裏九道諸脈名，《難經》與僞《脈經》，皆摘取《内經》，而失經旨，往往妄立名目。

「十八難」曰：「結者，經古診法，《難經》盡取之，而創獨診兩手法，宜其以古各診法全責之兩手寸口也。脈來去時一止，無常數，名曰結也。」此説與「代」何異？後之孫思邈《千金》僞卷，王子亨、方龍潭、錢天來及介賓、路玉，皆宗之，各有發揮，髣髴形容，與「代」「促」相混，迄無定論。蓋愈曲説愈支離矣。

緩

《大奇論》：「肝脈小緩爲腸澼，易治。」總之，凡立一名必明白顯著，自成一家，不與別脈蒙混，乃爲定名。妄立名目，則本名不可解，説更與他脈牽混比較，又泛論證候自有此等脈法，遂如梵咒蠻書，無人能心解之，無人能力行之；

① 上：原脱，據《靈樞·逆順肥瘦》補。

非付之一炬，不能復見太清也。○諸説紛歧，愈多愈迷，固不識諸人從何得來也。是皆不知《内經》結脈乃指絡脈，非指經脈也。諸鍼經絡可證，何勞衆喙！

《壽夭剛柔篇》："形充而皮膚緩者則壽。"《衛氣失常篇》云："人之膏者①者，多氣而皮膚緩。"

《藏府病形篇》云："脈緩者，脈指絡脈言。尺之衍文。皮膚亦緩。"

《歲露篇》云："人氣血虚，其衛氣去，形獨居，肌肉減②，皮膚緩。"緩，讀與"渙"同。皮肉解緩與平脈之緩不相干。○案：經言：經脈和緩乃無病之脈。《平人氣象論》注：王太僕曰："緩者，謂緩縱之狀，非動之遲緩也。"此可爲診皮絡之證。○案：王注此條，《脈學輯要》亦引之，實與後列各家皆不同。

急

《大奇論》："肝脈小急，癇、瘛、筋攣。"緩、急同診皮。

又云："腎脈小急，肝脈小急，心脈小急，不鼓皆爲瘕。"

又云："心脈摶滑急，爲心疝。"

---

① 膏：原作"高"，據《靈樞》改。
② 其衛氣去，形獨居，肌肉減：此三句原作"其衛氣形肉減"，據《靈樞》補改。

又云：「三陽急爲瘕，三陰急爲疝，二陰急爲癇，二陽急爲驚。」

《歲露篇》云：「寒則皮膚急」，經故曰急者多寒。即仲景傷寒之①。

《繆刺》云：「秋者，天氣始收，腠理閉塞，皮膚引急。」

《藏府病形篇》：「脈急者，尺之衍文。皮膚亦急。」

又云：「心脈急甚者爲瘈瘲，微急爲心痛引背，食不下。」

又云：「肺脈急甚者爲癲疾，微急爲肺寒熱，怠惰，欬唾血，引腰背胸，若鼻息肉不通。」

又云：「肝脈急甚者爲惡言，微急爲肥氣，在脇下若覆杯。」

又云：「脾脈急甚爲瘈瘲，微急，爲膈中，食飲入而還出，後沃沫。」

又云：「腎脈急甚爲骨癲疾，微急爲沉厥，奔豚，足不收，不得前後。」

五色

《皮部論》曰：「其色多青則痛，多黑則痺，黄赤則熱，多白則寒，五色皆見則寒熱

① 「之」下當有脱文。

也。」

《經脈篇》①曰：「凡診絡脈之色，青，則寒且痛；赤，則有熱；胃中寒，手魚之絡多青矣。」即大指根下掌邊，形似魚上青絡也。

又曰：「胃中有熱，魚際絡赤。其黑者，留久痺也。絡脈則血凝，名不刺瀉，留之久則成痺矣。其有赤有黑有青者，寒熱氣也。其青短者，少氣也。」「臂多青脈，曰脱血②。」手臂之絡屬肝，多青，則風寒之邪入居血脈，使血不歸經，故脱血。

《藏象篇》曰：「心熱者，凡《内經》先定藏府而後言形狀，皆非經脈。色赤而絡脈溢。」

《經絡論》③曰：「陰絡當作「經」，字之誤。之色應其經，當作「藏」。陽絡之色絡分陰陽，舊説皆不得其解，必係字誤。經絡以陰陽分，診面色爲經，診絡色爲陽。變無常，隨四時而行也。四時原以六氣言之。寒多冬、春。：則凝泣，凝泣則青黑；水黑，木青。：熱多夏與長夏。則淖澤，淖澤則黄赤，火赤，土黄。○此皆常色，謂之無病。絡亦不因四時而變色，此指五態言之。五色俱見者，雜見相反之色。謂之寒熱。」案：經《明

---

① 經脈篇：原作「又」，據《靈樞》改。

② 臂多青脈，曰脱血：二句實見《素問・平人氣象論》。

③ 經絡論：三字原脱，據《素問》補。

堂圖》觀面色而診絡色脈，各篇言之甚多，前略舉數條，五色皆備，以爲診絡之例。凡《靈》、《素》之言脈色者，多指絡脈之色，非盡面色也；若經脈，則無色可見。後之人獨診兩手，乃於脈絡之色分而爲二，一拽入面皮之色，一牽入經動之脈，而不知脈色乃古診絡之法也。〇《難經》言十五絡，不言動則爲病，不言色變有邪，又不言診絡之法。雖引經言，而遺漏尚多，又失經旨，後醫皆宗《難經》而不追究《靈》、《素》，竟使古法之多湮也。悲夫！

賁起

《三部九候篇》曰：獨賁起者，病。指絡脈凡賁起與衆不同，則病矣。

論疾診尺曰：「脈大者，絡脈爲邪鼓之，忽大也。尺之皮膚亦賁而起。」言絡脈鼓大，皮膚亦自賁起而大也。

《皮部》云：絡盛則入客於經①。盛者，賁起而大也。邪入絡中，故盛。又曰：絡脈滿《大奇論》之肝滿肺滿指絡言。則注於經。又曰：胃之大絡，「盛喘後人多作病狀。數絶者，病在中。」曰滿曰盛，皆大而賁起，病者絡也。

《衛氣失常篇》云：「血氣之輸，輸於②諸絡，氣血留居，則盛而起。」盛、起即賁起之象。

---

① 入客於經：原作「入於絡」，據《素問·皮部論》改。

② 於：原作「入」，據《靈樞》改。

《四時刺逆從篇》云：「長夏者，經絡皆盛，内①溢肌中。」以絡熱入孫絡，血受而漲，所以盛起肉溢也。

○案：卦象陽大陰小，《易》之通例也。故《内經》言陽絡則曰大絡，陰絡雖未言小，其小可知，而又有孫絡，即小支也。若大者愈大，小者忽大，突然而高，如經言卒遇暴風則經水波涌而隴起，皆外邪入絡，鼓脹而起，如平地之上突起岡隴，則絡脈横亘斜張，可想見而目覩矣。據此以診絡脈，亦一法也。然當其盛滿之時，邪尚未極其盛，刺之易愈，比之絡，其邪略輕。此等絡象多是急證，如俗所言痧證麻腳證等，其絡脈賁起盛滿，此醫者不可不察也。古法載經，胡不研究而精之？

陷下

《三部九候篇》云：獨陷者病。指皮絡言，獨陷則病矣。

《經絡篇》云：「凡此十五絡者，實則必見，當作「賁見」，乃「賁」下半剥文。虚則陷下②，視之不見。」見，當作「賁」。又云：「不堅則陷且空，不與衆同。」言絡脈陷下，乃由血氣空虚之故。疾病云：「視其主病之脈，指主病之絡脈。堅一。而血二。及陷下者，三。皆可捫而得也。」三種皆可手捫。

《邪氣藏府病形篇》：「兩跗之上脈竪③陷脈，絡脈也。竪陷，直陷也。者，足陽明病，此胃脈

---

① 内：原作「肉」，據《素問》改。

② 陷下：《靈樞·經脈》作「必下」。

③ 竪：《靈樞》通行本作「堅」。

也。」指胃之大絡。

又曰：「手小指次指之間熱，若脈陷者，此其候也，手太陽病也。」

又曰：「肩上熱，若脈陷，《診絡》注。及足小指外廉，及脛踝後皆熱，若脈陷，取委中穴①。」

又曰：「足少陽之本末，亦視其脈絡脈。之陷下者灸之。」以上言脈陷者皆指絡脈，非經脈也。經脈常隱於肉中，絡脈常見於膚外，若陷，則絡所循隱隱低下矣。○案：絡脈，西人謂爲回血管，由肺氣別管出，而仍回潤於心竅。若人血氣盛時，則絡脈與肉平；若虚則陷下矣。故經曰：「陰陽相逆，衛氣稽留，經脈虚空，血氣不次，乃失其常。」此言絡脈之中無血氣以實之，則其中空虚，其外收縮，即陷下而隱矣。此等診法，《内經》詳之，而《難經》不言，廢古法而專診兩手經脈，遂不察絡脈以占病，此後醫之通病也。

長《脈要精微論》曰：「長則氣治。」經脈亦言「長」，然一指診十二動脈，非三指三部位。

《脈要精微論》：心脈肺脈肝脈胃脈脾脈腎脈六脈同。「搏堅而長」，又其「輭而散者，當病」云云。案：「堅」「輭」「散」專爲診絡名，則「長」爲絡可知。接下云「診得」心脈、胃脈。凡先言診而後言脈者，爲經脈；以人寸倍數分藏府，故先言「診」，而後言「得」。此先言藏府，而後言脈象；脈有定位，故先分藏府，而後言脈象也。

① 穴：《靈樞》作「央」。

《素·五藏生成論》:「青,脈之至,長而左右彈。」

《素·玉機真藏論》:「端直以長,故曰弦。」此謂絡賁起之狀。

《靈·五色篇》:「其脈滑大以代而長者,病從外來。」

案:長、短以目見言,爲診絡之名詞,賁起陷下之狀,有長短之不同也。乃後醫皆以診經脈既以長、短立名,必有形狀,乃以「如」字解之。高陽生曰「如持竿之狀」,王子亨曰「如操帶鈎①之長」、「如循長竿末梢」,又「如引繩」,李士材言亦同。夫經脈之動雖有三部,本是一條,乃比之於竿、繩之長,縱首尾迢迢,當不如是。詎知經脈過氣口而發見,無長短可言,誤以絡法説經,遂成種種謬妄。蓋由鍼灸罕用,遂不講求《内經》診絡之法,所以專用以診經也。〇案:十五絡仍分係十二經。凡皮膚受邪,入於何絡,屬於何經,絡即鼓起,横亙一橛,獨見長形,與衆不同;診得此形,即知絡屬何經,邪必極盛,故略獨長。灸之刺之藥之,統在此奇邪之脈、非常之絡也。

短

《脈要精微論》曰:「短則氣病。」望氣法,非診經脈。

《皮部》論絡,言「其小而短者少氣」,「其青短者少氣」②。此言諸脈之浮見青色而短者,少氣也。

---

① 鈎:丹波元簡《脈學輯要》卷中作「物」。

② 「其小」、「其青」二句:引語實見《靈樞·經脈篇》。

《刺要痛》：「解脈在郄中，結絡如黍米，絡突如黍米之狀，亦短之象也。刺之血射以黑，見赤血而已。」如黍米，即陰邪結處。○何夢瑶曰：「寸口之脈，由胸中行至大指端，非有兩截，本無長短可言。」誠如此說，千古卓議矣，乃又謂有「動於三指内，出於三指外，則長短宜分」。兩岐其説，是無定見也。夫脈有一定之位，以一指診之，何有長短？何分出入？此由有形以推無形，求其説不可得而爲之説耳。

仲景僞卷言「濇而長者爲欲愈」，乃後人仿《難經》所補。及張路玉所引諸說，如《傷寒》之「尺寸俱長」，名詞已不可通，尤屬誤説。皆别有所解，不足據之以專診寸、關、尺之脈也。

滿

《皮部論》：「絡脈滿，則注於經。」

《大奇論》：「肝滿、腎滿、肺滿，指絡言。皆實，即爲腫。肺之雍，喘而兩胠滿①。肝雍，兩胠滿，卧則驚，不得小便。腎雍，胠下至少腹滿。」

又云：「心脈滿大，癇、瘛、筋攣。」

《衛氣失常篇》曰：「上下皆滿者，傍取之。」

---

① 喘而兩胠滿：原作「喘而兩脇滿」，據《素問》改。下文引《大奇論》此條同。

又曰：「上下皆[滿]者，上下取之。」

[喘]

《平人氣象論》①：「胃之大絡，盛[喘]數絶者，病在中。」

《大奇論》：「肺之雍，[喘]而兩胠滿。」

又曰：「肺至如[喘]，名曰暴厥。」或以爲診經名詞，非是。

《玉機真藏論》：「大肉陷下，胸中氣滿，[喘]息不便。」

《平人氣象論》：「盛②[喘]數絶者，則病在中，結而横，有積矣。」

---

① 平人氣象論：原作「皮部論」，據《素問》改。

② 盛：原脱，據《素問》補。

人寸診補證

廖平　撰
邱進之　校點

校點説明

《人寸診補證》又名《黄帝太素人迎脈口診補證》、《太素人迎脈口診楊注補證》、《補證楊氏太素脈口人迎診》。據《六譯先生年譜》：民國三年（一九一四），廖平在《内經》之外，别立仲景、叔和、《甲乙》、《千金》、《外臺》五家比類表，以明《難經》出於叔和之後，更名《人迎脈口診補證》。包括《黄帝太素人迎脈口診補證》、《人寸比類輯説》、《内經脈學部位考》、《人迎寸口診補證》、《内經人寸比較分表》、《内經人寸比較合表》、《仲景人寸比較表》、《甲乙人寸比較表》、《脈經真本人寸比較表》、《千金方人寸比較表》、《左爲人迎右爲寸口駁義》等篇。據駱本《年譜》，民國元年（一九一二）成《人寸診比較篇》二卷，類輯《内經》之言人迎寸口比較者，爲《人寸比較篇》，刊於《國學雜誌》。民國三年（一九一四），廖平於上海得袁刻日本殘本隋楊上善《黄帝内經太素》，極爲珍秘。其書有《人迎脈口診篇》，所言與廖平素所持論相合，因取舊作《人寸比類篇》，先列楊注，注不足則補以己意。民國三年（一九一四）《國學薈編》第三、八、九、十一、十二期刊載。民國三年成都存古書局刊行，收入《六譯館叢書》。今以此本爲底本進行點校。

目録

序

此册原名《人寸比類篇》，去年《國學雜誌》曾用鉛字排印，因得袁刻東洋殘本《黄帝内經太素楊注》，有《人迎脈口診篇》，及景金大定本《鍼灸圖》，因將舊名改爲今名。楊注《太素》猶存此門目，足徵是爲古説，非予一人之創論；故先列楊本所有，補録者附於其後。《内經》之外，别立張仲景、王叔和、《甲乙》、《千金》、《外臺》五家比類表，以明《難經》出於叔和之後。其於診皮、診絡、診筋、診骨各篇，亦引張、王、皇甫、孫、王舊法以證《内經》，足見唐天寶以前醫法純守《内經》家法，宋、元後，《難經》乃盛行。

《内經》鍼法於足厥陰肝經云：「男子取五里，女子取足之太衝。」考男女穴法皆同，無别取之必要。經之所以男女異穴而取者，以期門穴必卧而取之，其穴又近毛際，故避而别取於足之大指；久之，婦女足指亦不可取，俗醫乃沿古經異穴之法，取之於手。行之便利，又推行於男子。至喉頸之人迎亦縮於兩寸，人迎雖不如太衝、期門之窒礙，以手捫婦女喉頸，亦屬不便。行之數十百年，天下便之，而後《難經》盛行。故欲行古法，必須女醫，非女醫，則古法不能行於婦女矣。

明李瀠《身經通考》云：以《内經》九候考之，人身分三才之部：上部天，兩額之動脈；上部地，兩頰之動脈；上部人，耳前之動脈。中部天，手太陰也；中部地，手陽明也；中部人，手少陰也。下部天，足厥陰也；下部地，足少陰也；下部人，足太陰也。上部天以候頭角之氣，地以候口齒之氣，人以候耳目之氣；中部天以候肺，地以候胸中之氣，人以候心；下部天以候肝，地以候腎，人以候脾胃之氣。江州王九達云：上部天以候頭角，脈在額兩旁，瞳子髎、聽會等處，足少陽膽經脈氣所行也；地以候口齒，脈在鼻孔下兩旁，近於巨髎之分，足陽明胃經脈氣所行也；人以候耳目，脈在耳前，陷中、絲竹空、和髎等處，手少陽三焦經脈氣所行也。中部天手太陰肺經，脈在掌後寸口中，是名經渠，足手太陰肺經脈氣所行也；地手陽明大腸經，脈在手大指次指岐骨間合骨之分，即手陽明大腸經脈氣所行也；人手少陰心經，脈在掌後鋭骨之端神門之分，即手少陰心經脈氣所行也。下部天足厥陰肝經，脈在氣衝下三寸五鼇之分，女子取太衝，在足大指本節後二寸陷中，即足厥陰肝經脈氣所行也；地足少陰腎經，脈在足内踝後跟骨上陷中太谿之分，即足少陰腎經脈氣所行也；人足太陰脾經，在魚腹上越兩筋之間箕門之分，即足太陰脾經脈氣所行也。三而三之，謂之九候。上古診法精詳，故兼取十二經動脈；後世診法簡約，故獨取寸口。《内經》云：「氣口成當爲「人」字之誤。寸，以決死生。」氣口既可以決生死，則餘經之動脈可以弗診矣。況女子取太衝，如何可行？此今古之異也。

觀此，足見古法之所以不行，以婦女之故。經因婦女五里不可診，乃移之太衝，後來太衝亦不便診，故俗醫縮上下於寸尺。特各經之病，必專診本經之脈，乃爲切直；使兩寸可代九藏，則三部九候，經又何必立此繁重之法以困後人哉！必知兩手衹爲手太陰肺經之脈，脈止一條，非有三截，又非三條可分藏、府。仲景本經專診本經之脈，最爲捷便，十一經有病必輾轉假借於寸口，毫釐之差，千里以謬。細考李氏所説，本因婦女而杜撰診法，以求通俗，此爲齊、梁以後私家求售之市道，其不足以言醫，固不待煩言而解矣。

黃帝太素人迎脈口診補證

古診法十二種之一

隋通直郎太子文學臣楊上善奉敕撰注
井研廖平補證

《靈樞·禁服篇》○楊本無篇名。

黃帝曰：凡刺之理，經脈○《經脈篇》。爲始，楊注：吾方愈病，各爲其爲，聖人雜①合行之，以鍼爲輕小，能愈大疾，故先言之。人之十二經脈、奇經八脈、十五絡脈經絡於身，營、衛陰陽氣之經墜，生之夭壽，莫不由之，故爲始也。營其所行，○詳《營衛運行篇》。知其度量，楊注：刺之理者，必須經營循十二經諸絡脈等所行之氣，並知脈之長短度量也。○如《周禮》量人職。內次五藏，○寸口。別其六府，楊注：從於藏府，流出經脈行身外，故藏府稱內。知內②之道，先次五藏內中之陰，次別六府內中之陽也。○《類》注：「經脈爲始」，必先明經絡也；「營其所行」，營行有終始也；「知其度量」，脈度有短長也。內刺五藏，外刺六府，分表裏出入。○二本文異。審察衛氣，○人迎陽氣。爲百病母，《類》注：衛氣者，陽氣也，衛外而爲固者也。陽氣不固，則衛氣失常，而邪從衛入，乃生疾病，故爲百病母。義詳本類前

---

① 雜：原作「雖」，據人民衛生出版社本《黃帝內經太素校注》卷一四《人迎脈口診》楊注改。

② 內：原作「道」，據《黃帝內經太素校注》卷一四《人迎脈口診》楊注改。

二十六及「疾病類」四。調其虛實，○虛、實，爲評脈之名詞。虛實乃止，寫其血絡，刺去絡中之血。血絡盡①而不殆。楊注：次知衛氣爲陽行外，受諸邪氣，以爲百病。次欲知經絡虛實，實乃止而寫之。先寫大小血絡，血邪盡已，得無危殆也。○《類》注：寫實則虛，補虛則實，故虛實乃止。病在血者調之絡，邪血②去盡，則不殆矣。○此診絡刺絡之法。雷公曰：此皆細子之所通，○廣博。未知其約也。○寡要。黄帝曰：夫約方者，猶約囊也，囊滿而弗約則輸泄，方成弗約則神弗與俱。楊注：約，節量也。方，法也。方以診氣，囊以盛氣，故得比之。囊滿不爲節約，必洩其氣；診法成已，不爲節約，必洩神氣。神氣去矣，不與周運，故曰不俱也。○《類》注：約者，要也。約方約囊，其道同也。囊滿弗約則輸泄而傾，方成弗約則不切於用，蓋雜則不精也。《易》曰：「精義入神，以致用也。」不得其精，焉能入神？有方無約，即無神也，故曰神與弗俱。所謂約者，即前《外揣篇》「渾束爲一」之義。雷公曰：願爲下材者，勿滿而約之。《類》注：滿言欲博，約言欲精。弗滿而約之，謂亦有不由博學而可得其捷徑者否也，故曰「願爲下材」。黄帝曰：未滿而知約之，以爲工，○疾醫。不可以爲天下師。楊注：攝生之道，材有上下。診法成已，節約合理，得長生久視，材德之上，可爲天下之師。診法未能善成，故曰未滿而能節而行，得爲國師。是按脈而知病生所由，稱之爲工，材之不下也。○《類》注：因滿而約，約之善也；由博而精，精之至也。未滿而知約，何約之有？未博而言精，何精之有？若是者謂之爲工，安足爲天下師？是以言約者非滿不可，言精者非博不可也。○治天下君相。雷公曰：願

① 血絡盡：「盡」下原衍「絡」字，據《黄帝内經太素校注》卷一四《人迎脈口診》楊注删。
② 邪血：原作「血邪」，據人民衛生出版社本張介賓《類經》卷二〇《約方關格之刺》乙。

聞爲工。楊注：爲工是持脈之道，故問也。○專言治病。黄帝曰：寸口主中，楊注：按此《九卷》、《素問》，肺藏手太陰脈動於兩手寸口中、兩手尺中。夫言口者，通氣者也。寸口通於手太陰氣，故曰寸口，氣行之處，亦曰氣口；寸口氣口，更無異也。中，謂五藏，藏爲陰也。五藏之氣循手太陰脈見於寸口，故寸口脈主於中也。人迎主外，楊注：結喉兩箱，足陽明脈迎受五藏六府之氣以養於人，故曰人迎。下經：「人迎，胃脈也。」又曰：「任脈之側動脈，足陽明，名曰人迎。」《明堂經》曰：「頸之大動脈，動應於手，俠結喉，以候五藏之氣。」人迎胃脈，六府之長，動在於外，候之知内，故曰主外。寸口居下，在於兩手，以爲陰也；人迎在上，居喉兩旁，以爲陽也。《九卷·始終篇》曰：「平人者，不病也；不病者，脈口人迎應四時也；應四時者，上下相應，俱往俱來也。」脈口，謂是手太陰脈行氣寸口，故寸口脈口亦無異也。既上下俱往俱來，豈以二手爲上下也？又，《九卷·終始篇》曰：「人迎與太陰脈口俱盛四倍以上，命曰關格。」即知手太陰無人迎也。又，《素問》第五卷云：「胃管①癰診，岐伯曰：當得胃脈沉細。胃沉細者氣逆，氣逆者人迎甚盛，盛則熱。人迎者，胃脈也。逆盛則熱聚於胃口而不行，故胃營爲癰。」此經所言人迎寸口之處數十有餘，竟無左手寸口以爲人迎，右手關上以爲寸口。而舊來相承，與人診脈，縱有小知，得之别注，人多以此致信，竟無依據，不可行也。○兩大綱。兩者相應，○若男女同而不同，不同而同。俱往俱來，○平脈。若引繩大小齊等。楊注：寸口人迎，兩者上下陰陽雖異，同爲一氣，出則二脈俱往，入則二脈俱來，似二人共引一繩，彼牽而去，其繩並去，此引而來，其繩並來。寸口人迎，因呼吸牽脈往來，其動是同，故曰齊等也。○上下相等。春○東方與木形人爲春。夏○南方赤道與火形人爲夏。人迎微大，○不能遠絶，當立公式。秋○西方與金形人爲秋。冬○北方黑道與水形人爲冬。寸口微大，○《經脈篇》所謂「應四時」是也。四時以地球四方而言。五態

① 胃管：原作「胃營」，據《黄帝内經太素校注》卷一四《人迎脈口診》楊注改。下「胃管」同。

之人性情不同，脈象自異，不謂一人之脈四時反異，如此懸絶也。如是者命曰平人。楊注：譬彼引繩之動，大小齊等，細尋其動，非無小異，故此牽此動之端爲大，彼端微小；彼動之端爲大，此端微小。脈亦如之。上下雖一，因呼吸而動，以春夏之陽，秋冬之陰，故微有大小。春夏陽氣盛實，故脈順之，微大爲平；秋冬陰氣盛實，故脈順之，微大爲平。平者，氣和①無病者也。○《類》注：太陰行氣於藏，故寸口主中；陽明行氣於府，故人迎主外。人迎寸口，一表一裏也，故往來相應。欲其大小齊等，若引繩之勻者，是爲和調之脈。然人迎主陽，故必於春夏微大，寸口主陰，故必於秋冬微大，乃謂之平人也。

又云：人迎大評脈之詞，非脈名。一倍於寸口，病在足少陽；○一陽合厥陰。一倍而躁，病②在手少陽。一陽。人迎二倍，病在足太陽；二陽。二倍而躁，病在手太陽。○太陽合少陰。人迎三倍，病在足陽明；三陽。三倍而躁，病在手陽明。凡陰文，楊本無。○楊注：計春夏人迎大於寸口少半已去，少陽即已有病，其病猶微，故未言之，成倍方言，以病成可名，故曰病在少陽，言一倍等。按不病之人，寸口人迎脈動大小一種，春夏之時，人迎之動微大寸口，以爲平好。人迎之脈漸大，小半、大半，至於一倍，即知少陽有病。少陽盛氣未大，故得過陰一倍，名曰少陽之病，致使人迎之脈一倍大於寸口。少陽病氣漸盛，過於陰氣二倍，名曰太陽之病，則人迎之脈二倍大於寸口。太陽病氣漸盛，過於陰氣三倍，名曰陽明之病，則人迎之脈三倍大於寸口也。盛○盛、衰指皮絡言。則爲熱；楊注：陽氣内盛爲熱，故人迎脈盛也。○陽盛則陰虚皮熱。虚○陽虚則陰盛寒熱。爲診皮詞，

① 氣和：《黄帝内經太素》楊注作「和氣」，似當從。

② 病：原脱，據《靈樞·禁服》補。

非診動脈。則爲寒；楊注：陽氣内虛，陰乘爲寒，故人迎脈虛也。○與下寸口診法正相反。緊○皮肉緊。診皮法，非脈名。則爲痛痺；楊注：其氣動緊似急也。此肌肉之間有寒温氣，故爲痛痺也。代○「代」字，謂絡脈忽動忽静，静後又忽動，與診常動之脈名同實異。經曰：「刺去絡脈接血，代則取絡血」，足見「代」爲診絡之法。則乍甚乍閒。楊注：代，止也。脈絶不來，故曰代也。代者，邪氣客於血絡之中，隨飲食而變，故病乍甚乍閒也。○《類》注：此言人迎脈也。乍甚乍閒，即下文「乍痛乍止」之謂。○絡脈病甚則動，病退則静。已静忽動，動又忽止，去來無常，則病之甚止亦無常，故曰「則乍甚乍止」，以其脈之乍動乍静也。盛○絡動，熱、腫起。則寫之，楊注：人迎一盛者寫於少陽，二盛寫於太陽，三盛寫於陽明也。○泄本經。虛○絡陷下，寒、静。則補之，楊注：人迎虛者，人迎小於寸口也。小於寸口一倍，補於少陽，二倍補於太陽，三倍補於陽明也。○補相合之藏府。按：以上三句爲診十二經絡脈之法。絡脈爲静脈，與經脈常動之脈不同，因病勢甚則動，退則止。《經脈篇》言診絡脈之法，實則爲動，爲墳起、腫，又云「不動則熱」，又云「虛則下陷」；墳起、腫與下陷對。診分虛實，動與熱亦屬實症。下云「不盛不虛，以經取之」，謂絡脈無虛實之象，則九候之法①診九藏之動脈。緊○診皮法。痛則取之分肉，楊注：分肉之間，寒濕氣居。○淺，皮。代則取血絡○深，絡。且飲藥，楊注：邪在血絡，致令脈代，可刺去邪血，飲湯實之。○湯液法。陷下○或寒。則灸之，楊注：謂其諸脈血氣不滿，陷下不見，是中寒，故須灸之。○以上爲診絡法。不盛不虛，○凡絡無虛實之象。以經○經，動脈也。取之，○用經脈九候之法以求其病。名曰經刺。楊注：不盛不虛，正經自病也。假令心痛，中風得之，肝來乘心，從後而來，名爲虛邪。飲食勞倦，脾來乘心，從前來者，名爲實邪。傷寒得之，肺來乘心，從所不勝來者，名曰微邪。中濕得之，腎來乘心，從所勝來者，名曰賊

① 則九候之法：玩文意，「則」下似脱「以」字或「用」字。

邪。以上四病，皆是他邪爲之，須視心之虚實，補寫他經。傷暑得病，起於自藏，以爲正邪，宜療自經，故曰「以經取之，名曰經刺」。○《類》注：緊則爲痛痺，故當取分肉。代因血氣不調，故當取血絡，且飲調和之藥。脈陷下不起者有寒滯，故宜灸之。若不因血氣之盛處，而病有留於經絡者，則當隨經所在，或飲藥，或灸刺以取之也。經刺義見前第五。人迎四倍者，且大且數①，名曰溢陽，溢陽爲外格，死不治。楊注：人迎三倍，各病一陽，至四倍，其陽獨盛，外拒於陰，陰氣不行，故曰格陽。格。拒也。陽氣獨盛，故大且數。以無陰氣，獨盛必衰，故死不療。○以上爲人寸診法。必審按其本末，察其寒熱，以驗其藏府之病。楊注：必須審按人迎寸口内外本末，察其脈中寒暑，然後驗知藏府中之病也。《類》注：脈之偏盛至於四倍者，乃爲關格不治之證。若一倍二倍三倍，不過爲病，而但有輕重之分耳。故當審其致病之本末，察其寒熱藏府，而施治之②也。○診經診皮診絡，四法皆以陰陽之分爲主。寸口○不分左右三部，與仲景同。大於人迎一倍，○陰以沉小爲大。病在足厥陰；一倍而躁，在手心主。○以躁静分上下，陽動陰静之義。寸口人迎穴名，寸口非穴名，以地位言之，其穴爲天淵。二倍，病在足少陰；二倍而躁，在手少陰。寸口三倍，病在足太陰；三倍而躁，在手太陰。楊注：秋冬寸口大於人迎少半已去，厥陰即已有病，其病猶微，故未言之。以病成可名，故曰病在厥陰，言一倍等。按不病人，寸口、人迎脈動大小一種，秋冬之時，寸口之動微大人迎，以爲平好。寸口之脈至於一倍，即知厥陰有病。厥陰之氣衰少，故得過陽一倍，名曰厥

① 大且數：《黄帝内經太素》作「大而且數」。
② 施治之：《類經》作「施之治」。

陰之病，致使寸口之脈一倍大於人迎。陰氣雖少，故得過陽氣二倍，名曰少陰之病，則寸口之脈二倍大於人迎。太陰最大，過於陽氣三倍，名曰太陰之病，則寸口之脈三倍大於人迎也。○《類》注：人迎、寸口，相爲表裏，故上文云人迎一倍病在足少陽，此云寸口一倍病在足厥陰，膽與肝爲表裏也。一倍而躁，人迎在手少陽，寸口在手心主，三焦包絡爲表裏也。凡後二倍三倍，表裏皆然。盛○陰盛則陽虛。則脹滿，○診絡法。寒中，○凡言寒熱，皆診皮法。食不化；楊注：寸口陰氣大於人迎三倍，病在太陰。太陰之病自有虛實，是以寸口陰盛則腹中寒氣脹滿，有寒中食不化也。○陽上盛則爲熱，此陰盛，故爲寒，以寸口陰盛則腹中寒氣脹滿，有寒中食不化也。虛○陰盛則陽虛。則熱中，出糜，少氣，溺色變；楊注：陰虛陽氣來乘，腸胃中熱，故大便出糜如黃疸①。少陰氣虛，故少氣、溺色黃也。○在人迎爲盛則當熱。緊則痛痺；楊注：風寒溼氣留於分肉間爲痺，故令寸口脈緊實也。○診皮，人寸同法。代則乍痛乍止。楊注：寸口脈動而中止不還曰「代」。邪客分肉，致令衛氣之行乍行乍止，故令其痛乍有乍止也。○《類》注：此言寸口脈也。盛則外實中虛，故爲脹滿，寒中食不化；虛則真陰不足，故爲熱中出糜少氣，溺色變。糜，謂泄瀉糜爛之物。○診絡，亦人寸同法。盛則寫之，虛則補之，楊注：下言療方，盛瀉之法，惟②人迎可知也。○以大小定虛實。緊則先刺即上取之分肉。而後灸之，楊注：緊有脾痛，先以痛爲輸營，鍼刺已，然後於其刺處灸之。代則取血絡《禁服篇》云：泄其血絡。而洩之，楊注：代則乍痛乍止，故刺去邪血之絡也。陷下則徒灸之。不鍼。陷下者，脈血結於中，中有著血，血寒，故宜灸之。楊注：徒，空也。諸脈陷下不見，是脈中寒血結聚，宜空灸之，不假先刺也。○以上診絡。不

① 出糜如黃疸：《黃帝內經太素校注》楊注作「出强如黃糜」。

② 惟：疑爲「准」之誤字。

盛不虛，以經取之。楊注：准人迎可知也。〇《類》注：緊則爲寒，故宜先刺後灸，欲其經易通、寒易去也。脈陷下者，以寒着於血，而血結爲滯，故宜灸之也。「代則取血絡」及「不盛不虛」，義見上文。〇以上診經。寸口四倍者，名曰內關，內關者，且大〇包「浮」「洪」言。且數，〇以至數言。死不治。楊注：陰氣三倍大於陽氣，病於三陰；至於四倍，陰氣獨盛，內皆閉塞，陽不得入，故爲內關。關，閉也。寸口大而又數，即陰氣將絶，故死不療也。

又曰：必審察其本〇心。末四肢。之寒温，〇診皮。以驗其藏府之病，楊注：必察寸口人迎大小終始寒温，則知內外藏府之病也。〇《類》注：義同前人迎四倍者。〇由外知內。通其營輸，乃可傳於大數。大數曰盛〇大有餘。則徒寫之，虛〇小不足。則徒補之，楊注：候知五藏五府病之所在，先須鍼藥通其營輸，然後傳於灸刺大數，謂空補寫之數也。緊〇診皮。緊與緩對。則灸刺且飲藥，楊注：脈之緊者，三療俱行。緊，謂動而中止。小數中有還者，曰結也。陷下〇診絡。陷下與賁起對。則徒灸之，楊注：准前人迎。不盛不虛，以經取之。所謂經治者，飲藥，亦曰灸刺。楊注：不盛不虛，經療之法，亦三療俱行之。脈急則引，楊注：引，挽也。寸口脈急，可以鍼導引令和也。脈代以弱，則欲安静，無勞用力也。楊注：脈衰代絶，至復微弱，不欲煩動者，宜安静恬逸，不得自勞也。〇《類》注：營，經脈也。輸，營輸也。大數，大法也。即《經脈》、《本輸》、《終始》、《禁服》等篇之義。徒，但也。陷下，義見上文。經取之，即所謂經治者，或飲藥，或灸刺，皆可隨經所宜而治也。脈急者，邪盛也，宜設法引去之。脈大以弱者，陰不足也，宜安静以養陰，用力無勞也。凡此皆大數大法也。故確知其盛，則但寫之；確知其虛，則但補之；確知其宜灸刺，則以灸刺；宜藥餌，則以藥餌。然必資學力，庶能無惑，是即約方之要、渾束爲一之義也。若未滿而云約者，必不學無術之下材耳，焉得爲工？尚敢曰人之師哉？學者於此，必不可自欺以欺人也。〇此篇如《終始篇》之經。凡言人迎比類，以《經脈》、《終始》、《禁服》三篇爲主，然後再引各篇散見之文以補之。

《靈樞·五色篇》

雷公曰：病之益甚與其方衰何如？楊注：問其切脈知病衰盛。黃帝曰：外内皆在焉。楊注：外府内藏並有盛衰，故曰「皆在」。切其脈口，滑小緊以沉者，其病益甚，在中；楊注：脈口，陰位也。滑爲陽也。小、緊、沉者，皆爲陰也。按於脈口，得一陽三陰，則陰乘陽，故病益甚。病在五藏，故曰在中也。人迎氣大緊以浮者，其病益甚，在外。楊注：人迎，陽位也。緊爲陰也。大浮，陽也，二陽一陰，則陽乘陰，故病益甚。病在六府，故曰在外也。○《類》注：益甚，言進；方衰，言退也。外内皆在，表裏俱當察也。脈口者，太陰藏脈也，故曰在中，而主五藏。人迎者，陽明府脈也，故曰在外，而主六府。脈口滑小緊沉者，陰分之邪盛也；人迎大緊以浮者，陽分之邪盛也。故病皆益甚。其脈口浮而滑者，病日損；楊注：滑、浮皆陽，在於陰位而得二陽，其氣以和，故病日日瘳損也。人迎沉而滑者，病日損。楊注：一陰一陽在於陽位，其氣易和，故病損。○《類》注：脈口爲陰，浮滑者以陽加陰，故病日進。人迎爲陽，沉滑者陽邪漸退，故病日損。損，減也。其脈口滑以沉者，病日進，在内；楊注：一陰一陽在於陰位，故病日漸進，在五藏。其人迎脈滑盛以浮者，其病日進，在外。楊注：滑、盛、浮等俱爲陽也，又在陽位，名曰太過，病增，在於六府也。○《類》注：脈口人迎，經分表裏，故其沉滑浮滑而病日進者，有在内在外之辨也。脈之浮沉及人迎與寸口氣小大等者，其病難已。楊注：諸有候脈浮沉及人迎寸口中氣大小齊等者，是陰陽不得相顧①，故病難已也。○《類》注：人迎寸口之脈其浮沉大小相等者，非偏於陰，則偏於陽，故病難已。按《禁服篇》曰：「春夏人迎微大，秋冬

① 顧：《黃帝内經太素校注》楊注作「傾」。

寸口微大，如是者命曰平人」，則義有可知矣。病之在藏，沉而大者，易已，小爲逆；楊注：人迎寸口之中候之，知病在於内五藏中，其脈且沉且大，是爲陰陽氣和，雖病易已；其脈沉而小者，純陰，故逆而難已也。病之在府，浮而大者，病易已。楊注：候之知病在外六府中，其脈浮而且大，得其時易已。人迎盛緊者，傷於寒；楊注：人迎盛爲陽也，緊則爲陰也，謂冬因蟄寒氣入腠，名曰傷寒，春爲温病也。脈口盛緊者，傷於食飲。楊注：盛爲陰也。脈口盛而緊者，是因飢多食，傷藏爲病也。○《類》注：人迎主表，脈盛而堅者，寒傷三陽也，是爲外感；氣口主裏，脈盛而堅者，食傷三陰也，是爲内傷。此古有之法也。今則止用寸口診法，不爲不妙，然本無以左右分内外之説，自王叔和以來，謬以左爲人迎，右爲氣口，其失表裏之義久矣。詳見《藏象類》十一。

《素·五藏別論》

氣口人寸同爲氣口。何以獨爲五藏主氣？楊注：謂九候各候五藏之氣，何因氣口獨主五藏六府十二經脈等氣也。岐伯曰：胃者，水穀之海也，六府之大源也。五味入口，藏於胃以養五氣，氣口亦太陰也。是以五藏六府之氣味皆出於胃，變見於氣口。楊注：胃爲水穀之海，六府之長，出五味以養藏府血氣。衛氣行手太陰脈至於氣口，五藏六府善惡，皆是胃氣所將而來，會手太陰，見於氣口，故曰變見。○《類》注：人有四海，而胃居其一，是爲水穀之海。藏府之屬，陽爲府，陰爲藏，胃屬陽而爲六府之本，故云六府之大源。然五味入口，藏於胃以養五藏氣，故又曰胃爲五藏六府之海。氣口本屬太陰，而曰「亦太陰」者何也？蓋氣口屬肺，手太陰也，布行胃氣，則在於脾，足太陰也。按《營衛生會篇》曰：「穀入於胃，以傳於肺，五藏六府，皆以受氣。」厥論曰：脾主爲胃行其津液者也。《經脈別論》曰：「飲入於胃，游溢精氣，上輸於脾，脾氣散精，上歸於肺。」然則胃氣必歸於脾，脾氣必歸於肺，而後行於藏府營衛，所以氣口雖爲手太陰，而實即足太陰之所歸，故曰氣口亦太陰也。是以五藏六府之氣味皆出於胃，而變見於氣口，故胃爲藏府之大源，然無不由脾達肺也。**故五藏氣入於鼻**，當作「胃」。下同。**藏於心肺，心肺有病，而鼻爲之不利也。**楊注：穀入於胃，以養五藏，上薰入鼻，藏於心肺，鼻中出入，鼻爲肺官，故心肺有病，鼻氣不利也。○《類》注：氣味之化，在天爲氣，在地爲味。上文言五味入口藏於胃者，味爲陰也；此言五氣入鼻藏於心肺者，氣爲陽也。鼻爲肺之竅，故心肺有病而鼻爲之不利。觀此兩節，曰味曰氣，皆出於胃而達於肺，既達於肺，亦必變見於氣口，故氣口獨爲五藏主。**故曰：凡治病者，必察其上下，**胃、肺。**適其脈候，觀其志意，與其病態①也。**○《類》注：此治病之四要也。「下」言二陰，二陰者，腎之竅，胃之關也。《脈要精微論》曰：「倉廩不藏者，是門户不要也」，「得守者生，失守者死。」故二便爲胃氣之關鎖，而係一身元氣之安危，此下之不可不察也。適，測也。脈爲氣血之先，故獨取寸口，以決吉凶之兆。如《平人氣象論》曰：「人無胃氣曰逆，逆者死。」脈無胃氣亦死，此脈之不可不察也。志意者，如《本藏篇》曰：「志意和，則精神專直，魂魄不散，悔怒不起，五藏不受邪矣。」是志意關乎神氣，而存亡係之，此志意之不可不察也。病有標、本，不知求本，則失其要矣；病有真假，不知逆從，則及於禍矣，此病因之不可不察也。合是四者而會觀之，則治病之妙，無遺法矣。**拘於鬼神②者，不可與言至治。**楊注：療病之要，必須上察人迎，下診寸口，適於脈候；又觀志意有無，無志意者，不可爲至。及說療疾，復觀其人病態，能可療以否。若人風寒暑溼爲病，乃情繫鬼神，斯亦不可與言也。○《類》注：陽之靈曰神，陰之靈曰鬼。張子曰：「鬼神者，二氣之良能也。」程子曰：「鬼神只是一箇造化。天尊地卑，乾坤定矣，鼓之以雷霆，潤之以風雨是也。」然

---

① 態：《黄帝内經太素》作「能」，當從。

② 拘於鬼神：《黄帝内經太素》作「乃拘於鬼神」。

則鬼神者，即天地之靈耳。禍福有因，惟人自作，天地無私，鬼神焉得而蔽之？彼昧理者，不知鬼神不可媚，而崇尚虛無，不求實濟，何益之有！若此者，即與論天人至德，必不見信，又何足與道哉？故曰：「信巫不信醫，一不治也。」即此之謂。惡於鑱石者，不可與言至巧。〇《類》注：鍼石之道，法三才而調陰陽，和氣血而通經絡，故曰知機之道者不可掛以髮，蓋言其至精至微也。而或有惡於鍼石者，誠不可與言至巧矣。病不許治者，病不必治也，治之無功矣。楊注：鑱，仕監反，鈹也。其病非鍼石不爲，而惡之者，縱岐、黄無所施其功；其病可療而不許療者，縱倉、扁不可爲其功也。〇《類》注：不治已病治未病，聖人之道也。其有已病而尚不許治者，特以偏見不明，信理不篤，如拘於鬼神、惡於鍼石之類，皆是也。既不相信，不無掣肘，强爲之治，焉得成功？即有因治而愈者，彼亦猶謂不然，總亦屬之無功也。

《病能論》

《素問》曰：人病胃管癰者，診當何如？岐伯對曰：診此者，當得胃脈，其脈當沉細，沉細者氣逆。〇《類》注：胃脈見於右關，所謂中附上，右外以候胃也。胃爲多氣多血之府，脈當洪大，而反見沉細，故爲胃氣之逆。逆者人迎甚盛，甚盛則熱。〇《類》注：胃氣逆而人迎盛，逆在藏而熱在經也，即《終始》等篇所云「人迎三盛病在陽明」之謂。人迎者，胃脈也。〇《類》注：人迎在結喉旁，是陽明動脈也。逆而盛，則熱聚於胃口而不行，故胃管爲癰。黄帝曰：善。楊注：胃管癰者，胃口有熱，胃管生癰也。得胃脈者，寸口脈也。寸口者，脈之大會手太陰之動也，故五藏六府十二經脈之所終始也。平人手之寸口之中，胃脈合浮與大也，今於寸口之中診得沉細之脈，即知胃有傷寒逆氣，故寸口之脈沉細，上之人迎洪盛者也，盛則胃管熱也。上人迎者，在喉兩邊，是足陽明胃脈者也。胃氣逆者，則手之寸口沉細，喉邊人迎盛大，故知熱聚胃口不行爲癰。紆恭反，腫也。

《靈樞・論疾診尺篇》尺當讀作「皮」。

安臥，小便黄赤，脈小而澀者，不嗜食。楊注：安臥，小便黄赤，脈小澀，脾病，故不嗜食也。人病，其寸口之脈與人迎之脈大小及其浮沉等者，病難已也。楊注：寸口，即脈口也。人病，寸口之脈秋浮冬沉，人迎之脈春小夏大，縱病易已。四時大小浮沉皆同，即四時脈亂，故難已也。

《靈樞・終始篇》云「楊注」在《人迎脈口診》内。

黄帝曰：凡刺之道，畢於終始，平病。明知終始，五藏爲紀，〇兼六府言之。陰陽定矣。楊注：凡刺之道，其要須窮陰陽氣之終始。人之陰陽氣終始者，必本五藏以爲綱紀。以五藏藏神居身，故爲陰陽氣之綱紀，即陰陽定矣。〇《類》注：《終始》本篇名，詳載陰陽鍼刺之道，今散類各章。〇比類而見。陰者主藏，寸口。陽者主府。楊注：陰氣主於五藏，在内；陽氣主於六府，在外也。〇《類》注：手足三陰俱主五藏，手足三陽俱主六府。〇人迎。陽受氣於四末，足、手。陰受氣於五藏。楊注：清陽實於四支，濁陰者走於六府，故陽受氣於四末也。清陰起於五藏，濁陽者營於四支，故陰受氣於五藏也。〇《類》注：陽主外，故受氣於四末；陰主内，故受氣於五藏。四末，手足末也。故寫者迎之，〇刺法迎在前。補者隨之，在後。知迎知隨，損、益。氣可令和。〇《類》注：迎者，迎其來而奪之；隨者，隨其去而濟之。和氣之方，必通陰陽。楊注：故補寫之道，陰陽之氣，實而來者，迎而寫之；虚而去者，隨而補之。人能知此隨、迎、補、寫之要，則陰陽氣和，有疾可愈也。〇將以分别陰陽爲第一要義。五藏爲陰，六府爲陽，〇寸口手太陰，人迎足陽明。傳之後世，以血爲盟，敬之者昌，慢之者亡，兼喻治道。無道行私，必得夭①殃。楊注：敬其傳方，令守道去私也。○《類》注：不明至道，而强不知以爲知，即無道行私也。伐人長命，殃必及之，天道不爽，當知所畏。○自唐以下，删去人迎，單診陰，則無陽脈矣。謹奉天道，請言終始。楊注：言其奉誡，因請五藏終始之紀也。○陰陽互爲其根。終始者，經脈爲紀，○《類》注：天道陰陽，有十二辰次爲之紀；人身血氣，有十二經脈爲之紀。循環無端，終而復始，故曰終始。○十二經循環無端，始於太陰，終於厥陰。《經脈篇》詳人寸盛衰。持其脈口○即寸口。人迎，○皆用一指診一脈。以知陰陽○分陰陽必持二脈，但寸口不能别陽陰。有餘不足，○比較。平與不平，二者相比，如銀與碼。天道○一陰一陽之謂道。畢矣。楊注：五藏終始紀者，謂經脈也。欲知經脈爲終始者，可持脈口人迎動脈，則知十二經脈終始陰陽之氣有餘不足也。○《類》注：脈口在手，太陰脈也，可候五藏之陰；人迎在頸，陽明脈也，可候六府之陽。人之血氣經脈，所以應天地陰陽之盛衰者，畢露於此，故曰天道畢矣。○右詳人寸分陰陽。

又云：所謂平人者不病，不病者，脈口人迎應四時也，楊注：春夏人迎微大寸口，秋冬寸口微大人迎，即應四時也。○《禁服》：「春夏人迎微大，秋冬寸口微大。」四時以四方爲本例。醫統全球，四道之人，脈各不同。上下相應，而俱往俱來也，楊注：人迎在結喉兩旁，故爲上也；寸口在兩手關上，故爲下也。上下雖别，皆因呼吸而動，故俱往來也。往，謂陽出；來，謂陰入也。往來雖别異，同時而動，故曰「俱」也。○以部位言，上人下寸。六經之脈，○經脈、絡脈，人寸各六經。不結○經常動不休。動也，楊注：陰陽之脈俱往來者，即三陰三陽經脈動而不結。○絡乃

① 夭：原作「天」，據《黄帝内經太素》改。

以動爲病。本〇頭、背、腹。末〇四支。之寒温〇詳《通評虚實論》。相守司也①。楊注：春夏是陽用事，時温，人迎爲本也；秋冬是陰用事，時寒，脈口爲本也。其二脈不來相乘，復共保守其位，故曰相守司也。〇診皮法。形肉血氣必相稱也，〇望、聞、附《診絡篇》。是謂平人。楊注：形，謂骨肉色狀者也。肉，謂肌膚及血氣□②者也。衰勞減等□□好即爲相稱也。如前五種皆爲善者，爲平人。〇《類》注：春夏人迎微大，秋冬寸口微大，應四時也。上謂人迎，下謂脈口，相迎往來，即如下篇所謂俱往俱來若引繩大小齊等也。結澀則不足，動疾則有餘，皆非平脈也。藏氣爲本，肌體爲末，表裏寒温，司守不致相失，故必外之形肉、内之血氣皆相稱者。謂之平人。〇右平脈診。

又云：少氣者，〇《經脈篇》所言少氣。脈口、人迎俱少，〇上爲平脈，此言病脈，亦人寸同。而不稱尺〇當作「人」。寸也，〇平人、病人陰陽二脈均有同者，平人則爲常，病人則爲重甚。如是者，則陰藏。陽府。俱不足。楊注：脈口，寸口也。寸部有九分之動，尺部有一寸之動。今秋冬寸口反小於人迎，即脈口不稱尺寸也；春夏人迎反小於寸口，即人迎不稱尺寸也。如此勘檢，則知藏府陰陽二氣俱少也。〇專以虚言，實者可推。補陽府。則陰藏。竭，寫陰則陽脱。〇不能用偏勝之法。如是者，可將以甘藥；兼顧之品。不愈，可飲以至齊。楊注：夫陽實陰虚，可寫陽補陰；陰實陽虚，可寫陰補陽。今陰陽俱虚，補陽，其陰益以竭；寫陰之虚，陽無所依，故陽脱。所以不可得於鍼石，可以甘藥湯液將扶補之，若不已，可至於齊也。〇單清之味。如此者弗灸〇灸爲補虚，故陷下用之，至於俱虚，則不用。不已，因而寫之，〇言不可寫，而補可知。則五藏氣壞矣。楊注：如此二皆是虚，可以湯液補者，日

① 相守司也：「相」上原衍「素問」二字，據《靈樞》及《太素》删。
② □：原脱，據《黄帝内經太素校注》楊注補。

漸方愈，故曰不灸不已。若不如此，即用鍼寫，必壞五藏之氣也。爲「不灸」於義不順，「灸」當爲「久」也。○《類》注：少氣者，元氣虛也，兼陰陽而言。故上之人迎，下之脈口，必皆衰少無力，而兩手之尺寸亦不相稱也。凡陰陽氣俱不足者不可刺，若刺而補陽則陰竭，寫陰則陽脱，如是者，但可將以甘藥。甘藥之謂，最有深意，蓋欲補虛羸，非甘純不可也。至劑，剛毒之劑也，正氣衰者不可攻，故不宜用也。非唯不可攻，而灸之亦不可，以火能傷陰也。臨此證者，不可忘此節之義。○《邪客篇》「陰陽如一者難治」，《五色》、《動輸》①同。自少氣以下，言病脈陰陽同則難治。○右病脈診。

又云：人迎一盛，○平人脈，人恒大於寸，調查定爲公式。此於公式之外，再加一倍。病在足少陽，○三陽同統一脈，故以脈象分統。一盛而躁，○躁與静對。病在手少陽；楊注：病在足少陽。足少陽病，大於足厥陰一倍，故人迎盛於寸口一倍。一盛而躁，病在於手少陽經也。○《脈要精微論》：其有躁者，皆在手。人迎三陽候以人爲主。二盛，病在足太陽，○《脈要精微論》：其有静者，皆在足。二盛而躁，病在手太陽；楊注：躁，手道反，擾也。陽氣漸大，在足太陽。足太陽病，大於足少陰二倍，故人迎盛於寸口二倍也。○三部九候，先有部分，則各經之病，候於其動氣，與此殊矣。人迎三盛，○人迎由平脈公式加三四倍。病在足陽明，○陽盛於陽明，當在此。三盛而躁，病在手陽明；楊注：陽氣更甚，在足陽明，足陽明病，大於足太陰三倍，故人迎盛於寸口三倍也。○《類》注：人迎，足陽明脈也。一盛二盛，謂大於氣口一倍二倍也。陽明主表，而行氣於三陽，故人迎一盛，病在足經之少陽。若大一倍而加以躁動，則爲陽中之陽，而上在手經之少陽矣。凡二盛三盛，病皆在足，而躁則皆在手也。下仿此。人迎四盛，且大且數，

① 動輸：原作「動右壞輸」，疑「右壞」二字或係原稿之批注，而爲刻工闌入正文。按《靈樞》有《動輸》之篇，姑據删。

名曰溢陽，溢陽爲外格。楊注：人迎盛至四倍，大而動數，陽氣盈溢在外，格拒陰氣不得出外，故曰外格也。○《類》注：人迎盛至四倍，且大且數者，乃六陽偏盛之極，盈溢於府，格拒六陰，是爲外格。按下文曰：溢陰爲内關，内關不通，死不治。則此外格者，亦死無疑。○又，「關格」詳按，見《脈色類》二十二，所當互閱。○右診陽脈。

又云：脈口一盛，大一倍於人。《瘧論》云：病在陰，則寒而脈静。病在足厥陰，○故寫之。如傷寒，厥陰主内，故其脈微。一盛而躁，○《瘧論》云：病在陽，則熱而脈躁。病在手心主；楊注：足厥陰盛，病大於足少陽一倍，故脈口盛於人迎一倍也。○厥陰。脈口二盛，病在足少陰，腎。二盛而躁，病在手少陰；楊注：足少陰盛，病大於足太陽二倍，故脈口盛於人迎二倍也。○心。脈口三盛，○凡言盛衰倍數，皆由平脈起算。病在足太陰，○太陰爲陰之盛，近於陽，故三倍。三盛而躁，病在手太陰；楊注：足太陰盛，病大於足陽明三倍，故脈口盛於人迎三倍也。○《類》注：脈口，手太陰脈也。太陰主裏，而行氣於三陰，故脈口一盛，病在足經之厥陰，若加以躁，則爲陰中之陽，而上在手厥陰心主矣。凡二盛三盛皆在足，而躁則皆在手也。○足三陰由内至外，與《傷寒》傳經相反。脈口四盛，且大○陰脈以小爲大。且數○陰陽脈大小沉浮滑澀，其盛衰相反，此與人迎同言倍盛。者，名曰溢陰，○單陰盛而陽虚。溢陰爲内關，歲内①。内關不通，死不治。楊注：陰氣四盛於陽，脈口大而且數，陰氣盈溢在内，關閉陽氣不得復入，名曰内關，不可療也。○《類》注：脈口四盛，且大且數者，乃六陰偏盛，盈溢於藏，表裏隔絶。是爲内關，主死不治。○自《難經》以下，單診兩寸，無非名醫，持脈亦有神驗；亦如吞刀吞火，精神所結，有此幻景。教外別傳，故不能立教，作爲程式，使人易知易行。又如宋龐安時已張明古法，諸經疏文義顯然，安知得名不即由於此焉。張且明加注解。大抵

① 歲内：似不可解，疑係「藏内」之誤。

術家，不如葬法，密者必别有訣，非刻下所傳之説，不以真法傳世；即傳於私人，亦必立盟誓。○右診陰脈。

又云：人迎與太陰脈口俱盛四倍以上，○下傳云：命曰陰陽俱溢。命曰關格，關格者與之短期。楊注：脈口，寸口也。陽盛四倍，格而不開；陰盛四倍，開而不格，皆與死期。脈口人迎俱四倍已上，稱曰關格，死之將近，故與短期。此云人迎與太陰脈口，即知手太陰脈無人迎也。○《類》注：人迎主陽，脈口主陰，若俱盛至四倍以上，則各盛其盛，陰陽不交，故曰關格，可與言死期也。○右陰脈診。

又云：人迎一盛，寫○盛則虚之。足少陽，○瀉本經膽。而補○人小於寸。足厥陰。楊注：人迎一倍大於脈口，即知少陽一倍大於厥陰，故寫足少陽，補足厥陰。餘皆準此也。○相合肝。二寫一補，楊注：其補寫法，陽盛陰虚，二寫於陽，一補於陰；陰盛陽虚，一寫於陰，二補於陽。然則陽盛得二寫，陽虚得二補；陰盛得一寫，陰虚得一補。療陽得多，療陰得少者，何也？陰氣遲緩，故補寫在漸；陽氣疾急，故補寫在頓，倍於療陽也。餘仿此也。○陽盛補陰者，謂補足陽明。日一取之，楊注：一取，一度補寫也。足太陽盛，足少陰虚；足少陰盛，足太陽虚。此二經者氣血最少，故二日一補寫也。足少陽盛，足厥陰虚；足厥陰盛，足少陽虚。此二經者血氣次多，故日一補寫也。足陽明盛，足太陰虚；足太陰盛，足陽明虚。此二經者血氣最富，故日二補寫，以爲例準。厥陰氣血最少，少陰次多，太陰最多。此中少陰二日一取，厥陰一日一取，太陰一日二取，或經錯耳。必切而驗之，楊注：必須切診人迎脈口，以取驗也。○循皮肉，察毛色。躁取之上，楊注：人迎躁而上行皆在手脈，故曰取上。取者，取於此經所發穴也。氣和①乃止。楊注：寫實補虚，令陰陽氣和乃止，以爲例也。○《類》注：人迎主府，故其一盛病在膽經，肝膽相爲表裏，陽實而陰虚，故當寫足少陽之府，補足厥陰

① 氣和：原作「和氣」，據《黄帝内經太素》乙。

之藏也。寫者二，補者一，寫倍於補也。疎取之者，欲其從容，不宜急也。上氣，言氣之至也。氣至而和，穀氣至矣，故可止鍼。下仿此。○案：楊注以足太陽少陰氣血最少、足少陽厥陰氣血次多互易，當改正。

又云：人迎二盛，○謂二倍寸口。寫足太陽，○過則抑之。而補足少陰。○腎與膀胱表裏。二寫一補，謂手少陰。二日一取之，必切而驗之，躁取之上，氣和乃止。○《類》注：人迎二盛，病在膀胱經，膀胱與腎爲表裏，表實而裏虚，故當寫足太陽，補足少陰也。二寫一補，義見後；疎取、上氣，義同前。

又云：人迎三盛，寫足陽明，○刺法以陽明爲陽中之陽。而補○謂寸口三倍於人迎。足太陰。○脾胃分虚實。二寫一補，○補手太陰。日二取之，必切而驗之，躁取之上，氣和乃止。○《類》注：人迎三盛，病在胃經，胃與脾爲表裏，胃實脾虚，故當寫足陽明，補足太陰。以上三陽盛者，俱二寫一補。○右人盛治法。

又云：脈口○十二經動脈皆名氣口、脈口。一盛，寫足厥陰○一陰之微。而補足少陽。○一陽之微。二補一寫，○一補一寫，以其大一倍而止。日一取之，○凡此皆用二數。必切而驗之，躁取之上，氣和乃止。○《類》注：脈口主藏，故其一盛病在肝經，肝實膽虚，當寫足厥陰，補足少陽也。補寫義見後，上氣義同前。

又云：脈口二盛，寫足少陰○二陰之中。而補足太陽。○二陽之中。二補一○當作二。寫，二日一取之，○二倍皆當用二字。必切而驗之，躁取之上，氣和乃止。○脈口二盛，病在腎經，腎經實膀胱虚，故當寫足少陰，補足太陽也。

又云：脈口三盛，寫足太陰○三陰之盛。而補足陽明。○三陽之盛。二補一寫，○三補三寫。日二取之，○日三取。必切而驗之，躁取之上，氣和乃止。○右寸盛治法。

解 云所以「日二一○當作「三」。取之」者，陽明主胃，大富於穀氣，故可日二一○當作「三」。

取之也。楊注：釋此二經多取所由也。○《類》注：此釋上文脾胃二經之治也。太言太陰，陽言陽明，脾與胃爲表裏，故曰太陽主胃。二經皆富於穀氣，較他藏爲盛，故可日二取之。○按：上文人迎之治，治三陽也，皆曰二寫一補；氣口之治，治三陰也，皆曰二補一寫。蓋以三陽主表，病在表者，宜寫倍於補也；三陰在裏，病在裏者，宜補倍於寫也，皆以藏氣爲重。惟恐其或傷耳。又如厥陰少陽、肝膽木藏也，東方多實，故可日二取之；太陰陽明，脾與胃也，脾胃大富於穀氣，故可日二取之。惟少陰太陽則二日一取之，蓋腎與膀胱爲天一之藏、真陰之原，故宜保重如此。聖人之顧根本，豈惟鍼刺爲然哉！○注「日二取之」句。

又云：人迎與脈口俱盛三倍以上，命曰陰陽俱溢。○注「關格」句。

又云：如是者不開，則血脈閉塞，氣無所行，流淫於中，五藏内傷。○注「如是者可飲以甘藥」。

又云：如此者因而灸①之，則變易而爲他病矣。注「如是者弗灸」。○案：以上四條，皆經文之解説。

《靈樞·官能篇》《太素·知官能篇》。

左右不調，把而行之，明於逆順，迺知可治。楊注：把，持也。人身左右脈不調者，可持左右寸口、人迎，

① 灸：「灸」原作「炙」，據《黄帝内經太素》改。下「弗灸」之「灸」同。

診而行之，了①知氣之逆順，乃可療之。十八也。

《靈樞・逆順篇》《太素・量順刺篇》。

脈之盛衰者，所以候血氣之虚實、有餘不足。楊注：二知候脈，謂候寸口、人迎血②氣虚實也。

《素問・八正神明論》《太素・本神篇》。

按之不得，復不知其情，故曰形。楊注：按人迎、寸口，不知病情，故但知形。○《甲乙》謂仲景□次《傷寒》，指《脈經》言。《脈經》本編次《傷寒》，後人取附仲景書，今可與不可及，《辨脈篇》是。

《靈樞・本輸篇》《太素・寒熱雜説篇》。

陽逆頭痛，胸滿不得息，取人迎。楊注：足陽明從大迎循髮際至額顱，故陽明氣逆頭痛也。支者下人迎，循喉嚨，屬胃絡脾，故氣逆胸滿不得息，可取人迎。人迎胃脈，主水穀，總五藏之氣，寸口爲陰，此脈爲陽，以候五藏之氣，禁不可灸也。○《内經》稱人迎，仲景稱趺陽，今惟《脈經》真本六卷、《千金》「論脈」十卷中人迎趺陽互見，知趺陽即人迎之别名也。

---

① 了：原脱，據《黄帝内經太素》卷一九《知官能》補。

② 血：原作「脈」，據《黄帝内經太素》卷二三《量順刺》改。

《靈樞・動輸篇》云楊氏在《脈行同異篇》，即在九卷内。

黄帝曰：經脈十二，○動脈十二經皆有。而手太陰、脈在上。○寸口。足少陰、○腎在下，與肝膽同。陽明○人迎。脾胃在中。此三部法。獨動不休，何也？楊注：總問三脈常動之由。○《類》注：手足之脈共十二經，然惟手太陰、足少陰、足陽明三經獨多動脈，而三經之脈，則手太陰之太淵、足少陰之太谿、足陽明上則人迎、下則衝陽，皆動之尤甚者也。○上中下三部當有九候，獨言三脈，謂其動脈多著明可診，餘九藏多微動，穴亦少。岐伯曰：足陽明，胃脈也，胃爲五藏六府之海，楊注：穀入於胃，變爲糟粕、津液、宗氣，分爲三隧，泌津液注之於脈，化而爲血，以營四末，内注五藏六府，以應刻數，名爲營氣。其出悍氣慓疾，先行四末分肉皮膚之間，晝夜不休者，名爲衛氣。營出中焦，衛出上焦也。大氣搏而不行，名爲宗氣，積於胸中，命曰氣海，出於肺，循喉嚨，呼則出，吸則入也。故胃爲五藏六府之海也。○在中。其清氣上注於肺，肺○楊氏無此「肺」字。氣○上部。從太陰而行之，楊注：胃之清氣上注於肺，從手太陰一經之脈上下而行。其行也，以息往來，楊注：其手太陰脈上下行也，要由胸中氣海之氣出肺循喉嚨，呼出吸入，以息往來，故手太陰脈得上下行。故人一呼脈再動，一吸脈亦再動，呼吸不已，故動而不止。楊注：脈，手太陰脈也。人受穀氣，積於胸中，呼則推於手太陰，以爲二動，吸則引於手太陰，復爲二動，命爲氣海。呼吸不已，故手太陰動不止也。○《類》注：足陽明胃脈者，言三經之動皆因於胃氣也。胃爲五藏六府之海，其盛氣所及，故動則獨甚。此手太陰之脈動者，以胃受水穀，而清氣上注於肺，肺氣從手太陰經而行之。其行也，以息往來，息行則脈動，故呼吸不已，而寸口之脈亦動而不止也。○解動不休。黄帝曰：氣之過於寸口也，上○逆，上行。十○當作「出」，楊氏無此字。焉息？下○順，下行。八○當作「入」，楊氏無此字。焉伏？何道從還？○來，去。不知其極。楊注：

氣謂手太陰脈氣，從手寸口上入肺而息，從肺下至手指而屈。伏，屈也。肺氣循手太陰脈道下手至手指端，還肺之時，爲從本脈而還？爲別有脈道還也？吾不知端極之也。〇《類》注：寸口，手太陰脈也。上、下，言進退之勢也。十、八，喻盛衰之形也。焉，何也。息，生長也。「上十焉息」，言脈之進也其氣盛，何所來而生也？「下八焉伏」，言脈之退也其氣衰，何所去而伏也？此其往還之道，真若有難窮其極者。　岐伯曰：氣之離藏也，〇由胸至手。卒然如弓弩之發，如水之下岸，楊注：氣，手太陰脈①也氣。手太陰脈氣從胃中焦上入於肺，下腋向手上魚至少商之時，以乘藏府盛氣，如弓弩之發機，比湍流之下岸②，言其盛也。〇《類》注：凡脈氣之內發於藏，外達於經，其卒然如弓弩之發，如水之下岸，言其勁鋭之氣不可遏也。　上於魚以反衰，其餘衰〇張氏「衰」上有「氣」字。散以逆上，〇至手大指而終。故其行微。楊注：從少商反迴，逆上向肺，雖③從本脈而還，以去藏府漸遠，其藏府餘氣衰散，故其行遲微也。〇《類》注：强弩之末，其力必柔，急流之末，其勢必緩。故脈由寸口以上魚際，盛而反衰，其餘氣以衰散之勢而逆上，故其行微。此脈氣之盛衰所以不等也。

又曰：黄帝曰：足之陽明，何因而動？楊注：十二經脈，此皆有動。餘之九經，動有休時，唯此三經，常動不息。太陰常動，已具前章，故次問陽明常動之義，故曰何因動也。〇《類》注：胃經脈也。〇《病能篇》：陽明者常動，巨陽、少陽不動。　岐伯曰：胃氣上注於肺，楊注：問曰：十二經脈別走，皆從藏之陰絡別走之陽，亦從府之陽絡別走

① 脈：原作「肺」，據《黄帝内經太素》卷九《絡行同異》楊注改。
② 岸：原作「崖」，據《黄帝内經太素》卷九《絡行同異》楊注改。
③ 雖：原作「須」，據《黄帝内經太素》卷九《絡行同異》楊注改。

之陰。此之別走，乃別胃府盛氣，還走胃脈陽明經者，何也？答曰：胃者水穀之海，五藏六府皆悉稟之，別起一道之氣合於陽明，故陽明得在經脈中長動，在結喉兩箱，名曰人迎。五藏六府脈氣並出其中，所以別走，與餘不同。○人寸相通。其悍氣上衝○在中部。頭者，循咽上走空竅，楊注：悍氣衝時，循咽上走七竅，使七竅通明也。悍，音汗。循眼系入絡腦，出顑下客主人，循牙車合陽明，楊注：復循眼系，絡腦兩箱，出於頷下。頷，謂牙車骨，屬顱骨之下也。並下人迎，此胃氣別走於陽明者也。楊注：足陽明經及別走氣二脈並下，以爲人迎也，故胃別氣走陽明也。○《類》注：胃氣上注於肺，而其悍氣之上頭者循咽喉上行，從眼系入絡腦，出顑，下會於足少陽之客主人，以及牙車，乃合於陽明之本經，並下人迎之動脈，此内爲胃氣之所發，而外爲陽明之動也。○按：牙車即曲牙，當是頰車也。「顑」之釋義，云饑而面黃色，乃與經旨不相合。今據本經所言，如《雜病篇》曰：「顑痛，刺足陽明曲周動脈，見血立已。」《癲狂篇》：「治狂者，取頭兩顑。」蓋皆言頭面之部位也。此節言自腦出顑下客主人，則此當在腦之下、鬢之前、客主人之上，其即鬢骨之上，兩太陽之間爲顑也。○候者悍氣。故陰寸口。陽人迎。上人迎。下，寸口。其動也若一。楊注：陰謂寸口，手太陰也；陽謂人迎，足陽明也。上謂人迎，下謂寸口，有其二義：人迎是陽，所以居上也；寸口是陰，所以居下也。又人迎在頸，所以爲上；寸口在手，所以爲下。人迎寸口之動，上下相應俱來，譬之引繩，故若一也。所論人迎寸口，唯出黃帝正經，計此之外，不可更有異端。近相傳者，直以兩手左右爲人迎寸口，是則兩手相望以爲上下，竟無正經可憑，恐誤物深也。○本一氣，故動同。故陽病府病。而陽脈小者○寸口反大於人迎。爲逆，陰病陰虛。而陰脈大者○寸口反大於人迎。爲逆。楊注：陽大陰小乃是陰陽之性。陽病，人迎大小俱病，而大者爲順，小者爲逆；陰病，寸口大小俱病，而小者爲順，大者爲逆①。順則易療，逆則難爲也。故陰陽俱静俱動，○仲景之陰陽當同指人寸，俗説以爲尺寸者非，觀此可悟。若引繩相頓者，病。楊注：謂人迎寸口之脈乍静乍躁，若引繩相頓乍動乍静者，病也。○《類》注：此云陰陽上下者，統上文手太陰而言也。蓋胃氣上注於肺，本出一原，雖胃爲陽明，脈上出於人迎，肺爲太陰，脈下出於寸口，而其氣本相貫，故彼此之動，其應若一也。然人迎屬府爲陽，陽病則陽脈宜大，而反小者爲逆；寸口屬藏爲陰，陰病則陰脈宜小，而反大者爲逆。故《四時氣篇》曰：「氣口候陰，人迎候陽也。」是以陰陽大小，脈各有體。設陰陽不分，而或爲俱静，或爲俱動，若引繩之勻者，則其陰陽之氣非此則彼，必有偏傾而致病者矣。人迎氣口陰陽詳義，見《藏象類》十一。○當有「難已」二字。按：《動輸篇》寸口、人迎、少陰爲仲景、叔和之所祖，詳見《三部診篇》。此篇專詳人寸，故止見二脈。

《靈・經脈篇》○楊本在第八卷，篇名闕。

《靈樞・經脈篇》云：楊氏《太素・人迎脈口診》專詳人寸法，其有不在《人寸診篇》内者録於後。診法之要，莫先於別陰陽。《靈》、《素》診法，今分定九門，分別陰陽，則專在《人寸比較》。○鄭康成《周禮・疾醫》注、《宋史》龐安時傳詳之矣。俞氏燮理初《癸巳類稿》《持篇》有《雜比略例》。黄帝曰：肺手太陰也，盛者②寸口大陰盛則陽虛，脈當小。三倍於人迎，從平脈分之，寸進則人退，不必彼此同大。虛者寸口反反，與「代」相似。小於人迎也。陰虛

① 小者爲順，大者爲逆：二句原作「大者爲逆，小者爲順」，據《黄帝内經太素》楊注乙。

② 盛者：「者」原作「則」，據《靈樞・經脈》改。下句「虛者」同。又，此下「又云」十一則「盛者」、「虛者」之「者」原亦誤「則」，兹徑改。

則陽盛，陰以太陰爲主。○何夢瑶曰：人迎脈恒大於①兩手寸脈，從無寸口反大於②人迎者。

《太素》楊注：太陰陽明，其氣最多，故寸口陰氣三盛，病在手足太陰；人迎陽氣三盛，病在手足陽明。所以厥陰少陽，氣盛一倍爲病；少陰太陽，二倍爲病；太陰陽明，三倍爲病。是以寸口人迎，隨陰陽氣而有倍數，候此二脈，知於陰陽氣之盛也。其陰陽虚衰，寸口人迎反小，準此可知也。

又云：大腸，手陽明也，與太陰相表裏。盛者人迎大三倍於寸口，與平脈異，以分陰陽。虚者人迎反小於寸口也。陰陽各有盛衰，盛則大，衰則小。餘篇但詳盛倍，此篇詳衰小，各有大小，當分爲四等。○日本丹波元簡廉夫《脈學輯要》云：「嘗驗人迎脈恒大於兩手寸口脈數倍，未見相應齊等者。」按人迎陽脈以大爲大，寸口陰脈以小爲大，此當考驗多人，定爲公式者。

又云：胃，足陽明也，盛者人迎大三倍於寸口，虚者人迎反小於寸口也。

又云：脾，足太陰也，脾、胃相表裏。盛者寸口大三倍於人迎，虚者寸口反小於人迎也。以上四經爲三倍。

又云：心，手少陰也，盛者寸口大再倍於人迎，虚者寸口反小於人迎也。盛大再倍者，虚亦應小再倍。

---

① 於：原脱，據上海科學技術出版社本何夢瑶《醫碥》卷五《人迎氣口》補。
② 大於：原作「小於人迎」，據《醫碥》卷五《人迎氣口》改。

又云：小腸，手太陽也，心與小腸相表裏。盛者人迎大再倍於寸口，以平脈言，或又縮小。虛者人迎反小於寸口也。人迎亦有小時，非陽常大陰常小。○大小由調查後立爲公式，再爲脈表。

又云：膀胱，足太陽也，盛者人迎大再倍於寸口，虛者人迎反小於寸口也。平脈如繩，兩者齊等。盛有從平脈加等者，陰如常，甚則陽太甚則陰虛，故小大相懸至於三四倍，如繩之一頭長，則一端必短。

又云：腎，足少陰也。盛者寸口大再倍於人迎，虛者寸口反小於人迎也。以上四經爲再倍。

楊氏注：少陰太陽，其氣次多，故寸口陰氣二盛，病在手足少陰；人迎陽氣二盛，病在手足太陽。

又云：心主，手厥陰心包絡也，盛者寸口大一倍於人迎，虛者寸口反小於人迎也。一倍以下小者爲平脈，若盛三倍，則小亦三倍，方應其經。

又云：三焦，手少陽也，盛者人迎大一倍於寸口，虛者人迎反小於寸口也。盛大一倍，虛小一倍。

又云：膽，足少陽也，如《傷寒》少陽症。盛者人迎大一倍於寸口，虛者人迎反小於寸口也。

又云：肝，足厥陰也，如《傷寒》厥陰證。盛者寸口大一倍於人迎，虛者寸口反小於人迎也。以上四經爲一倍。

楊氏注云：厥陰少陽，其氣最少，故寸口陰氣一盛，病在手足厥陰；人迎陽氣一盛，病在手足少陽。

《素·陰陽別論》楊在《陰陽雜説》。○陰謂寸口，陽謂人迎。此爲比較專篇，與《陰陽類論》同。黄帝問於岐伯曰：人有四經、四經，《難經》亦引其文。考三部九候①上中下各占四經，合爲十二經，於四經之中提出動巨者動脈多者爲之長，爲三部，曰胃曰肺曰少陰，而以各部所餘三部合爲九藏，爲九候診法。十二順，四經，謂四時經脈也。十二順，謂六陰爻六陽爻相順者也。四經應四時，十二順應十二月，肝、心、肺、腎四脈應四時之氣，所謂木、火、金、水。十二爻應十二月。十二經分應十二月是也。若欲配四時，則當以督、任、陽蹻、陰蹻當之，督南任背爲子午，二蹻陰陽之交爲卯酉，以營、衛流行。以四經統其外之十二經絡，故脈度專取此十六經，合爲十六丈二尺也。十二月應十二脈。十二經脈也，與《經水篇》同義。脈有陰陽，十二經脈，六陰六陽。謂寸口人迎兩大候。《周禮》鄭注：脈之大候，要在陽明、氣口而已。知陽者知陰，知陰者知陽。妙知人迎之變，即懸識氣口；於氣口之動，亦達人迎。《史記·扁鵲傳》：「扁鵲仰天嘆曰：越人之爲方也，不待切脈望色聞聲寫形言病之所在，聞病之陽論得其陰，聞病之陰論得其陽。」○人寸互證，知雄即知雌，知雌亦知雄，此兼合病併病言之。凡陽陰。有五，五藏屬陰，見於氣口。五五二十五陽。當爲「陰」。五藏之脈既云五藏，則寸口主陰非陽，六府乃爲陽。於五時見，隨一時中即有五脈，五脈②見時皆有胃氣，即陽有五也。「二十五陰」即「二十五人」，所謂六合之内不離乎五。此但論五藏，與

---

① 九候：原作「九部」，據下文改。
② 五脈：二字原脱，據《黄帝内經太素校注》卷三《陰陽雜説》楊注補。

真藏無涉。五時脈見，即有二十五陽數楊就誤字立說，非是。者也。《内經》以五、六爲陰陽之制節，五五二十五爲藏，屬寸口；六六三十六爲府，屬人迎。陽不以五起算。據楊注，亦爲藏。

【解】所謂陰者真藏，寸口爲五藏主。其見面無黄色。視色爲見。脈既懸絶，面又無黄色。則爲敗，王注：無胃氣。敗必死。於五時中，五藏脈見各無胃氣，無胃氣則不能至手太陰，更有何脈可見？見乃指面色。唯有真藏獨見，此説醫家皆窮於術，不得診法。此所謂陰也。脈既懸絶，乃爲無胃氣。既已懸絶，又何有脈可診？故《玉機真藏》云：「真藏氣見，非脈也。」所謂陽者，指人迎。胃人迎主六府。【胞】衍文。之【陰】衍文。陽，胃胞之中苞裹五穀，具五藏爲糧，此則真藏陰爲陽，故曰胃胞陰陽者①也。《類》注：胃屬陽明，胃脘之陽，言胃中陽和之氣，即胃氣也，五藏賴之，以爲根本者也。故人無胃氣曰逆，逆者死，脈無胃氣亦死，即此之謂。○今本無「胞」、「陰」二字。經明以五藏爲陰，六府爲陽，此又明言胃陽，楊注因誤本，乃衍爲真陰爲陽之説，非是。

【別】於陽者，診人迎法。知病之處；陽，胃氣也。足陽明脈通於胃，是以妙別陽明胃氣，則諸脈受病所在並知之。別於陰者，診寸法。知死生之期。妙別五藏之脈，即知死生有期。三陽在頭，人。三陰在手，寸。三陽行胃人迎之脈，在頭；三陰行太陰寸口之脈，在手也。《類》注：三陽在頭，指人迎也；三陰在手，指氣口也。《太陰陽明論》曰：「陽明者表也，爲之行氣於三陽。」蓋三陽之氣，以陽明胃氣爲本，而陽明動脈曰人迎，在結喉兩傍一寸五分，故曰三陽在頭。又曰：足太陰者三陰也，爲之行氣於三陰。蓋三陰之氣，以太陰脾氣爲本。然脾脈本非

---

① 者：原脱，據《黄帝内經太素·陰陽雜説》楊注補。

氣口，何云在手？如《五藏別論》曰：「五味入口，藏於胃，以養五藏氣，而變見於氣口。氣口亦太陰也。」故曰三陰在手。所謂一也。陰陽上下，動如引繩，故曰一也。

解　別於陽者，診人迎。知病忌時；善別胃脈，即知胃氣有無禁忌在於四時。六府之病，不甚關人生死，故善診人迎，可知六府與五藏病狀。別於陰者，診寸口。知死生之期。善別手太陰脈，即知真藏脈之有無，死生之期。五藏關人生死，重病診於寸口，不必遽及真藏也。凡言真藏者，必死之證。以月計者，真藏見則與之短期，以定日數。《平人氣象論》：「肝見庚辛死，心見壬癸死，脾見甲乙死，肺見丙丁死，腎見戊己死，是謂真藏見皆死。」案：十干皆接日數，平人新病不言真藏，若真藏則百無一生，不得知生。謹熟陰寸。陽，人。無與衆謀。謹能純熟陰陽脈氣之道，決於心者，不復有疑，故不與衆人謀議也。

俞氏《人迎侯二之三》「案」云：此以上言人迎候也。扶突以下皆動脈，獨候人迎者，《衛氣行》言「別者，皆合頷脈，注足陽明」；《經脈》言「足陽明之別，合諸經之氣，絡咽喉」，故主名人迎也。《四時氣》言「氣口候陰，人迎候陽」，《禁服篇》言「寸口主中，人迎主外」，《經脈》言「人迎大，六陽盛，寸口大，六陰盛」，《終始篇》言「脈口大泄陰，人迎寸口俱盛爲關格」，「少氣者，脈口、人迎俱少」，蓋寸口營氣，人迎衛氣，有强弱相乘之道，而俱盛俱衰者，則宗氣爲之主。《論病診皮》言「人病，寸口、人迎脈大小浮沉等者難已」，則俱盛俱衰，其病深也。人迎胃氣與寸口肺氣，其平脈正相反。《病能論》言「胃脈沉細，則人迎甚盛」，以此知人迎寸口俱貴平，則凡《經脈》所言，六陽六陰相應者，皆可推而知，神而明之，即不候人迎，亦可於寸口得其情。要之，古法具在，不當昧於名義。檢《宋史・龐安常傳》云：「察脈之要，莫急於人迎、寸口。是二脈陰陽相應，如兩引繩，陰陽均，則繩之大小等。故定陰陽於喉、手，配覆溢於人、寸，寓九候於浮、沉，分四温於傷寒。此扁鵲開其端，予參以《內經》諸書，考究而得其說。」據安常此言，以得人迎爲創獲。而《脈經・脈法贊》云：「肝心出左，脾肺出右，左主司官，右主司府，左爲人迎，右爲氣口。」人迎脈亦不知，何以謂之「脈經」矣！所謂陰陽者，去當作「下」。者爲陰，至當作「上」。者爲陽；人寸分上下。〇來、去、至、止爲候氣法，診脈不能用此四名。自《難經》、僞《脈訣》牽涉蒙混，後來脈書直以四名診經，故校改經文，不知診人寸不言「去」、「至」。靜者爲陰，經診人寸，靜皆在足。動躁。者爲陽；躁皆在手。「靜」爲絡脈正名，「動」爲經脈正名。此篇專分人寸陰陽，不及絡脈。數者爲陽，遲者爲陰。凡陰陽者，去、靜與遲皆爲陰，至、動與數皆爲陽。

凡持真藏之脈者，此詳「別於陰者知生死之期」句。〇真藏脈，舊説皆誤，亦無驗，有胃氣無胃氣之所以然亦不能實指，皆非也。肝一陰至。至懸絶，《玉機真藏》：「病甚者，胃氣不能與之俱至手太陰。」即謂寸口無脈乃爲真藏。脈既不能至手太陰，則本經更無脈可知，故凡久病經言真藏者，皆謂無脈。此云懸絶，即謂脈不至手太陰，胃氣不至手太陰，寸懸絶，無脈。九日死；有本爲十八日。心二陰至。至懸絶，五藏不能至，乃懸絶。九日死；肺三陰。至懸絶，脈既懸絶，爲不至矣。五「至」字謂「甚」，非至來之「至」。十日死；腎二陰。至懸絶，五日死；脾三陰。至懸絶，專以寸脈絶爲主。四日死。得真藏脈者死。然死之期，得五藏懸絶已去，各以其藏之氣分晝日爲數。脈至即絶，久而不來，故曰懸絶。《玉機真藏》又云：「故真藏之氣獨見。獨見者，病勝藏也，故曰死。」不言脈而言氣，脈既懸絶，則不指脈可知。又，經凡言「見」者皆指色，不指脈。「真藏氣見」，「無胃氣」，謂面色不黄，爲死法。詳《素問・五藏生成篇》。

問曰：此論分診法。二陽之病人迎二倍於寸口。發心痺，有不得隱曲，女子不月，其傳爲風消，其傳爲息賁，三日者死不治。二陽者，陽明也，今案當作太陽，故其病如此。陽明，謂手陽明大腸脈也，足陽明胃脈也。陽明所發，心痺等病也。隱曲，大小便。風消，謂風熱病消骨肉也。息賁，賁，隔也，爲隔息也。

曰：三陽《內經》陰陽無定名，所謂可千可萬。肺本太陰，定爲陽中之少陰，《陰陽類論》篇不稱其本經名。此篇陰陽既指人寸，則三二一當即三倍二倍一倍之別，亦如《陰陽類論》篇不用六經之正名。舊說皆仍舊文，經文亦多改補，今不用其說。爲病，大三倍於寸口。發寒熱，下爲癰腫，及爲痿厥喘悁，其傳爲索澤，其傳爲頽疝。三陽，太陽也，今按當作手足陽明。謂手太陽小腸脈也，足太陽膀胱脈也。太陽所發，寒熱等病。悁，季絹反，憂患也。索，奪也。憂恚不已，傳爲奪人色潤澤也。

曰：一陽一倍大於寸口。發病，少氣喜欬喜洩，傳爲心瘛，其傳爲隔。一陽，少陽也，此同義。手少陽三焦脈也，足少陽膽脈也。少陽發少氣等病。隔，塞也。

二陽一陰此論陰陽兼病。發病，二陽一陰，如離卦。生驚駭背痛，喜噫喜欠，名曰風厥。二陽，陽明也。太陽也。一陰，厥陰也。手厥陰心包脈也，足厥陰肝脈也。此二脈發驚駭等病，風厥也。

二陰一陽二陰一陽，如坎卦。發病，喜脹心滿喜氣。二陰，少陰也，手少陰心脈也，足少陰腎脈也。一陽，少陽也。少陰少陽發喜脹等病。

三陽三陰如否、泰。發病，爲偏枯痿易，四支不舉。三陽，太陽也。陽明。三陰，太陰也，手太陰肺脈也，足太陰脾脈也。太陰發偏枯等病也。

陰寸。搏經云少陰脈動甚者，有子也。少陰指衝、任。六朝以後有專診兩手之法，不診太谿，故於少陰上加「手」字。後賢專手少陰心脈言妊子，如王、馬、張，種種謬誤。雖丹波元簡，亦仍其誤，爲之辯護，反斥《甲乙》無「手」字爲非。習俗移人，賢人不免。須知此少陰專指任、衝，腎且爲附會，何況心乎！陽人。別，別，謂不摶，爲人迎常脈。謂之有子。陰脈聚，陽脈不聚也。陰陽虛兩虛。腸辟。陰陽府藏脈皆虛者，腸辟疊死也。《類》注：陰陽虛者，人寸俱虛也。腸辟，利膿血也。胃氣不留，魄門不禁，而陰陽虛者，藏氣竭也，故死。《通評虛實論》曰：滑大者曰生，懸澀者曰死。死陰之屬，不過三日而死；生陽之屬，不過四日而已①。陰陽死生期也。陽加於陰謂之汗，加，勝之也。《類》注：陽言脈體，陰言脈位。汗液屬陰，而陽加於陰，陰氣泄矣，故陰脈多陽者多汗。陰寸。虛陽人。摶謂之崩。崩，下血也。《類》注：陰虛者，沉取不足；陽摶者，浮取有餘。陽實陰虛，故爲内崩失血之證。

三陰俱摶，三倍大於人迎。二一楊作「三」。十日夜半死。太陰總得三陰之氣。《類》注：三陰，手太陰肺、足太陰脾也。摶，即真藏之擊摶也。二十日者，脾肺成數之餘也。夜半陰極，氣盡故死。〇以下爲分經。

二陰俱摶，二倍大於人迎。十三楊作「五」。日夕時死。少陰總得二陰之氣。《類》注：二陰，手少陰心、足少陰腎也。十三日者，心腎之成數也。夕時者，陰陽相半，水火分爭之會也。

一陰俱摶，一倍大於人迎。十日平旦死。厥陰氣皆來聚，故曰「俱」也。《類》注：一陰，手厥陰心主、足厥陰肝也。十日者，肝心生成之數也。平旦者，木火王極而邪更甚，故死。

三陽俱摶三倍大於寸口。[且鼓]，別一法。三日死。三陽之脈聚而且鼓。《類》注：三陽，手太陽小腸、足太陽膀胱也。水一火二，故死在三日。其死之速者，以既摶且鼓，陽邪之盛極也。

---

① 已：原作「死」，據《黃帝内經太素·陰陽雜説》改。

三陰三陽俱搏，齊等。此爲併病。心腹滿，發盡不得隱曲，五日死。《類》注：三陰三陽，脾肺小腸膀胱也。四藏俱搏，則上下俱病，故在上則心腹脹滿，至於發盡，發盡者，脹之極也。在下則不得隱曲，陰道不利也。四藏俱病，惟以胃氣爲主，土數五，五數盡而死矣。

二陽俱搏，二倍大於寸口。其楊作「募」。病温，死不治，不過十日死。陽明之氣皆聚，則陽明募病。有本爲「幕」也。《類》注：二陽，手陽明大腸、足陽明胃也。十日者，腸胃生數之餘也。○此以人寸定生死。

《素問・陰陽類論》篇：此與前《陰陽別論》同以陰爲寸口、陽爲人迎，仲景所謂陰陽脈指此。晚近乃以寸爲陽、尺爲陰説仲景，非也。雷公致齊七日，旦復侍坐。帝曰：三陽陽明三倍。爲經，由手太陰行手陽明，又由足陽明行足太陰。二陽太陽二倍。爲維，讀作「緯」。經、緯表裏相對。一陽少陽一倍。爲游部，由手厥陰行手少陽，又由足少陽行足厥陰而終。此此人迎法。知五藏讀作「六府」。終始。營、衛運行，陽明太陰始，少陽厥陰終，太陽少陰在中間也。○詳《人寸比較》。

三[陽]陰太陰三倍。爲表，表爲四表，就地域立説。陰之所行，始於太陰，終於厥陰，二陰在中，則太陰當爲表。二陰少陰二倍。爲裏，表裏之法，如《陰陽離合篇》「太陰爲開，厥陰爲闔，少陰爲樞」。營、衛運行，太陽二陰在中一層，太陰始，厥陰終。一陰厥陰一倍。至絶①作此寸口診法。朔晦，《禮記》「月以爲量」，「三五而盈，三五而缺」；地球赤道爲望，北極爲朔，南極爲晦。《周禮・考工記》三十輻以象轂之法也。卻具合十二經應十二月，六合詳《經別篇》。以正

①　絶：原作「厥」，據《素問》改。

其理。分診如《禁服》、《終始》，所謂別離之「別」，合診如雌雄、主客。如下文，皆合診也。

雷公曰：受業未能明。帝曰：所謂三陽者，人迎一倍二倍三倍。太陽爲經，經以子午爲經，東西爲緯。三陽陽明脈人迎三倍大於寸口。脈至至於人迎也。手太陰，陽明與肺合爲夫婦。寸口與人迎對診。而弦浮而不沉，平陰脈但人迎大爲陽病，此三陽爲主病，太陰脈寸口又見病，爲交並，如傷寒兩感。決以度，察以心，合之陰陽之論。寸以候陰，人以候陽。

解　所謂三陽者，《動輸篇》：「氣之離於藏，如弩之發，如水之下。」今考人寸比類，肺與陽明藏氣初行爲三倍，少陰太陽藏氣再行爲二倍，厥陰少陽藏氣三行，其餘反衰，則爲一倍。凡此三陽三陰六脈即六合十二經，以離藏之遠近爲倫次者也。〇府脈見於人迎，不主寸口。陽明也。上三陽，舊誤「二」。

二陽舊本無此二字。營、衛之行，少陰太陽在二周，故爲二陰二陽。至人迎二倍大於寸口。手太陰，弦而沉寸口又病。此當爲二陽二陰。急不鼓，炅至以病皆死。

一陽舊本無「一陽」字。至人迎大一倍於寸口。手太陰，寸口又病，一陽一陰。上連人迎，一上一下，互爲其根。弦急懸不絕，此少陽少陽與厥陰合。之病也，人迎陽病。專陰寸口陰病。則死。

解　一陽者，少陽也。營、衛運行，厥陰少陽在三周，故爲一倍。

三陰者，手太陰肺，寸口大三倍於人迎。六經之所主也。寸口爲五藏主。交於太陰，當作「陽明」，即所謂「上連人迎」。伏鼓不浮，上空讀作「控」。志心。《禁刺篇》「小心」，楊本作「志心」，謂腦也。

二陰少陰心腎。至肺，寸口經脈。其氣歸膀胱，少陰與太陽合。外左右。連脾手太陰。胃。當作「肺肝」。

一陰厥陰一倍。獨至，寸口病，人迎不病。經絶，氣經凡言氣者，皆不指脈。浮不鼓，鈎鈎爲絡病。而滑。滑爲診皮。

解此六脈者，人寸診法陰陽各三，爲六。乍陰寸。乍陽，人。交屬相并，交合爲雌雄，上下相病。繆通五藏，爲雌雄。合六脈三合，以成交媾之義。於陰陽。

《素問·至真要大論》：帝曰：願聞陰陽之三也人寸三倍大小。何謂？何以有一倍二倍三倍之異？岐伯曰：氣當補血字。有多少異用①也。氣血多者三，少者一，二居中。陽明何謂也？陽盛之府。兩陽合明也。故陽明三倍於寸口。厥陰何也？兩陰交盡也。陰盡則近陽，故厥陰一倍於人迎。兩陰交盡，故曰幽；如北極兩黑道。兩陽合明，故曰明。如地中兩赤道，故南明都爲地中，北幽都爲邊鄙。○人寸診法。陽明與太陰皆三倍，表裏相合，爲父母；太陽少陰爲二倍，表裏相合，爲雌雄；厥陰少陽爲一倍，表裏相合，爲游部及獨使。舊説誤以三陽爲太陽，太陽、太陰，膀胱不與脾合，不得爲父母，依經三倍法改作陽明，則三陽三陰全屬表裏相合，經所以有父母雌雄之文。經陽明爲陽之至，以倍數多者言之；厥陰爲陰之至，以倍數少者言之，皆與人寸診法相合。○此篇陰陽專指人寸。先至爲主，脈先病。後至爲客。脈後病。○按：此陰陽併病，經

① 用：原作「同」，據《素問》改。

或以陰先陽，或以陽先陰，蓋分先後本標，故以先病爲主，後病爲客。

《素問・方盛衰論》：至陰虚，當作「盛」。天氣絶。絶，人不應。至陽盛，地氣不足。陰虚，寸口不應。陰陽並交，如《氣交篇》。至人之所行。皇學。稱「至」，天學。陰陽並交者，陽氣先至，陰氣後至。先陽後陰。是以聖人持診①之道，先後陰陽而持之。

雷公曰：臣悉盡意受傳經脈，頌得從容之道，從容，讀作「從逆」，即順逆。以合《從容》，不知陰陽，病分爲陰陽。不知雌雄。病合爲雌雄。

《金匱真言論》：善爲脈者，謹察五藏寸。六府，人。一逆右行。一從，左行。陰寸。陽人。表人。裏，寸。雌寸。雄人。之紀。

帝曰：三陽三陽，當爲「陽明」。爲父，陽明爲父，與太陰相合爲父母，父爲人迎，母爲寸口，爲諸脈之主。若太陽，則與太陰不爲夫婦。與母合併，爲三陽三陰病。二陽太陽。爲衛，讀作「雄」。一陽少陽。爲紀。人迎陽脈，分診。

三陰三陰爲太陰，與陽明合爲父母。爲母，父母合併，即雌雄之義。二陰少陰。爲雌，與太陽合併，爲二陰二陽。一陰厥陰與少陽合，爲一陰一陽。爲獨使。寸口陰脈，分診。○兩脈皆病爲交併，如經云陰陽各四倍以上爲關格是也。脈先見爲主病，後見者爲客病，所謂先至爲主，後至爲客。

---

① 診：原作「脈陰陽」，據《素問》改。

二當作「三」。陽胃主病。一陰，後生肝病。陽明人迎多氣多血，大三倍於寸口爲三陽。主病。陽較常大二倍。〇以上爲分病。不勝一陰，寸口較常大三倍。脈耎而動，九竅皆沉。自此以下皆爲合病。

三陽當作「陰」。一陰，當作「陽」。太陰脈勝，三陰。一陰當作「陽」。不能止，内亂五藏，外爲驚駭。

三陰先至爲主，寸口病。二陽，病在肺，寸口足太陰、脾手太陰相通，太陰三陰主病。少陰當作「少陽」。脈沉，勝肺傷脾，外傷四支。此陽病。〇三陰，舊誤「二陰」。

二陰少陰二倍寸口，少陰主病。二陽人迎太陽二倍，後至。皆交至，交，並。病在腎，二陰爲主。罵詈妄行，癲疾爲狂。此二陽之病。

二陰腎主病。一陽，三焦併病。病出於腎，陰氣客游於心脘下，空竅堤閉塞不通，四支別離。

一陰肝。一陽膽。代絶，乍來乍止。此陰氣至心，上人。下寸。無常，出入不知，喉咽①乾燥，病在土②脾。

二當作「四」。陽三當作「四」。陰，至陰皆在，陰不過陽，關。陽氣不能止陰，格。陰陽並絶，《禁服》、《終始》：人寸各大四倍爲關格，死不治。浮爲血瘕，沉爲膿胕。陰陽皆壯。

三陽獨至，期在石水。

---

① 喉咽：原作「咽喉」，據《素問》乙。

② 土：原作「上」，據《素問》改。

二陰獨至，期在盛水。

《素問・陰陽應象大論》楊注闕篇名。云：善診者按脈，楊注：善，謂上工善能診候。診候之要，謂按脈。先别陰陽，人寸比較。審清濁三部。而知部分；楊注：按脈之道，先須識别五藏陰脈，六府陽脈，亦須審量營氣爲濁，衛氣爲清，知人脈各有上中下三部之别①也。〇九候。視喘息，望。聽聲音，聞。而知所苦；楊注：須看病人喘息遲急麤細，聽病人五行音聲，即知五藏六府、皮毛膚肉、筋脈骨髓何者所苦。此謂聽聲而知者也。觀權衡毛石。規矩，弦鈎。而知病所在；楊注：面部有五藏六府五行氣色，觀色②即知病在何藏府也。此謂察色而知也。按尺寸，尺當作「人」，詳《釋尺篇》。觀浮沉脈。滑澀，謂按尺膚而觀滑澀，按寸口而觀浮沉也。尺非寸、關、尺之「尺」，古義爲然。〇皮。而知病所生。楊注：澀，所敕反，不滑也。人之兩手，從關至魚九分，爲寸也；從關至尺一寸，爲尺也；尺寸終始一寸九分，爲尺寸也。凡按脈者，按寸口得五藏六府十二經脈之氣，以知善惡，又按尺部，得知善惡③，依此大經，竟無關部。關者，尺寸分處，關自無地。依秦越人，寸口爲陽，得地九分，尺部爲陰，得地一寸，尺寸終始一寸九分，亦無關地。華佗云：尺寸關三部各有一寸，三部之地合有三寸，未知此言何所依據。王叔和、皇甫謐等各説不同，並有關地，既無依據，不可行用。但關部不得言

---

① 人脈各有上中下三部之别：《黄帝内經太素校注》卷三《陰陽大論》楊注作「兩手各有寸、關、尺三部之别」，似當從。

② 色：《太素・陰陽大論》楊注作「乎」。

③ 「又按」二句：原脱，據《太素・陰陽大論》楊注補。

無，然是寸尺分處，自無其地。脾脈在中，有病寄見尺寸兩間，至下脈經之中，具定是非也。〇案：以上《新校正》校語，下乃楊注。按脈之道，先別陰陽清濁，知部分，以次察聲色，知病所苦所在，始按尺寸，觀浮沉等四時之脈，以識病源也。形不足者，溫之以氣；張云：「此正言彰之之法，而在於藥食之氣味也。以形精言，則形爲陽，精爲陰；以氣味言，則氣爲陽，味爲陰。陽者衛外而爲固也，陰者藏精而起亟也。故形不足者陽之衰也，非氣不足以達表而溫之；精不足者陰之衰也，非味不足以①實中而補之。」簡按：諸注以形爲陰，故於溫之之義而支矣，張注詳備，今從之。〇人迎。精不足者，補之以味。寸口。

《素問·病能論》楊注在《陽厥篇》。云：有病厥者，診右當作「人」。脈沉而緊，診皮法。左當作「寸」。脈浮遲。馬云：「此當見於兩尺也。」吳、張同。簡按：本經無寸與關、尺之説，此特言左右爾，必非兩尺之謂也。冬診之，右寸。脈固當沉脹。緊，皮肉。以應四時，左人。脈浮而遲，此逆四時，志云：脈合四時，故冬診之，左右脈皆當沉緊，今左脈反浮而遲，是逆四時之氣矣。在左寸。當主病在腎，頗關在肺，吳云：「關，關係也。」志云：「腎主冬氣，而又反浮在左，故當主病在腎。頗關涉於肺，當爲腰痛之病。」簡按：《甲乙》無「關」字。《奇病論》云：「其盛在胃，頗在肺」，句法同。當腰痛也。少陰脈貫腎絡肺，今得肺脈，腎爲之病，故腎爲腰痛之病也。《甲乙》無腎字。

又云：楊篇同上。喜怒，病名曰陽厥。陽明者指人迎。常動，巨陽少陽不動，不，當作「小」。小動

---

① 以：原脱，據《類經》卷一二《邪風之至治之宜早諸變不同治法亦異》補。

二倍一倍，不如陽明之三倍。〇楊注：足陽明人迎脈常動。有病名陽厥，以陽氣暴有折損不通，故狂而喜怒，以其太陽、少陽不動而大疾，以爲候也。〇此三部候法。三陽皆有動脈，三部法則一診陰脈，二診陽脈，有二陽一陰不診。

《素問·六節藏象論》：故人迎一盛，病在少陽，二盛病在太陽，三盛病在陽明，四盛已上爲格陽。王注：陽脈法也。少陽膽脈也，太陽膀胱脈也，陽明胃脈也。《靈樞經》曰：「一盛而躁在手少陽，二盛而躁在手太陽，三盛而躁在手陽明。」手少陽三焦脈，手太陽小腸脈，手陽明大腸脈。一盛者。謂人迎之脈大於寸口一倍也，餘「盛」同法。四倍以上，陽盛之極，故格拒而食不得入也。《正理論》曰：「格則吐逆。」〇馬注：人迎，足陽明胃脈也，在頸下夾結喉旁一寸五分。一盛二盛，猶言一倍二倍，謂以人迎寸口相較，或此大於彼，而有三倍四倍之殊。《禁服篇》曰：「寸口主中，人迎主外，兩者相應，俱往俱來，若引繩大小齊等。春夏人迎微大，秋冬寸口微大，如是者命曰平人。」故人迎寸口而至於盛衰相倍者，乃不免於病矣。然人迎候陽，故一盛在少陽膽與三焦也，二盛在太陽膀胱與小腸也，三盛在陽明胃與大腸也，四盛以上者，以陽脈盛極，而陰無以通。故曰格陽。〇《素問識》：《靈》《終始》、《禁服》並云：人迎四盛，且大且數，名曰溢陽，溢陽爲外格。

又：寸口一盛，病在厥陰，肝與心主。二盛病在少陰，心與腎。三盛病在太陰，脾與肺。四盛已上爲關陰。王注：陰脈法也。厥陰肝脈也，少陰腎脈也，太陰脾脈也。《靈樞經》曰：「一盛而躁在手厥陰，二盛而躁在手少陰，三盛而躁在手太陰。」手厥陰心包脈也，手少陰心脈也，手太陰肺脈也。盛法同。陽四倍以上，陰盛之極，故關閉而溲不得通也。《正理論》曰：「閉則不得溺。」〇馬注：寸口，手太陰肺脈也。寸口候陰，故一盛在厥陰，肝與心主也；二盛在少陰，心與腎也；三盛在太陰，脾與肺也；四盛以上者，以陰脈盛極而陽無交，故曰關陰。〇《素問識》：《終始》、《禁服》並云：脈口四盛，且大且數，名曰溢陰，溢陰爲內關。人迎與寸口俱盛四倍已上，爲關格。《素問識》：《終始》、《禁服》並云：人迎與太陰脈口俱盛四倍以上，命曰關格。關格者，與之短期。張云：「俱盛四倍以上，謂盛於平常之脈四倍也。

物不可以過盛，盛極則敗。凡脈盛而至於關格者，以陰陽離絶，不能相營，故致羸敗。極，盡也，精氣，天稟也，言不能盡其天年而夭折也。《脈度篇》曰：『邪在府則陽脈不和，陽脈不和則氣留之，氣留之則陽氣盛矣。陽氣大盛則陰不利，陰脈不利則血留之，血留之則陰氣盛矣。陰氣太盛，則陽氣不能榮也，故曰關。陽氣大盛，則陰氣弗能榮也，故曰格。陰陽俱盛，不得相榮，故曰關格。關格者，不得盡期而死也。』世人病此不少，歷代醫師相傳謬甚。夫所謂關格者，陰陽否絶，不相榮運，乖羸離敗之候也。故人迎獨盛者，病在三陽之府也。寸口獨盛者，病在三陰之藏也。或見於人迎，或見於氣口，皆孤陽之逆候，實真陰之敗竭也。無陰則無根，而孤陽浮露於外耳。凡犯此者，必死無疑，是皆酒色傷精所致。又以人迎在頭，係陽明表脈，故人迎倍大者曰格陽；寸口在手，係太陰裏脈，故寸口倍大者曰關陰。陰陽互極，抗拒不通，故名關格，不可易也。若在尺爲關，在寸爲格，關則不得小便，格則吐逆，特言膈食與癃閉耳，非此之謂也。」簡按：蓋關格言表裏陰陽否絶之候，張氏仍馬注，發其餘義，尤爲明確。然《脈要精微論》曰：「陰陽不相應，病名曰關格。」《史記》倉公曰：「切其脈，肝氣濁而静，此内關之病也。」則謂之關格爲脈體而非病名，可耶？○按：元簡從《難經》，以格食癃閉爲關格，遂欲據《難經》以改《内經》，其説大誤。關格二字，《内經》以爲人寸診法標目，馬、張之説至爲詳明。《難經》既廢人迎診法，故以格食癃閉混淆人寸比較名義，徐春浦引龐安時説駁之於前，況所引《史記》内關有别解，《平脈》則爲僞書，均不足據。即使古經果有關格二病名，而於人寸之以四溢之爲關格無涉也。名同異實，經傳常例。廉夫不信關、尺，《平脈》則言之甚詳；極駁關、尺，而又取關格，誤矣。

關格之脈羸，不能極於天地之精氣，則死矣。王注：俱盛，謂大於平常之脈四倍也。物不可以久盛，極則衰敗，故不能極於天地之精氣則死矣。《靈樞經》曰：「陰陽俱盛，不得相營，故曰關格。關格者，不得盡期而死矣。」此之謂也。《新校正》云：「詳『羸』當作『盈』」，脈盛四倍已上，非羸也，乃盛極也。古文「羸」與「盈」通用。○《類經》注云：「俱盛四倍以上，謂盛於平常之脈四倍也。物不可以過盛，盛極則敗。凡脈盛而至於關格者，以陰陽離絶，不能相營，故至羸敗。極，盡也，精氣，天稟也，言不能盡其天年而夭折。愚按：關格脈證，本經垂訓極明，世人病此不少，而歷代醫師每各立名目，以相傳訓，甚至並其大義而失之，其謬甚矣。夫所謂關格者，陰陽否絶，不相榮運，乖羸離敗之候也。故人迎獨盛者，病在三陽之府也；寸口獨盛者，病在三陰之藏也。蓋太陰行氣於三陰，而氣口之脈亦太陰也；陽明行氣於三陽，而人迎在結喉之旁也。故古法診三陽之氣於人迎，診三陰之氣於寸口。如《四時氣篇》曰：氣口候陰，人迎候陽，正此謂也。其於陰陽關格之證，則以陰陽偏盛之極，而或見於人迎，或見於氣口，皆孤陽之通候，實真陰之敗竭也。故六府之陰脱者曰格陽，格陽者，陽格於陰也。五藏之陰脱者曰關陰，關陰者，陰拒於陽也。藏府之陰皆脱，故曰關格。然既曰陰陽關格，必其彼此否絶，似當陰陽對言，而余皆謂之陰脱。何也？正以脈盛之極爲無陰，無陰則無根，而孤陽浮露於外耳。凡犯此者，必死無疑。余嘗於蒯司馬、田宗伯輩見之，其脈則堅盛至極，其證則喘息日增，甚至手頸通身之脈俱爲震動不已，是皆酒色傷精所至，終至不救。故《本神篇》曰：『五藏主藏精者也，不可傷，傷則失守而陰虚，陰虚則無氣，無氣則死矣。』其即關陰格陽之謂歟！又按：關格之脈，如《六節藏象》、《脈度》、《終始》、《禁服》、《經脈》等篇言之再四，蓋恐其難明，故宣而又宣，誠重之也。而後世諸賢鮮有得其旨者，豈皆未之察耶？夫人迎在頸，係陽明表脈，故人迎倍大者曰格陽；寸口在手，係太陰裏脈，故寸口倍大者曰關陰。此以陰陽否絶，氣不相營，故曰關格，不可易也。而『三難』曰：『脈有太過，有不及，有陰陽相乘，有覆有溢，有關有格，何謂也？然關之前者，陽之動也，脈當見九分而浮，過者法曰太過，減者法曰不及，遂上魚爲溢，爲外關内格，此陰乘陽之脈也。關以後者，陰之動也，脈當見一寸而沉，過者法曰太過，減者法曰不及，遂入尺爲覆，爲内關外格，此陽乘陰之脈也。』故仲景宗之，非仲景宗之，後人據其説以亂宗景書耳。《難經》乃六朝書，非古書也。曰『在尺爲關，在寸爲格；仲景原書無寸、關、尺三部説。關則不得小便，格則吐逆。』夫人迎四倍，寸口四倍，既非尺寸之謂；駁左人迎，右寸口。而曰吐逆者，特隔食一證耳，曰不得小便，特癃閉一證耳，二證未必至死，何兩經諄諄特重之若是耶？繼至王叔和以後，俱莫能辨，僞《脈經》非叔和。悉以尺寸言關格，而且云左爲人迎，右爲氣口，二語本自《難經》、高陽生《脈訣》，非本書。以致後世惑亂，遂並陰陽表裏大義盡皆失之。迨及東垣之宗《脈經》者，則亦以左爲人迎，右爲寸口，曰『寸口之脈大四倍於人迎，此濁氣反行清道也，故曰關』；其宗仲景者，則亦曰『格則吐逆，關則不便』。甚至丹溪則特立關格一門，曰『此證多死』，『寒在上，熱在下，脈兩寸俱盛四倍以上』，夫兩寸俱盛四倍，又安得爲寒在上熱在下耶？其説愈乖，其義愈失，致使後學茫然不知所辨，欲求無誤，其可得夫！獨近代馬玄臺知諸人之非，而謂關格之義非隔食癃閉之證，曰：『嗚呼痛哉！軒、岐之旨乎？秦、張、王、李、朱，後世業醫者所宗，尚與《内經》渺然如此，況能使後世下工復知關格爲脈體而非病名也？又焉能決關格之生死，治關格脈之病證哉？及治隔證閉癃證而無謬也哉！』此馬子之言誠是也。然觀其諸篇之注，則亦未詳經義，謬宗叔和，仍以左爲人迎，右爲氣口，竟置陽明胃脈於烏有，而仍失本經表裏陰陽根本對待之義，此其復爲誤也。故於《陰陽别論》中三陽在頭、三陰在手之義竟皆謬注。嗚呼！玄臺哀前人之誤，余復哀其誤，所謂後人而復哀後人也。使余知後人又復哀余之誤者，余誠不自知其非，而今日之言乃又不如無矣！」〇《素問識》：滑云：「過乎中也。蓋極者，中也，不及則不得爲中，太過亦不得爲中。」簡按：此説太異。按：日本丹波氏據《倉公傳》、仲景駁此説，謂關格俗爲病名；然據經確爲脈名，即使《倉公傳》、仲景不誤，亦爲别一説，經之脈名則不能摇撼者也。

《素問·脈要精微論》：岐伯曰：反四時者，《素問識》：簡按：此一項三十九字，與前後文不相承，疑是他篇錯簡。且「精」「消」二字，其義不大明。姑從張注。有餘爲精，不足爲消。應太過，不足爲精；應不足，有餘爲消。陰陽不相應，病名曰關格。王注：廣陳其脈應也。夫反四時者，諸不足皆爲血氣消損，諸有餘皆爲邪氣勝精也。陰陽之氣不相應合，不得相營，故曰關格也。〇《類》注云：此言四時陰陽，脈之相反者，亦爲關格也。《禁服篇》曰：「春夏人迎微大，秋冬寸口微大，如是者命曰平人。」以人迎爲陽脈而主春夏，寸口爲陰脈而主秋冬也。若其反者，春夏寸口當不足而反有餘，秋冬人迎當不足而反有餘，此邪氣之有餘者反爲精也；春夏人迎當有餘而反不足，秋冬寸口當有餘而反不足，此血氣之不足，不足者日爲消也。應太過不足爲精，應不足有餘爲消，陰陽不相應，病名曰關格①。如春夏人迎應太過，而寸口之應不足者反有餘而爲精，秋冬寸口應太過，而人迎之應不足者反有餘而爲精，是不足者爲精也。春夏寸口應不足，而人迎應有餘者反不足而爲消，秋冬人迎應不足而寸口應有餘者反不足而爲消也，是有

① 「應太過不足爲精」至「病名曰關格」：此四句原作注文，兹據《類經》卷六《關格》回改。

餘者爲消也。應不足而有餘者，邪之日盛；應有餘而不足者，正必日消。若此者，是爲陰陽相反，氣不相榮，皆名關格。

《平人氣象論》云：楊注名《尺寸診篇》。太陽當作三陽。脈至，《素問識》：張云：「此言人之脈氣必隨天地陰陽之化而爲之卷舒也。太陽之氣王於穀雨後六十日，是時陽氣太盛，故其脈洪大而長也。」馬云：「按王注，《扁鵲脈法》亦後世假託之言耳。」簡按《新校正》，《扁鵲脈法》出於《脈經》。吕廣説出於「七難」注。「太陽脈」云云八字，吴本移於陽明後，仿於「七難」之例也。○人迎大三倍於寸口。洪大以長。楊注：以手按人迎脈洪大以長者，是太陽脈也，即手足太陽小腸膀胱脈之狀也。王注：「氣盛故能爾。」《新校正》云：按扁鵲《陰陽脈法》云：「太陽之脈，洪大以長，其來浮於筋上，動搖九分，三月四月甲子王。」吕廣云：「太陽王五月六月，其氣大盛，故其脈洪大而長也。」○陽明氣血多，又爲脈行之始。少陽當作三陰，脾肺。脈至，《素問識》：張云：少陽之氣王於冬至後六十日，是時陽氣尚微，陰氣未退，故長數爲陽，疏短爲陰，而進退未定也。○此句寸口大三倍於人迎，由脾推肺，爲寸口之主。乍數乍疎，乍短乍長。楊注：按之乍疎乍數乍短乍長者，少陽脈也，即手足少陽三焦及膽脈之狀也。王注：「以氣有暢未暢者也。」《新校正》云：按扁鵲《陰陽脈法》云：「少陽之脈，乍小乍大，乍長乍短，動搖六分，王十一月甲子夜半，正月二月甲子王。」吕廣云：「少陽王正月二月，其氣尚微，故其脈來進退無常。」○《三部九候》「其脈乍疎乍數，乍遲乍疾，日乘四季死」，謂脾脈土寄王四時，故其脈如此。按「乍疎乍數」、「乍長乍短」，所謂代也，惟脾與絡有此名詞，少陽則絶無此法。《難經》固不解經文互見之義，故别造三陰以補之，俞説亦未盡其義。陽明當作一陽。脈至，《素問識》：張云：陽明之氣王於雨水後六十日，是時陽氣未盛，陰氣尚存，故脈雖浮大而仍兼短也。此論但言三陽而不及三陰，諸家疑爲古文脱簡者，是也。及閱「七難」所載，則陰陽俱全，三陽與此皆同，至謂太陰之至緊大而長、少陰之至緊細而微、厥陰之至沉短而敦。此三陰三陽之辨，乃氣令必然之理。蓋陰陽有更變，脈必隨於時也。浮大而短，是謂三陽也。楊注：按之浮大而短者，陽明脈也，即手足陽明胃及大腸之候也。是謂三陽脈之形。王注：「穀氣滿盛故也。」《新校正》云：詳無三陰脈，應古文闕也。按

《難經》云：「太陰之至，緊大而長；少陰之至，緊細而微；厥陰之至，沉短以敦。」吕廣云：「陽明王三月四月，其氣始萌未盛，故其脈來浮大而短。」扁鵲《陰陽脈法》云：「少陰之脈緊細，動摇六分，王五月甲子日中，七月八月王。太陰之脈緊細以長，乘於筋上，動摇九分，九月十月甲子王。厥陰之脈沉短以緊，動摇三分，十一月十二月甲子王。」○經云「長則氣治，短則氣衰」，《動輸篇》「上於魚以反衰」，營、衛運行由肺始而終於肝，故一陽脈短。

俞氏云：《癸巳類稿》。此條言人迎六陽脈，並無六陰。《難經》添三句，不可用。

《周禮·疾醫》：兩之以九竅之變，參之以九藏之動。

鄭注：「動」謂其脈至與不至。正藏五，又有胃、膽、膀胱、大腸、小腸。脈之大候，要在陽明寸口，能專是者，其惟秦和乎！案：鄭此注即人寸比類法也。診九藏爲九候法，專診人寸爲比類法。

賈氏《正義》云：脈之候要在陽明、人迎胃脈，在頸。寸口者，手太陰肺脈在太淵，亦名寸口。但醫者診脈，諸脈皆可據。九藏九候，各有所取。若脈之大候，取其要者，至大至要，别爲一法。在於陽明、經指足陽明胃脈，人迎穴。寸口二處而已。一在頸，一在手。賈以肺與大腸相表裏，故取大腸言之。○以上不誤。陽明者，賈氏不深於醫，取用俗診手不診足，故從手言，以爲手陽明大腸經。在大拇指本骨之高處與第二指間；不分左右手，以大指次指間爲陽明，是今所謂合骨穴。案：《内經》診法不以手陽明爲大，要在專重足陽明胃，非手陽明大腸，賈乃移足於手。寸口者，大拇指本高骨後一寸是也。

案：唐時《難經》流俗已通用之，故賈《疏》、張氏《史記正義》皆引《難經》，而不及《靈樞》、《素問》。二人皆儒士，不知醫，故從俗用之，故《千金》、《外臺》則全不用其說。陽明人迎在喉不在手，今乃以大腸爲陽明，與左爲人迎右爲寸口之説同爲誤矣。又，經言「少陰脈動甚者有子也」，《甲乙》與全本作足少陰腎；考仲景三部法，少陰爲足少陰太谿穴，今《内經》二篇《平人氣象》、《陰陽别論》。同作手少陰，注家望文生訓，以爲診手少陰神門穴。蓋當時婦女不肯診足，醫遂移足於手，以行其術。以手少陰代足少陰，與賈《疏》以手陽明代足陽明，皆出於一時俗醫妄説，爲風氣所移，足少陰惟《甲乙》不誤。全本自有其真，故俗醫淺士盛傳《難經》、《千金》、《外臺》皆不用其説，而篤守古法。

《靈樞·四時氣篇》云：持氣口人迎，楊注：氣口則手太陰寸口脈，人迎則足陽明人迎脈也。以視其脈，堅絡。且盛絡。且滑皮。者，病日進；其脈軟皮肉。者，其病將下；諸經實者，病三日已。氣口候陰，人迎候陽也。楊注：氣口藏脈，故候陰也。人迎府脈，故候陽也。

《素問·平人氣象論》云：欲知寸口人迎。太過與不及，此評脈之詞，非診脈名。寸口之脈中手短者，以一指候之，不分左右，不言關、尺，乃有長短之分，三部則無短長矣。曰頭痛。楊注：上乃診人迎法，以下診寸口法，故曰欲知診寸口之脈有病，唯有太過與不及也。口者，氣行處也。從關至魚一寸之處，九分之位，是手太陰氣所行之處，故曰寸口。其脈之動不滿九分，故曰短也。短者陽氣不足，故頭痛也。〇以「頭」屬上。寸口脈中手長者，曰足脛痛。楊注：寸口之脈，過九分以上曰長，長者陽氣有餘，陰氣不足，故頭痛也。〇以「長」屬下。寸口脈中手如從下上擊①者，曰肩背痛。楊注：脈從下向上擊人手，如從下有物上擊人手，是陽氣盛，陽脈行於肩背，故知肩背痛也。寸口脈沉肺。而緊皮肉。者，曰病在中。楊注：沉緊者陰脈也，病在於藏，故沉緊也。〇沉，陰藏脈。寸口脈浮而盛皮肉。者，寸得人脈。病在外。楊注：浮盛，陽也，病在於府，故浮盛也。寸口脈沉而弱者，四言沉，寸以「沉」爲主病。曰寒熱凡陰陽參雜之證，曰寒熱。及疝瘕、少腹痛。楊注：沉，陰氣盛也。弱，陽氣虚也。陰盛陽虚，故有寒熱、疝瘕、少腹痛也。寸口之脈沉而横絡。堅，曰胠下有積，腹中有横積痛。楊注：其脈沉横而堅者陰盛，故知胠下有積。積，陰病也。横，指下脈横也。胠側箱，即下穴處也。又其陰病，少腹中有横積痛也。寸口脈沉而喘，喘與沉反。曰寒熱。楊注：沉，陰氣也。脈動如人喘者，是爲陽也，即知寒熱也。〇以上寸口，以下人迎。

又：脈人迎。盛滑堅皮絡。者，一倍以上。病曰甚，在外；楊注：寸口，陽也，滑亦陽也。堅爲陰也，陽盛陰少，故病曰甚，在六府也。〇陽主外。脈人迎。小實而堅者，人反得寸脈。病曰甚，在内。楊注：小實爲陰，堅亦爲陰，故病曰甚，在五藏也。〇寸口主内。脈人迎。小弱以濇者，内傷。謂之久病；楊注：小弱以濇，是陰陽虚弱，故是久病。脈人迎。濇浮而大疾皮絡。者，謂之新病。楊注：濇爲陰也，浮大陽也，其脈雖濇，而浮流利，即知新病。〇血氣未變。脈絡。急者，曰疝瘕、少腹痛。楊注：按其脈如按弓弦，是陰氣積，故知疝瘕少腹痛也。脈滑皮。曰風，楊注：氣虚而行利，即是風府之候也。脈皮。濇曰痺，楊注：濇，陰也。按之指下濇而不利，是

---

① 如從下上擊：「從下」原作「從物」，據《黄帝内經太素校注》卷一五《尺寸診》改。按此五字《素問·平人氣象論》作「促上擊」三字。

寒濕之氣聚爲痺也。○《診尺篇》：皮膚澀者，風痺也。脈皮。緩而滑曰熱中，楊注：緩滑，陽也。指下如按緩繩，而去來流利，是熱中候者。脈皮。盛而緊曰脹。楊注：寸口脈盛緊實者，是陰氣內積，故爲脹也。

《靈樞·熱病》楊注在《熱病説篇》。云：熱病三日，而氣口靜、靜爲平脈，如常。靜與「躁」對。人迎躁者，泄其熱而出其汗，經云：病在手三陽。實①其陰以補其不足者。楊注：三陽受病未入於陰，至三日也。未入於陰，故氣口靜也。三陽已病，故人迎躁也。人迎謂是足陽明脈，結喉左右人迎脈也。以諸陽受病，故取諸陽五十九刺寫其熱氣。以陽並②陰虛，故補陰也。身熱甚，診皮。陰寸口。陽人迎。俱靜者，脈。病有死徵也。楊注：陰陽之脈皆靜，謂爲陰陽交争，是其死徵，故不可刺也。非陰陽争，宜急取之，若不洩汗，即洩利也。○病反脈。七八日，脈口經脈常動，同稱氣口。動，診絡脈。喘而短者，絡脈墳起，有長短之分。汗且自出，楊注：七日太陽病衰，八日陽明病衰。二陽病衰，氣口之脈則可漸和。而脈喘動頭眩者，熱猶未去。汗若出，急刺手小指外側前谷之穴，淺而取之。汗不出，可深刺之也。○當出肺汗。七日八日脈凡脈不言陰陽者，以人寸同也，仲景「陰陽俱緊」、「陰陽俱浮」是也。微小，病者。溲血，口乾，一日半而死；楊注：熱病至七八日，二陽病衰，其脈則可漸和。脈微小者即熱甚，所以溲血口乾，一日半死。脈小者，內熱消癉之候也。脈代者，此代當診脈。一日死。楊注：熱病七八日脈代者，內氣絶

---

① 實：原作「寫」，據《靈樞》及《太素》改。

② 並：原作「病」，據《黄帝内經太素校注》卷二五《熱病説》楊注改。

候，故一日死。○怪脤。熱病已得汗出，而脈人迎。尚躁喘，非證脈。且復熱，皮。勿庸刺①，喘甚者死。楊注：熱病已得汗，其脈當調，猶尚躁喘，且復身熱，此陰陽交，不可刺也，刺之者危。喘甚熱甚者死，不須刺也。七日八日脈②不躁，躁不散數，後三日中有汗，三日不汗，四日死。未曾刺者，勿庸刺之③。楊注：熱病七八日，二陽病衰，故脈不躁。須躁不數者，至後三日合十二日，三陰三陽熱衰，故汗出愈也。若從九日至十二日汗不出者，十三日死。計後三日者，三日後也。又曰：十二日厥陰衰日，即便汗出。如其不出，至十三日爲後三日，後九日後以爲四日也，雖未刺之，不須刺也。庸，有本爲「膚」。熱病已得汗，而脈寸。尚躁盛，脈反陽脱。此陰脈《平脈》以浮大爲陽脈者誤。之極也，死；其得汗而脈寸口。静者生。楊注：熱病得汗熱去，即須脈静，而躁盛者是陰極，無陰，故死；得汗脈静者，熱去，故脈静而生也。熱病者，脈常躁盛，而不得汗者，此陽脈之極也，死；脈盛躁，得汗静者生。楊注：熱病不得汗，脈常躁盛者，是陽極盛脈，故死；得汗、脈静者，生也。

《素問·瘧論》楊注在《三瘧篇》。云：瘧氣者，病在陽府病。則熱，脈躁；人迎手三陽。在陰藏病。則寒，脈静。寸口足三陰。

《靈樞·脹論》楊注亦名《脹論》。云：脈之應於寸口，大堅診肉。以澀診皮。者，脹也。楊注：脈

① 勿庸刺：此句原脱，據《黄帝内經太素·熱病説》補。

② 脈：下原衍「口」字，據《黄帝内經太素·熱病説》删。

③ 未曾刺者，勿庸刺之：二句原脱，據《黄帝内經太素·熱病説》補。

之大者多血少氣，澀者亦多血少氣，微寒。脈口盛緊，傷於飲食，以其脈至，診有多血少氣微寒，即是傷於飲食爲脹也。其陰寸口。爲藏，主五藏。陽人迎。爲府。楊注：診得陰脈脹者，以爲藏脹；診得陽脈脹，以爲府脹也。○主六府。「陽」上當有「脈之應於人迎」六字。

《靈樞·邪客》云：脈滑皮。而盛，脈。病日進；邪氣盛。虛而細，邪弱。久以持；《邪客》以虛邪爲吉。大以澀，爲痛痺。《禁服篇》：「緊爲痛痺。」按澀、緊同。陰寸。陽人。如一者，病難治。

《靈樞·小鍼解》云：五藏氣絶於内者，脈口人迎則當與此相反。氣内絶不至；六府。絶於外者，脈口疑當作「人迎」。氣外絶不至。謝氏「二十三難」注曰：《靈樞》第九篇云：「凡刺之道，畢於終始。明知終始，五藏爲紀，陰陽定矣。」又曰：「不病者，脈口人迎應四時也。少氣者，脈口人迎俱少而不稱尺寸也。」此一節因上文寸口人迎處百病決死生而推言之，謂欲曉知終始，於陰陽爲能定之，蓋以陽經取決於人迎，陰經取決於氣口也。

《素問·脈要精微論》楊注作《四時脈診》。云：微妙在脈，不可不察，察之有紀，自陰寸。陽人。始。楊注：欲知人之死生者，無勝察之妙。察脈綱紀，必以陰陽爲本也。

又：脈合陰陽。楊注：人之脈氣，合於陰陽。此答第三知病之所變也。

《素問·金匱真言論》：善爲脈者，必以《比類》、人寸比較。《奇變脈恒常脈》知之。爲工而不知道，治天下。此診之不足貴。

又云：診不知陰陽逆從之理，此治之一失也。

《靈樞·脈度篇》楊注亦名《脈度篇》。云：五藏不和，則①七竅不通，六府不和，則留爲癰疽。楊注：五藏主藏精神，其脈手足六陰，絡於六府，屬於五藏；六府主貯水穀，其脈手足六陽，絡於五藏，屬於六府。七竅者，精神户牖也。故六陰受邪入藏，則五藏不和，五藏不和，則七竅不通利也；六陽受邪入府，則六府不和，六府不和，則陽氣留處爲癰疽。○《類》注：五藏屬陰，主裏，故其不和，則七竅爲之不利；六府屬陽，主表，故其不利，則肌腠留爲癰瘍。故邪在府化熱。則陽脈不利，人迎大。陽脈不利則氣留之，以氣配府。氣留之則陽氣盛矣。楊注：故外邪循脈入府，則府内不調，流於陽脈，陽脈澀而不利，陽氣留停，不和於陰，故陽獨盛也。陽氣太甚，則陰脈不利，陰脈不利則血留之，以血配藏。血留之則陰氣甚矣。以血屬陰。陰氣太甚，則陽氣弗能榮也，故曰關。楊注：陰氣和陽，故陰氣和利也。陽氣盛，不和於陰，則陰氣澀也。陰氣澀而停留，則陰氣獨而盛也，陰脈別走和陽，故陽得通也，陰既獨盛，不和於陽，則陽氣不能榮陰，故陰脈關閉也。陽氣太甚，則陰氣弗能榮也，故曰格。陰陽俱盛，不得相榮，故曰關格。楊注：陽氣獨盛，不和於陰，則陰脈不能榮陽，以陽拒格，故名格。關格者，不得盡期而死也。楊注：陰陽脈有關格，故以其時與之短期，不可極乎天壽者也。○《類》注：陰陽之氣貴乎和平，邪氣居之，不在於陰，必在於陽。故邪氣在府，則氣留之而陽勝，陽勝則陰病矣；陰病則血留之而陰勝，陰勝則陽病矣。故陰氣太盛，則陽氣不榮而爲關；陽氣太盛，則陰氣不榮而爲格。陰陽俱盛，不得相榮，則陰自陰，陽自陽，不相浹洽，而爲關格，故不得盡天年之期而死矣。本經榮、營通用，不能榮，謂陰陽乖亂，不能營行，彼此格拒，不相通也。人迎盛者爲格陽，寸口盛者爲關陰。義詳《脈色類》二十二。○俞氏《癸巳類稿》云：關格以寸口人迎合診知之。後脈書不知人迎，乃別造關格之義。

① 則：原脱，據《靈樞》及《太素》補。

又云：陰脈寸口。榮其藏，主中。陽脈人迎。榮其府。主外。

《素問・奇病論》云：帝曰：有癃者，一日數十溲，此不足也。身熱如炭，頸膺如格，○此下當有「此有餘也」四字。人迎胃。躁盛，脈。喘息氣逆，證。此有餘也。○外感府證化熱。太陰脈寸口。微細如髮者，内傷。此不足也。楊注：手太陰脈如髮，肺氣不足也。頸前胃脈人迎躁盛，外有餘也。○《太素》卅卷《厥死篇》。○陰以細微爲大。

《素問・腹中論》云：帝曰：病熱○府化熱。而有痛者，何也？○奇病不當有此。岐伯曰：病熱者，陽脈也，以三陽之動也。○《類》注：陽脈者，火邪也。凡病熱者必因於陽，故三陽之脈其動甚也。人迎一盛少陽，二盛太陽，三盛陽明，入陰也。○《類》注：人迎足陽明脈，所以候陽也，如《終始》、《禁服》、《六節藏象》等篇俱詳明其義，言人迎一盛病在足少陽，一盛而躁病在手少陽；人迎二盛病在足太陽，二盛而躁病在手太陽；人迎三盛病在足陽明，三盛而躁病在手陽明也。凡邪熱在表，三陽既畢，則入於陰分矣。○脈之傳變。夫陽入於陰，熱化爲寒。故病在頭與腹，乃䐜脹而頭痛也。帝曰：善。楊注：陽明血氣最大，故人迎三盛，得知有病。太陽次少，故二盛得知。次①少陽最少，故一盛得知。熱病爲陽，太陽在頭，故熱病起，太陽先受；太陽受已，下入陽明，故陽明次病；陽明受已，末流少陽，故少陽有病。太陽入於少陰，陽盛陰虚，故頭痛。陽盛陰虚，故腹脹也。○《太素》三十卷《熱痛篇》。○《類》注：頭主陽，腹主陰，陽邪在頭則頭痛，及其入於陰分，則腹爲䐜脹也。

《素問・至真要大論》云：帝曰：夫子言察陰陽所在而調之，即持人寸以調陰陽。論言人迎

① 次：原脱，據《黄帝内經太素校注》卷三○《熱痛》楊注補。

與寸口相應，此論人寸，經有明文，下文但有寸口，無人迎，知文有脱誤。若引繩大小齊等，命曰平。指終始論。陰之所在，寸口何如？岐伯曰：視歲二十二人。南北，大地從赤道中分，南北各半，羲、和爲南、北二伯。可知之矣。彼此沖和。帝曰：願卒聞之。岐伯曰：北北謂北半球。政《尚書》協時月正日。正謂元月；十二月旋相爲本，爲十二正；内九宫，爲八正。之歲，八政，如辛、壬、癸、甲。北球四千六支，合爲十正。少陰在泉，北在泉，則南司天。則寸口寸陰。不應；即春夏人迎大之説。厥陰在泉，手在泉，則足司天。則左不應。當有「太陰在泉，則右不應」。南政之歲，八正之乙、丙、庚、丁，從卯至申。少陰司天，陰在天，則陽不應。則寸口當作「人迎」。不應；即秋冬人迎小之説。厥陰司天，則右不應；再倍於人。太陰司天，則左不應。三倍於人。諸不應者，反其診則見矣。不應於寸，則見於人；不應於人，則見於寸。帝曰：尺當作「人迎」。候如何？言寸而人可知。此補詳其説。岐伯曰：北政之歲，三陰在下，即上「三陰在泉」。則寸不應；由寸及左右。三陰①在上，則尺當作「人迎」。不應，《宋史・龐安時傳》稱人寸，喉、手皆人，寸便稱寸；口可稱寸，人迎亦可稱人。後人不解人即人迎，疑與寸對文者必爲尺，故皆改作尺。南政之歲，三陰在天，則寸不應②；三陰陽字誤。在泉，則尺人迎。不應，當有「在上則寸不應」。左右同。與上同。故曰：「知其要者，一言而終；不知其要，流散無窮。」此之謂也。

---

① 三陰：二字原脱，據《素問・至真要大論》補。

② 三陰在天，則寸不應：二句原脱，據《素問・至真要大論》補。

《素問·平人氣象論》：平人之常氣稟於胃，胃者平人之常氣也。人無胃氣曰逆，逆曰死。楊注：和平之人，五藏氣之常者，其氣各各稟承胃氣，一一之藏若無胃氣，其脈獨見爲逆，故致死。春胃微弦曰平，楊注：胃者，人迎胃脈也。五藏之脈，弦、鈎、代、毛①、石，皆見於人迎胃之中。胃脈即足陽明脈，主於水穀，爲五藏六府十二經脈之長，所以五藏之脈欲見之時，皆以胃氣將至人迎也。胃氣之狀，柔弱是也，故人迎五脈見時，但弦鈎代毛石各各自見，無柔弱者，即五藏各失胃氣，故脈獨見，當死。春脈胃多弦少曰微，微曰平人②。弦多胃少曰肝病，楊注：弦多胃少即肝少穀氣，故曰肝病也。但弦無胃曰死，楊注：肝無穀氣，致令肝脈獨見，故死也。胃而有毛曰秋病，楊注：春胃見時但得柔弱之氣，竟無有弦。然胃中有毛，即是肝時有肺氣來乘，以胃氣弦，故至秋有病。毛甚曰金病，楊注：春得毛脈，甚於胃氣，以金尅火，故曰金病也。藏真散於肝，肝藏筋之氣。楊注：藏真者，真弦脈也。弦無胃氣曰散，弦脈不能自散，以其肝藏散無胃氣，所以真藏散於肝也。故肝藏神，藏於魂也；肝藏氣者，藏筋氣也。夏胃微鈎曰平，楊注：夏脈人迎胃多鈎少曰微鈎，微鈎曰平也。鈎多胃少曰心病，楊注：心病食少穀氣少，今脈至人迎，鈎多胃少，故知心病也。但鈎無胃曰死，楊注：心病害食，心無穀氣，致令鈎無胃氣，故死。胃而有石曰冬病，楊注：心，火也。夏心王時，遂得腎脈，雖有胃氣，唯得石，冬時當病，以水尅火。石甚曰今病，楊注：夏有胃氣，雖得石脈，至秋致病。今夏得石脈甚，少胃氣，賊邪來尅，故曰今病。藏真痛於心，心藏血脈之氣。楊注：心無胃氣，即心

---

① 毛：《黄帝内經太素校注》卷一五《尺寸診》楊注作「浮」。

② 人：原脱，據《黄帝内經太素校注·尺寸診》楊注補。

有痛病，致令藏真脈見人迎，故曰藏真痛於心也。故心藏神，藏於神氣也；心藏氣，藏血脈之氣也。長夏胃微耎弱曰平，胃少弱多曰脾病，楊注：耎，而免反，柔也。長夏，六月也。脾行胃氣以灌四藏，故四藏脈至於人迎皆有胃氣，即四藏平和也；若脾病，不得爲胃氣行至於人迎，即四藏之脈各無胃氣，故四藏有病也。問曰：長夏是脾用事，此言胃氣不言脾者，何也？答曰：脾爲土君，不可自見；是以於長夏時得胃氣者，即得脾氣，故於長夏胃氣見時微有不足，名曰平好。若更胃少復虚弱①者，即是脾病，致使胃氣少而虚弱也。但代無胃曰死，楊注：人之一呼出心與肺，脈有二動；一吸入肝與腎，脈有二動。人呼吸已定息之時，脾受氣於胃，輸②與四藏，以爲呼吸，故當定息。脾受氣時，其脈不動，稱之曰代，代，息也。當代之時，胃氣當見，若脈代時無胃氣，則脾無穀氣，所以致死也。耎弱有石曰冬病，楊注：長夏脾胃見時，中有腎脈，是爲微邪來乘不已，至秋當病也。弱甚曰今病，楊注：脾胃之脈虚弱，其穀氣微少，故即今病也。藏真傳於脾，脾藏肌肉之氣。楊注：脾藏真脈謂之惟③代。若無胃氣，唯代之脈從脾傳來，至於人迎也。故脾藏藏神，藏於意也；脾藏藏氣，藏肌肉氣也。秋胃微毛曰平，楊注：秋時人迎胃多毛少，曰平人也。胃少毛多曰肺病，楊注：穀氣少也。但毛無胃曰死，楊注：真藏見脈。毛而有弦曰春病，楊注：肝來乘肺，是邪來乘不已，至春木王之時當病。弦甚曰今病，楊注：有胃無毛，但有弦者，是木反尅金，故曰今病。藏真高於肺，以行營、衛，陰洩曰死。楊注：藏真之脈見時，高於肺藏和平之氣。高，過也。肺爲陰也，無胃之氣既過肺之和氣，即是肺傷。肺主行營、衛，

① 若更胃少復虚弱：原作「若更至少腹虚弱」，據《黄帝内經太素校注·尺寸診》楊注改。
② 輸：原作「資」，據《黄帝内經太素校注·尺寸診》楊注改。
③ 惟：原脱，據《黄帝内經太素校注·尺寸診》楊注補。

肺既傷已，即是陰氣洩漏，故致死也。冬胃微石曰平，楊注：冬人迎脈胃耎弱氣多，石脈微者，名曰平人。胃少石多曰腎病，楊注：腎少穀氣，故令耎弱氣少，堅石脈多，故知腎病。但石無胃曰死，楊注：藏真脈見，故致死也。石而有鈎曰夏病，楊注：石脈水也，鈎脈火也。石脈見時，有鈎見者，微邪來乘不已，至夏當病也。鈎甚曰今病，楊注：雖有胃氣，鈎甚，所以今病也。藏真下於腎，腎藏骨髓之氣。楊注：腎爲五藏和氣之下，今腎無胃氣，乃過下於腎也。故腎藏藏神，藏於志也；腎藏藏氣，骨髓氣也。自此以上，即是人迎胃脈候五藏氣也。脈宗氣盛喘數絶者，則病在中；楊注：宗，尊也。此之大絡，一身之中血氣所尊，故曰宗氣。其脈動如人喘數而絶者，病在藏中也。結而横，有積矣；楊注：此脈結者，腹中有積居也。積，陰病也。絶不至曰死。楊注：此虚里脈，來已更不復來，是胃氣絶，所以致死。欲知寸口脈太過與不及，寸口之脈中手短者，曰頭痛；楊注：上來診人迎法，以下診寸口法，故曰欲知寸口之脈有病，唯有太過與不及也。口者，氣行處也。從關至魚一寸之處，有九分之位，是手太陰氣所行之處，故曰寸口。其脈之動，不滿九分，故曰短也。短者陽氣不足，故頭痛也。寸口之脈中手長者，足脛痛；楊注：寸口之脈過九分以上曰長，長者陽氣有餘，陰氣不足，故脛痛也。喘數絶不至，曰死。楊注：長而喘數①，所以致死。寸口脈中手如從下②上擊者，曰肩背痛。楊注：脈從下向上擊人手，如從下有物上擊人手，是陽氣盛，陽脈行於肩背，故知肩背痛也。寸口脈中手沉而緊者，曰病在中；楊注：沉緊者，陰脈也。病在於藏，故沉緊

① 長而喘數：《黃帝内經太素校注·尺寸診》楊注無「數」字。
② 下：原作「物」，據《黃帝内經太素校注·尺寸診》改。

也。寸口脈浮而盛者，病在外。楊注：浮盛，陽也，病在於府，故浮盛也。寸口脈沉而弱，曰寒熱及疝瘕、少腹痛；楊注：沉，陰氣盛也。弱，陽氣虚也。陰盛陽虚，故有寒熱疝瘕少腹痛也。寸口脈沉而横堅，曰胠下有積，腹中有横積痛。楊注：其脈沉横而堅者，陰盛，故知胠下有積。積，陰病也。横，指下脈横也。胠側箱，即下穴處也。又其陰病，少腹中有横積痛①也。寸口脈盛滑堅者，病曰甚，在外；楊注：寸口，陽也，滑亦陽也，堅爲陰也，陽盛陰少，故病曰甚，在六府也。脈小實而堅者，病曰甚，在内。楊注：小實爲陰，堅亦爲陰，故病曰甚，在五藏也。有胃氣而和者，病曰無他。楊注：寸口之脈雖小實堅，若有胃氣和之，雖病，不至於困也。脈小弱以濇者，謂之久病；楊注：小弱以濇，是陰陽虚弱，故是久病。脈濇浮而大疾者，謂之新病。楊注：濇爲陰也，浮大陽也，其脈雖濇而浮流利，即知新病。脈滑曰風，楊注：氣虚而行利，即是風府之候也。脈緩而滑曰熱中，楊注：緩滑陽也，指下如按緩繩，而去來流利，是熱中候者。脈濇曰痺，楊注：濇，陰也。按之指下濇而不利，是寒溼之氣聚爲痺也。脈盛而緊曰脹。楊注：寸口脈盛緊實者，是陰氣内積，故爲脹也。脈順陰陽，病易已；楊注：人迎脈口大小順四時者，雖病易愈也。脈逆陰陽脱者，病難已；楊注：人迎寸口大小不順四時，既逆陰陽，故病難已也。脈逆四時，病難已。楊注：春夏人迎小於寸口，秋冬寸口小於人迎，即知是脈反四時，故病難已也。脈急者曰疝瘕、少腹痛，楊注：按其脈如按弓弦，是陰氣積，故知疝瘕、少腹痛也。寸口脈沉而喘，曰寒熱。楊注：沉，陰氣也。脈動如人喘者，是爲陽也。即知寒熱也。肝見庚辛死，心見壬癸死，脾見甲乙死，肺見丙

① 横積痛：《黄帝内經太素校注·尺寸診》楊注作「横積」。

丁死，腎見戊己死，是謂真藏見，皆死。楊注：真藏各見被尅之時，故皆死也。脈有逆順，四時未有藏形。楊注：寸口人迎且逆且順，即四時未有真藏脈形也。春夏而脈瘦者，秋冬浮大。楊注：春夏人迎微大爲順，今反瘦小，爲逆；秋冬人迎微小爲順，今反浮大爲逆也。風熱而脈盛，楊注：脈盛者，風熱之病也。洩而脱血。楊注：風熱之病虚，故多脱洩血脱也。脈實者病在中，楊注：是陽虚陰實，故病在五藏。脈虚者病在外。楊注：陰虚陽實，故病在六府也。脈濇堅皆難治，命曰反四時者也。楊注：脈濇及堅二者，但陰無陽，故皆難療，名曰反四時之脈也。人以水穀爲本，故人絶水穀則死，楊注：反四時之脈，無水穀之氣者，致死。脈無胃氣亦死。所謂無胃氣者，但得真藏脈，不得胃氣也。所謂肝不弦，腎不石也。楊注：雖有水穀之氣，以藏有病無胃氣者，肝雖有弦，以無胃氣不名乎弦也；腎雖有石，以無胃氣不名乎石，故不免死也。

王好古《陰證略例》十萬卷樓刊本。

岐伯陰陽脈例後得，故補於此。

內經云：人迎一盛病在少陽，二盛病在太陽，三盛病在陽明，四盛已上爲格陽。

啓玄子云：陽脈法也。少陽，膽脈也；太陽，膀胱脈也；陽明，胃脈也。《靈樞經》曰：一盛而躁，在手少陽；二盛而躁，在手太陽；三盛而躁，在手陽明。手少陽，三焦脈；手太陽，小腸脈；手陽明，大腸脈。一盛者，謂人迎之脈大於寸口一倍也，餘盛同法。四倍已上，陽盛之極，故格拒而食不得入也。《正理論》曰：格則吐逆。

寸口一盛病在厥陰，二盛病在少陰，三盛病在太陰，四盛已上爲關陰。

啓玄子云：陰脈法也。厥陰，肝脈也；少陰，腎脈也；太陰，脾脈也。《靈樞經》曰：一盛而躁，在手厥陰；二盛而躁，在手少陰；三盛而躁，在手太陰。手厥陰，心包脈也；手少陰，心脈也；手太陰，肺脈也。盛法同陽。四倍已上，陰盛之極，故關閉而溲不得通也。《正理論》曰：關則不得溺。

人迎與寸口俱盛四倍已上，爲關格之脈，羸不能極於天地之精氣，則死矣。

《樞》曰：陰陽俱盛，不得相營，故曰關格，非止吐逆、不得溺而已也。

海藏云：岐伯陰陽二脈，王注爲足經，卻舉《靈樞》手經，何也？

答曰：正經既言五藏之本，又言脾胃、大小二腸、膀胱、三焦爲倉廩之本，營之所居，經云：三焦者，水穀之道路，故云倉廩。乃知手足經俱有，故言足經而次舉《靈樞》手經也。若躁爲手經，不躁爲足經。此王注雖舉格陽爲吐逆、關陰爲不得溺，皆引《正理》爲證以比之。大抵格陽關陰，亦豈止吐逆不得溺而已哉！至於上而不欲食，下而不得便，亦關格之病也，故《易》、《老》有内傷之陰證，大意亦出於此。雲岐子別有關格一轉。

人寸比類輯說

金大定本《銅人俞穴鍼灸圖經・手太陰篇》引《靈樞・經脈》「手太陰」下注云：寸口人迎，諸書不同，有言寸口人迎者，有言脈口人迎者，有言氣口人迎者；然則氣口脈口與寸口異也？同乎？按：《五藏別論》注云：寸口可以候氣之盛衰，故云氣口；可以切脈之動靜，故云脈口。由是，則脈口氣口皆寸口也，覯丁德用《二難圖》可知矣。此乃誤說。氣口人迎在頸，此下舊有「而法取於手也，左手關前一分，人迎之位也，右手關前一分，氣口之位也」；左爲人迎、右爲氣口出於晚近，此二十八字爲晚師說。今删，入《左爲人迎右爲氣口駁義》。候氣口以知陰，候人迎以知陽；知陽知陰，而盛躁明矣；明盛躁，而死生定矣。扁鵲所謂「經脈十二，絡脈十二，皆因其原，如環之無端，轉相激灌，朝於寸口人迎，分頭、手。以處百病而決死生也」者，正謂兹矣。人迎主外，寸口主中，兩者相應，俱往俱來，若引繩小大齊等，命之曰平。若其不一，謂之有病。《素問》云：案：所引經詳於《終始》、《禁服》二篇，皆出《靈樞》、《素問》。人迎盛病在三陽，寸口盛病在三陰。若細而言之，則人迎一盛，病在足少陽，一盛而躁，病在手少陽；人迎二盛，病在足太陽，二盛而躁，在手太陽；人迎三盛，病在足陽明，三盛而躁，在手陽明；人迎四盛已上，謂之格陽。寸口一盛，病在足厥陰，一盛而躁，在手心主；寸口二盛，病在足少陰，二盛而躁，在手少陰；寸口三盛，病在足太陰，三盛而躁，在手太陰；寸口四盛已上，謂之關陰。若寸口人迎俱盛四倍已上，謂之關格。關格者，不得盡其命而死矣。是以人迎一盛，寫足少陽，補足厥陰，二寫一補，日一取之，躁取之手；人迎二盛，寫足太陽，補足少陰，二寫一補，二日一取之，躁取之手；人迎三盛，寫足陽明，補足太陰，二寫一補，日二取之，躁取之手。寸口一盛，寫足厥陰，補足少陽，二補一寫，日一取之，躁取之手；寸口二盛，寫足少陰，補足太陽，二補一寫，二日一取之，躁取之手；寸口三盛，寫足太陰，補足陽明，二補一寫，日二取之，躁取之手。寸口人迎，皆必切而驗之，氣和乃止。今《脈經》言「盛者寸口大一倍於人迎」，則是「寸口三盛而躁，寫手太陰，補手陽明，一補二寫，日二取之」者是也；「虛者寸口反小於人迎」，則是「人迎三盛而躁，寫手陽明，補手太陰，二寫一補，日二取之」者是也。餘同此例。又，《陰陽別論》注①云：「胃脘之陽者，謂人迎之氣也，察其氣脈動靜大小與脈口應否也。胃爲水穀之海，故候其氣而知病處。人迎在結喉兩旁一寸五分，脈動應手，此手謂醫診之手。其脈之動靜，左小而右大」；舊有「左小常以候藏，右大常以候府」，此十二字今删。「氣口在手魚際之後一寸，皆可以候藏府之氣。」人迎候府，寸口候藏，經分別最嚴，混合言之，非是。人寸比較診法，師說甚微，此注甚詳，不免爲後人羼亂，今故删去四十一字，則與古法不背矣。

《靈樞·終始篇》：「謹奉天道，謹言終始」至「五藏氣壞矣」。經已前見，故不録全文。

---

① 注：原脱，據四部叢刊本《重廣補注黃帝内經素問》補。

馬玄臺曰：此言持寸口、人迎之脈，可以别平人與病人，而病人之少氣者，宜調以甘藥，而不宜施以鍼灸也。請言《終始篇》之義，凡以《經脈篇》爲之綱紀耳。蓋右手寸部曰脈口，左手寸部曰人迎。持其脈以診之，則陰陽諸經之虚實平否，皆可奉天道以知之矣。夫所謂平人者，不病之人也。春夏人迎微大，秋冬脈口微大，與四時相應，又俱往俱來，與尺寸相應。手足各有六經，無結脈，無動脈，審其本末，察其寒温，各有所司，與時相宜，形肉血氣相稱，是之謂平人也。其正氣衰少，故脈口少氣，而尺亦然，乃陰經不足也；人迎少氣，而寸亦然，乃陽經不足也。欲補陽經，則陰經愈竭；欲寫陰經，則陽經愈脱，此鍼之所以不可施也。僅可將理以甘和之藥，不可飲以至補至寫之劑，且灸亦不可妄用。倘病有未已而鍼灸誤寫，則五藏之氣益壞矣，豈可哉！上謂寸，下謂尺也。

張隱菴曰：「謹奉天道，請言終始」者，謂陰陽經脈應天之六氣也。夫血脈本於五藏五行之所生，而外合於陰陽之六氣，有生始而有經終，故曰「終始者，經脈爲紀」也。「持其脈口、人迎，以知陰陽有餘不足，平與不平」，蓋診其脈以候其氣也。「應四時」者，春夏之氣從左而右，秋冬之氣從右而左，是以春夏人迎微大，秋冬氣口微大，是謂平人。「上下相應」者，應天之六氣，上下環轉，往來不息，六經之脈隨氣流行，不結動也。「本末」者，有標本之出入；「寒温」者，應寒暑之往來，各相司守也。「形肉氣血」，謂脈外之血氣與六經之脈必相稱也。脈口人迎，以候三陰三陽之氣，是以少氣者，脈口人迎俱少。尺以候陰，寸以候陽。「不稱尺寸」者，陰陽氣虚，而又應於尺寸之脈也。「甘藥」者，調胃之藥，謂三陰三陽之氣本於中焦胃腑所生，宜補其生氣之原，道之流行，故不可飲以至劑，謂甘藥太過，反留中也。「弗灸」者，謂陰陽之氣不足於外，非經脈之陷下也。「因而瀉之，則五藏氣壞」者，六氣化生五行，五行上呈六氣，五六相得而各①有合也。

「人迎一盛，病在足少陽」至「關格者，與之短期」。

馬曰：此言脈口人迎之脈，而決其病在何經，甚至脈爲關格則死也。人迎一盛、二盛、三盛、四盛者，較之脈口之脈大一倍、二倍、三倍、四倍也。人迎一盛，病在足少陽膽經，若一盛而加之以躁動，則在手少陽三焦經矣；人迎二盛，病在足太陽膀胱經，若二盛而加之以躁動，則在手太陽小腸經矣；人迎三盛，病在足陽明胃經，若三盛而加之以躁動，則在手陽明大腸經矣。蓋人迎主外，故足手六陽經之病驗於此也。其人迎甚至四盛，且大且數，是六陽汎溢，格拒於外，而在内六陰經之脈不得運之以出於外矣，夫是之謂外格也。若脈口一盛、二盛、三盛、四盛者，較之人迎大一倍、二倍、三倍、四倍也。脈口一盛，病在足厥陰肝經，若一盛而躁，則在手厥陰心包絡經矣；脈口二盛，病在足少陰腎經，若二盛而躁，則在手少陰心經矣；脈口三盛，病在足太陰脾經，若三盛而躁，則在

① 得而各：三字原脱，據學苑出版社本張志聰《黄帝内經靈樞集注》補。

手太陰肺經矣。蓋脈口主内，故足手六陰經之病驗於此也。其脈口甚至四盛，且大且數，是六陰汎溢，關閉於内，而在外六陽經之脈不得運之以入於内矣，夫是之謂内關也。内關不通，當爲死不治。且人迎、脈口之脈俱盛而四倍以上，是謂關、格兼見也，皆與之短期而已。後世醫籍皆以飲食不下爲關格，視此節大義，可深慚云。按「四盛」「四倍」，義見本經《經脈》、《禁服篇》。左手寸關爲東南，爲春夏，故人迎主外；右手寸尺爲西北，爲秋冬，故脈口主内。

張曰：左爲人迎，右爲氣口，以候三陰三陽之氣。聖人南面而立，前曰廣明，後曰太衝，左東而右西，天道右旋，地道左遷，故以左候陽而右候陰也。躁者陰中之動象，蓋六氣皆由陰而生，從地而出，故止合足之六經。其有躁者在手，以合六藏六府十二經脈；蓋十二經脈以應三陰三陽之氣，非六氣之分手與足也。外格者，謂陽盛於外，而無陰氣之和；内關者，陰盛於内，而無陽氣之和；關格者，陰關於内，陽格於外也。張開之曰：「脈口，太陰也；人迎，陽明也。蓋藏氣者，不能自至於手太陰，必因於胃氣乃至於手太陰。」是左右皆屬太陰，而皆有陽明之胃氣，以陽氣從左而右，陰氣從右而左，故以左候三陽，右候三陰，非左主陽而右主陰也。陰中有陽，陽中有陰，是爲平人。若左獨主陽，右獨主陰，是爲關陰格陽之死候矣。

《靈樞識》①：按《禁服》人迎大一倍於寸口，病在足少陽，以下文例同，故張以一盛爲一倍也。馬、志以人迎氣口爲左右寸口而釋之，此②叔和以降之説，非古之義，不可從。○又云：簡按《禁服》云：溢陽爲外格，死不治。志云「陽可盛而陰不可盛也，故溢陽不曰死」，蓋不考耳。

「人迎一盛，瀉足少陽，而補足厥陰」至「反此者，氣血不行」。

馬曰：此言據人迎脈口之脈當施補瀉之法也。人迎一盛，病在足少陽膽經，則膽與肝爲表裏，乃膽實而肝虚也，當瀉足少陽膽經，而補足厥陰肝經。瀉者二穴而補者一穴，瀉倍而補半也。一日刺之者一次，必切其脈而驗其病之退否，疎而取穴於膽肝二經之上，蓋彼此之穴相間之謂疎也。候至氣和，乃止鍼。由此推之，則一盛而躁，病在手少陽，當瀉手少陽三焦經，而補手厥陰心包絡經矣。人迎二盛，病在足太陽膀胱經，則膀胱與腎爲表裏，乃膀胱實而腎虚也，當瀉足太陽膀胱經，而補足少陰腎經。瀉者二穴而補者一穴，二日内止刺一次，則間日一刺也。必切其脈而驗其病之退否，疎而取穴於膀胱腎經之上。由此推之，則二盛而躁，病在手太陽，當瀉手太陽小腸經，而補手少陰心經

---

① 靈樞識：原作「素問識」。

② 此：原脱，據《靈樞識》卷二《終始篇第九》補。

矣。又，人迎三盛，病在足陽明胃經，則胃與脾爲表裏，乃胃實而脾虛也，當瀉足陽明胃經，而補足太陰脾經。瀉者二穴而補者一穴，一日之内二次刺之。必切其脈而驗其病之退否，疎而取穴於脾胃二經之上，候其氣和，而乃止鍼。由此推之，則三盛而躁，病在手陽明，當瀉手陽明大腸經，而補手太陰肺經矣。又，脈口一盛，病在足厥陰肝經，則肝實而膽虛也，當瀉足厥陰肝經，而補足少陽膽經。補者二穴而瀉者一穴，補倍而瀉半也。一日刺之者一次，必切其脈而驗其病之退否，疎而取穴於肝膽之上。候至其氣和，而乃止鍼。由此推之，則一盛而躁，病在手心主，當瀉手厥陰心包絡經，而補手少陽三焦經矣。又，脈口二盛，病在足少陰腎經，則腎實而膀胱虛也，當瀉足少陰腎經，而補足太陽膀胱經。補者二穴而瀉者一穴，二日内止刺一次，則間日一刺也。必切其脈而驗其病之退否，疎而取穴於腎與膀胱之上。候至氣和，而乃止鍼。由此推之，則二盛而躁，病在手少陰，當瀉手少陰心經，而補手太陽小腸經矣。又，脈口三盛，病在足太陰脾經，則脾實而胃虛也，當瀉足太陰脾經，而補足陽明胃經。補者二穴而瀉者一穴，一日之内二次刺之。必切其脈而驗其病之退否，疎而取穴於脾胃二經之上。候至氣和，而乃止鍼。由此推之，則三盛而躁，病在手太陰，當瀉手太陰肺經，而補手陽明大腸經矣。夫肝膽則曰一日一取之，膀胱與腎則曰間日一刺之，惟胃與脾則曰一日二取之者，正以陽明主胃，大富於穀氣，故一日可二取之耳。又，人迎與脈口俱盛皆三倍已上，命曰陰陽俱溢，謂之關格。如此者，而不刺以開之，則血氣閉塞，脈氣不行，邪氣流淫於中，五藏内傷。病至若此，而始圖灸之，則變易而爲他病矣。由此觀之，則灸不及鍼，後人不察病勢已危，而概用灸火者晚矣。是以凡行刺者，必早乘其病勢以調其氣，候至氣和而止鍼。或補陰經以瀉陽經，或補陽經以瀉陰經，則音聲能彰，耳聰目明矣。否則血氣不行，而病必至危也。按：此即人迎脈口以知虚實，遂瀉陰補陽，瀉陽補陰，乃診治至妙之法也，豈特用鍼爲然？奈何後世不講，而脈既不明，治亦無法，致人夭札者多，痛哉！

張曰：「補瀉」者，和調陰陽之氣平也。「陽二瀉而陰一瀉」者，陽常有餘而陰常不足也。「陽補二而陰補一」者，陽可盛而陰不可盛也。故溢陽不曰死，溢陰者死不治矣。「必切而驗之」者，切其人迎氣口，以驗三陰三陽之氣也。疎當作躁，謂一盛而躁，二盛而躁，當取手之陰陽也。陽明主胃，大富於穀氣，故可日二取之，蓋三陰三陽之氣，乃陽明水穀之所生也。人迎與脈口俱盛，命曰陰陽俱溢，蓋陰盛於内，則陽盛於外矣，陽盛於左，則陰盛於右矣。如是者，若不以鍼開之，則血脈閉塞，氣無所行流溢於中，則内傷五藏矣。夫盛則瀉之，虚則補之，陷下則灸之，此陰陽之氣偏盛不和，非陷下也，故灸之則生他病矣。「凡刺之道，氣調而止」，謂陰陽之氣偏盛，刺之調和則止矣。然又當補陰瀉陽，補陰者補五藏之裏陰，瀉陽者導六氣之外出。《六節藏象論》曰：「五氣入鼻，藏於心肺，上使五色修明，音聲能彰。」《順氣篇》曰：「五者，音也，音主長夏。」是補其藏陰，則心肺脾藏之氣和，而音聲益彰矣。肝開竅於目，腎開竅於耳，肝腎之氣盛，則耳目聰明矣。補其藏陰，導其氣出，則三陰三陽之氣和調，而無偏盛之患矣。夫陰陽血氣，本於胃府五藏之所生。胃者，水穀血氣之海也。海之所以行雲氣者天下也，胃之所以出氣血者經隧也。經隧者，五藏六府之絡也，故不補陰瀉陽，則氣血不行。

《靈樞·禁服篇》：黄帝曰「寸口主中，人迎主外」至「如是者名曰平人」。

馬曰：此言寸口、人迎之脈各有所主，而合四時者爲無病也。寸口者，居右手寸部，即太淵穴，去魚際一寸，故曰寸口；以其爲脈氣之所會，故又曰脈口，又曰氣口。寸口主中，乃足手六陰經脈所見也。人迎者，居左手寸部，蓋人迎乃足陽明胃經之穴名，而其脈則見於此，故即以人迎稱之，以胃爲六府之先也。人迎主外，故左關爲東爲春，左寸爲南爲夏，所以謂左寸爲外，凡足手六陽經之脈必見於此。右寸爲秋爲西，右關爲中央爲長夏，其兩尺則爲北爲冬，所以謂右寸爲內，凡足手六陰經之脈必見於此。然寸口之脈在內而出於外，人迎之脈在外而入於內，即如人迎一動爲足少陽膽經，寸口一動爲足厥陰肝經，則肝與膽相爲表裏，而一出一入，兩經本相應也，故俱往俱來，若引繩齊等。而春夏之時，則人迎比寸口之脈爲微大，秋冬之時，則寸口比人迎之脈爲微大，乃爲平和無病之人也。蓋曰微大，則是平和之脈耳。

張曰：「願聞爲工」者，願聞血氣之相應，而後明合一之大道，是由工而上，上而神，神而明也。寸口主陰，故主中；人迎主陽，故主外。陰陽中外之氣左右往來，若引繩上下齊等。如脈大者，人迎氣口俱大；脈小者，人迎氣口俱小。春夏陽氣盛而人迎微大，秋冬陰氣盛而寸口微大，如是者，陰陽相應，是爲平人。若不應天之四時，而更偏大於數倍，是爲溢陰溢陽之關格矣。此論三陰三陽之氣，而應於人迎氣口之兩脈也。高士宗曰：「人迎氣口，謂左右兩寸口，所以分候陰陽之氣，非寸、關、尺三部也。若以三部論之，則左有陰陽，而右有陰陽矣。」

「人迎大一倍於寸口，病在足少陽」至「必審按其本末，察其寒熱，以驗其藏府之病」。

馬曰：此言人迎大於寸口之脈。可以驗足手六陽經之病而治之也①。人迎較寸口之脈大者一倍，則病在足少陽膽經。若一倍而躁，乃手少陽三焦經有病也。躁者，一倍之中而有更躁之意，下文二倍、三倍、四倍，其躁可以意會。較寸口之脈大者二倍，則病在足太陽膀胱經，若二倍而躁，乃手太陽小腸經有病也。較寸口之脈大者三倍，則病在足陽明胃經。若三倍而躁，乃手陽明大腸經有病也。其各陽經之脈，盛則爲熱，虛則爲寒，脈緊則爲痛痺，脈代則病爲乍甚乍間，即下文之乍痛乍止也。然所以治之者，脈盛，

① 而治之也：人民衛生出版社本馬蒔《黄帝内經靈樞注證發微》作「而有治之之法也」，當從。下條「馬曰」同。

則分經以瀉之；脈虛，則分經以補之；脈緊爲痛痺，則取其分肉之病在何經；脈代，則取其血絡，使之出血，及飲食以調之；脈陷下者，則血結於中，中有著血，血寒，故宜灸之；若不盛不虛，則止以本經取之，如一盛瀉膽以補肝，二盛瀉膀胱以補腎之類。茲則取之於膽而不取之肝，取之膀胱而不取之腎之類。或用鍼，或用灸，或用藥，止在本經而不求之他經，故名之曰經刺也。夫治法固已如此。及夫人迎之脈大於寸口者四倍，且大且數，則陽脈甚盛，名曰溢陽，溢陽者爲外格。蓋格者，拒也，拒六陰脈於内，而使不得運於外也，其證當爲死不治。凡此者，必宜審按其本末，蓋先病爲本，而後病爲末，及察其寒熱，以驗其藏府之病可也。

張曰：此論陰陽之氣偏盛，而脈見於人迎氣口，及病之在氣在脈，以證明血氣之相應相合也。三陽之氣偏盛，則人迎大二倍三倍，此氣血之相應也。脈大以弱，則欲安靜，此血氣之相合也。「痛痺」者，病在皮膚之氣分，氣傷故痛。氣血相搏，其脈則緊，此病在氣而見於脈也。「代則乍甚乍間、乍痛乍止」者，病在血氣之交，或在氣，或在脈，有交相更代之義，故脈代也。「盛則瀉之」者，氣盛宜瀉之也。「虛則補之」者，氣虛宜補之也。「緊痛之在氣分，故當取之分肉。代則病在血氣之交，故當刺其血絡。「且飲藥」者，助其血脈藏府，勿使病從絡脈而入於經脈、從經脈而入於藏府也。「陷下則灸之」者，氣之下陷也。「不盛不虛」者，氣之和平也。「以經取之」者，病不在氣而已入於經，則當取之於經矣。若人迎大於四倍，且大且數，名曰溢陽，溢陽者，死不治。夫始言人迎大一倍二倍三倍者，此陽氣太盛而應於脈也，後言以經取之，名曰經刺；人迎四倍者且大且數，名曰溢陽，此陽盛之氣溢於脈中，氣血之相合也。此以陰陽氣之偏盛，病之在氣在脈，以明氣之應於脈而合於脈也。故必審按其本末，察其寒熱，以驗其藏府之病。「本」者，以三陰三陽之氣爲本；「末」者，以左右之人迎氣口爲標。蓋言陰陽血氣渾束爲一，外可以候三陰三陽之六氣，内可以候五藏六府之有形。此陰陽離合之大道，天運常變之大數也。

「寸口大於人迎一倍」至「以驗其藏府之病」。

馬曰：此言寸口大於人迎之脈，可以驗足手六陰經之病而治之也。寸口較人迎之脈大者一倍，則病在足厥陰肝經；若一倍而躁，乃手厥陰心包絡經有病也。較人迎之脈大者二倍，則病在足少陰腎經；若二倍而躁，乃手少陰心經有病也。較人迎之脈大者三倍，則病在足太陰脾經；若三倍而躁，乃手太陰肺經有病也。其各陰經之脈，盛則爲脹滿，其胃中必寒而食亦不化；虚則其中必熱，而所出之糜亦不化，且氣亦少，溺色亦必變也；脈緊，則爲痛痺；脈代，則爲乍痛乍止。然所以治之者，盛則分經以瀉之；虚則分經以補之；緊則取其痛痺之分肉在於何經，先刺而後灸之；代則取其血絡使之出血，及飲藥以調之；陷下者則徒灸之。脈既陷下，則血結於中，中有著血，血結，故宜灸之。若不盛不虚，則以本經取之，或用藥，或用鍼，或用灸，名之曰經刺也。夫治法固已如此。

及夫寸口之脈大於人迎者四倍，且大且數，則陰經甚盛，名曰内關。内關者，閉六陽在外，而使之不得以入於内也，其證當爲死，不可治。凡此者，必宜審按其本末，及察其寒熱，以驗其藏府之病可也。

張曰：夫在天蒼①黅丹素玄之氣，經於十干之分，化生地之五行。地之五行上呈天之六氣，六氣合六經，五行生五藏，是六氣本於五藏之所生。故陰氣太盛，則脹滿寒中，虚則熱中，出糜、溺色變，氣從内而外，由陰而陽也。是以候人迎氣口，則知陰陽六氣之盛虚，内可以驗其藏府之病，陰陽外内之相通也。夫痛痹在於分腠之氣，分腠者，皮膚藏府之肉理，故病②在陽者，取之分肉；病在陰者，先刺而後灸之。蓋灸者，所以啟在内在下之氣也。代則氣分之邪交於脈絡，故先取血絡，而後飲藥以調之。「陷下則徒灸之」，蓋言氣陷下者宜灸，今入於脈中，又當取之於經矣。如陷於脈而宜灸者，乃脈受絡之留血而陷於中，中有著血，血寒，故宜灸。若氣並於血，又非灸之所宜也。此蓋因氣之盛虚，病之外内，以證明血氣之有分有合，有邪病有和調，反覆辨論，皆所以明約束之道。所謂邪病者，中有著血，猶囊滿而弗約，則輸泄矣。「和調」者，氣並於血，神與氣俱，渾束

① 蒼：原脱，據《黄帝内經靈樞集注》補。
② 病：原脱，據《黄帝内經靈樞集注》補。

爲一，陰陽已和，則欲安静。毋用力煩勞，不可灸也。

朱永年曰：本經中論人迎寸口大一二三倍之文凡四見，其中章旨不同。學者各宜體會。若僅以三陰三陽論之，去經義遠矣。馬氏以六氣增注藏府，更爲蛇足。

《五色篇》：雷公曰：「病之益甚與其方衰如何」至「氣口盛堅者，傷於食」。

《景岳全書》云：詳人迎本足陽明之經脈，在結喉兩傍；氣口乃手太陰之經脈，在兩手寸口。人迎爲府脈，所以候表；氣口爲藏脈，所以候裏，故曰氣口「獨爲五藏主」，此《内經》之旨也。所以後世但診氣口，不診人迎，蓋以脈氣流經，經氣歸於肺，而肺朝百脈，故寸口爲脈之大會，可決死生，而凡在表在裏之病，但於寸口諸部皆可察也。自王叔和誤以左手爲人迎，右手爲氣口，且云左以候表，右以候裏，豈左無裏而右無表乎？訛傳至今，其誤甚矣！詳義見後十六卷《勞倦内傷門》及《類經·藏象類》第十一篇。

李東垣曰：古人以脈上辨内外傷於人迎氣口，人迎脈大於氣口爲外傷，氣口脈大於人迎爲内傷，此辨固是，但其説有所未盡耳。外感風寒，皆有餘之證，是從前客邪來也，其病必見於左手，左手主表，乃行陽二十五度；内傷飲食及飲食不節、勞役所傷，皆不足之病也，必見於右手，右手主裏，乃行陰二十五度。故外感寒邪則獨左手人迎脈浮緊，按之洪大，緊者，後甚於弦，是足太陽寒水之脈；按之洪大而有力，中見手少陰心火之脈；丁與壬合，内顯洪大，乃傷寒脈也。若外感風邪則人迎脈緩，而大於氣口一倍或兩倍三倍。内傷飲食，則右寸氣口脈大於人迎一倍；傷之重者，過在少陰則兩倍，太陰則三倍，此内傷飲食之脈。《景岳全書》引。

《景岳全書》曰：愚謂東垣辨脈一條，則有不容不辨者。乃以左爲人迎主表，右爲氣口主裹：外感則左手人迎浮緊，内傷則右手氣口脈大，此其長中之短也。夫人迎本陽明胃脈，在結喉兩旁；氣口本太陰肺脈，兩手所同稱也。迨晉之王叔和，不知何所取義，突謂左爲人迎右爲氣口、左以候表右以候裹，而東垣宗之，故亦以爲言，則大謬矣。且内傷外感之分，乃一表一裹，不容紊也。如肝腎在左，豈無裹乎？腸胃在右，豈非表乎？即如仲景之論傷寒，亦但以浮大爲表，沉細爲裹。歷遡仲景之前，以至倉、扁、軒、岐，初未聞有以左右言表裹者；迨自①叔和之後，則悉宗其謬，而傳始訛矣。即無論六經之表裹，而但以親歷所見者言之，如脈見緊數，此寒邪外感也，然未有左數而右不數者。又如所云左大者爲風邪，右大者爲飲食，則尤其不然。夫人生禀賦之常，凡右脈大者十居八九，以右常用力之故。左脈大者十居一二。若果陽邪在表，則大者更大，豈以右脈本大而可認爲食乎？若飲食在藏，則强者愈强，豈以左脈本强而可認爲寒乎？不知此之大而緊，則彼之小者亦必緊；彼之小而緩，則此之大者亦必緩。以同爲手太陰脈，故不能强分左右，故丹波元簡不分左右診。若因其偏强而即起偏見，則忘其本體者多矣。故以大小言，則脈體有不同，可

① 自：原作「至」，據中醫藥出版社本《景岳全書》卷一六《勞倦内傷》「辨脈」條改。

以左右分也；若以遲疾言，則息數本相應，不可以左右分也。矧左表右裹之説，既非經旨，亦非病徵，烏足信哉！或曰：然則内傷外感何以辨之？曰：六脈俱有表裏，左右各有陰陽。外感者，兩手俱緊數，但當以有力無力分陰證陽證；内傷者，左右俱緩大，又必以有神無神辨虚邪實邪。然必察左右之常體，以參久暫之病因，斯可得脈證之真。不然，則表裹誤認，攻補倒施。自叔和至今，凡陰受其殃者，不知幾多人矣。此不得不爲辨正，以爲東垣之一助也。此别有辨，在《類經·藏象類》第十一篇，所當互證。

《内經》脈學部位考《醫學六書》之一，成都刻本。

岷陽姜伊人著

以人迎參寸口何別？然經言手太陰盛者寸口大三倍於人迎；虛者則寸口反小於人迎。然寸口者，手肺脈也；人迎者，足陽明脈也。盛，邪氣實也；虛，正氣奪也。他經準此。手陽明盛者，人迎大三倍於寸口，虛者人迎反小於寸口也。足陽明盛者，人迎大三倍於寸口，虛者人迎反小於寸口也。足太陰盛者，寸口大二倍於人迎，虛者寸口反小於人迎也。手少陰盛者，寸口大再倍於人迎，虛者反小於人迎也。手太陽盛者，人迎大再倍於寸口，虛者反小於寸口也。足太陽盛者，人迎大再倍於寸口，虛者人迎反小於寸口也。足少陰盛者，寸口大再倍於人迎，虛者寸口反小於人迎也。手厥陰盛者，寸口大一倍於人迎，虛者寸口反小於人迎也。手少陽盛者，人迎大一倍於寸口，虛者人迎反小於寸口也。足少陽盛者，人迎大一倍於寸口，虛者人迎反小於寸口也。足厥陰盛者，寸口大一倍於人迎，虛者反小於人迎也。此分一經診之也。故曰：人迎一盛，病在足少陽，一盛而躁，在手少陽。人迎二盛，病在足太陽，二盛而躁，在手太陽。人迎三盛，病在足陽明，三盛而躁，在手陽明。人迎四盛，且大且數，名曰溢陽，爲外格。脈口一盛，病在足厥陰，一盛而躁，在手心主。脈口二盛，病在足少陰，二盛而躁，在手少陰。脈口三盛，病在足太陰，三盛而躁，在手太陰。脈口四盛，且大且數，名曰溢陰，爲内關。人迎與太陰脈口俱盛四倍以上，命曰關格，與之短期，此合十二經診之也。

脈以寸口爲主，人迎動脈三部九候乃其合也；寸口脈以五藏爲主，六府乃其合也。

《難經》重寸口，是也，後人失其意旨，遂廢動脈。故仲師曰：「按寸不及人，握手不及足，人迎趺陽，三部不參」，「短期未知決診，九候曾無髣髴」，可哀也夫！故部位參診，兹謹具之，若夫精微，曷熟聖經。

人迎

問曰：然經言人迎者胃脈也，何也？曰：是六府脈也，是胃氣也，故曰人迎。故經曰：缺盆之中任脈也，名天突；一次任脈側之動脈，足陽明也，名人迎；二次脈手陽明也，名扶突；三次脈手太陽也，名天窗；四次脈足少陽也，名天容；五次脈手少陽也，名天牖；六次脈足太陽也，名天柱；七次頸脈中央督脈也，名風府；腋内動脈手太陰也，名天府；腋下三寸手心主也，名天池。言六府稟胃氣而上行於頭，與手相應。如人迎右關數，胃病也；人迎不數，脾病也。扶突右寸數，大腸病也；扶突不數，肺病也。他府準此。故岐伯曰「脾合胃」，「肺合大腸」，是六府之所與合者，以六府陽也，胃氣從人迎而行之，故在頭也。五藏陰也，肺氣從太陰而行之，故在手也。然陽根於陰，而肺朝百脈，故合取諸寸口也。經曰：「三陽在頭，三陰在手，所謂一也。」此之謂也。腋内動脈，即決死生，扁之王以候肺也①。任督者，亦所以參諸寸口也。故經之言人迎，皆謂頭動脈也。衝無動脈，何以故？然經言衝脈與足少陰腎下行，診太谿也，五藏動脈中有也。

平人何脈？然經言寸口主中，人迎主外，相應若引繩，大小齊等。春夏人迎微大，秋冬寸口微大，名曰平人，反此者病。

按：人迎名目，近醫知之者亦鮮。吾蜀姜伊人先生著《醫學六書》，固嘗有此類，故附刊於此，以見其説非創。其所言三部九候者，則刊於《三部九候篇》中，以各從其類。

---

① 扁之王以候肺也：此句費解，似有脱誤，以無別本可參，姑存疑。

人迎寸口診補證四益館古診法十二種之一。

人迎在結喉旁一寸五分，爲胃經動脈，能讀醫書者皆知之；《難經》乃專診兩寸，以經文言人迎者甚詳，不能乾没，《脈經》乃移人迎於左手，曰左爲人迎，右爲寸口。考三百六十五穴，從無左右異名者。人迎在結喉旁，《内經》及仲景所謂胃脈者，萬不移之於左右手之太陰脈。說詳後駁。

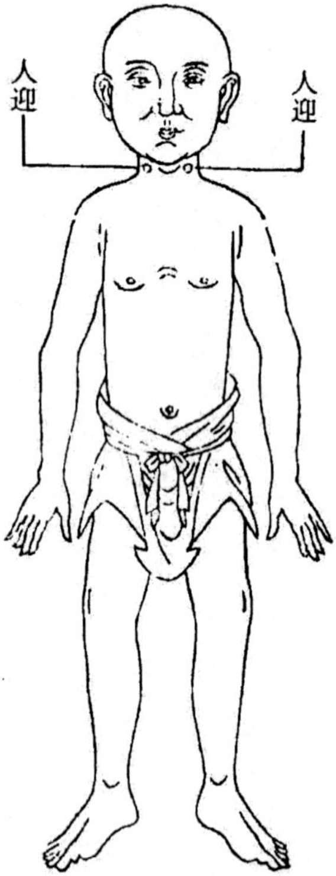

人迎足陽明動脈圖

考仲景言寸口脈不分左右不分三部者，三十餘見。蓋以一指診之，故不分左右三部。王叔和《脈經》卷三、五、六、七、八、九等六卷之真書亦不分左右三部。日本丹波元簡所著《脈學輯要》，力攻左右三部爲出於僞《脈經》。故古診寸口法與人迎少陰同止用一指，兩診左右可，即但診一手，亦無不可也。

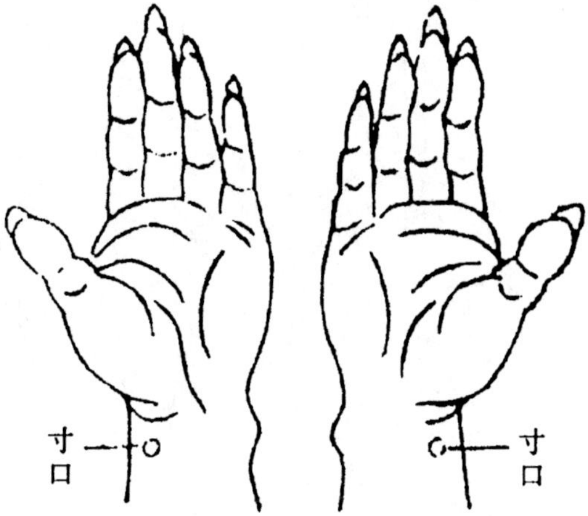

寸口手太陰動脈圖

景岳《類經》注云：氣口之義，其名有三：手太陰肺經脈也，肺主氣，氣之盛衰見於此，故曰氣口；十二經動脈同曰氣口，故經曰「氣口亦太陰也」，又云「秋取氣口」，與皮膚比，又曰「氣口虚則補之」。張以寸口即氣口，猶囿於專診兩寸之陋見也。肺朝百脈，脈之大會聚於此，故又曰脈口；脈出太淵，其長一寸九分，猶徇《難經》訛説。故曰寸口。是名雖三，而實則一耳。一當作「二」。五藏六府之氣味皆出於胃，變見於氣口，十二經動脈皆資於胃。故爲五藏之主。寸口主藏不主府，府屬陽明。義見下。

診人寸比類砰碼式

十六兩之碼　一斤之金

陽病以人迎爲碼，寸口爲金。傷寒三陽病，當以人迎爲診主，兩兩比較，而後盛衰可言。經所謂平與不平，當見於喉、手。陰病以寸口爲碼，人迎爲金。《傷寒》診三陰病，各以本經爲主診，非單診寸口遂可定虚實，以兩寸同爲一診，不可言陰陽，亦更無虚實可分也。

一斤之金　十六兩之碼

傷寒勁脈　外喉　府表　裏藏　手中　寸脈傷食

案：二脈必相比較，而後大小虛實盛衰躁静可分。亦如砰碼與金相比，兩兩對稱，而後輕重可見。若單診兩手，全屬太陰一脈，是碼與碼同在一處相比，同爲一脈，既無陰陽可分，又何盛衰可説？此單診兩手之法，不足以分陰陽虛實，故立表以明之。《素問・陰陽别論》篇云：「三陽在頭，三陰在手。」王啓玄注：頭謂人迎，手謂氣口。兩者相應，俱往俱來，若引繩小大齊等者，名曰平人。故言「所謂一也」。氣口在手魚際之後一寸，人迎在結喉兩旁一寸五分，皆可以候藏府之氣。

張景岳《類經》注云：「三陽在頭」，指人迎也；「三陰在手」，指氣口也。《太陰陽明論》曰：「陽明者表也，爲之行氣於三陽。」蓋三陽之氣以陽明胃氣爲本，而陽明動脈曰人迎，在結喉旁一寸五分，故曰三陽在頭。又曰：「足當作手。太陰者，三陰也，爲之行氣於三陰。」蓋三陰之氣以太陰脾當作肺。氣爲本，然脾脈本非氣口，脾之動脈亦稱氣口，此景岳之誤。何云在手？如《五藏别論》曰：「五味入口，藏於胃，以養五藏氣，而變見於氣口，氣口亦太陰也。」據此可見，氣口非手太陰肺之專名。故曰「三陰在手」。上文以真藏胃氣言陰陽，此節以人迎氣口言陰陽。日本丹波氏案謂：此本王注，更爲詳備，而汪心穀則以手足三陽三陰經解之，以毁王注，其理益晦。汪説出《古今醫統・内經要旨》。滑云：「三陽當作二陽，謂結喉兩旁人迎脈，以候足陽明胃氣；三陰謂氣口，以候手太陰肺氣也。胃爲五藏之本，肺爲百脈之宗也。」此説亦有所見，故附於此。馬、志、高並①本於汪氏，以經脈流②注解之，吴③則爲三部九候之義，並不明晰。

人迎寸口診法比類表

人迎平脈比類表

人迎、寸口上下平等爲平脈，説詳後經文。人迎脈在結喉旁，其形④竪，寸口在手，其形横；然以手診之，皆爲横象，故此表俱作横形。古診法不分左右，用一指隨診一脈可也，但兩診亦可，故並圈之⑤

左人脈	凡言平脈，以此表爲準。	左寸脈	
右人脈	人迎微大	右寸脈	寸口微小

① 並：原作「亦」，據《素問識》卷二《陰陽別論篇第七》改。
② 流：原作「疏」，據《素問識》卷二《陰陽別論篇第七》改。
③ 吴：原作「誤」，據《素問識》卷二《陰陽別論篇第七》改。
④ 形：原脱，據文意擬補。
⑤ 圈之：此語似不可解，或爲「圖之」之誤。

《動輸篇》：「陽病而陽脈小者爲逆，陰病而陰脈大者爲逆。」楊氏上善注云：「陽大陰小乃是陰陽之性。陽病，人迎大小俱病，而大者爲順，小者爲逆；陰病，寸口大小俱病，而小者爲順，大者爲逆。順則易療，逆則難爲也。」

金大定本《鍼灸圖經》：「人迎在結喉兩旁一寸五分，脈動應手。其脈之動靜，左小而右大，左小常以候胸，右大常以候膈。」

按：脈手足，日本丹波元簡以爲皆右大左小，以其用力勞動所至，而頸脈亦同，非有別故。

按：何夢瑶、丹波元簡皆以人迎恒大於寸口，與楊氏同。成都裴竹卿先生亦云：經所謂平等，陽脈以大爲平，陰脈以小爲平。多診無病平和之脈，立爲公式。表中「人」略大於「寸」，再求公式，方爲定説。

表式如下：

人倍於寸比類表式		
人迎	細略　人大於寸一倍，則病在足少陽；一倍而躁，在手少陽。　寸口	或曰：陽盛則陰虛，人脈大，則寸脈亦必因之而大。但寸脈既

三陽倍脈

少粗

人大於寸二倍，則病在足太陽；二倍而躁，在手太陽。

粗

人大於寸三倍，則病在足陽明；三倍而躁，在手陽明。

平脈

已較常加大，人脈又大至數倍，恐無此理。今故以平脈論之，必俟考驗，定爲公式，方爲定說。

按：診得寸爲平脈，而人迎有大一倍再倍三倍者，就病分經，定爲公式，則陰陽虛實立辨矣。

人迎平脈

或曰：陰盛則陽虛，寸脈小，（陰脈以小爲大。）則人脈亦因之而小。但人脈既已較減小，寸脈又小至數倍，恐無此理。今故以平脈立表，必俟考驗，立爲公式，方可以爲定說。

寸口三陰倍脈

寸大於人一倍，病在足厥陰；一倍而躁，則在手心主。

寸大於人二倍，病在足少陰；二倍而躁，則在手少陰。

寸大於人三倍，病在足太陰；三倍而躁，則在手太陰。

按：陽盛陰虚，則陽脈愈大；陰盛陽虚，則陰脈愈小。經雖曰寸大倍人，實則陰脈從平脈公式小一倍二倍三倍也。今依經文，立爲此表，尚須詳加考察，立爲公式。

關格比類表

溢陽人大於寸四倍表

人迎四倍脈	經云：人迎四倍者，且大且數，名曰溢陽。溢陽爲外格，死不治。	寸口平脈	

溢陰寸大於人四倍表

人迎平脈		寸口四倍脈	經曰：寸口四倍者，名曰内關。内關者，且大且數，死不治。據文義，當云「且大且遲，名曰溢陰。溢陰爲内關，死不治」。凡陽格陰格，皆不治。

自《難經》僞法出，隋、唐已盛行，故《周禮正義》、《史記正義》皆引之。大抵儒生不知醫道，畏《靈》、《素》之繁難，其書簡便，易於翻檢，故解經注史皆引用之。至於醫學，別有

傳受，不能苟趨簡陋，以違古法；故由漢至唐天寶，名宿著書，皆棄《難經》，如仲景、叔和、《甲乙》、《肘後》、三書晉人。《病源》、《太素》、隋人。《千金》、《外臺》。唐人。是其法之孤行，在唐中葉以後，以前名家，皆鄙而弗道。亦如古文家經說主康成後成，魏、晉以後盛行，西漢以上，絶無其説；雖東漢之《白虎通德》義，百條中不及一二也。

技術之書，凡經寫刻，必加以删改羼補，經、史間有之，而醫書爲尤甚。以脈法論，仲景書無，《平脈》、《辨脈》①二篇後人補之；《脈經》自有真本也，今本十卷則真僞各半；《千金方》及《翼》本無《平脈》、《色脈》二篇，而後人補之。此三書增補專篇，與原書如冰炭水火之不相容，試就「頸脈」一條勘之，其真僞立見。至於零星改補之條，如：《千金》卷一，論診全用《素問·三部九候》原文，今本誤改四句，至爲不通；僞《脈經》「五藏六府虚實篇」，於兩手之中分四十八診法，最不通，後人乃以其文分羼《千金》「藏府」條中，幸北宋蜀本目録猶標「附」字；日本所刊小寫宋本目録亦同。又，《傷寒·平脈》首一段四字句，俗以爲仲景作，《千金·平脈》引爲「脈讚」，四字排寫，不云仲景，《翼》之《色脈》又重引此文，但添末一句。離奇變怪，莫可究詰。今擬彙齊諸僞撰、僞改、僞補諸書，一一爲之辨正，或脈得有澄清之一日也。

---

① 辨脈：「辨」原作「辯」，據通行本《傷寒雜病論》改。按：「辨别」、「辨正」之「辨」，原多作「辯」，此下徑改，不復出校。

人寸診法分病表

三陽陽明藏何象①？象三陽而浮也。○經云：陽明何謂也？兩陽合明也。

三陽爲經。經云陰陽之次以血氣多少而分，則三陽當爲陽明。

所謂三陽者，陽明也。舊誤作太陽。○經云：陽氣盛，地氣不足。

三陽爲父。陽明爲父，太陰爲母，即人、寸之分。

陽明爲開。舊誤作太陽。

《素問・病能論》：陽明者常動，動甚，故爲三陽。巨陽二倍。少陽一倍。不動。不，當爲「小」字之誤。陽明有六動脈，巨陽少陽各二動脈。

《素問・著至教論》：三陽獨至者，是三陽并至，并至②如風雨，上爲癲疾，下爲漏病。

---

① 陽明藏何象：據《素問・經脈别論》，此「陽明」作「太陽」。按此表引述經語與經原文時有小異，而廖氏或有説或無説，似亦非同筆誤；以未明廖氏之意，故不敢輕改，閱者審之。

② 并至：二字原脱，據《素問》補。

又曰：三陽者，至陽也，積并則爲驚，病起疾風，至如礔礰，九竅皆塞，陽氣滂溢，乾嗌喉塞。并於陰，則上下無常，薄爲腸澼。此謂三陽直心，坐不得起臥者，便身全三陽之病。

《素問·經脈别論》：三陽藏獨至，是陽氣重并也。當寫陽補陰，取之下俞。

《素問·陰陽别論》：三陽爲病，發寒熱，下爲癰腫，及爲痿厥、腨痟，其傳爲索①澤，其傳爲頽疝。

又曰：三陽結，謂之隔。經云：願聞陰陽之三也。岐伯曰：氣有多少異同也。

《素問·陰陽類論》：三陽脈至手太陰，弦浮②而不沉，決以度，察以心，合之陰陽之論。

又曰：三陽獨至，期在石水。

《大奇論》：三陽急爲瘕。

二陽太陽藏何象？象大浮也。營、衛運行，太陽居次。

二陽爲維。讀作「緯」。

---

① 索：原作「速」，據《素問》改。

② 弦浮：前原衍「而」字，據《素問》删。

二陽爲衛。當讀作「雄」，與下二陰爲雌對。

二陽者，太陽也。舊誤作陽明。三陽二陽與太陰二陰，皆不合表裏雌雄。

太陽爲闔。《别論》以太陽與少陰合，居左右。

《經脈别論》：太陽藏獨至，厥喘虚氣逆，是陰不足陽有餘也。表裏當俱寫，取之下俞。

《陰陽别論》：二陽之病發心脾，有不得隱曲，女子不月。其傳爲風消，其傳爲息賁者，死不治。

又曰：二陽結，謂之消。

《大奇論》：二陽急爲驚。

《陰陽類論》：所謂二陽者，陽明也，當作太陽。至手太陰，弦而沉急不鼓，炅至以病皆死。

一陽少陽藏何象？象一陽也。

一陽爲游部。以陽之血氣多少論，陽明爲最多，少陽最少。又，營、衛運行先行陽明，次太陽，終於少陽。

一陽爲紀。

一陽者，少陽也。氣血俱少，當營、衛運行之終。

少陽爲樞。《别論》以少陽與厥陰合，居中。

《經脈別論》：少陽藏獨至，是厥氣也。蹻前卒大，取之下俞。

少陽獨至者，一陽之過也。

又曰：一陽獨嘯者，少陽厥也。陽并於上，四脈争張，氣歸於腎。宜治其經絡，寫陽補陰。

《陰陽別論》：一陽發病，少氣善欬善泄，其傳爲心掣，其傳爲膈。又曰：結陽者，腫四肢。

又曰：鼓一陽曰弦。

《陰陽類論》：一陽者，少陽也，至手太陰，上連人迎，弦急懸不絶。此少陽之病也，專陰則死。

三陰太陰藏搏者，三陰也。〇三陰，舊説皆不誤。〇三陰搏至，腎沉不浮也。

三陰爲表。太陰與陽明合。

三陰者，六經之主也。

三陰爲母。《刺禁篇》：「鬲肓之上，中有父母」，指脾胃，亦太陰與陽明爲父母。

太陰爲開。

《經脈別論》：太陰藏搏者，用心省真，五脈氣少，胃氣不平，三陰也。宜治其下俞，補陽寫陰。

《陰陽別論》：三陰結，謂之水。

又曰：三結三升。

又曰：多陰少陽曰石水，少腹腫。

《陰陽類論》：三陰者，六經之所主也，交於太陰，伏鼓不浮，上空志心。

《大奇論》：三陰急爲疝。

二陰分病爲陰陽，合病爲雌雄。

二陰爲裏。

二陰爲雌。合陽爲雌雄。三陽三陰爲胃脾，二陽二陰爲腎與膀胱，一陽一陰爲肝膽。三爲父母，二爲雌雄，皆交媾表裏。

少陰爲樞。

《陰陽別論》：再結二升。

《陰陽類論》：二陰至肺，其氣歸膀胱，外連脾胃。

又曰：二陰獨至，期在盛水。

大奇論：二陰急爲癇厥。

一陰經之終始亦指此。三陽三陰之次序。

一陰至絶。營、衛運行之終。○經云：至陰盛，天氣絶①。

一陰至。

一陰爲獨使。

厥陰爲闔。

《經脈別論》：一陰至，厥陰之治也，真虚痟心，厥氣留薄，發爲白汗。調食和藥，治在下俞。

《陰陽別論》：結陰者，便血一升。

又曰：鼓一陰曰毛。

《陰陽類論》：一陰獨至，經絶氣浮，不鼓，鉤而滑。

《素問・至真要大論》：帝曰：願聞陰陽之三也人寸三倍大小。何謂？因何而鼓。岐伯曰：氣有多少異用②也。陽明何謂也？何以不如陰謂之「厥陽」。兩陽合明也。故爲三陽，居陽之首。厥陰何謂也？何以不如陽謂之「陰明」。兩陰交盡也。爲陰之至。兩陰交盡故曰幽，一陰。兩陽合明故曰明。六經從明始，從幽終，爲終始。

① 至陰盛，天氣絶：《素問・方盛衰論》作「至陰虚，天氣絶」。

② 用：原作「同」，據《素問》改。

人寸比較合病表

案：前表陰陽分病，一正一變，此詳合病，陰陽俱病。如表。

人迎主病，寸口併病九。《著至教論》：「夫三陽天爲業，上下無常，合而病至，偏害陰陽。」《類論》云：「此六脈者，乍陰乍陽，交屬相併，繆通五藏，合於陰陽。先至爲主，後至爲客。」

三陽　一陰經云：「陰陽并交者，陽氣先至，陰氣後至，是以聖人持脈①之道，先後陰陽而持之。」

《陰陽類論》：三陽一陰，太陽脈勝，一陰不能止，内亂五藏，外爲驚駭。

三陽　二陰

三陽　三陰表裏同病，爲合病。○主客在足皆爲土，在手則爲金。

《陰陽别論》：三陽三陰發病，爲偏枯痿易，四肢不舉。

二陽　一陰

《陰陽别論》：二陽一陰發病，主驚駭背痛，善噫善欠，名曰風厥。

《陰陽類論》：二陽一陰，陽明主病，不勝一陰，脈耎而動，九竅皆沉。

二陽　二陰表裏同病，爲合病。○在足皆爲水，在手皆爲火。

---

① 脈：《素問·方盛衰論》作「診」。

二陽　三陰

《陰陽類論》：二陽三陰，至陰皆在，陰不過陽，陽氣不能止陰，陰陽并絶，浮爲血瘕，沉爲膿胕，陰陽皆壯。

一陽　一陰表裏同病，爲合病。○在足皆爲木，在手爲相火。

一陽　二陰

一陽　三陰

寸口主病人迎併病九。

三陰　一陽在足脾主病，在手肺主病。○少陽相火來生之，三焦相火來尅之。

三陰　二陽在足脾主病，在手肺主病。○太陽膀胱所制者來，太陽小腸所畏者來。

三陰　三陽合病同陽。○《熱論》：兩感於寒者，二日則陽明與太陰俱病。則腹滿身痛，不欲食，譫言。

《陰陽類論》：三陰三陽三，今本作「二」。皆交至，病在腎，罵詈妄行，巔疾爲狂。

二陰　一陽在足腎主病，在手心主病。○膽少陽相火來，三焦少陽相火來。

《陰陽別論》：二陰一陽發病，善脹，心滿，善氣。

《陰陽類論》：二陰一陽，病出於腎，陰氣客遊於心，脘下空竅，堤閉塞不通，四支別離。

二陰　二陽合病同陽。○《熱論》：兩感於寒者，一日則巨陽與少陰俱病，則頭痛口乾而煩滿。

《陰陽類論》：二陰二陽，病在肺，少陰脈①沉。勝肺傷脾②，外傷四支。

二陰　三陽在足腎主病，在手心主病。○胃土克我來，大腸所克來。

一陰　一陽合病同陽。《熱論》：兩感於寒者，三日則少陽與厥陰俱病，則耳聾，囊縮而厥，水漿不入。

《陰陽別論》：一陰一陽結，謂之喉痺。

《陰陽類論》：一陰一陽代絶，此陰氣至心，上下無常，出入不知，喉咽乾燥，病在土③脾。

一陰　二陽在足肝主病，在手心主病。○膀胱生我來，小腸火來。

一陰　三陽在足肝主病，在手心主病。○胃來生我，大腸所制來。

《金匱真言》曰：善爲脈者，謹察五藏寸。六府，人。一逆血逆。一縱④，氣順。陰三陰三法。陽三陽三部。表府。裏藏。雌母與二女。雄父與二男。之紀，藏之心意，合心於精，非其人勿教，非其真勿授，是謂得道。

---

① 脈：原作「肺」，據《素問》改。
② 脾：原作「肺」，據《素問》改。
③ 土：原作「上」，據《素問》改。
④ 縱：原作「順」，據《素問》改。

頸脈考

《靈·禁服篇》：人迎主外。楊注引《明堂經》曰：頸之大動脈應於手，俠結喉，以候六府之氣。楊注：人迎胃脈，六府之長，初在於外，候以知内，故曰主外。

《靈·本輸篇》曰：一次任脈側之動脈，足陽明也，名曰人迎。足陽明，俠結喉之動脈也，其輸在膺中。

《靈·衛氣篇》云：本在厲兑，標在人迎，頰挾頏顙也。

《靈·經脈篇》云：足陽明之脈，其支者從大迎前下人迎，循喉嚨入缺盆，下鬲，屬胃絡脾。

《靈·動輸篇》黄帝問曰：足之陽明何因而動？岐伯曰：胃氣上注於肺，其悍氣上衝頭者，循咽上走空竅，循眼系入絡腦，出顑，下客主人，循牙車，合陽明并下人迎，此胃氣別走於陽明者也。

《靈·水脹篇》：黄帝問於岐伯曰：水與膚脹、鼓脹、腸①覃、石瘕、石水，何以別之？岐伯答曰：水始起也，目窠上微腫，如新卧起之狀，其頸脈動，時欬，陰股間寒，足脛腫，腹②乃

---

① 腸：原作「腹」，據《靈樞》改。

② 腹：原作「腫」，據《靈樞》改。

大，其水已成矣①。以手按其腹，隨手而起，如裹水之狀，此其候也。

黄帝曰：水與膚脹、鼓脹、腸覃、石瘕、石水，何以别之？岐伯對曰：水始起也，目窠上微瘫，如卧新起之狀，頸脈動，時欬，陰股間足胻腫，腹乃大，其水已成也。以手按其腹，隨手而起，如裹水之狀，此其候也。◯楊注：水病之狀有六：一者，目窠微腫；二者，足陽明人迎之脈眂②見其動，不待按之；三者，脹氣循足少陰脈上衝於肺，故時有欬；四者，陰下陰股間冷；五者，腳胻腫起；六者，腹如囊盛水狀，按之不堅，去手即起。此之六種，水病候也。◯同上。

《靈·論疾診尺篇》：其頸脈喉頸，謂人迎也。：楊注：頸脈，足陽明人迎也。動不以手，按之見其動也。◯補：因經脈不以動爲診，故楊氏爲此説以消息之。《宋·麗安常傳》「定陰陽於喉手」，即人迎寸口。動，◯補：據《平人氣象篇》，動下有「疾」字。楊注：「人迎常動，今有水病，故動疾可見喘欬。」經云：「少陰脈動甚者，有子也」，「甚」與「疾」字同意。經脈常動，故以「疾」、「甚」爲診候。時◯補：據《平人氣象》，「時」當爲「疾喘」，字誤。欬，按其手足上，窅而不起者，風水膚脹也。楊注：不起者，手足腫脈按之久而不起，如按泥也。

《靈·根結篇》：足陽明根於厲兑，流於衝陽，注於下陵，入於人迎、豐隆也。楊注：人迎在結喉旁大脈動應手，足陽明正經也。豐隆在足外踝上八寸骭外廉陷者中，足陽明之大絡也。

---

① 矣：原作「也」，據《靈樞》改。

② 眂：原作「眼」，據《黄帝内經太素校注》卷二九《風水論》楊注改。

《靈·熱病論》：頸側之動脈人迎①。人迎，足陽明也，在嬰筋之前。楊注：任脈之側動脈，足陽明在嬰筋之前，人迎也。

《素問·平人氣象論》：頸脈動補：按經脈常不以動診，惟絡脈不動者，乃以動爲病狀。七十二脈之動，乃誤説。疾喘，補：從「喘」字句絶。《内經》以「喘」爲脈狀者多，亦通。欬，補：仲景兩引此文。曰水。楊注：頸脈是胃脈人迎也。人迎常動，今有水病，故動疾可見喘欬也。有水爲腎脈動也。

《金匱·水氣脈病證》：視人之目窠上微②擁，如蠶新卧起狀，其頸脈動，時時欬，按其手足上陷而不起者，風水。日本丹波元簡《金匱集義》按云：《脈經》、《千金》、《外臺》并無「蠶」字。據《靈樞》《論疾診尺》及《水脹篇》，無「蠶」字爲是。

《脈經·平水氣疾證》：視人之目窠上微擁，如新卧起狀，其頸脈動，時時欬，按其手足上陷而不起者，風水。

《甲乙經》：人迎，一名天五會，在頸大脈，動應手，俠結喉，以候五藏氣。

---

① 人迎：二字原脱，據《靈樞》補。

② 微：原脱，據科技衛生出版社本陳脩園《金匱要略淺注》卷六補。

又云：黄帝曰：水與膚脹、鼓脹、腸覃、石瘕，何①以别之？岐伯對曰：水之始起也，目窠上微起，如新卧起狀，頸脈動，時欬，陰股間寒，足脛腫，腹乃大，其水已成也。以手按其腹，隨手而起，如裹水之狀，此其候也。

《肘後》療卒大腹疢病諸方：此病本由水來，應「水」字，而經方皆水爲病，故施疾牀。水病之初，先兩目上腫起如老蠶色，俠頸脈動，股裏冷，脛中滿，按之没指，腹内轉側有聲，此其候也。《外臺》②引。

《巢氏病源》：其狀目窠上微腫，如新③卧起之狀，頸脈動，時時欬，股間冷，以手按腫處，隨手而起，如物裹水之狀，口苦舌乾，不得正偃，正偃則欬清水，不得卧，卧則驚，驚則欬甚，小便黄澀是也。《外臺》水腫方引。

《巢氏病源》：水者，由腎脾氣虛弱所爲也。腎勞則虛，虛則汗出，汗出逢風，風氣内

---

① 何：原作「何如」，據人民衛生出版社本《針灸甲乙經校釋》卷八《水膚脹鼓脹腸覃石瘕》改。
② 外臺：原作「千金」，按所引文字見《外臺秘要》卷二〇《大腹水腫方》，因改。
③ 新：原脱，據人民衛生出版社本《諸病源候論校釋》卷二一《水腫病諸候》補。

入①，還客於腎，脾虚又不能制於水，故水散溢皮膚，又與風水相搏，故云風水也。令人身浮腫如裹水之狀，頸脈動，時欬，按腫上凹而不起也。《外臺》引。

《千金方·水腫症》：師曰：凡水病之初，先兩目腫起如老蠶色，俠頸脈動，股②裏冷，脛中滿，按之没指，腹内轉側有聲，此其候也。

黄帝曰：《靈樞·水脹》。水與膚脹、鼓脹、腸覃、石瘕，何以别之？岐伯對曰：水始起也，目窠上微腫，如新卧起之狀，頸脈動，時欬，陰股間寒，足脛腫，腹乃大，其水已成也。以手按其腹，隨手而起，如裹水之狀，此其候也。《千金·水腫》引。

崔氏療大腹水病：身體腫，上氣，小便澀赤，臍深，頸上有兩大脈動，唾稠，不得眠睡，每腫先隨腳腫，亦有在前頭③面腫，或大便澀者。《外臺》引。

按：仲景寸口、趺陽、少陰三部診法全祖《動輸篇》。仲景《傷寒》、《金匱》中言趺陽不言人迎，惟序中一言人迎趺陽，謂三部不參。人迎與趺陽同爲胃脈，後人因趺字從足，

---

① 虚則汗出，汗出逢風，風氣内入：三句原作「虚則汗溢皮出，逢風氣内入」，據《外臺秘要》卷二〇《風水方》改。

② 股：原作「設股」，據人民衛生出版社本《備急千金要方校釋》卷二一《水腫第四》改。

③ 頭：原作「頸」，據《外臺秘要》卷二〇《大腹水腫方》改。

遂於足中求之，以衝陽脈在足，遂以衝陽爲趺陽。凡習仲景法者，皆診足之衝陽，不診頸之人迎。《内經》詳人迎診法，趺陽診衝陽，經無明文；張景岳調停其説，以爲胃脈上診人迎，下診衝陽。考仲景三部全祖《動輸》，不能突變其法，專診足而不診頸。一也。考三部原分上中下，人迎在頸，楊注以爲上部之診；少陰在足，爲下部之診，寸口在手，爲中部之診。若如舊説，衝陽在足，少陰亦在足，足診兩部，而舍頭頸上部不診，不合三部上中下之法。二也。考《内經》一穴或五六名，或八九名十餘名，至多有至二十七名者。考人迎一穴，《銅人經》稱之爲五會，《甲乙經》稱之爲天五會，《銅人》與《甲乙》既有別名，則仲景又何不可以稱之爲趺陽乎？且趺陽二字，本經無此穴名，如舊説以爲衝陽之別名，據頸脈求之，則爲人迎之別名，與其在下爲衝陽之別名，何如在頸爲人迎之別名？又，《千金》與《外臺》或稱人迎或稱趺陽，二穴之名參差並見；仲景書中稱趺陽，序中人迎趺陽並見。一箇脈，一箇書中正名與異名兩用，固圖經之常理，如《内經》氣衝亦稱氣街，五里又稱足之五里。三也。陽明足中之穴，本名衝陽，不名趺陽，故曰趺陽爲人迎之別名，後人因趺字從足，故以衝陽待之。考踝字從足，足稱踝，手亦稱踝，《經脈篇》「足太陰過於外踝之上」，張作「手太陰過於手外踝之上」。臂臑《千金》作頭衝，不必其在頭也，是從足之字不必定在足中。如趺陽之「趺」亦作「跗」，字經三寫，烏焉成馬。趺字從足不從足，無足深計。四也。考仲景兩書言趺陽者十餘見，無人迎之別名，舉陽明一脈，以包寸口、少陰，合爲三部。《内經》不診衝陽，仲景不能舍人迎而診衝陽。五也。《内經》數言頸脈，仲景言頸脈動時時欬，全師用《平人氣象論》之説。後來王叔和真《脈經》、《甲乙》、《肘後》、《巢氏》、《太素》、《千金》、《外臺》共七家同引經此條，是《金匱》後七家猶同診頸脈，則仲景之趺陽爲頸脈人迎之别名，更無疑義。六也。今故據此六證，以定仲景三部爲頭頸、手、足，非舍人迎不診，而以陽明少陰同診於足也。考僞《脈經》五卷全祖《難經》，專診兩手，上絶不至診喉，下絶不至診足，《内經》診頸之法，不惟叔和在晉朝去古未遠，不能突變經診舊法，雖下至《千金》、《外臺》，診頸之法猶未絶也。

《內經》人寸比較分表

孫宗澤編輯

大腸脈盛，則人迎大三倍於寸口，虛則人迎反小於寸口也。	肺脈盛者，則寸口大三倍於人迎，虛者則寸口反小於人迎也。
胃脈盛者，則人迎大三倍於寸口，虛者則人迎反小於寸口。	脾脈盛者，則寸口大三倍於人迎，虛者則寸口反小於人迎。
小腸脈盛者，則人迎大再倍於寸口，虛者則人迎反小於寸口。	心脈盛者，則寸口大再倍於人迎，虛者則寸口反小於人迎。
膀胱脈盛者，則人迎大再倍於寸口，虛者則人迎反小於寸口。	腎脈盛者，則寸口大再倍於人迎。虛者則寸口反小於人迎。
三焦脈盛者，則人迎大一倍於寸口，虛者則人迎反小於寸口。	心主脈盛者，則寸口大一倍於人迎，虛者則寸口反小於人迎。
膽脈盛者，則人迎大一倍於寸口，虛者則人迎反小於寸口。	肝脈盛者，則寸口大一倍於人迎，虛者則寸口反小於人迎。以上見《靈樞·經脈篇》。

人迎主外	寸口主中
人迎大一倍於寸口，病在少陽；人迎二倍，病在太陽；人迎三倍，病在陽明。	寸口大於人迎一倍，病在厥陰；寸口二倍，病在少陰；寸口三倍，病在太陰。
人迎四倍者，且大且數，名曰外格。	寸口四倍者，名曰内關，内關者，且大且數。
春夏人迎微大。	秋冬寸口微大。以上見《靈樞·禁服篇》。
人迎氣大緊以浮者，其病益甚，在外。	脈口滑小緊以沉者，其病益甚，在中。
人迎脈沉而滑者，病日損。	脈口滑而浮者，病日損。
人迎脈滑盛以浮者，其病日進，在外。	脈口滑以沉者，其病日進，在内。
病之在府，浮而大者，病易已。	病之在藏，沉而大者，易已。
人迎盛緊者，傷於寒。	脈口盛緊者，傷於食飲。以上見《靈樞·五色篇》。
人迎候陽。	氣口候陰。《靈樞·四時氣篇》。
三陽在頭。	三陰在手。

陽明爲之行氣於三陽。	太陰爲之行氣於三陰。以上《太陰陽明論》。
人迎一盛，病在足少陽，一盛而躁，在手少陽。	脈口一盛，病在足厥陰，一盛而躁，在手心主。
人迎二盛，病在足太陽，二盛而躁，在手太陽。	脈口二盛，病在足少陰，二盛而躁，在手少陰。
人迎三盛，病在足陽明，三盛而躁，在手陽明。	脈口三盛，病在足太陰，三盛而躁，在手太陰。
人迎四盛，且大且數者，名曰溢陽，溢陽爲外格。	脈口四盛，且大且數者，名曰溢陰，溢陰爲内關。
人迎一盛，寫足少陽而補足厥陰，二寫一補，日一取之。	脈口一盛，寫足厥陰而補足少陽，二補一寫，日一取之。
人迎二盛，寫足太陽而補足厥陰，二寫一補，二日一取之。	脈口二盛，寫足少陰而補足太陽，二補一寫，二日一取之。
人迎三盛，寫足陽明而補足太陰，二寫一補，日二取之。	脈口三盛，寫足太陰而補足陽明，二補一寫，日二取之。以上見《靈樞・終始篇》。

人迎躁盛，喘息氣逆，此有餘也。	太陰脈微細如髮者，此不足也。見《素問・奇病論》。
邪在府則陽不和，陽脈不和則氣留之，氣留之則陽氣甚矣。陽氣太甚，則陰氣不能榮也，故曰格。	陽氣太甚則陰不利，陰不利則血留之，血留之則陰氣甚矣。陰氣太甚，則陽氣不能榮也，故曰關。《靈樞・脈度》。
熱病脈人迎。尚躁盛，而不得汗者，此陽脈之極也，死脈。躁盛得汗者，生也。	熱病已得汗，而脈寸口。尚躁盛者，此陰脈之極也，死。其得汗而脈靜者，生也。《靈樞・熱病》。
瘧氣者，并於陽則陽勝，陽勝則熱。	并於陰則陰勝，陰勝則寒。《素問・瘧論》
南政之歲，少陰司天，則寸口當作「人迎」。不應。	北政之歲，少陰在泉，則寸口不應。
南政之歲，三陰在下，則尺人。不應。	北政之歲，三陰在下，則寸口不應。
北政之歲，三陰在上，則尺人。不應。	在下則寸不應。
有病厥者，診左當作「人」。脈沉而緊。	右當作寸。脈浮而遲。

陽病而陽脈小者，爲爲逆。	陰病而陰脈大者而逆。
陰不勝其陽，陽勝即人迎脈甚也。則脈流薄血，并乃狂。	陽不勝其陰，則五藏氣争，九竅不通。
陽脈營其府。	陰脈營其藏。
人迎一盛，病在少陽，二盛病在太陽，三盛病在陽明，四盛以上爲格陽。	寸口，一盛病在厥陰，二盛病在少陰，三盛病在太陰，四盛已上爲關陰。
陽氣有餘，爲身熱無汗。	陰氣有餘，爲多汗寒熱。

《内經》人寸比較合表

孫宗澤編輯

持其脈口人迎，以知陰陽有餘不足，平與不平。

鄭康成《周禮注》：脈之大候，要在陽明寸口，能專是者，其惟秦和乎！《類》注亦引康成。

此人寸比較，賈《疏》以陽明爲手陽明，此賈不明醫道，誤信世俗合頸足同診兩手，故以合谷穴當之。

所謂平人者不病，不病者，脈口人迎應四時也，上下相應而俱往俱來也。以上見《靈樞·終始篇》。

陰陽上下，其動若一，陽病而陽脈小者爲逆，陰病而陰脈大者爲逆。故陰陽俱静與其動若引繩，相傾者病也。《靈樞·動輸篇》。

少氣者，脈口人迎俱少，而不稱尺人。寸也，如是則陰陽俱不足。

人迎與氣口相應，若引繩大小齊等者，命曰平人。以上《禁服篇》。

持其氣口人迎以視其脈，堅且盛且滑者，病日進，其脈軟者，其病將下。《靈樞·小鍼解》。

熱病三日，而氣口静人迎躁者，泄其熱出其汗；陰陽俱静者，死。《熱病篇》。

脈之浮沉及人迎寸口大小等者，病難已。《靈樞·五色篇》。

審其陰陽，以别柔剛，陽病治陰，陰病治陽。《素問·陰陽應象大論》。

善爲脈者，謹審五藏六府，一逆一從，陰陽表裏，雌雄之紀。《素問·金匱真言》。用鍼之理，必知形氣之所在，左右上下，陰陽表裏。言陰與陽合於五行，五藏六府亦有所藏，四時八風盡有陰陽。五藏六府，察其所痛，左右上下，知其寒温，何經所在。《靈樞·官鍼篇》。

此皆陰陽、表裏、外内、左右、雌雄、上下相輸應也。《素問·金匱真言論》。

脈有陰陽，知陽者知陰，知陰者知陽。《素問·陰陽别論》。

人迎與脈口俱盛四倍以上爲關格，關格之脈羸，不能極於天地之精氣，則死矣。《素問·六節藏象論》。

人迎與太陰脈口俱盛四倍以上，名曰關格。

人迎脈口俱盛三倍已上，命曰陰陽俱溢。以上見《靈樞·終始篇》。

熱病三日，而氣口静人迎躁者，取之諸陽。《熱病論》。

陰之與陽也。異名同類，上下相會。《靈樞·邪氣藏府病形篇》。

以上下逆順循之，其脈疾者不病，其脈遲者病，脈不往來者死。《素問·三部九侯論》。

春夏而脈瘦。秋冬而脈浮大。《素問·平人氣象論》。

按尺人。寸，觀浮沉滑澀，而知病所生以治，形不足者温之以氣，精不足者補之以味。《素問·陰陽應象大論》。

反四時者，有餘爲精，不足爲消。《素問・病能論》。

陰陽俱盛，不得相榮，故曰關格。關格者，不得盡期而死也。《靈樞・脈度篇》。

陽明胃脈也，胃爲五藏六府之海，其精氣上注於肺，肺氣從太陰而行之。其行也，以息往來，故人一呼脈再動，一吸脈亦再動，呼吸不已，故動而不止。黄帝曰：氣之過於寸口，上十焉息？下八焉伏？何道從環？不知其極。岐伯曰：氣之離藏也，卒然如弓弩之發，如水之下岸，上於魚以反衰，其餘氣衰散以逆上，故其行微。《靈樞・動輸篇》。

陰静俱静者，病有死徵也。《靈樞・熱病篇》。

脈之應於寸口，大堅以澀者，脹也。其陰爲藏，陽爲府。《靈樞・脹論》。

陰陽如一者，病難治。《靈樞・邪客篇》。

微妙在脈，不可不察，察之有紀，自陰寸。陽人。始。是故聲合五音，色合五行，脈合陰陽。《素問・脈要精微論》。

五藏者皆禀氣於胃，胃者五藏之本也。藏氣不能自致於手太陰，必因於胃氣，乃致於手太陰。《素問・玉機真藏論》。

善診者，察色按脈，先别陰陽。人、寸。審清濁而知部分，視喘息聲音而知所苦，觀權衡矩規而知所主。《素問・陰陽應象大論》。

仲景人寸比較表

侄孫 宗濬 編輯

頸脈動，時時欬，按其手足上陷而不起者，風水。《金匱·水氣病篇》。	寸口脈沉滑者，中有水氣，面目腫大有熱，名曰風水。同上。
趺陽脈浮而澀，浮則胃氣强，澀則小便數。《傷寒·陽明篇》。	寸口脈浮而大，浮爲風，大爲虚。《傷寒·太陽上篇》。
少陰負趺陽者，順也。《厥陰篇》。	寸口脈浮而緊，此肝乘脾。《太陽中篇》。
趺陽脈浮而滑，滑則穀氣實，浮則汗自出。《金匱·中風歷節證篇》。	寸口脈浮而緊，緊則爲寒，浮則爲虚。同上。
趺陽脈微弦，法當腹滿，不滿者必便難。《腹滿宿食篇》。	寸口脈遲而緩，遲則爲寒，緩則爲虚。同右。
趺陽脈浮而澀，浮則胃氣强，澀則小便數。《五藏積聚篇》。	寸口脈沉而弱，沉即主骨，弱即主筋。同右。

趺陽脈浮而數，浮即爲氣，數即消穀。《痰飲欬嗽篇》。	寸口脈浮而遲，浮即爲虛，遲即爲勞。同上。
趺陽脈當伏，今反數，本自有熱，小便數，今反不利，此欲作水。《水氣病篇》。	寸口脈浮而遲，浮脈則熱，遲脈則潛，熱潛相搏，名曰沉。同上。
趺陽脈浮而數，浮脈即熱，數脈即止，熱止相搏，名曰伏。同右。	寸口脈沉而遲，沉則爲水，遲則爲寒。同右。
趺陽脈微而遲，微則爲氣，遲則爲寒。同右。	寸口脈遲而澀，遲則爲寒，澀則血不足。同右。
趺陽脈浮而澀，浮則爲虛，澀即傷脾。《吐血下血證篇》。	寸口脈沉而澀，法當亡血。《瘡癰病篇》。
趺陽脈緊而數，數則爲熱，熱則消穀，緊則爲寒，腹脹滿。《黄疸脈證篇》。	寸口脈動而弱，動即爲驚，弱即爲悸。同上。
趺陽脈當伏，今反緊，本自有寒，疝瘕腹中痛。《水氣病篇》	寸口脈浮而緩，浮則爲風，緩則爲痺。同上。
趺陽脈伏，水穀不化，脾氣衰則鶩溏，胃氣衰則身腫。同右。	寸口脈沉而緊，沉爲水，緊爲寒。同上。

	寸口脈弦而緊，弦則衛氣不行，緊即惡寒。同上。
	寸口脈數，其人病欬，口中反有唾濁涎沫者，何也？《肺痿欬嗽上氣篇》。
	寸口脈微而數，微則爲風，數則爲熱。同右。
	寸口脈浮而大，按之反澀。同右。
	寸口脈弦而大，弦則爲減，大則爲芤。《吐血下血篇》。
	寸口脈微而數，微則無氣，無氣則榮虛。同右。
	寸口脈動者，因其王時而動。《藏府經絡先後病篇》。

《甲乙》人寸比較表

孫宗澤編輯

人迎主外。	寸口主內。《經脈篇》。
春秋人迎微大。	秋冬寸口微大。同上。
人迎大一倍於寸口，病在少陽；再倍，病在太陽；三倍，病在陽明；人迎四倍，名曰外格。外格者，且大且數，病不治。	寸口大一倍於人迎，病在厥陰；再倍，病在少陰；寸口四倍者，名曰內關。內關者，且大且數，則死不治。同上。
人迎氣大緊以浮者，病益甚，在外。	切其脈口滑小緊以沉者，病益甚，在中。同上。
人迎沉而滑者，病日損。	脈口浮而滑者，病日進。同上。
人迎脈滑盛以浮者，病日進，在外。	脈口滑而沉者，病日進，在內。同上。
病在府，浮而大者，其病易已。	病在藏，沉而大者，其病易已。

人迎盛緊者，傷於寒。	脈口盛緊者，傷於食。以上見《經脈篇》。
陽者主府。六府爲陽。	陰者主藏。五藏爲陰。
人迎一盛，病在足少陽，一盛而躁，在手少陽。	脈口一盛，病在足厥陰，一盛而躁，在手厥陰。
人迎二盛，病在足太陽，二盛而躁，在手太陽。	脈口二盛，病在足少陰，二盛而躁，在手少陰。
人迎三盛，病在足陽明，三盛而躁，在手陽明。	脈口三盛，病在足太陰，三盛而躁，在手太陰。
人迎四盛，且大且數，名曰溢陽，溢陽爲外格。	脈口四盛，俱大且數，名曰溢陰，溢陰爲内關。
人迎一盛，寫足少陽，補足厥陰。	脈口一盛，寫足厥陰，補足少陽。
人迎二盛，寫足太陽，補足少陰。	脈口二盛，寫足少陰，補足太陽。
人迎三盛，寫足陽明，補足太陰。	脈口三盛，寫足太陰，補足陽明。

陽盛而陰虛，先補其陰，後寫其陽，而穌之。	陰盛而陽虛，先補其陽，後寫其陰，而穌之。以上見《終始篇》。
邪在府則陽脈不和，陽脈不和則氣留①之。氣留之則陽氣盛矣。此下疑當有「陽氣太甚，則陰氣不得相榮也，故曰格。」十五字。	邪在藏則陰脈不和，陰脈不和則血留之，血留之則陰氣盛矣。陰氣太甚，則陽氣不得相榮也，故曰格。疑當作「關」。○《五藏六府官篇》。
大腸盛則人迎大三倍於寸口，虛者則人迎反小於寸口。	肺盛者則寸口大三倍於人迎，虛者則寸口反小於人迎。
胃盛者則人迎大三倍於寸口，虛者則人迎反小於寸口。	脾盛者則寸口大三倍於人迎，虛者則寸口反小於人迎。
小腸盛則人迎大再倍於寸口，虛者則人迎反小於寸口。	心盛者則寸口大再倍於人迎，虛者則寸口反小於人迎。
膀胱盛則人迎大再倍於寸口，虛者則人迎反小於寸口。	腎盛者則寸口大再倍於人迎，虛者則寸口反小於人迎。

① 留：原作「流」，據《針灸甲乙經》卷一《五藏六府官》改。

三焦盛則人迎大一倍於寸口，虛者則人迎反小於寸口。	心主盛則寸口大一倍於人迎，虛者則寸口反小於人迎。
膽盛者則人迎大一倍於寸口，虛者則人迎反小於寸口。	肝盛者則寸口大一倍於人迎，虛者則寸口反小於人迎。
以上《十二經脈絡脈支別》上篇。	
陽病而陽脈小者爲逆。	陰病而陰脈大者爲逆。同上。
無極陽者，春夏無數虛陽明，陽明虛則狂。	無極陰者，秋冬無數虛太陰，太陰虛則死。《六經受病發傷寒熱病篇》。
熱病，脈常躁盛而不得汗者，此陽脈之極也，死。其脈躁盛，得汗而脈静者生。	熱病已得汗，而脈尚躁盛者，此陰脈之極也，死。其得汗而脈静者生。同上。

按：皇甫士安《甲乙經》出於晉時，據舊説則謂在《難經》後，而其書全引《内經》，其序所云集《内經》、《明堂鍼灸》而别其類者也。《内經》人寸比類而言者不下數十見，《甲乙經》所引全同，可見晉時猶專崇古法，叔和與《甲乙》相先後，何能突變古法？知其僞也。《難經》專就兩手分三部，并頸足之法而棄之，五藏六府均取決於兩手；繼考《千金》、《外臺》，凡與《難經》同者皆屬僞羼，本書真法，亦同《甲乙》。於是知高陽生之徒所

創專診兩手之法，以寸、關、尺分三部，浮中沉爲九候，文人儒士或頗采用，專家名師棄而弗道，如《千金》、《外臺》可證也。姚際恒《僞書考》引《傷寒論序》，以《難經》爲六朝人所作，大抵在齊、梁以後，初名黄帝之書，《新唐書》乃題越人耳，《脈經》宋校，羼入僞書四卷；不知叔和與士安同時，診法本極純正，故士安脈論不見《難經》隻字，其他篇有數條，乃爲宋新校正所加，以資參考，當有朱、墨之分。或以爲《甲乙》引《難經》之據，不知隋唐時猶名《八十一問》，實無《難經》之稱。今《甲乙》題曰《難經》，顯見爲宋校所加。使《難經》果出越人，爲叔和所師法，何以士安并不一語及之？誣衊前賢，罪無可逭，猶幸庸俗不工作僞，疵病百出，毫無依據，即寸、關、尺三字，亦不可通，僞迹昭顯，無足深究；惟古法久暗，人罕知之，則不可不爲《内經》一洗積塵。爰集《甲乙經》人寸比類之處，都爲一表，亦以見當時尚無專診兩手之説也。寫竟謹跋。

《脈經》真本人寸比較表

頸脈動，時時欬，按其手足上，陷而不起者，風水。《平水氣症篇》。	寸口脈沉而滑者，中有水氣，面目腫大，有熱，名曰風水。同上。
趺陽脈浮而數，浮脈熱，數脈止，熱止相搏，名曰伏。同右。	寸口浮而遲，浮脈熱；遲脈潛，熱潛相搏，名曰沉。同上。
趺陽脈伏，水穀不化，脾氣衰則鶩溏，胃氣衰則身腫。同右。	寸口脈沉而遲，沉則爲水，遲則爲寒，寒水相搏。同上。
趺陽脈浮而澀，浮則胃氣微，澀則脾氣衰。《脾經病篇》。	寸口脈弦而滑，弦則爲痛，滑則爲實。《脾經病篇》。
趺陽脈微而澀，微即無胃氣，澀即傷脾。同右。	寸口脈雙緊即爲人，其氣不出，無表有裏。同右。
趺陽脈滑而緊，滑即胃氣實，緊即脾氣傷。同右。	寸口脈緩而遲，緩則爲陽，其氣長；遲則爲陰，榮氣促。同右。

趺陽脈麤，麤而浮者，其病難治。胃經病症。	盛者寸口大，再倍於人迎。同上。
趺陽脈遲者，故久病。同右。	寸口脈沉大而滑，沉則爲實，滑則爲氣。《平卒尸厥脈證篇》。
趺陽脈虚則遺溺，實則失氣，動則頭痛重。同右。	虚者，寸口反小於人迎也。同上。
趺陽脈浮者，胃氣虚也。同右。	寸口脈浮而緊，緊則爲寒，浮則爲虚，寒虚相搏，邪在皮膚。《平中風歷節脈症》。
趺陽脈浮大，此胃家微虚。同右。	寸口脈遲而緩，遲則爲寒，緩則爲虚。同右。
趺陽脈數者，胃中有熱，即消穀引食。同右。	寸口脈細而數，數則爲熱，細則爲寒。《平消渴小便利》。
趺陽脈澀者，胃中有寒，水穀不化。同右。	盛者寸口大三倍於人迎，虚者寸口反小於人迎也。肺經病症。
陽明病脈遲，食難用飽，飽則發寒，頭眩者，必小便難。《平黄疸》。	寸口脈浮大，醫反下之，此爲大逆。浮即無血，大即爲寒。病不可下症。

趺陽脈遲而緩，胃氣如經也。病不可下症。	寸口脈濡而弱，濡即惡寒，弱即發熱。同右。
趺陽脈浮而數，浮則傷胃，數則動脾。同右。	傷寒腹滿而譫語，寸口脈浮而緊者，此爲肝乘肺也。病可刺症。
趺陽脈緊而數，數則爲熱，熱則消穀，緊則爲寒，食即渴也。《平黄疸病篇》。	寸口脈洪而大，數而滑，洪大則榮氣長，滑數則衛氣實。病可下症。
趺陽脈緊爲傷脾，風寒相搏，食穀則眩，穀氣不消，胃中苦燥。同前。	寸口脈陽浮陰濡弱，陽浮則爲風，陰濡弱爲少血。同右。
趺陽脈微弦，法當腹滿；不滿者，必下部閉塞，大便難。《平腹滿宿食》。	寸口脈遲而澀，遲則爲寒，澀則爲血不足。同上。
趺陽脈微而遲，微則爲氣，遲則爲寒。寒氣不足，則手足逆冷。《平黄疸》。	寸口脈弦而緊。《平水氣黄汗病症》。
趺陽脈緩而遲，胃氣反强。《平黄疸》。	寸口脈微而弱，微則惡寒，弱則發熱。當發不發，骨節疼痛；當煩不煩，而極汗出。同上。
趺陽脈數，胃中有熱，則消穀引食，大便必堅，小便則數。《平血痺》。	寸口脈浮而遲，浮則爲虚，遲則爲勞。同上。

趺陽脈浮而數，浮則爲氣，數則消穀而緊。《平消渴小便利》。	寸口脈遲而緩，遲則爲寒，緩則爲虛。榮緩則爲血亡，衛遲則爲中風。《平中風歷節》。
趺陽脈當伏，今反緊，本自有寒，疝瘕，腹中痛，醫反下之，下之則胸滿短氣。平水氣病。	寸口脈陰陽俱緊，法當清邪中於上焦，濁邪中於中焦，名曰潔也。《傷寒・辨脈法篇》。
趺陽脈浮而滑，滑則穀氣實，浮則汗自出。《中風歷節篇》。	寸口脈浮而大，浮爲虛，大爲實。同右。
趺陽脈遲而緩，胃氣如經也。以下出《傷寒・辨脈法篇》。	寸口諸微亡陽，諸濡亡血，諸弱發熱，諸緊爲寒。同右。
趺陽脈浮而數，浮則傷胃，數則動脾。同右。	寸口脈微而緩，微者衛氣疎；疎則其膚空，緩則胃氣實，則消穀而水化也。同右。
趺陽脈浮而澀，少陰脈如經者，其病在脾。同右。	寸口脈微而澀，微者衛氣不行，澀者榮氣不逮。同右。
趺陽脈伏而澀，伏則吐逆，水穀不化。同右。	寸口脈微而澀，微者衛氣衰，澀者榮氣不足。同右。

趺陽脈滑而緊，滑者胃氣實，緊者脾氣强。同右。	寸口脈弱而遲，弱者衛氣微，遲者榮中寒。同右。
趺陽脈沉而數，沉爲實，數消穀，緊者病難治。同右。	寸口脈弱而緩，弱者陽氣不足，緩者胃氣有餘。同右。
趺陽脈大而緊者，當即下利，爲難治。同右。	
趺陽脈微而緊，緊則爲寒，微則爲虚。同右。	
趺陽脈不出，脾不上下，身冷膚鞕。同右。	
趺陽脈浮而芤，浮者衛氣衰，芤者榮氣傷。同右。	
趺陽脈緊而浮，浮爲氣，緊爲寒，浮爲腹滿，緊爲絞痛。同右。	

按：《傷寒》《辨脈篇》，後人云係王叔和纂次，所言脈法亦與仲景不甚符合，故不敢列入仲景脈法中，仍附於《脈經》之後。

《千金方》人寸比較表

侄孫　宗濬編輯

趺陽脈微而澀，微即下利，澀即吐逆，穀不得入。趺陽脈浮者，胃氣虛也。《嘔吐噦逆第五》。	寸口脈緊而芤，緊即爲寒，芤即爲虛，寒虛相搏，脈爲陰結而遲，其人即噎。同上。
趺陽脈浮緩，胃氣如經，此爲肺癰。《肺癰第七》。	寸口脈滑而數，其人飲食起居如故，此爲癰腫病。同上。
趺陽脈浮而遲，浮即爲風，遲即爲寒疝。《痼冷積熱第八》。	寸口脈弦而緊，弦則衛氣不行，緊則不能飲食，弦緊相搏，即爲寒疝。同上。
趺陽脈浮大者，此胃家微虛煩，圊必日再行，動作頭痛，重熱氣潮者，屬胃。《胃腑脈論第一》。	寸口脈微而數，微則爲風，數則爲熱，微則汗出，數則惡寒。《肺癰第七》。
趺陽脈浮而澀，浮即爲虛，澀即傷脾。《反胃第七》。	寸口脈微，其人病欬，口中反唾沫出，何也？師曰：此爲肺痿。同右。

趺陽脈緊。《肺癰第七》。	寸口脈數，寒熱相搏，故振寒而欬。同上。
趺陽脈浮而澀，其病難治。《反胃第四》。	盛者寸口大再倍於人迎，虚者反小於人迎也。《心藏脈論第一》。
趺陽脈微弦，法當腹滿。不滿者，必下部閉塞，大便難。《大腸腑論第一》。	盛者寸口大一倍於人迎，虚者反小於人迎也。《肝藏脈論第一》。
趺陽脈浮而澀，浮則胃氣强，澀則小便數。《脾藏脈論第一》。	寸口脈弦而滑，弦則爲痛，滑則爲實。同上。
趺陽脈浮而澀，浮即胃氣微，澀即脾氣衰。同右。	寸口脈雙緊，即爲入，其氣不出，無表有裏，心下痞堅。同上。
趺陽脈微而澀，微即無微氣，澀則傷脾，寒在於膈。同右。	寸口脈遲而緩，緩則爲陽，衛氣長，遲則爲陰，榮氣促。同上。
趺陽脈滑而緊，滑即胃氣實，緊即傷脾，得食而不消者，此脾不治也。同右。	
脾病實則胃熱，則腹中痛，痛則陽病，陽脈反大於寸口三倍。《脾藏脈論第一》。	

肺病實則大腸熱，熱則手兑掌起，則陽病，陽脈反大於寸口三倍。《肺藏脈論第一》。	
盛者人迎大三倍於寸口，虛則人迎反小於寸口也。《胃府脈論第一》。	
腎病實則膀光熱，熱則癃閉，癃則陽病，陽脈反逆大於寸口三倍。《腎藏脈論第一》。	
頸脈動，陰股間寒，足脛腫，腹乃大，其水已成也。水腫方。	
俠頸脈動，股裏冷，脛中滿，按之没指。同右。	

《外臺》人寸比較表

趺陽脈緊。肺癰方。	寸口脈數，寒熱相搏，故振寒而欬。同上。
趺陽脈浮緩，胃氣如經，此爲肺癰。同右。	寸口脈數而滑，其人起居如故，此爲癰腫病。同右。
頸脈動，時時欬。水腫方。	寸口脈微而數，微則爲風，數則爲熱，微則汗出，數則惡風。同右。
頸脈動，時欬，陰股間寒，足脛腫，腹乃大，此水已成也。同右。	寸口脈數，其人病欬，口中反有濁唾，何也？師曰：此爲肺痿之病。肺痿方。
頸上有兩大脈動，唾濁，不得眠睡。同右。	寸口脈不出，反發汗，陽脈早索，陰脈不澀，三焦踟躕，入而不出。同右。
俠頸脈動，脛裏冷，脛中滿，按之没指。同右。	
頸脈動，時欬，按腫上，凹而不起。風水方。	

左爲人迎右爲寸口駁義

井研廖平輯述

《難經》「二十三難」：「如環無端，轉相溉灌，朝於寸口人迎，以處百病而決死生①也。」又曰：「終始者，脈之紀也。寸口人迎，陰陽之氣，通於朝使，如環無端，故曰始也，終者三陰三陽之脈絶。」

謝注曰：寸口人迎，古法以俠喉兩旁動脈爲人迎，至晉王叔和，直以左手關前一分爲人迎，右手關前一分爲寸口，後人宗之。愚謂昔人所以取人迎寸口者，蓋人迎爲足陽明胃經，受穀氣而養五藏者也；氣口爲手太陰肺經，朝百脈而平權衡者也。又云：《靈樞》第九篇云：「凡刺之道，畢於終始。明知終始，五藏爲紀，陰陽定矣。」又曰：「不病者，脈口人迎應四時也；少氣者，脈口人迎俱少而不稱尺寸也。」此一節因上文寸口人迎處百病決死生而推言之，謂欲曉知終始，於陰陽爲能定之，蓋以陽經取決於人迎，陰經取決於氣口也。朝使者，謂氣血如水潮，應時而灌溉。使，謂陰陽相爲用也。始如生物之始，終如生物之窮，欲知死生，脈以候之。陰陽之氣，通於朝使，如環無端，則不病；一或

---

① 死生：原作「生死」，據人民衛生出版社本《難經本義》乙。

不相朝使，則病矣。況三陰三陽之脈絶乎？絶必死矣！

《難經》專診寸口，左右分配藏府，兩兩相同，並不必關照喉頸之人迎，乃「二十三難」中兩以寸口人迎對舉，其所引又與《禁服》、《終始篇》之文相合，專診兩手，何地以容人迎？此左人右寸之説雖出僞《脈經》，而不能不推作俑於《難經》。楊氏《太素注》云：「近相傳者，直以兩手左右爲人迎寸口」，是此法直出齊、梁以後，王氏真《脈經》必無此二語。可知説無正經可憑，故託之《難經》也。

《脈經·脈法讚》云：左手關前一分爲人迎，右手關前一分爲寸口。

楊氏以「近相傳」云云，則其説不出叔和可知。考《難經》、僞《脈經》專診兩手，自我作故，經外別傳，無取乎言人迎也，後以攻之者，以人迎見於《内經》，將近百條，不應其名目亦棄而弗道，《難經》兩見人迎，亦删削不盡者。齊、梁以後，乃杜撰二語以消息之。雖有此異名，而兩手診法不異，故自唐至元無異議。至明中葉，學風喜復古與翻案，李氏《醫宗必讀》始據《内經》明文，以外因内因風食分之，但其所争者，兩手寸部之名目耳。厥後李、馬、張雖有異説，然人迎之在頸不在頸不計也。至景岳，乃直以人迎在喉頸而不在手，截斷衆流，雖診法猶囿高陽，卓識宏議，龐氏以後，一人而已。俞氏理初博通今古，亦後勁也。

金大定本《銅人俞穴鍼灸圖經》云：人迎在頸，而取法於手也。左手關前一分，人迎之位也；右手關前一分，氣口之位也。候氣口以知陰，候人迎以知陽。

按：《圖經》當詳經穴，人迎之在喉旁，是所熟習，因不敢直移人迎於左寸，用左右異名之誤説，惟終囿於獨診兩手之法，乃調停其間，以爲穴脈雖在喉頸，而診法猶在左寸，尤近理而大亂真矣。

明李宗梓《醫宗必讀・脈法心參・人迎氣口説》：關前一分，人命之主。

左爲人迎，以辨外因，人迎緊盛傷於風。

右爲氣口，以辨内因，氣口緊盛傷於食。

核人寸之屬兩手，其説久矣。李氏因《内經》有風、食之分，乃剏爲此説，與馬玄臺略同，李梴乃專攻之。

明李梴《醫學入門・人迎氣口訣》

右		手
寸	一分	肺人迎，主外感風。
寸	二分	
寸	三分	
關	一分	脾寸口，主内傷食。
關	二分	
關	三分	
尺	一分	
尺	二分	
尺	三分	

按：其説以三部分爲九分，以右手分寸部爲人迎，關部爲寸口，不詳左手，並不詳右

尺。

李氏説云：「此即上古診法中之二法也。氣口，右手關前一分，以候七情，房勞、工作勤苦與飲食無節，皆爲内傷不足之證。所以名氣口者，五藏之氣必因胃氣而升於手太陰故也。人迎，左手關前一分，以候六淫及起居失宜，感冒時行不正之氣，皆爲外感有餘之證。所以名人迎者，外邪必因虚而入故也。至若藏氣平者，邪自難犯，故先氣口而後人迎也。《内經》『人迎緊盛者傷於寒，氣口緊盛者傷於食』，然七情藴鬱，正由宿食助發，若專傷食而無七情，則不應氣口。又論傷寒皆自太陽始，然經曰風喜傷肝，外。寒喜傷腎，外。暑喜傷心胞①，外。食喜傷脾，内。熱喜傷心，外。燥喜傷肺，外。以類推之。風當自少陽，膽。濕當自陽明，脾。暑當自三焦，寒當自太陽②，此丹溪獨得經旨，發仲景未發也。其外非六淫、内非七情而病者，謂之不内外因，本經自病也，非若氣口人迎傳變乘尅，但三因皆以胃氣爲主。經云：『氣口亦太陰也，兼屬脾。』又云：『人迎亦胃脈也。』」

---

① 心胞：原作「心飽」，且居注語「外」字之下，兹據天津科學技術出版社本李梴《醫學入門》卷之一《氣口人迎脈訣》改。

② 陽：原作「陰」，據《醫學入門》卷之一《氣口人迎脈訣》改。

《脈讚》云：『關前一分，人命之主。』故取李仲南《三因歌括》①於前，而以丹溪圖説注之。」乃李宗梓《醫宗必讀・脈法心參・人迎氣口説》：「關前一分，人命之主。左爲人迎，右爲氣口，人迎以辨外因，氣口以辨内因。又曰：人迎緊盛傷於風，氣口緊盛傷於食。蓋寸部三分，關部三分，尺部三分，三部合計，共得九分。每部三分者，前一分，中一分，後一分也。此言關前一分，仍在關上之前一分耳。人多誤認『關前』二字，竟以左寸爲人迎，右寸爲氣口，誤矣。此因李氏《醫宗必讀》以左右分外感内傷，又變爲此説，於一手之中自分人迎寸口矣。須知左關前一分正當肝部，肝爲風木之藏，故外傷於風者，内應風藏而爲緊盛也；右關前一分正當脾部，脾爲倉廩之官，故内傷於食者，内應食藏而爲緊盛也。觀其但曰傷於風，勿泥外因，而概以六氣所傷者，亦取人迎也。但曰傷於食，勿泥内因，而概以七情所傷者，亦取氣口也。古人人迎氣口有兩法：在左右兩手分之，左爲人迎，右爲氣口；在右手一手分之，專以右手分二脈，尤怪。肺在寸爲人迎，脾在關爲氣口。因《醫宗必讀》以兩手分内傷外感，乃以右手寸關二部爲人、寸，兼包内外，而不能推之尺部與左手。蓋肺主皮毛，司腠理，凡風

① 李仲南三因歌括：「仲南」原倒作「南仲」，「三因」原作「三陰」，均據《醫學入門》卷之一《氣口人迎脈訣》改。

邪來客，先犯①皮毛，皆肺經腠理不密所致也。」又，其分人迎、氣口，《脈訣》略與此同。

馬玄臺《靈樞・禁服篇》「寸口主中人迎主外」注：此言人迎寸口之脈各有所主，而合四時者爲無病也。寸口者，居右手寸部，即太淵穴，去魚際一寸，故曰寸口；以其爲脈氣之所會，故又曰脈口，又曰氣口。寸口主中，乃足手六陰經脈所見也。人迎者，居左手寸部，人、寸之分，止在兩寸部，與李宗梓同。蓋人迎者乃足陽明胃經之穴名，而其脈則見於此，故即以人迎稱之，與金大定《圖經》誤同。以胃爲六府之先也。人迎主外，故左關爲東爲春，左寸爲南爲夏；所以謂左寸爲外，凡足手六陽經之脈必見於此。右寸爲秋爲西，右關爲中央爲長夏，其兩尺則爲北爲冬；所以謂右寸爲內，凡足手六陰經之脈必見於此。然寸口之脈在內而出於外，人迎之脈在外而入於內。

左寸，人迎主外。左關。左尺。

右寸，氣口主內。右關。右尺。

張隱菴《靈樞・禁服篇》注附高士宗曰：人迎氣口，謂左右兩寸口②，所以分候陰陽之氣，非寸、關、尺三部也。若以三部論之，則左有陰陽，而右亦有陰陽也。

---

① 犯：原脱，據上海科學技術出版社本李中梓《醫宗必讀》補。

② 口：原作「部」，據中醫藥出版社《張志聰醫學全書》本《靈樞集注》改。

駁義共七家，共十六條。

按：《難經》創法，縮頭足於兩手，專診寸口，無如人迎明文見於《内經》者將近百條，不能掩蔽，故雖《難經》亦有以人迎寸口對舉之條。《難經》既已大行，或據《内經》明文以攻之，習其術者，又補爲此説以掩其失，於是左右二穴可以異名，亦仿《難經》之左爲腎右爲命門。而宋、元以後，皆受其迷罔而不悟矣！

《太素·脈行同異篇》：「故陰陽上下，其動也若一①。」楊上善注：含謂寸口，「含」當作「陰」，字之誤。手太陰也。陽謂人迎，足陽明也。上謂人迎，下謂寸口。楊以人爲上，寸爲下，與張互易。有其二義：人迎是陽，所以居上也；寸口是陰，所以居下也。又人迎在頭，所以爲上；寸口在手，所以爲下。人迎寸口之動，上下相應俱來，譬之引繩，故若一也。所論人迎寸口，惟出黄帝正經，計此之外，不可更有異端。近相傳者，據此足見其説晚出。直以兩手左右爲人迎寸口，是則兩手相望以爲上下，竟無正經可憑，恐誤物深也。楊駁最明。

《靈樞·禁服篇》：「故寸口主中，人迎主外。」楊注：結喉兩箱，足陽明脈迎受②五藏六

---

① 故陰陽上下，其動也若一：「陰陽」原作「含陽」，下句「也」字原脱，據《黄帝内經太素校注》改、補。

② 迎受：原作「人迎受」，據《黄帝内經太素校注》卷一五《人迎脈口診》楊注改。

府之氣以養於人，故曰人迎。《下經》曰：「人迎，胃脈也。」又曰：「任脈之側動脈足陽明，名曰人迎。」《明堂經》曰：「頸之大動脈，動應於手，俠結喉，以候五藏之氣。」人迎胃脈，六府之長，動在於外，候之知内，故曰主外。寸口居下，在於兩手，以爲陰也。人迎在上，居喉兩旁，楊以肺居下胃居上，據頸手部位而言，與景岳不同，張説非是。案胃當在上。以爲陽也。《九卷·終始篇》云：「平人者不病，不病者，脈口人迎應四時也。」應四時者，上下相應，俱往俱來也。脈口，謂是手太陰脈行氣於寸①口，故寸口脈口，亦無異也。既上下俱往俱來，是非以二手爲上下也。又《九卷》楊氏稱今本《靈樞》爲「九卷」。《終始篇》曰：「人迎與太陰脈口俱盛四倍以上，命曰關格。」即知手太陰無人迎也。駁兩手異名之誤。又《素問》第五篇云：「胃管②癰診，岐伯曰：當得胃脈沉細，胃沉細者氣逆，氣逆者人迎甚盛，盛則熱。人迎者胃脈也，逆盛則熱聚於胃口而不行，故胃管爲癰。」此經所言人迎寸口之處數十有餘，竟無左手寸口以爲人迎，右手關上以爲寸口。而舊來相承，前條作近相傳者。與人診脈，縱有小知，專診兩手，亦有得名者。得之別注，吞刀吐火，積久自悟，不能告人。人多以此致信，竟無依據，離經畔道。不可行也。以上楊氏《太素》注二條。

宋龐安常《脈論》：明徐春浦《古今醫統·脈訣辨妄》引。察脈之要，莫急於人迎寸口。此句與鄭注

① 寸：原脱，據《黄帝内經太素校注》卷一五《人迎脈口診》楊注補。

② 管：原作「營」，據《黄帝内經太素校注》卷一五《人迎脈口診》引楊注改。下「胃管」同。

《周禮・疾醫》「脈之大要在陽明寸口而已」相同。是二脈相應如兩引繩，陰陽均則繩之大小等。凡平人之脈，人迎大於春夏，寸口大於秋冬。何謂人迎？喉旁取之，《内經》所謂别於陽者也。以上爲龐氏正説，以人迎在喉頸，以下則駁左人右寸之説。越人此下專駁《難經》。不盡取諸穴九候。之脈，但取手太陰之行度，魚際後一寸九分，以配陰陽之數，左人右寸。而得關格之脈。僞《脈經》關格與《内經》不同。然不先求喉手引繩之義，則昧人寸陰陽關格之所起。此屬駁語。寸口倍於人，以下《難經》文。則上魚而爲溢，故言溢者寸倍人極矣。溢之脈，一名外關，一名内格，一名陰乘之脈。曰外關者，自關以上外脈也，陰拒陽而出，故曰外格。陰生於寸，動於人，人迎。今自關以上溢於魚際，而關以後脈伏行，是爲陰壯乘陽而陽竭，陽竭則死，脈有是者死矣。此所謂寸口四倍於人迎，此經文正説。爲關陰之脈者也。關以後脈當一寸而沉，過者爲尺，中倍於寸口，至三倍則入寸而爲覆，故言寸者，尺人。倍寸極矣。覆之脈，一名内關，一名外格，一名陽乘之脈。内關者，關以下内脈也。外格者，陽拒陰而内入也。陽生於陰，尺動於寸①，自關以下覆入尺澤，而關以下脈伏行，則爲陽亢乘陰，而陰竭亦死，脈有是者死矣。此所謂人迎四倍於寸口，爲格陽之

① 尺動於寸：原作「寸動於寸」，據人民衛生出版社本《古今醫統大全》卷四《内經脈候・龐安常脈論》改。

脈也。經曰：人迎與寸口皆盛，過四倍則爲關格。脈名，非病名。關格之脈羸，不能極天地之精氣而死。所謂關格者，覆溢是也。雖然，獨覆獨溢，則補寫以生之。尺部當作「人迎」。一盛，瀉足少陽，補足厥陰；二盛，瀉足太陽，補足少陰；三盛，瀉足陽明，補足太陰。皆二寫一補之。四盛則三極，導之以鍼，當盡取少陽太陰陽明之穴。脈弱者取三陽於足，脈數者取於手，少陽二，當補於陰一。至寸而反之。脈有九候者，寓浮沉①於寸、關、尺也。此僞《難經》文，以下駁義。越人不取二經之穴，三部之人迎少陰。直以二經配合於手太陰行度，專診兩寸。自尺至寸，九分之位復分三部，部中有浮、中、沉，以配天、地、人也。部位法，與經不同。又曰：中風木，傷寒金，溼水，熱火，温病起於溼，溼則土病，土病而諸藏受害，其本生於金木水火四藏之變也：陽浮陰微爲風溼，陽數陰實爲温毒，陽濡陰急爲溼温，陰陽俱盛爲温瘧。其治也，風濕取足厥陰木、手少陽火，温毒專取少陰火，傷寒取手太陰金②、手少陰火，濕温取足少陰水。鄉人皆謂我能與傷寒。我察傷寒與四温變③，辨其疑似，而不可亂也。以上駁僞《難經》文，《宋史》本傳節去。故定陰陽於喉手，配覆溢於寸人，舊誤作「尺」。寓九候於浮沉，《周禮》「九藏」，鄭君同。九候即九藏。十二經，除三

---

① 沉：原作「中沉」，據《古今醫統大全》卷四《内經脈候・龐安常脈論》改。

② 金：原作「經」，據《古今醫統大全・内經脈候・龐安常脈論》改。

③ 變：原作「變證」，據《古今醫統大全・内經脈候・龐安常脈論》改。

大部之外，別有九經；本經病診本經動脈，不展轉借診手太陰寸口。分四温於傷寒。此皆扁鵲略開①其端，而余參以《内經》，諸書可究，而得其説。審而用之，順而治之，病不得逃焉。按：《癸巳存稿》所引《宋史》本傳乃摘録，非全文，今故取《醫統》全文録之。○右宋龐氏一條。

徐春甫《神門命門人迎辨》云：《經脈別論》篇曰：「食入於胃，濁氣歸心，淫精於脈。脈氣流經，經氣歸於肺，肺朝百脈，輸精於皮毛。毛脈合精，行氣於府。府精神明，留於四藏，氣歸於權衡。權衡以平，氣口成寸，以決死生。」又曰：「氣口者，亦太陰也。是以五藏六府之氣味，皆出於胃，變見於氣口。」蓋以氣口包括五藏六府動脈。之總名也。此氣口之所爲寸口，而人迎神門命門之脈，又各有其經也。氣口成寸之位，烏可以容三脈之紊？而三脈自有本位，豈可以容牽合也哉！《脈要精微篇》有尺②而附上，上附上之分，自是三部寸、關、尺之議本於此也。《脈經》謂左手關前一分爲人迎，誤也。駁左爲人迎之誤。愚嘗考之《内經》，人迎診候乃是陽明胃脈，在結喉兩旁動脈是也。《靈樞・五色篇》曰：「人迎盛堅者傷於寒，氣口盛堅者傷於食。」《綱目》《醫學綱目》。釋謂：「氣口脈在兩手掌後，手太陰之脈也，人迎脈在結喉兩旁，足陽明之脈也。」蓋謂胃爲六府之源，故與氣口配診，以知疾病之端。龐安常論之詳矣，茲不復

①　開：《古今醫統大全・内經脈候・龐安常脈論》作「聞」。
②　尺：原作「脈」，據《古今醫統大全・内經脈候・龐安常脈論》改。

贅。以上詳人迎。考之神門脈，《内經》有曰：「神門絶，死不治。」神門爲手少陰心經之動脈，穴在掌後側寸之分，與大淵相對，上下相去甚遠。《脈經》僞本《脈經》，非叔和所作。謂兩手尺前爲神門，僞《脈經》直以兩尺爲神門。神門心經動脈，在掌後鋭骨之下，與太陰經動脈相去甚遠。以神門當尺脈，真屬顛倒，不知作僞者何以至此，而人顧奉之爲金科玉律，誠不可解。誤也。駁神門。又以右尺爲命門，亦嘗考之，命門在督脈後人之説。十四椎下陷中，兩腎之間，與臍相對，所謂命門即兩腰，本爲心包絡。自唐以後，以附心之脂爲心包絡，而内外腎合爲一名。明馬玄臺以包則爲命門，則腰之爲包絡定矣。固爲真元之根①本，性命之所關。腎外腎。雖屬水，以内腎爲包絡，則後人所撰創之命門，當指外腎，女子爲子處。而實有相火寓於其中。外腎主之。太極所謂動者静之基，則是静而生水者本也，動而挾火者標也。皆外腎所主。虞天民謂：「命門象門中根闑，司開闔之象，惟其静而闔，涵養乎一陰之真水；外腎主藏精。動而開，鼓舞乎龍雷之相火。外腎泄精。水爲常，而火爲變也。」屬少陽經，與胆爲表裏。可謂深得命門之旨者矣。古經無命門藏府，此出僞《難經》，爲晚近杜撰名目。實則即外腎。詳《外腎爲少陽即命門》考。〇以上駁命門。《脈訣辨妄》又云：脈自《内經》以下，歷周、秦、漢，鮮有當作「皆能」。得其旨緒者。至晉王叔和氏以脈鳴時，今本《脈經》真僞參半。撰有《脈經》，可謂詳切，惜其謬以大小腸候之兩寸，此全出《難經》，僞《脈經》祖之。

---

① 根：原脱，據《内經脈候·神門命門人迎辨》補。

今不攻《難經》而攻叔和，過矣。況此說並不出真《脈經》。致有後人乘訛集為《脈訣》，遂致《脈經》幾隱晦①也。腑候於人迎，藏候於寸口，劈分兩界，經說甚明；僞《脈經》專診兩寸，乃并診藏府於三部。明人喜攻其大小腸之配對不合，不知己所主持同爲僞說。至宋龐安常氏始得經意，而有人迎氣口之辨。寸口專候五藏，人迎專候六府，彼此分統，不相淆亂，故僞《脈經》以下，以六府分配兩手者至於七八家，皆屬妄語。嗣後論脈，未能或之先也。分人寸，宋龐氏已有發明，惟於古診法未能詳明，所以明而復晦。脈爲醫之關鍵，醫不察脈，則無以別證，證不別，則無可以措治。夫何六朝高陽生竊晉王叔和之名，撰爲《脈訣》，考《隋經籍志》，叔和後以《脈經》之名箸録者尚有七八家。以左心小腸肝膽腎、右肺大腸脾胃命以五藏分配兩手已屬萬不可通，至以六府相配，尤爲誤中之誤。以經以人迎診府，不用寸口也。爲歌成帙，謂淺近易習，使後學樂從訛承惑，固而不知覺。蔡西山、戴同父氏力爲之辯，諸人雖攻之，然不能自立。而辯之未盡辯也。又謂左寸浮以候小腸之脈，設只單浮，則心脈無矣。經曰：「心脈絶，死不治。」心脈可以一日無乎？駁藏府表裏同候一部誠快，然此不足駁，以關、尺之文並不見《内經》。豺狼當道，何問狐狸！予逆推其小腸配於左寸之誤也。既知龐說，則以寸診府已極爲謬妄，則其上下部分更不足與較矣。就所説亦非，須知府不候於手。吾之浮以候表主於外，心部之表候者，目眥汗腠之所屬也；沉以候裏主於内，心部之裏候者，精神氣血之所屬

---

① 幾隱晦：「隱」字原脱，據《内經脈候·脈訣辨妄》補。按：此引《脈訣辨妄》，以其率意節略，未嘗之處，實不勝見。茲不煩詳辨，故不一一出校。

也。直以左寸候，亦沿僞《難經》之誤。僞《難經》以浮沉分藏府，此以浮沉分一經之表裏，較有分寸。又謂女人與男子脈相反悖，致使後人有以左尺候心、右尺候肺者，齊褚氏説，或以其書爲僞。殊不知男女之異者，不過氣血之少異、尺寸之强弱，五藏六府定位固亦可以異乎？此其爲妄者四也。予其容以弗辯乎哉！今述《内經》脈候，統屬診法，質疑刊誤，以正其非。君子觀之，當自覺矣。《脈訣》與《難經》直可投之丙丁，以絶禍原。若條分縷析，雖數十百條駁不盡，豈止此四事而已哉！○右徐氏一條。

《類經》注云：又按：氣口寸口脈口之義，乃統兩手而言，非獨指右手爲氣口也。此駁馬玄臺。如《經脈篇》云「手太陰之脈入寸口，上循魚際」，又曰「經脈者，常不可見也，其虚實也，以氣口知之」；通指十二經動脈口，不專指肺。《經筋篇》曰「手太陰之筋結於魚後，行寸口外側」；寸口以身寸得名，與尺澤同非穴名，其初脈乃經渠穴。《經脈别論》曰「權衡以平，氣口成當爲「人」，音之誤。寸，人、寸同名氣口。以決死生」；《平人氣象論》曰「欲知寸口太過與不及」；《小鍼解》曰「氣此指全身動脈。虚而當補，盛而當寫」；據此知氣口不單指手太陰一脈而言。本篇曰「氣口何以獨爲五藏主」；不言六府。○《難經》妄添二字。諸如此者，豈獨指右手爲言耶？而王叔和未詳經旨，真《脈經》猶用古法。突謂左爲人迎、右爲氣口，楊氏注《動輸篇》云：「所論人迎寸口，惟出黄帝正經，計此之外，不可更有異端。近相傳者，直以兩手左右爲人迎氣口，是則兩手相望以爲上下，竟無正經可憑，恐誤物深也。」案左人右寸，今本僞《脈經》有其文，而楊氏乃云「近相傳者」，是其説始於齊、梁，去隋不遠，疑高陽生之徒所爲。今本《脈經》有其文者，乃宋校正羼補僞書，非原本所有，更不得歸咎叔和。左手人迎、右手寸口等説，自晉及今，據楊注，則非王叔和明甚。以謁傳譌，莫可解救。甚至明李梴《醫學入門》。以左手爲人迎，候表；以右手爲寸口，候裏，無稽之言，其謬爲甚。馬、張亦同。夫肝、心居左，以五藏屬左。豈不可以爲裏？腸、胃在右，以六府屬右。豈不可以言表？如仲景爲傷寒之祖，但曰「凡浮數滑動者，此名陽也；沉澀弱弦當作「懸」。微者，此名陰也」，此不必出仲景。又曰：「表有病者，脈當浮而大；裏有病者，脈當沉而細。」又如其「上取寸口」，太陰脈也，「下取趺陽」，陽明脈也。趺陽當爲人迎別名。《甲乙》名五會，當爲一穴三名。是皆陰陽表裏之謂，初未聞以左爲人迎而候表，右爲氣口而候裏。駁李氏說。即余初年亦嘗爲左表右裏之説所惑，及今見多識定，乃知脈體自有陰陽，諸經皆具①表裏。凡今之習訛者，但見左强，便曰外感而攻其表，但見右盛，便曰内傷而攻其裏，此爲誤中之誤。亦焉知藏氣有不齊，脈候有禀賦，或左脈素大於右，或右脈素大於左，日本丹波氏脈書云：無論男女，皆右大於左，以右手用力，故形脈俱大於左。孰者爲常，孰者爲變？此論精。診者必知其常，而後知其變。或於偏弱中略見有力，已隱虚中之實，或於偏盛中稍覺有神，便是實中之虚。設不知此而執，欲以左右分表裏，豈左無裏而右無表乎？當時李説盛行，流弊至此。自此以後，無人祖其説矣。故每致攻伐無過，顛倒陰陽，非惟大失經旨，而遺害於人不小。無怪乎診脈之日難也！此不得不爲辨正。

再案：人迎氣口之脈，本皆經訓，但人迎爲足陽明之脈，不可以診於手；駁金大定本《圖經》

---

① 具：原作「其」，據《類經》卷三《藏象類·氣口獨爲五藏主》改。

穴在頸診在手之誤。氣口總手太陰而言，不可以分左右。張謂不可以分人、寸耳。實則《難經》脈之分左右皆非古法，《傷寒》與叔和所無。日本丹波元簡《脈學輯要》則已不分左右矣。如《動輸》、《本輸》、《經脈》等篇，明指人迎爲結喉旁胃經動脈。愚嘗考之，《四時氣篇》曰①「氣口候陰，人迎候陽」，《五色篇》曰「人迎盛堅者傷於寒，氣口盛堅者傷於食」，《禁服篇》曰「寸口主中，人迎主外」，《經脈》、《終始》等篇曰人迎一盛二盛三盛，脈口一盛二盛三盛等義，皆言人迎爲陽明②之府脈，故主乎表；脈口爲太陰之藏脈，故主乎裏。如《太陰陽明論》曰「太陰爲之行氣於三陰，陽明爲之行氣於三陽」，《陰陽別論》曰「三陽在頭」，正言人迎行氣於三陽也；「三陰在手」，正言脈口行氣於三陰也。蓋上古診法有三，今另立爲十二種。一取三部九候，張氏三法，前二法今已別集爲專書，一爲《人寸比類診》，二爲《三部九候》。以診通身之脈。仲景寸口趺陽少陰爲三部法，由《動輸篇》而出。其餘單言脈字者爲六經病脈，各診本經之動脈，爲九候法，鄭康成所謂九藏③。人身十二經，提三大部爲綱，其外別有九藏。鄭康成云「脈之大候，要在陽明寸口」，爲三部法，又爲九藏，九候法也。與仲景同。一取太陰陽明，此法亦見鄭注。以診陰陽之本；醫之辨證，莫難於分別陰陽。醫學分辨之説亦多矣，而經中別陰陽、分表裏、判中外、審虚實之絶大公式，言之文繁不

---

① 曰：原脱，據《類經·氣口獨爲五藏主》補。
② 明：原脱，據《類經·氣口獨爲五藏主》補。
③ 鄭康成所謂九藏：此句原闌入正文，而張介賓《類經》注並無此語，因改。

殺，而唐、宋以來幾無一人稱道之者，豈不大可怪哉？一取左右氣口，可惜張氏於前二門無心得，其後一門仍承《難經》之僞法，不見於《内經》者。以診藏府之氣。指高陽生專診兩寸法。然則人迎自有其位，《脈經》乃扯人迎於左手，而分氣口於右手，不知何據何見而云然。凡攻叔和者，實皆攻《難經》，特以《難經》題爲扁鵲所撰，不敢攻之，而以叔和爲的耳。愚初惑之，未敢遽辯，及見《綱目》《醫經綱目》。之釋人迎寸口者，亦云人迎「在結喉兩旁，足陽明之脈也」，又見龐安常論脈曰：「何謂人迎？喉旁取之。」近見徐東皋曰：「《脈經》謂左手關前一分爲人迎，誤也。」徐説見前，本不足法，此節取其語耳。若此數君者，已覺吾之先覺矣，楊氏《太素》注猶有人迎氣口診法，此所引皆宋以後人。兹特引而正之。嗚呼！夫一言之謬，遺誤千古，何時復正哉！立言者，可不知所慎乎！

又云：人有四海，而胃居其一，是爲水穀之海。藏府之屬，陽爲府，陰爲藏，胃屬陽而爲六府之本，故云六府之大源。然五味入口，藏於胃以養五藏氣，故又曰胃爲五藏六府之海。胃爲水穀之海，衝乃五藏六府之海，各有取義，不可蒙混。氣口本屬太陰，而曰亦太陰者，何也？蓋氣口①屬肺，手太陰也；按古診法，九候共診九脈，經又云十二經皆有動脈，不止手太陰一經，故可言十二氣口。張氏習於俗見，故以爲止肺乃爲氣口脈可診，經有明文，亦不知悟。習俗移人，甚矣哉！布行胃氣，則在於脾，足太陰也。按《營衛生會篇》曰「穀入於胃，以傳於肺，五藏六府皆以受氣」，《厥論》曰「脾主爲胃行其精液

---

① 口：原脱，據《類經》注補。

者也」，《經脈別論》曰「飲入胃，游溢精氣，上輸於脾，脾氣散精，上歸於肺」。然則胃氣必歸於脾，脾氣必歸於肺，而後行於藏府營衛。所以氣口雖爲手太陰，而實即足太陰之所歸，故曰氣口亦太陰也。其説未確。是以五藏六府之氣味，皆出於胃，而變見於氣口，故胃爲藏府之大源，然無不由脾之達肺也。

《景岳全書·述古》云：經曰「人迎甚堅者傷於寒，氣口甚堅者傷於食」，此本以陽明太陰之脈分言表裏，而王叔和以左爲人迎，右爲氣口，因致後人李氏《醫宗必讀》。每以左脈辨外感，右脈辨内傷，豈左無内傷而右無外感乎？謬甚！謬甚！

張氏《類經》注云：獨①近代馬玄臺知諸子之非，而謂關格之義非隔食癃閉之病證，曰：「嗚呼痛哉！軒、岐之旨乎！秦、張、王、李、朱，後世業醫者所宗，尚與《内經》渺然如此，況能使後世下工復知關格爲非病名也！又焉能決關格脈之死生，治關格脈之病證，及治隔證閉癃證而無謬也哉！」此馬子之言誠是矣。然觀其諸篇之注，則亦未詳經義，謬宗叔和，仍以左爲人迎右爲氣口，竟置陽明胃脈於烏有，而仍失本經表裏陰陽根本對待之義，此其復爲誤也，故於《陰陽別論》中「三陽在頭三陰在手」之義竟皆謬注。嗚呼！玄臺哀前人之誤，而予復哀其誤，所謂後人而復哀後人也。使余之後人又復有哀余之誤者，余誠不自知之，而今日之言，乃

① 獨：原脱，據《類經》卷六《脈色類·關格》補。

又不如無矣。

又云：詳《五色篇》論人迎氣口，蓋人迎本足陽明之經脈，在結喉兩旁；氣口乃手太陰之經脈，在兩手寸口。人迎爲府脈，所以候表；寸口爲藏脈，所以候裏。故曰：氣口獨爲五藏主。不言六府，此藏府之分。此《内經》之旨也。所以後人但診氣口不診人迎，此自後人之誤。使人迎可以不診，經何爲與寸口對舉者數十見乎？景岳明知其誤，診人迎古法不能自立，故又爲此回護模棱之語。蓋以脈氣流經，經氣歸於肺，而肺朝百脈，指藏而言，不及府。故寸口爲脈之大會，寸口以候五藏，人迎以候六府，經以此分。府不候於寸。於寸候府之法，景岳能言之與實行之乎？可決死生。張氏詳於攻人，疏於自立，徐靈胎、俞理初亦同此弊。故非攻人之難，而恢復古法之難。而凡在表在裏之病，但於氣口諸部皆可察也。如此，又何必兢兢分別人迎必在喉頸耶？自王叔和誤以左手爲人迎，右手爲氣口，且云左以候表、右以候裏，候表候裏，乃經正文，特不在兩手耳。豈左無裏而右無表乎？訛傳至今，其謬甚矣。◯右張氏五條。

《四診心法》：關脈一分，右食左風①，右爲氣口，左爲人迎。《醫宗金鑑》。◯注：陰得尺中一寸，陽得寸②内九分。一寸九分，寸、關、尺脈③三分分之。今曰關脈一分，乃關上之一分也。左關一分名人迎，肝膽脈也，肝膽

---

① 右食左風：原作「左食右風」，據人民衛生出版社本《醫宗金鑑・四診心法》改。

② 寸：原作「尺」，據人民衛生出版社本《醫宗金鑑・四診心法》「注」文改。

③ 脈：原脱，據人民衛生出版社本《醫宗金鑑・四診心法》「注」文補。

主風，故人迎緊盛主乎傷風；右關一分名氣口，脾胃脈也，脾胃主食，故氣口緊盛主乎傷食。此創自叔和，試之於診，每多不應，然爲後世所宗，不得不姑存其説。觀《内經》以足陽明胃經頸上之動脈爲人迎，手太陰肺經高骨之動脈爲氣口，足知其謬矣。

俞理初《癸巳類稿·持素持篇·人迎候二之三》云：「脈有陰陽，知陽者知陰，知陰者知陽。凡陽當爲「陰」，下同。有五，五五二十五陽，五藏，五五二十五屬藏。所謂陰者，真藏也，見則爲敗，敗必死也。」俞案云：以上言人迎候也。扶突以下皆動脈，天窗、天容、天牖、天柱，不皆動脈。獨候人迎者，經引諸穴以別位次耳，非以爲皆動脈。十二經皆可診，亦非獨診人也。《衛氣行》言「別者，皆合領脈，注足陽明」；《經脈》言「足陽明之別，合諸經之氣，絡咽喉」，故主名人迎也；《四時氣》言「氣口候陰，人迎候陽」；《禁服篇》言「寸口主中，人迎主外」；《經脈》言「人迎大，六陽盛，寸口大，六陰盛」；《終始篇》言「脈口大泄陰，人迎大泄陽」；《六節藏象論》言①「人迎四盛爲格，寸口四盛爲關②，人迎③寸口俱盛爲關格」；《終始篇》言④「少氣者，脈口、人迎俱少」，蓋

① 言：原脱，據黄山書社《俞正燮全集》本《癸巳類稿》卷五《持素持篇》補。
② 「人迎四盛」至「俱盛爲關格」二句：原有脱文，作「人迎四盛爲關」，據黄山書社《俞正燮全集》本《癸巳類稿》卷五《持素持篇》改補。
③ 迎：原作「也」，據黄山書社《俞正燮全集》本《癸巳類稿》卷五《持素持篇》改。
④ 終始篇言：四字原脱，據黄山書社《俞正燮全集》本《癸巳類稿》卷五《持素持篇》補。

寸口營氣，人迎衛氣，有强弱相乘之道，而俱盛俱衰者，則宗氣爲之主。《論疾診皮》言「人病，寸口、人迎脈大小浮沉等者，病難已」，則俱盛俱衰，其病深也。人迎胃氣與寸口胃氣①，其平脈正相反。《病能論》言「胃脈沉細，則人迎甚盛」，以此知人迎寸口俱貴平。則凡《經脈》所言，六陽六陰相應者，皆可推而知之，神而明之，誤。即不候人迎，亦可於寸口得其情。此說更誤。要之，古法具在，不當昧於名義。檢《宋史·龐安常傳》云：「察脈之要，莫急於人迎、寸口。是二脈陰陽相應，如兩引繩，陰陽均，則繩之大小等。故定陰陽於喉手，配覆溢於人寸，寓九候於浮沉，分四温於傷寒。此扁鵲開其端，予參以《内經》諸書，考究而得其說。」據安常此言，以得人迎爲創獲。按：人寸診法，《太素》後惟龐氏能張明之，惜未能推行。而《脈經·脈法贊》云：此《脈經》僞卷，非叔和原書。「肝心出左，脾肺出右，左主司官，右主司府，左爲人迎，右爲氣口。」人迎脈亦不知，何以謂之「脈經」矣！此說始於齊、梁以後，今《難經》雖無其文，而兩見人迎寸口，則作僞實出《難經》。

《素問·平人氣象論》云：「胃之大絡，名曰虚里，貫鬲絡肺，出於左乳下，其動應衣，脈宗氣也。」俞理初《癸巳類稿》引。

按《論》又云：「盛喘數絶者，則病在中，結而横，有積矣，絶不至，曰死。乳之下其動應

---

① 胃氣：原作「肺氣」，據黄山書社《俞正燮全集》本《癸巳類稿》卷五《持素持篇》改。

衣，宗氣泄也。」則胃又别候乳下，此云絡肺脈人寸上魚。《五藏别論》云：「氣口何以獨爲五藏主？胃者六府大源，氣口亦太陰也。五藏六府氣味出於胃，變見於氣口。」故胃又候於尺，附上，右外。胃别豐隆，去踝八寸，别走太陰。《經脈》云「足太陰過於外踝之上，無所隱」，故分在膀胱，趺陽氣見衝陽，故胃又候衝陽。豐隆之别，自項合諸經之氣，下絡咽喉。《動輸》云：「胃氣入肺，其悍氣上衝頭者，循咽，上走空竅，循眼系，入絡腦，出顑，下客主人，循牙車合陽明，并下人迎，此胃氣别走陽明脈者。故陰陽上下，其動若一。」故胃又候人迎。《傷寒論序》云：「觀今之醫，按寸不及尺，握手不及足，人迎趺陽，三部不參。」披尋其書，才有趺陽，更不及人迎，遂使粗工立説，人迎在手左寸。才秀之難，非可歎乎？

按：右分七條，六言動脈，候絡則色候也。《周官·疾醫》云：「以五氣五聲五色眡其死生，兩之以九竅之變，參之以九藏之動。」注言：「藏之動，謂脈至與不至」；「脈之大候，要在陽明寸口，能專是者，其惟秦和乎！岐伯、榆跗則兼彼數術者。」注謂大候在陽明寸口、陽明人迎及衝陽也。晉人並人迎於左寸口，乃昧此義。○俞氏三條。

左爲人迎右爲氣口駁 録《脈學彙考》二則。

《内經》之定人周身經絡脈位也，生知前知，無待剖解，其位置適宜，雖千古莫之能移也。然聖道失傳，别生歧路，經旨不明，異説乃興。西晉王叔和闡明古法，與仲景同，六朝高陽創診兩手，託名叔和，《八十一問》與之先後同出，不審果出一人之手，抑互相襲用。古法本極詳明，其所以改易經法、别出心裁者，大約以婦女之故。古人質樸，男女同診頸足，後世婦女不願診頸足，醫家遂舍先聖三部九候之診法，而以頸上之人迎、足上之少陰二脈皆聚於手，强人、寸以爲一；又於一穴分爲三部，謂之寸、關、尺，以三指診之，五藏六府，同候兩手。創言左寸爲人迎，右寸爲氣口，兩手分配十二位，以浮、數候表，以遲、沉候裏；以爲人身經脈皆係於此兩手，僅按兩手，即可通知周身之病。夫岐、黄屢言謹候人迎寸口以别陰陽，又有三部九候之法與三動脈之診，爲仲景所祖，猶不能僅按寸口而知全身，況後之庸醫乎？考《靈樞》、《素問》，經穴從無左右異名之例，今乃左右異名，與左爲腎右爲命門同出臆造，其不可一也。寸口手太陰，古法專以候藏，爲陰脈，僅按寸口則陰陽不能分；其説於兩手寸尺强分陰陽，巧立名目，以惑後世。兩手同出太陰一脈，有何三截分别？二也。寸口非穴名，人迎則陽明穴名，《靈》、《素》言之，至數十見，若人迎少陰在手，則頸上足下之動脈，其將何以名之？不可三也。有人迎之名，無人迎之實，明馬玄臺知其誤，遂改爲右手候五藏，左手候六府，直以頸之人迎移之左手，依據經文，不用其寸、關、尺之説。果以左手之人迎爲陽脈，則陽脈不當候府。是於一色再分黑白，其爲生民害，豈其微者！四也。有此四不可，而高陽生竟悍然不顧，乃倡立臆説，豈其未聞人、寸之分哉？蓋知之，而以求便婦女，急於行術，故不顧也。此説日久，人人羣奉爲故實，其説邪，其病亦倚之而邪，宜乎脈之日難也。而千餘年中，疑以傳疑，莫可解救，以致病症死鬼多罹庸醫之害，先聖經旨亦因此而晦。今者確考諸經，明證其誤，使醫者撥霧見天，是亦醫界之幸事也已。壬子八月。

脈法類考辨誤

考《内經》以人迎寸口分陰陽，以三部九候分診九藏，其法至爲明備。叔和去仲景未遠，其《脈經》當墨守古法。大約頭足之法，難於施之婦女，晚近取巧，乃附會肺朝百脈，遂縮頭上三部人迎頸脈、足下三部少陰太谿於兩手，以便行其術。高陽生著《脈訣》，遂創爲寸、關、尺之説，《八十一難》與之先後同出，名爲解經，解《内經》。其實與經全反。如左人迎右寸口，左腎右命門，及關、尺名義，自來通人，莫不疑之，至徐靈胎、《難經經釋》。俞理初《癸巳類稿》。而其説大明。如《四診心法》言，其説實與經違，特古法失傳，不得不姑存其説。今則彰明古法，《靈》、《素》所有九候、人寸，皆可實行，别爲論述。惟寸、關、尺之説，已孤行千餘年，今突起而變異之，難免按劍。故特輯三部舊來誤法，言人人殊，無所折斷，各得以理想刱爲異説。夫脈别生死，醫爲仁術，乃不能定一尊與自圓其説，得此庶足啓其疑悟。必自知其僞，而後可徐引之於道也。同上。

分方異宜考

廖平　撰
邱進之　校點

校點説明

《分方異宜考》又名《分方治宜篇》，包括《四時總論》、《素問異法方宜論》、《靈師傳篇》、《素問四氣調神大論》、《順四時》、《逆四時》、《四時分方脈象名詞》、《肝脈弦》、《心脈鈎》、《脾脈代》、《肺脈毛》、《腎脈石》十二篇。據《年譜》，是書成於民國三年甲寅（一九一四）。以弦、鈎、帶、毛、石爲五方脈象。弦、鈎、帶、毛、石均實物名詞，與他脈之爲形容詞者異，皆必加「如」字。凡加「如」字者，皆非真脈名，弦、鈎、毛、石即曲、直、輕、重之意，四方之人其脈相反，其相反之實不能豫定，故藉此四字以示例。分方異治，乃天下一人例，不爲醫言。民國四年（一九一五）《國學薈編》第十一期刊載，四川存古書局印入《六譯館叢書》。今以此本爲底本進行點校。

目録

四時總論

《素問·宣明五氣篇》爲《運氣》候氣法，非診脈。云：五邪所見，逆四時。春大而東方七宿、歲星，小而東球與木形人。得秋脈，春行秋令。夏得冬脈，夏行冬令。長夏得春脈，長夏行春令。秋得夏脈，秋行夏令。冬得長夏脈，冬行長夏令。名曰陰出之陽，病善怒，不治，所謂所勝己之脈。是謂五邪，五行陰陽家，喜言民病。皆同命，死不治。反其所欲，而民不從。案《月令》，逆四時令每時有四，如春行夏、冬、長夏，惟行秋令爲反對之至，違民之欲，必亂，如病之必死。

又云：五脈脈包皮、絡、經、筋、骨五診而言，不專指經脈。應象，《繫辭》：「象者，聖人立象以盡意。」象即弦、鈎、代、毛、石之符號。肝脈絃，心脈鈎，脾脈代，肺脈毛，腎脈石，是謂五藏《山經》首《五藏篇》，以五天九天比於人身五藏，《易》所謂近取諸身。之脈。五名爲五藏符號，亦與規、矩、權、衡、繩同。

《素問·脈要精微論》：帝曰：脈其四時動，此動以五方變動言。奈何？知病之所在，國亂比於身病。奈何？知病之所變，考始亂原流。奈何？知病乍在內，奈何？知病乍在外，奈何？請問此五者，可得聞乎？岐伯曰：請言其與天運轉大也。《莊子》有《天運篇》，與《楚辭·天問》同。萬物以內九州方萬八千里爲萬物。之外，《周禮》九州之外爲蕃。六合之內，藩以外六畿爲六合，即十二支、六氣也。天地上下。之變，陰陽之應，十二月旋相爲本，各以斗柄所指爲春爲寅。○此爲天學運氣之陰陽大論也。彼《詩》多彼此字，指對衡而言。此指相連，如東彼夏南。〇《詩》之「彼」、「此」以上下四方各世界言，《内經》之「彼」，六合之内，陰陽時序各異也。春正月寅。之暖五月斗指南，爲南方之春。〇「彼」如《詩》之「彼」、「此」以十二月言之，别州爲彼，本州爲此，此十二月旋相爲本，彼此節候不同。一日之中，四時之氣俱備。爲夏《内經》例每言對衡，皆以相接時令言之。之暑，於寅方則爲五月，夏。〇讀作「秋之清」，七月申，以對衡言，則當云「爲秋之忿」。彼此如西方，彼北。秋之忿斗指南，即北方之秋。〇讀作「夏之好」。爲冬之怒。南春北秋，於西爲冬。以對衡言，則冬當爲夏。〇讀作「惡」。《齊詩》「六情説」北好南惡。四變之動，分方異宜。〇四時比四方，如《周禮》之四時本指四方，非謂一人之脈有四時之異，相反如此也。脈脈統形體性情言，不指動脈。與之上下，五方之人，形態不同，脈亦因之而變。〇《周禮》天官地官爲上下，四時之官爲四旁。以天地四時爲目者，言氣不言質，用太乙下行九宫法也。以春東半球脈。應中規，以圓爲符號，如弦。〇東規圓與東弦直同。夏南半球脈。應中矩，以方爲符號，如鈎。〇矩方，矩與規反，與弦、鈎相反同。秋西半球脈。應中衡，以量爲符號，如毛。〇應者虚擬之詞，不過舉規、矩、權、衡相反四物，以明四方脈之不同。亦如《宣明五氣》之弦、鈎、毛、石也。冬北半球脈。應中權。以重爲符號，比石。〇據此，是以五時比五帝。

解《素·至真要大論》：與《脈要精微論》同。故《大要》曰：「彼春之暖爲夏之暑，彼秋之忿爲冬之怒。《列子·湯問篇》：「南國之人祝髮而裸，北國之人鞨巾而裘，中國之人冠冕而裳。九土所資，或農或商，或田或漁，如冬裘夏葛，水舟陸車。默而得之，性而成之。」四方四時，氣候不同，民之喜好亦異。謹按四維，斥候皆歸。其終可見，其始可知」，此之謂也。

又云：《脈要》曰：春不沉，疑當作「浮」。〇生。夏不弦，長。冬不濇，藏。秋不數，收。是謂四塞。與《陰陽離合》爲一條。

又云：帝曰：夫子言春秋氣始於前，冬夏氣始於後，詳《董子·陰陽出入篇》。余已知之矣。

是故冬至四十五日，立春。陽氣微上，陰氣微下；鄭氏「四游」説。夏至四十五日，立秋。陰氣微上，陽氣微下。《九宮八風》説。陰陽有時，天地。與脈爲期，驗之人。期而相失，有先天後天、過不及之分。知脈所分，分之有期，説詳《運氣篇》。故知死時。此「死時」如三合法長生病死，不指實病。微妙在脈，此脈包各形狀神氣。不可不察，察之有紀，《詩》「綱紀四方」。從陰陽始，分上下。始之有經，如羲、和之分四仲。從五行生，《素問》：天地之間，六合之内，不離乎五。生之有度，太乙下行之度。四時爲宜。九十度一時，詳《九宮八風篇》。補寫勿失，月令順時法天學。與天地如一，《老子》「天得一以清，地得一以寧」。得一之情，善言天者必驗於人。以知死生。治則生，亂則死。是故聲合五音，望以五。色合五行，色以五。脈統五診皮、絡、經、筋、骨而言。合陰陽。脈以五，所謂「六合之内，不離乎五」。

又云：是故持脈有道，黄帝治法通於醫。虛静《大學》定、静、安、慮，得爲天學。慮，當爲「虛」。爲保。無爲而治。春日東朝。浮，如凡言「如」者皆所謂象。如《運氣》候氣之數十「如」字、持鍼候之數十「如」字與脈之五「如」，皆爲符號，《大奇》、《平人》之三十餘「如」字皆爲望色法，不可拘泥者。魚之游在波。春，皮膚。夏日南宗。在膚，當爲「肉」。泛泛乎此句當屬長夏，屬經。萬物有餘。可以加「如」。秋日西覲。下膚，入筋。蟄蟲將去。可言「如」。冬日北遇。在骨，蟄蟲周密，後三事皆可加「如」，偶不言「如」耳。君子居室。案此四「如」象皆如毛、石之義，專以深淺浮沉言之。春在外，即民出居於野之義；冬居内，即民塞向墐户之義。夏爲次淺，冬爲次深。四時止以毛、代二象説之。故曰：知内者秋冬。按而紀之，日一南而陽氣出。知外者春夏。終而始之。日一北而陰氣死。此六者，持脈之大法。六宗七政，治道備矣。

《素問·陰陽别論》：此爲陰陽家説，非治病。鼓一陽曰鈎，當作「石」。冬至一陽生。鼓一陰曰毛，當作「鈎」。夏至一陰生。鼓陽勝急曰絃，立春、春分。鼓陽至而絶曰石，當作「毛」。立秋、秋分。陰陽相過曰溜。溜爲脾土，中央。一作「代」。

《素問·藏氣法時論》云：言氣爲運氣説，非治病。病在肝，即春失政。愈於夏，相時，子助母氣。夏不愈，甚於秋，所不勝之方。秋不死，持於冬，木生於冬。起於春，王方。禁當風。

【解】肝病者，愈在丙丁，丙丁不愈，加於庚辛，庚辛不死，持於壬癸，起於甲乙。此十干十日之候。〇此以旬計。

【解】肝病者，平旦慧，比春。下晡甚，比秋。夜半静。比冬。〇此以一日起例。

【解】肝欲散，春氣發散。急食辛以散之。順其本氣。用辛補之，酸寫之。

病在心，愈在長夏，長夏不愈，甚於冬，冬不死，持於春，起於夏，禁温食熱衣。冷衣寒食，治熱病法。

【解】心病者，愈在戊己，戊己不愈，加於壬癸，壬癸不死，持於丙丁。

解 心病者，日中慧，夜半甚，平旦静。

解 心欲耎，急食鹹以耎之，用鹹補之，甘寫之。

病在脾，愈在秋，秋不愈，甚於春，春不死，持於夏，起於長夏，禁温食飽食、溼地濡衣。長夏惡溼。

解 脾病者，愈在庚辛，庚辛不愈，加於甲乙，甲乙不死，持於丙丁，起於戊己。

解 脾病者，日昳慧，日出甚，下晡静。

解 脾欲緩，急食甘以緩之，用苦寫之，甘補之。

病在肺，愈在冬，冬不愈，甚於夏，夏不死，持於長夏，起於秋，禁寒飲食寒衣。

解 肺病者，愈在壬癸，壬癸不愈，加於丙丁，丙丁不死，持於戊己，起於庚辛。

解 肺病者，下晡慧，日中甚，夜半静。

解 肺欲收，急食酸以收之，用酸補之，辛寫之。

病在腎，愈在春，春不愈，甚於長夏，長夏不死，持於秋，起於冬，禁犯淬㶼熱食温炙衣。

解 腎病者，愈在甲乙，甲乙不愈，甚於戊己，戊己不死，持於庚辛，起於壬癸。十干以五行月計之，合於四時。

解 腎病者，夜半慧，四季甚，下晡静。

解 腎欲堅，急食苦以堅之，用苦補之，鹹寫之。

《素問·陰陽類論》云：冬三月之病，《孟子》：「歲十一月徒杠成，十二月輿梁成，民未病涉也。」此爲冬行冬政，故民不病，反是則病也，故曰「君子平其政」。病合於陽者，至春正月脈有死徵，皆歸出春。冬三月之病，在理已盡，草與柳葉皆殺。春陰陽皆絶，期在孟春。春三月之病，曰陽殺，陰陽皆絶，期在草乾。夏三月之病，至陰不過十日，陰陽交，期在溓水。秋三月之病，三陽俱起，不治自已。陰陽交合者，立不能坐，坐不能起。三陽獨至，期在石水。二陰獨至，期在盛水。此篇「死」字，屬五行生死之色，與《大奇篇》不盡指人死。

《素問·金匱真言論》云：春，氣在頭；腦爲元首、君主、宫城。夏，氣在藏；此如五官，《周禮》官府。秋，氣在肩背；股肱、左右手，如八州邦國。冬，氣在四肢。十二州，都鄙。緯説，皇得根本，比頭：五帝得幹，如藏：王、伯得其枝葉，比肩、背、四支。

《素問·四時刺逆從論》云：此從弦鈎毛石例言之。春，氣在經脈；直如弦。夏，氣在孫絡；絡脈有鈎象，曲如鈎。長夏，氣在肌肉；溜與代。秋，氣在皮膚；毛浮輕，主皮膚。冬，氣在骨髓中。冬如石，在内主骨。○按《甲乙》此下引校語甚多，彼此出入，當依五診法淺深説。傳鈔多誤，故致歧出，今不盡改。

《靈樞·終始篇》云：此用五診例，與前不同。春，氣在皮膚；診皮。夏，氣在分肉；診絡。秋，氣在經脈；十二經動脈。冬，氣在筋骨。五分之，則長夏經，秋筋，冬骨。○四時合計爲一例，弦鈎毛石則中分，春與夏曲直反，秋與冬輕重反。

《靈樞・寒熱病》云：春取皮膚，五診診皮。夏取肌肉，診絡，絡屬肉分。秋取脈口，五診經脈在第三。脈口指十二經動脈言。○後世以脈口專指寸口，此條與皮膚肌肉骨髓平列，則指周身動脈爲脈口，非寸口一寸之地足以盡其義也，明矣。冬取骨髓。五診終於筋骨，由淺而深。五診合計，例與前同。

《靈樞・師傳篇》：春夏先治其標，後治其本。秋冬先治其本，後治其標。四時中分，如左右二公。

《靈樞・論疾診皮篇》云：考四時之例，春與秋反，夏與冬反，此天地自然之運也，乃《内經》則每言春夏反，秋冬反。《内經》以春、夏爲陽，秋、冬爲陰者，不一而足，此正例，其於春、夏言反者，則夏當讀爲秋；秋、冬相反者，秋當讀爲夏。如春脈弦，秋乃當爲鈎；冬脈石，夏乃當爲毛。又如「彼春之暖，爲夏之暑，彼秋之涼，爲冬之寒」，亦當暑與寒對，涼與暖對。此《内經》錯舉四時之變例，當依正文讀之。冬傷於寒，讀作「苦於寒」。以時氣言，不作損傷之「傷」。春當讀爲「夏」。生癉熱；經云熱極爲寒、寒極生熱，引此爲證。春傷於風，爲風温病。夏長夏。生飧泄、腸澼；夏傷於暑，中間長夏。秋生痎瘧；秋當讀爲「長夏」。傷於溼，冬生欬嗽。是謂四時之序。《王制》：「中國、蠻、夷、戎、狄皆有安居、和味、宜服、利用、備器。」又：「五方之民，各有性也，不可推移。」

《素問・陰陽應象大論》云：冬傷於寒，春必病温；此指留病言。温與和暖同。○謂冬時窮陰酷寒，至夏則爍石流金，「傷」與「病」皆不以疾言。《辨證論駁義》。○冬寒夏熱，一定反比例。春令。傷於風，夏風，春本令，過之，則於對宮見病。生飧泄；夏傷於暑，熱極必寒。秋當作「冬」。必欬瘧；四「必」字，一定不移。此謂四時之序耳，乃運氣説，非論病也。若論病，則有病有不病，不能必也。秋當作「長夏」。傷於溼，冬生欬嗽。與《診皮篇》同。《周禮》：「疾醫掌養萬民之疾病。四時皆有癘疾，春時有痟首疾，夏時有痒疥疾，秋時有瘧寒疾，冬時有欬上氣疾。」

又云：《論》言《論》引經，《問》引論，《論》如六經之大傳。此爲師弟相傳之問篇，如《服問》、《三年問》是也。夏傷於暑，秋中間長夏。必病瘧；冬傷於寒，春必病温。此「傷」與「病」皆非病名，其義同讀爲「苦」，謂冬如寒帶窮陰酷凍，人方以寒爲苦，至於赤道，則爍石流金，人又病熱。寒、熱，一定之理，故加「必」字；使爲真病，則有病有不病，不能加「必」字矣。○考隋、唐以下，讀《内經》者，亦如讀《詩》，每斷章取義，不顧上下文義，凡句法相似，皆一律解之。考此篇，本之熱極則寒、寒極則熱，爲時令之常義，乃與他篇言病狀者一律解之，則失本經意旨。○黄氏坤載以「冬不藏精」爲「冬傷於寒」之變文，謂温病必本於房勞，凡鰥夫、童子、老人、師尼、室人，有實無房室而亦病温者。《時則訓》言「六合」，孟春與孟秋爲合，仲春與仲秋爲合，季春與季秋爲合，孟夏與孟冬爲合，仲夏與仲冬爲合，季夏與季冬爲合；每月失政，則對冲之時必見災害，此即《運氣》師説。故凡説時令者，不可以病狀求之。其病異形者，謂四時病各不同。反四時也。四時反，冬而非秋矣。其以秋當作「冬」。病者，寒甚；冬乃寒甚，與暑反。以冬當作「秋」。病者，寒不甚；秋次於冬。以春病者，惡風；以夏病者，多汗。○經或以五行言，或以四方言，故義有差迕。

【解】《素問·生氣通天論》：春指留病。傷於風，邪氣流連，乃爲洞洩；夏生飧泄。夏傷於暑，秋中間長夏。爲痎瘧；秋傷於食，上逆而欬，發爲痿厥；冬傷於寒，春必必，讀爲「正」。温病。冬至寒，夏至暑，乃天地自然之運氣，所謂物極必反。《淮南》「六合」言反對者病，是也。

《素問·金匱真言論》云：春勝長夏，長夏勝冬，冬勝夏，夏勝秋，秋勝春，所謂四時之勝也。五行相尅，如歲破。

又云：東風生於春，病在肝，俞在頸項；南風生於夏，病在心，俞在胸脇；西風生於秋，病在肺，俞在肩背；北風生於冬，病在腎，俞在腰股；中央爲土，病在脾，俞在脊。八風皆《運氣》説，爲太乙下行法。

【解】又云：故春氣者，病在頭；五方與五態形狀不同，所病亦異。分舉以示其例。夏氣者，病在藏；秋氣者，病在肩背；冬氣者，病在四支。脾乃病四支，冬病當如上文「在腰股」。恐有脱誤。

【解】又云：故春善病鼽衄，木氣。仲夏善病胸脇，火氣。長夏善病洞洩寒中，土氣。秋善病風瘧，冬善病脾厥。善，猶言「喜」，謂多此病狀，非言一定也。

【解】又云：故冬不二字衍文。按蹻，按蹻，謂能導引，則四時不病。春不鼽衄。【春不病】【頸項】，仲夏不病胸脇，長夏不病洞洩寒中，秋不病風瘧，冬不病痺厥、【飧泄】二字衍文。而汗出也。無四時應行之病。○以按蹻血脈流通，汗出故也。

【解】又云：藏於精者，當作「冬不藏於精者」。經無「冬」字，後人誤衍二句。○謂逆四時氣，與下「汗不出」對文。春不病温；俗改作「必病温」。○《王制》：「凡居民材，必因天地寒暖燥溼，廣谷大川異制，民生其間者異俗，剛柔輕重遲速異齊，五味異和，器械異制，衣服異宜。修其教，不異其俗；齊其政，不異其宜。」夏暑汗不出者，上言汗出無四時病。秋當作「冬」。成風瘧。此與上條皆言攝生卻病。

《素問·陰陽離合論》云：故生因春，長因夏，收因秋，藏因冬，失常則天地四塞。運氣説。○陰陽五行有此説，人身藏府實不如此相尅制。

《素問·六節藏象論》云：春勝長夏，長夏勝冬，冬勝夏，夏勝秋，秋勝春，所謂五行之勝，各以氣命其藏。五行相勝，與《金匱真言》同。〇以藏府配五行，乃五行家學派，天下萬物萬事皆以五行配之，如《五行大義》是也；此主運氣，乃政治，師説不可拘泥。

《素問・異法方宜論》《太素》作《知方地①》。

黄帝問於岐伯曰：醫之治病也，一病而治各不同，皆愈，何也？岐伯曰：地勢使然。楊注：五方土地各異，人食其土，生病亦異，療方又别。聖人量病所宜，一病合以餘方，療之皆得愈者，大聖之巧。故東方《三命通會・論性情相貌》：東方震位木，號青龍，名曰曲直，五常主仁。其色青，其味酸，其性直，其情和。旺相主有博愛惻隱②之心，慈祥愷悌之意。濟物利人，卹③孤念寡，直樸清高，行藏慷慨。丰姿秀麗，骨格修長，手足纖④膩，口尖髮美，面色青白，語句軒昂，此則木盛多仁之義。休囚主瘦長髮少，拗⑤性偏心，嫉妒不仁，此則木衰情寡之義也。死絶則眉眼不正，慳吝鄙嗇，肌肉乾燥，項長喉結，行坐不穩，身多欹⑥側，遇火則⑦帶赤，見土則色帶黄，逢金則色帶白，見水則色帶黑。之

---

① 方地：原作「地方」，據《黄帝内經太素》卷一九改。
② 隱：原脱，據北京師範大學出版社本《三命通會注評》卷七補。
③ 卹：原作「息」，據《三命通會注評》卷七改。
④ 纖：原作「堅」，據《三命通會注評》卷七改。
⑤ 拗：原作「拗」，據《三命通會注評》卷七改。
⑥ 欹：原作「倚」，據《三命通會注評》卷七改。
⑦ 則：原作「色」，據《三命通會注評》卷七改。

域，天地之所始生也，魚鹽之地，海濱傍水，其民食魚而嗜鹹，皆安其處，美其食。楊注：天地之法，東方爲春①，萬物②始生之方也。人生魚鹽之地，故安其處，美其食也。魚者使人熱中，鹽勝血，故其民皆黑色，踈理。楊注：魚性是熱，故食之令人熱中。鹽，水也，血，火也，水以③尅火，故勝血而人色黑也。故其病皆爲癰瘍，其治宜砭石者，亦從東方來。楊注：熱中踈理之人，多生癰瘍病也。瘍，養良反，瘡也。砭針破癰已成，冷石熨其初起。此言東方病異④療。西方者，金玉之域，《三命通會·論性情相貌》：金屬西，名曰從革，五常主義。其色白，其味辛，其性剛，其情烈。旺相則英勇豪傑，仗義疏財，知廉恥，識羞⑤惡，骨肉相應，體健神清，面方白静，眉高眼深，鼻直耳紅，聲音清亮，剛毅果決。太過則好勇無謀，貪欲不仁。不及則慳吝貪酷，事多挫忘⑥，有三思，少決斷，刻薄内毒，貪淫好殺，身材瘦小。沙石之所收引也。其民陵居而多風，水土剛强，其民不衣而褐楊作「疊」。薦，其民華楊本作「笮」。食而脂肥，故邪不能傷其形體，其病生於内，其治宜毒藥，故毒藥亦從西方來。楊注：笮，作白反。西方金，亦金玉之所出，故爲金玉之域也。西方爲秋，故爲萬物收引之方也。不衣者，不以綿爲衣，而以

---

① 春：原作「東」，據《黄帝内經太素》卷一九《知方地》楊注改。

② 物：《黄帝内經太素》卷一九《知方地》楊注作「病」，當從。

③ 水以：原作「火」，據《黄帝内經太素》卷一九《知方地》楊注改補。

④ 異：原作「易」，據《黄帝内經太素》卷一九《知方地》楊注改。

⑤ 羞：原脱，據《三命通會注評》卷七補。

⑥ 忘：原作「志」，據《三命通會注評》卷七改。

疊薦其身，食物壓笮磨碎，不以完粒食之。人多脂肥，腠理緻密，風寒暑溼，外邪不傷，而爲飲食男女内邪生病，故宜用毒藥攻之。◯《地形訓》：西方高土，川谷出焉，日月入焉。其人面末僂，修頸卬行，竅通於①鼻，皮革屬焉。白色主肺，勇敢不仁。

北方者，天地所閉藏之域也，《三命通會·論性情相貌》：水屬北方，名曰②潤下，五常主智。其色黑，其味鹹，其性聰明，其情良善。旺相則機關深遠，足智多謀，學識過人，詭詐無極面黑光彩，語言清和。太過則是非好動，飄蕩貪淫。不及則人物矮小，行事反覆，性情不常，膽小無略。其地高③陵居，風寒冰凍，其民樂野處而乳食，藏寒生病，其治宜灸焫。灸焫者，亦從北方來。楊注：北爲冬，故爲萬物閉藏之方也。北方其地漸高，是陰中之陰，故風寒也。所樂之處既於寒，所美之食非温，故五藏寒而生病，宜以灸④焫。焫⑤，燒也，而悦反。有本「凍」爲湖，量北方無湖也。◯《地形訓》：北方幽晦不明，天地之所閉也，寒冰之所積也，蟄蟲之所伏也⑥。其人翕形⑦短頸，大肩下尻，竅

---

① 於：原脱，據《淮南子》卷四《墬形》補。

② 曰：原脱，據《三命通會注評》卷七補。

③ 高：原脱，據《黄帝内經太素·知方地》補。

④ 灸：原作「針」，據《黄帝内經太素·知方地》楊注改。

⑤ 焫：原脱，據《黄帝内經太素·知方地》楊注補。

⑥ 也：原脱，據《淮南子·墬形》補。

⑦ 形：原作「然」，據《淮南子·墬形》改。

通於陰，骨幹屬焉。黑色主腎。南方者，天地之所長養，陽氣之所盛處也，《三命通會・論性情相貌》：火屬南方，名曰炎上，五常主禮。其色赤，其味苦，其性急，其情恭。旺相主有辭讓端謹之風，恭敬謙和之義，威儀凜烈，淳樸尊崇；面貌上尖下闊，形體頭小①腳長，印堂窄而眉濃，鼻準露而耳小；精神閃爍，語言急速，性燥無毒，聰明②有爲。太過則身焦面赤，搖膝好動。不及則黄瘦尖楞，詭詐妬毒，言語妄動，有始無終。其地污下，水土弱，霧露之所聚也，其民嗜酸而食胕，故其民皆緻理而色赤③，其病攣痺，其治宜微鍼。故九鍼亦從南方來。楊注：南方爲下，萬物養長，陽盛之方也。陽中之陽，其地漸下，故水土弱，霧露之所聚也。污，下濕也。胕，快付反，義當「腐」。南方爲火，色赤，故人多赤色也。以居下濕，多攣痺病，故宜用九針也。○《地形訓》：南方陽氣之所積④，暑溼居之，其人修形兑上，大口決眥，竅通於耳，血脈屬焉。赤色⑤主心，早壯⑥而夭。中央者⑦，其地⑧平以濕，天地之所以生萬

---

① 小：原脱，據《三命通會注評》卷七補。
② 聰明：原作「語言」，據《三命通會注評》卷七改。
③ 色赤：原作「赤色」，據《黄帝内經太素・知方地》乙。
④ 積：下原衍一「聚」字，據《淮南子・墬形》删。
⑤ 色：原脱，據《淮南子・墬形》補。
⑥ 壯：原作「莊」，據《淮南子・墬形》改。
⑦ 者：原脱，據《黄帝内經太素・知方地》補。
⑧ 其地：二字原脱，據《黄帝内經太素・知方地》補。

物①也衆，楊注：中央爲土，故其地平溼，中土之所生物色多②。其民食雜而不勞，故其病多痿厥寒熱，其治宜導引按蹻，故按蹻亦從中央出也。楊注：蹻，巨紹③反。人之食雜，則寒溫④非理，故多得寒熱⑤之病；不勞則血氣不通，故多得痿厥之病。故導引按蹻，則寒熱咸和，血氣流通⑥。此非但愈斯二疾⑦，萬病皆可用之。蹻，又九紹反，舉平也。○《地形訓》：中央四達⑧，風氣之所通，雨露之所會也⑨，其人大面短頤，美鬚惡肥，竅通於口，膚肉屬焉；黄色主胃，慧聖而好治。○《三命通會・論性情相貌》：土屬中央，名曰稼穡，五常主性。其色黄，其味甘，其性重，其情⑩厚。旺相主言行相顧，忠孝至誠，好敬神佛，不爽期信；背圓腰闊，鼻大口方，眉清目秀，面肥色⑪黄，度量寬厚，處事有方。

---

① 物：原脱，據《黄帝内經太素・知方地》補。
② 多：原作「也」，據《黄帝内經太素・知方地》楊注改。
③ 紹：原脱，據《黄帝内經太素・知方地》楊注補。
④ 温：原脱，據《黄帝内經太素・知方地》楊注補。
⑤ 熱：原作「温」，據《黄帝内經太素・知方地》楊注改。
⑥ 流通：二字原脱，據《黄帝内經太素・知方地》楊注補。
⑦ 疾：原作「病」，據《黄帝内經太素・知方地》楊注改。
⑧ 達：原作「道」，據《淮南子・墬形》改。
⑨ 雨露之所會也：此句原脱，據《淮南子・墬形》補。
⑩ 情：原作「性」，據《三命通會注評》卷七改。
⑪ 色：原作「赤」，據《三命通會注評》卷七改。

太過則執一古樸，愚拙不明。不及則顏色憂滯，面偏鼻㡳，聲音重濁，事理不通，狠毒乖戾①，不得衆情，顛倒失信，慳嗇②妄爲。故聖人雜合以治，各得其所宜。故治所以異而病皆愈者，得病之情，知治之大體也。楊注：五方水土生病不同，隨療各異。聖人即知一病爲衆藥③所療，故以所宜爲工，得療病之大體也。

○失政民病非真病考

《春秋考異郵》曰：襄公朝於荆，士卒度歲，愁悲失時，泥雨暑溼，多霍亂之病。

《禮記·月令》曰：孟春行夏令，則民多瘧疾。

《禮記·月令》曰：孟夏行秋令，則民多大疫。

《禮記·月令》曰：季夏行春令，則民多風欬。

《春秋繁露》曰：人君好戰，貪城邑，則民欬嗽。

又曰：人君簡宗廟，逆天時，民病流腫。

《春秋考異郵》曰：痺在喉，壽命凶。

《漢書》：賈誼上書曰：天下之勢，方病大腫，非徒病腫，又苦蹠盭④。蹠，腳掌。盭，古戾

---

① 乖戾：原作「不乖戾」，據《三命通會注評》卷七改。

② 嗇：原作「澀」，據《三命通會注評》卷七改。

③ 藥：原作「樂」，據《黃帝内經太素·知方地》楊注改。

④ 盭：《漢書》作「盭」。

字，爲足戾也。

又曰：方今天下，又類躄，且病痱。躄，足疾。痱，風疾也。

○運氣之病

《周書》曰：立秋之日，白露不降，民多病欬。

《易説》曰：立秋氣未當至而至①，則少陽脈盛，人病欬。

《易説》曰：冬至氣當至不至，則多心痛。

《易説》曰：大寒氣當至而不至，則多咽痛。

京房《易飛候》曰：有雲大如車蓋十餘，此陽火②之氣，必暑，有暍死者③。

《易説》曰：穀雨氣當至不至，多霍亂。

《易説》曰：白露氣當至不至，太陰脈盛，人多疝瘕。

○因事而病

《呂氏春秋》曰：室大多陰則蹷。

---

① 立秋氣未當至而至：原作「立春當至而至」，據《太平御覽》卷七四三《疾病部六》「咳嗽」條改。

② 陽火：原作「陽滲」，據《太平御覽》卷三四《時序部一九》「熱」條改。一本作「陽水」。

③ 者：原作「也」，據《太平御覽》卷三四改。又，右引無「死」字。

《春秋潛潭巴》曰：枉矢黑，軍士不勇，疾流腫。

《淮南子》曰：土地各以類生人，是故山氣多男①，澤氣多女，水氣多瘖，風氣多聾，林氣多癃，木②氣多傴，生子多有此疾。岸下氣多尰，温氣所生。石氣多力，險③阻氣多癭，暑氣多夭，殘折不終。寒氣多壽，谷氣多痺，丘氣多狂，衍氣多仁，下而平也。陵氣多貪。象陵積聚。

案：以上三種病狀，皆不可以常病論。

---

① 男：原作「勇」，據《淮南子·墬形》改。

② 木：原作「水」，據《淮南子·墬形》改。

③ 險：原脱，據《淮南子·墬形》補。

《靈・師傳篇》

黄帝曰：余聞先師有所心藏，弗著於方，余願聞而藏之，則而行之，即經説「俟後」之義。上以治民，《内經》政治，陰陽五行家。下以治身，醫病，爲技術家。使百姓無病，政治所以醫國。上下和親，《孝經》「上下無怨」。德澤下流，法政。子孫無憂，其死也哀。傳於後世，無有終時。經説「下俟百世」。可得聞乎？岐伯曰：遠乎哉問也！非技藝一家之言。夫治民與自治，修、齊。治彼與治此，天學世界分彼此。治大與治小，大同小康之分。治國與治家，皆屬政治學。未有逆而能治之也，夫惟順而已矣。《禮記》順爲大。順者，非獨陰陽脈論氣之順逆也，天氣，運氣。百姓人民皆欲順其志也。人事。黄帝曰：順之奈何？岐伯曰：入國問俗，政治。入家問諱，上堂問禮，禮儀，修身事。臨病人問所便。治病。黄帝曰：便病人奈何？岐伯曰：夫中熱消癉如赤道。則便寒，如黑道。寒中之屬水寒。則便熱。火熱。胃中熱則消穀，令人懸心善飢。胃熱。臍已上皮熱，診皮法。腸中熱，則出黄如糜。陽中熱病。臍已下皮寒，診皮法。胃中寒，則腹脹，腸中寒，則腸鳴，飧泄。胃中寒，腸中熱，上寒下熱。則脹胃寒。而且泄。腸熱。胃中熱，腸中寒，上熱下寒。則疾飢①，胃熱。小腹痛脹。腸寒。黄帝曰：

---

① 飢：原作「肌」，據《靈樞》改。

胃欲寒飲，腸欲熱飲，兩者相逆，便之奈何？且夫王公大人，血食之君，驕恣縱欲，輕人而無能禁之。禁之則逆其志，順之則致其病，便之奈何？治之何先。岐伯曰：人之情，莫不惡死而樂生。告之以其敗，語之以其善，道之以其所便，開之以其所苦。雖有無道之人，惡有不聽者乎？以上爲諫諍説。黄帝曰：治之奈何？岐伯曰：春夏先治其標，内。後治其本；外。秋冬先治其本，外。後治其標。黄帝曰：便其相逆者，奈何？岐伯曰：便此者，飲食衣服，亦欲適寒温。寒無悽愴，暑無出汗；食飲者熱無灼灼，寒無滄滄。寒温中適，故氣將持，乃不致邪僻也。無過與不及。

《素問·四氣調神大論》

《素問·四氣調神大論》云：逆春氣，春不行春令。則少陽不生，肝合膽爲一藏。氣内變。政法，民病。○《類》注：一歲之氣，春夏爲陽，秋冬爲陰，春夏主生長，秋冬主收藏。春令屬木，肝膽應之。《藏氣法時論》曰：肝主春，足厥陰少陽主治。故逆春氣，則少陽之令不能生發，肝氣被鬱，内變爲病。此不言膽而止言肝者，以藏氣爲主也。後放此。逆夏氣，夏不行夏令。則太陽不長，心五藏應四時，以腦爲心。氣内洞。○《類》注：夏令屬火，心與小腸應之。《藏氣法時論》曰：心主夏，手少陰太陽主治。故逆夏氣，則太陽之令不長，而心虚内洞，諸陽之病生矣。《類經》注多以真病言。逆秋氣，秋行春、夏、冬令。則太陰不收，肺合心爲一藏。氣焦滿。○《類》注：秋令屬金，肺與大腸應之。《藏氣法時論》云：肺主秋，手太陰陽明主治。故逆秋氣，則太陰之令不收，而肺熱葉焦，爲脹滿也。逆冬氣，冬行春、夏、秋令。則少陰不藏，腎外腎，一名膽。氣獨沉。○《類》注：冬令屬水，腎與膀胱應之。《藏氣法時論》曰：腎主冬，足少陰太陽主治。故逆冬氣，則少陰之令不藏，而腎氣獨沉。藏者藏於中，沉者沉於下，腎氣不蓄藏，則注泄沉寒等病生矣。夫四時陰陽者，《漢志》陰陽家。萬物之根本也，○《類》注：生、成之所由也。所以聖人平治學，不專言醫。春夏養陽，秋冬養陰，以從其根。○《類》注：夫陰根於陽，陽根於陰，陰以陽生，陽以陰長。所以聖人春夏則養陽，以爲秋冬之地；秋冬則養陰，以爲春夏之地。皆所以從其根也。今人有春夏不能養陽者，每因風涼生冷傷此陽氣，以致秋冬多患瘧瀉，此陰勝之爲病也；有秋冬不能養陰者，每因縱慾過熱傷此陰氣，以致春夏多患火證，此陽勝之爲病也。善養生者，宜切佩之。

醫家 在「藝術①」後。

《漢書・藝文志》：醫經者，原人血脈經絡骨髓以身體爲主，不重五行時日。陰陽表裏，分藏府内外。以起百病之本，三因。死生之分，而用度箴石湯火所施，師古曰：箴所以刺病也。石謂砭石，即石箴也。古者攻病則有砭，今其術絶矣，箴②，音之林反，砭，音彼廉反。調百藥齊和之所宜。師古曰：齊，音才詣反。至齊之得，藥與證對。猶慈石取鐵，以物相使。醫重化學。拙者失理，以瘉爲劇，以死爲生。

陰陽家 九流。

《漢書・藝文志》：陰陽者，順時而發，《洪範》五紀例。推刑德，《董子》陽德陰刑。隨斗擊，北斗爲帝車，所指爲旺。因五勝，師古曰：五勝五行相乘也。假鬼神與天學相近。而爲助者也。《素問・陰陽大論》全爲陰陽家師説，不爲治病專門③。

---

① 藝術：《漢書・藝文志》無「藝術」一門，似當作「數術」。

② 箴：此字下原衍「因」字，據《漢書・藝文志》顔注删。

③ 門：原脱，據文意擬補。

五行家 在九流外別自名家。

《漢書·藝文志》：五行者，五常之形氣也。「六合之内不離乎五」，以五方五民爲起例。《書》云：「初一曰五行，天行。次二曰羞用五事」，人事。〇師古曰：《周書·洪範》之辭也。言進用五事以順五行也。以人合天。《太素》所謂人合。貌、言、視、聽、思心失，而五行之序亂，《洪範五行傳》詳矣。五星之變。《素問》五星之變作，皆出於律曆之數而分爲一者也。師古曰：説皆在《五行志》也。其法亦起五德終始，五帝德、五行運，鄒衍所推。推其極，則無不至。五行學無所不包，如《五行大義》是也。而小數家以星命卜筮占驗爲主，而相與醫亦用之。因此以爲吉凶，生死吉凶專就五行性情言之，推之藏府則有離有合，如生尅制化，乃就物氣立説，非腔内藏府有恩讎劫殺，自相水火也。而行於世，寖以相亂。小術用之，以爲通論可也，拘泥説之，循末忘本，所以爲害。

案陰陽五行本大乙下行九宮之法，運氣之所從出。皇主天道，如《月令》受命於天。陰陽五行爲其二伯四岳之法。故其説以干支歲時月日爲本。古之陰陽五行家，《洪範》、《大傳·五行》、《漢志·五行志》是也，後來爲其學者，天下萬事萬物，莫不以五行推之，如《五行大義》所列門目。今摘録於後以明之。

五行名　支干名　論體性　論五數大衍　生成　支干　納音　九宮

各相雜五行雜　方位雜　支干雜　合體　配合　扶抑　刑　尅　害　衝破

雜配六五色　聲音　氣味　藏府　五常　五事

律呂　七政　八卦　八風　性情　治政

諸神　五帝　諸官　諸人人合五行　人隨游年

禽蟲

天下所有事物，盡舉五行以配合之，其中有離有合，皆屬後起之義，爲古陰陽五行之支流餘裔，出於《洪範》五紀例者尤多，皆爲治法，當以歸之經説。若醫家專門切要之事，則詳經絡，考部位，識病名，知針藥，於《内經》中取其切要者，不過二三十篇；其屬通論，治國、醫人皆所合通者，不過三四十篇；其高深玄遠之《陰陽大論》，與政治陰陽五行家之專篇，則儘可束之高閣。書少功多，庶乎可以自得。曾編爲分類目録表，大約檢《類經》門目，亦得其梗概。收五行以歸經學，日闢國百里，治法可以重光，於醫學中掃除荒蕪，自有澄清之望。

順四時

《靈樞・順氣一日分爲四時篇》云：此一日太乙下行九宮之法，《九宮八風》爲一歲下行之法。春生、夏長、秋收、冬藏，是氣之常也，人亦應之。以一日分爲四時，朝則爲春，營衛行二十五周。日中爲夏，亦二十五周，行陽地五十營。日入爲秋，營衛行二十五周。夜半爲冬。亦行二十五周，合爲行陰地五十營。説詳《營衛運行篇》。

《素問・方盛衰論》此爲黄帝分方異治法。云：此與日家同法。陽衛爲陽。從左，月違①順行。陰營爲陰。從右，月將逆行。老指衛，陽。從上，日家法：陽神始於坎。衛順行，從肺至肝。少指營，陰。從下，日家法：陰神始於離。營從肝，在下逆行至肺。是以春東。夏南。歸陽爲生，二陽，謂太乙陽神。歸秋西。冬北。爲死。《淮南》日一南而萬物皆生，日一北而萬物皆死，《董子・陰陽出入》詳矣。反之，此句謂陰神。陽神在卯，則陰神在丣；陽常居盛，陰常居於空虚，故陽行東南爲生，西北爲死。若陰神在丣，陽神在卯，陰神在卯，陽神在丣，二者地位、生死相反也。則歸秋西。冬北。爲生，歸春東。夏南。爲死。是以氣多少，逆皆爲厥。問曰：有餘者，厥耶？答曰：一上不下，寒厥到膝。少老。者，少、老二字不指人之年歲，當以營衛順逆讀之。秋冬死。老少。者，秋冬生②。

---

① 違：疑當作「建」。

② 生：原作「至」，據《素問》改。

逆四時

《素問·玉機真藏論》云：脈逆四時，失其本軀形狀，而反變勝己者。爲不可治，四時生成之說。必察四難而明告之。所謂逆四時者，春得肺脈，東得西。夏得腎脈，南得北。秋得心脈，西得南。冬得脾脈，土剋水之變局。○考剋制以對衝爲主，即日家所謂歲破。自居休囚之地，對衝得令則爲破，金剋木、水剋火是也。若不入中依排，土在西爲木剋土，金在北爲火剋金，水在東爲土剋水，大抵雖由物象，而實天星衝破。其至皆懸絶沉澀者，謂所居在休囚之位，如所謂三殺絶地是也。命曰逆四時。未有藏形，於春夏而脈沉澀，秋冬而脈浮大，名曰逆四時也。

《素問·平人氣象論》云：脈形、聲、色、氣。得四時之順，五態之人，不失本令。曰病無他。各如其五態之常。脈反四時，反，謂對衝。及不間藏，曰難已。《類》注：春得弦，夏得鈎，秋得毛，冬得石，謂之順四時，雖曰有病，無他虞也。脈反四時，義如下文，及不間藏，皆爲難已。不間藏者，如木必乘土則肝病傳脾，土必乘水則脾病傳腎之類。是皆傳其所勝，不相假借。脈證得此，均名鬼賊。其氣相殘，爲病必甚。若間其所勝之藏而傳其所生，是謂間藏。如肝不傳脾而傳心，心不傳肺而傳脾，其氣相生，雖病亦微。故《標本病傳論》曰「間者並行」，指間藏而言也；「甚者獨行」，指不間藏而言也。《難經》「三難」曰：「七傳者死，間藏者生。」七傳者，傳其所勝也。間藏者，傳其所生也。」皆此之謂。考之呂氏注「五十三難」曰：「間藏者，間其所勝之藏而相傳也。心勝肺，脾間之；脾勝腎，肺間之；肺勝肝，腎間之；腎勝心，肝間之；肝勝脾，心間之。此謂傳其所生也。」其說亦通。○又《玉機真藏論》曰：「五藏有病，則各傳其所勝。不治，法三月，若六月，若三日，若六日，傳五藏而當死，是順傳所勝之次。」即此不問藏之義也。詳《藏論類》二十四。又曰：脈有逆從四時，未有藏形，春夏而脈瘦，秋冬而脈浮大，命曰逆四時也。《類》注：逆，反也。從，順也。凡脈之逆從四時者，雖未有真藏之形。若是春夏以木火之令，脈當浮大而反見瘦小。秋冬以金水之令，脈當沉細而反見浮大者，是皆逆四時也。

四時分方脈象名詞

弦

《脈學輯要評》曰：《内經》言五方四時之人體態脈象不同，如五態之人，《二十五人篇》詳矣。其言分方治法，如《異法方宜論》，《玉機真藏論》、《平人氣象論》中脈分四時者、《太素·知方地篇》，皆爲分方異治專篇。今於古診法中別立「分方異宜」門，而於此書「弦脈」示其例。○人脈各不同，故經常以五行分之。譬如京、滬診家，東西南北海外全球之人皆來診視，其脈當以地別。多診常人，定爲公式，方爲定法，經不過言其不同而已。

古以弦爲陰脈，弦即從弜之「弱」，陽脈則當作「强」。○弦與鈎、毛、石同爲實物，爲名詞，診脈不以爲法。以脈本一條，弦直爲本狀，而絶無鈎形。凡診法正名，皆形容詞。近之診家，喜言弦脈，大抵所説皆爲强脈。因附會古書之弦，不知弦非脈名。「强」，今加入《評脈》①。

鈎

---

① 「不知」至「評脈」三句：按句意，「脈名」二字似當重，「强」上當有此二字；此數句謂：「不知弦非脈名，脈名『强』，今加入《評脈》」。

古諺：「直如絃，死道邊。曲如鈎，封王侯。」此弦、鈎二字之正義。〇案「四方異診」以鈎脈爲代表，脈無鈎形。又，凡脈皆形容辭，惟此四時之弦直。鈎曲。毛輕。石重。爲名辭實物，皆必加「如」字於其上。凡加「如」字者，皆非真脈名。

毛

《孟子》「金重於羽者，豈謂一鈎金與一輿羽之謂哉」，與此毛、石同意。

石

以四時而論，春與秋反，夏與冬反，使四字直爲脈名，春脈直弦，則秋乃當爲曲鈎；冬脈重石，夏乃當爲輕毛。今春與夏反，秋與冬反，不過借直曲輕重四等名詞，以見四方之人其脈相反；其相反之實不能豫定，故借弦、鈎、毛、石四實物以示其例而已。

案五行家之言藏府，皆屬政法學天下一人之大例，不爲醫言也。故《五行大義・第十四論雜配》中，第四爲配藏府，所引《左傳》醫和一條，《白虎通義》二條，《春秋元命苞》二條，《翼奉傳》一條，《五經異義》並鄭駁一條，《周禮・疾醫》一條，河上公《老子注》二條，《道經義》一條，「相書名五候」一條，《孝經援神契》一條，「又一説」一條，《道家大式經》二條，《管子》三條，《老子經》四條，《河圖》二條，《樂緯》一條，《月令》二條，《三皇經》一條，《左傳》二條，《韓詩外傳》一條，《吴越春秋》一條，《禮記・郊特牲》一條，《淮南子》一條，《尸子》一條，《漢書・五行志》一條，《家語》一條，以上二十四家共三十八條，皆非醫家專書，特於經子史緯尤詳。此可知五行家之言藏府，不專爲醫説也。其所引醫家專書，《甲乙》三條，《八十一問》一條。其一爲後人羼語。其引《素問》雖有數條，然《素問》其半與經子史緯相合，專言治病者，不過十分之二。據此足見陰陽五行家爲九流之一，專詳政法，與技藝之醫學貌似而神離，不可混同視之者也。

規春

矩夏

衡秋

權冬

《素問·脈要精微論》《至真要大論》引作《大要》，疑「脈」當作「大」。曰：以春應中規，規與弦同。弦直，規圓。

《淮南·天文訓》：東方木也，其帝太皞，其佐勾芒。執規而治春，其神爲歲星，其獸蒼龍，其音角，其日甲乙。以下説詳《皇帝疆域圖考》。

《時則訓》：制度陰陽，大制有六度，春爲規。○又曰：規者，所以圓萬物也。○規之爲度也，轉而不復，圓而不垸，優而不縱，廣大以寬。感動有理，發通有紀，優優簡簡，百怨不起。規度不失，生氣乃理。○明堂之制，春治以規。

又云：夏應中矩。矩與鉤同。鉤以曲言，矩以方言。

《天文訓》：南方火也，其帝炎帝，其佐朱明，執衡而治夏①。其神爲熒惑，其獸朱鳥，其音徵，其日丙丁。

《時則訓》：夏爲衡。○衡者，所以平萬物也。○衡之爲度也，緩而不後，平而不怨，施而不德，弔而不責。當平民禄，以繼不足。教教陽陽，惟德是行。養長化育，萬物蕃昌，以成五穀，以實封疆。其政不失，天地乃明，○明堂之制，夏治以衡。

又云：秋應中衡。衡與毛同。毛謂輕，衡以量言。

《天文訓》：西方金也，其帝少昊，其佐蓐收，執矩而治秋。其神爲太白，其獸白虎，其音商，其日庚辛。

《時則訓》：矩之爲度也，肅而不悖，剛而不憒，取而無怨，內而無害，威厲而不懾，令行而不廢。殺伐既得，仇敵乃克。矩正不失，百誅乃服。○明堂之制，秋制以矩。

又云：冬應中權。權與石同。石謂重，權以稱言。

---

① 「南方火也」四句：原作「西方金也，其帝少昊，其佐蓐收，執矩而治秋」，與下重複而不合文意，據《淮南子·天文訓》改。

《天文訓》：北方水也，其帝顓頊，其佐玄冥，執權而治冬。其神爲辰星，其獸玄武，其音羽，其日壬癸。

《時則訓》：權之爲度也，急而不贏，殺而不割，充滿以實，周密而不泄，敗物而弗取，罪殺而弗赦。誠信以必，堅慤以固。糞除苛慝，不可以曲。故冬正將行，必弱以强，必柔以剛。權正而不失，萬物乃藏。○明堂之制，冬治以權。

繩

《天文訓》：中央土也，其帝黄帝，其佐后土，執繩而制四方。其神爲鎮星，其獸黄龍，其音宫，其日戊己。

《時則訓》：制度陰陽，大制有六度，天爲繩。○繩者，所以繩萬物也。○繩之爲度也，直而不争，修而不窮，久而不弊，遠而不忘，與天合德，與神合明。所欲則得，所惡則亡。自古及今，不可移匡。厥德孔密，廣大以容。是故上帝，以爲①物宗。○明堂之制，動而法

① 爲：原作「萬」，據《淮南子·時則》改。

繩。

《天文訓》：子午、卯酉爲二繩。○日冬至則斗北中繩，陰氣極，陽氣萌，故曰冬至爲德。日夏至則斗南中繩，陽氣極，陰氣萌，故曰①夏至爲刑。○故曰：規生矩殺，衡長權藏②，繩居中央，爲四時根。

按：此爲皇帝陰陽五行學説，非治病診脈之名詞。知規、矩、衡、權，而弦、鉤、毛、石爲四方之符號，非診經之實名，不待繁言而解矣。

按：《經學不厭精》駁中國經書五行之説，以釋之地、水、火、風，格致家之化學爲根據，而不知實誤解經義。經曰五行，行爲行步之行，初不謂金木水火土五種實質也。五行本由太乙下行九宫取義，即四時之説，以方位言，曰前後左右中；以節氣言，曰春夏秋冬長夏。而特假金木水火土，以爲五方符號，所謂指氣，不指形質也。考經傳每以四時爲四方，《周禮》六官之天地四時，即上下四旁也；《學記》「春夏教以禮樂，秋冬教以詩書」，即《賈子》帝

---

① 曰：原作「明」，據《淮南子·天文》改。

② 衡長權藏：原作「權長衡長」，據《淮南子·天文》改。

之四學，每學課一經，專門分科，非謂一年之中四時互習也；《孟子》「周公思兼三王，以施①四事」，《尚書大傳》作天地人及四時之事，即七政之説也；説詳《皇帝疆域考》。《内經》之四時，即四方人種異同，《周禮》所謂「五土之民」。後來相法星命，皆以五行立法。一人之脈，不因四時而大變、相反對，故知醫者歷試無效，莫不疑之；今爲發明四時即四方之例，如《天文》、《時則》，其明據也。

① 施：原作「視」，據《孟子·離婁下》改。

肝脈弦

經《宣明五氣》：運氣說。肝脈弦。古詩「直如弦」，《詩》之「其直如矢」。四時屬四方。凡言如者，皆候氣色法，非診脈法。〇診脈，陽當作「强」，陰當作「懸」，或讀作「彈」。

傳《素·玉機真藏》曰：此篇多運氣說。黃帝以治天下爲主，醫乃推論及之。問曰：脈如弦，東人。此古經說。何如而弦？問五態之所以别。岐伯對曰：春脈者肝也，以藏配。東方木也，以物配，非一人四時變。萬物之所以始生也。方方皆有春。十二次即十二寅，爲同寅。寅以前昏昧。故其氣來，《運氣》之候氣法。耎弱輕虛而滑，形容春氣，非脈形。端直以長，形容木形，非脈形。故曰弦。木曰曲直，今取其直。反此者病。指對衝之方，爲春行秋令。帝曰：何如而反？反，當爲「病」之誤。岐伯曰：其氣來非脈。實而强，即今醫之「弦」字。此謂太過。候氣全用《易》過不及立說。病在外；如人迎。其氣來不實而微，不及，爲後天。此謂①不及，病在中。如寸口。帝曰：春脈太過與不及，其病皆如何？五行家皆言民病，所謂「病民」。

---

① 謂：原作「爲」，據《素問》改。

岐伯曰：太過《易説》：「立春氣未當至而至，則少陽脈盛，人病欬①。」則令人善忘，忽忽眩冒而癲疾；盛實之病。其不及，《周書》：「立秋之日，白露不降，民多病欬。」則令人胸②痛引背，下則兩脇胠滿。虚微之病。帝曰：善。以治喻醫，故《月令》、《五行》皆言民病。有正有喻，善讀者自得之。

解《素問・平人氣象論》曰：春胃以胃爲東方之中，五五二十五，東方③又爲五土。微弦曰平，《類》注：按，此前後諸篇皆以春弦夏鈎秋毛冬石分四季所屬者，在欲明時令之脈，不得不然也。然脈之迭見，有隨時者，有不隨時者，故或春而見鈎，便是夏脈；春而見毛，便是秋脈；春而見石，便是冬脈。因變④知病，圓活在人，故有二十五變之妙。若謂春必弦、夏必鈎，則殊失胃氣之精義矣。○案此足見四時脈分四象之不確，景岳猶囿於舊説，然其機已啓矣。弦多四方，以弦爲符號。胃少曰肝病，如以肝言，東瀛之脈如何？當多診，定爲公式。但弦無胃曰死。不通則塞也。胃而有毛春行秋令，對衡破言。曰秋病，《月令》曰：孟春行秋令，則其民大疫；仲春行秋令，則其國大水。寒氣總至，寇

① 「《易説》」至「人病欬」：此條注文未確，恐係誤記，或未得善本。檢中華書局縮印商務印書館影宋本《太平御覽》引京房《易説》，卷七四三《疾病部六》之「瘧」條有「立春氣當至不至，則多疾瘧；白露當降不降，民多温瘧」一則，其「咳嗽」條有「立秋氣未當至而至，則少陽脈盛，人病咳」一則，似無「立春氣未當至而至，則少陽脈盛，人病欬」之語。

② 胸：原脱，據《素問》補。

③ 東方：原作「春方」，似誤，兹擬改。

④ 變：原作「與」，據人民衛生出版社本張介賓《類經》卷五《脈分四時無胃曰死》改。

戎來征。季春行秋令，則天多沉陰。毛甚曰令病。不能及秋。藏真散於肝，近取諸身，爲天下一人例。肝藏筋膜之氣也。《周禮》「地中」交會和合，故十二支無京師曰六衢，有京師曰六合。土王四季，非土則四方分崩，閉塞不通。京師者四方之主，比於人身胃土。養生貴胃，亦猶政治之拱衛神京也。

又云：春以胃氣爲本。病所謂九洛九夏，東方自有東方之中。肝脈來，《大奇》、《五藏生成》皆指色言，此寅、卯、辰三宫候氣望色法。○凡言來、至指氣，非診脈。盈實而滑，氣來之形容。如凡「如」下皆候氣，非診脈。循長竿，曰肝病。不通於中，名無胃氣。死肝脈來，望氣色。急益勁，勁直。如新張加「新張」字以別異之。弓弦，望氣法有角弓形。曰肝死。以直立説，故就「弦」推闡之。○平脈、病脈、死脈，皆不離弦。

《素·藏氣法時論》以人通天之師説。云：肝主春，《月令》春三月。足厥陰肝。少陽外腎爲少陽，一名膽。主耳主骨，皆外腎。主治，其日甲乙。五紀例：十干居九宫，各占方六十里，爲一州。肝苦急，急食甘以緩之。如與秋對文，則甘當爲鹹。四時之分，酸、辛、苦、鹹，甘不爲救潄之品，以緩言之，或亦可也。

《素·水熱穴論》：帝曰：春取絡脈分肉，分方例，舉一例立説。何也？以五診言，當爲皮膚。岐伯曰：春者東方。木始治，肝氣始生，木形。肝氣急，其風疾，經脈常深，其氣少，不能深入，故取絡脈分肉間。與《異法方宜篇》同意。

《素·四時刺逆從論》云：春者，十二月旋相爲本，以斗柄所指爲寅。天氣始開，地氣始泄，凍解冰釋，水行經通，皆七十二候語。故人氣在脈。此候氣元運之説。

又云：春刺絡脈，春行夏令。血氣外溢，令人少氣。春刺肌肉，春行秋令。血氣環逆，令人上氣。春刺筋骨，春行冬令。血氣内著，令人腹脹。以此言之，則春以刺皮膚爲正；以三刺皆逆，則當以皮膚合春氣。

《素・金匱真言論》云：東方州域。青色，草木盛生。入通由外經絡穿入藏府。於肝，開竅於目，藏精於肝，其病發驚駭。其味酸，東發散大辛，大辛則以酸救之。酸非本味。其類草木，其畜雞，其穀麥，其應四時，上爲歲星，蒼龍七宿，與歲星同屬東方。是以春氣在頭也。其音角，其數八，是以知病之在筋也，其臭臊。五行説，全見《五行大義》。

《素・陰陽應象大論》：如《説卦》例。東方以地爲主，以身設譬。生風，風生木，木生酸，酸生肝，以下人身。肝生筋，筋生心。肝主目，近取身。其在天爲玄，在人爲道，在地爲化。三才説。化生五味，地。道生智，人。玄生神。天。神在天爲風，在地爲木，在體爲筋，以下八門，皆可謂脈。在藏爲肝，在色爲蒼，在音爲角，在聲爲呼，在竅爲目，在味爲酸，在志爲怒。十門。怒傷肝，悲勝怒，人事。風傷筋，燥勝風，天氣。酸傷筋，辛勝酸。地味。

《素・六節藏象論》云：肝者罷極之本，魂之居也，其華在爪，其充在筋，以生氣血，其味酸，其色蒼，此爲陽中之少陽，通於春氣。

《素・風論》篇云：肝風之狀，多汗，惡風，善悲，色微蒼，嗌乾，善怒，時憎女子。診在目下，其色青。

心脈鉤

【經】《宣明五氣》：心脈鉤。古詩「曲如鉤，封王侯」。《孟子》枉尺直尋。取弦鉤二物形狀相反，以比東球南球脈象不同。其時未至，先立二象以明之，亦如易之畫卦。

【傳】《素·玉機真藏論》：帝曰：夏脈此脈指南方火形人之形狀性情，非經脈。如鉤，鉤爲假號。脈統形體聲音色氣而言，即五態二十五人分方異體之説，非單指兩寸動脈言。相人書、星命學皆以五形分人爲五種，在《内經》，則弦、鉤、代、毛、石，規、矩、繩、權、衡，爲五種之符號。何如而鉤？與他方不同之故。岐伯曰：夏脈者，心也。推五行以説之。南方，火也，萬物之所盛長也，故其氣此《運氣》候氣法。來盛去衰，説詳《運氣》。故曰鉤。「來」「去」非脈盛衰，亦不得如鉤狀。反鉤乃與弦反。此者病。不得本形，爲變怪。帝曰：何如而反？當作「病」。岐伯曰：其氣來盛去亦盛，候氣有三種，運氣行鍼望色也。此謂太過，病在外；有餘。其氣來不盛去反盛，此專屬運氣，行鍼亦可言之。此謂不及，病在中。内傷。帝曰：夏脈太過與不及，皆何如？月令調和陰陽同，詳病狀。岐伯曰：太過，則令人身熱而膚痛，爲浸淫；其不及，則令人煩心，上見欬唾，下爲氣泄。此病狀爲政法民病，不指實病。帝曰：善。

【解】《素問·平人氣象論》曰：夏胃五形以土爲主。土旺四季，寄於四方，五五自乘，爲二十五人，每方之中，又各有五方。此胃如南方五人中之土，所謂「比於上①徵，似於赤帝」者也。微鈎而平，南方之中。鈎多胃少曰心病，南方之東。但鈎無胃曰死，南方之北。胃而有石曰冬病，南方之西。石甚曰今病。南方之南。藏真通於心，心藏血脈之氣也。與上弦同。一火之中雜有五行，《五行大義·論五行體②雜》云：火，外陽即是火也，内陰即是水也，能殺即是金也，能熟即是木也，能生即是土也。

又云：夏以胃氣爲本。南方之北③。病心脈來，以形狀色氣言，非診脈，脈不言「來」。喘喘連屬，其中微曲，《金匱》「絡脈如蛇」。○此「曲」字即所以釋鈎形狀。曰心病。不見鈎爲平，微鈎則病，直鈎則死。死心脈來，前曲後居，如操帶鈎，曰心死。以鈎爲本脈，又以爲死脈，皆以明四方各有中，以胃爲主，赤帝之京也。

《素問·藏氣法時論》云：心主夏，手少陰心。太陽小腸。主治，其日丙丁，南方二州。心苦緩，急食酸於春爲母，於秋爲子。以收之。俱《月令》之説。

《素問·水熱穴論》：以下言病篇。帝曰：夏取盛經分腠，以五診言當爲絡，絡在肉分。何也？岐伯曰：夏者火始治，已爲其始。心氣始長，脈瘦氣弱，陽氣流溢，熱熏分腠，指絡而言。内至於經。經在絡内。故取盛經分腠，絶膚由經而絡，由絡而皮膚，由内出外。而病去者，邪居淺也。所謂盛經者，

---

① 上：原作「大」，據《靈樞·陰陽二十五人》改。

② 體：原脱，據宛委別藏本《五行大義》卷二《論相雜》補。

③ 北：原作「此」，據文意改。

陽脈也。此通於醫。

《素問・四時刺逆從論》云：夏者，經滿氣溢，五行之次，夏當屬絡。入孫絡受血，肺朝百脈，謂胃氣上蒸於肺，氣盛則化水爲血，先從腹中孫絡細尖起，如禾巔之受露水。皮膚充實。營化爲血，外行皮膚。

又云：夏刺經脈，如夏行春令。〇春主皮膚。血氣乃竭，令人解㑊；夏刺肌肉，夏行秋令。血氣内卻，令人善恐；夏刺筋骨，夏行冬令。〇秋冬主筋骨。血氣上逆，令人善怒。此屬民病，例又通於醫。

《素問・金匱真言論》：真言多爲天學説。南方赤色，入通於心，《内經》心間指腦言。少陰無腧，心爲十二官之君主。是下①此指肺下。以心以配五行。開竅於耳，有別義。藏精於心，故病在五②藏。其味苦，南方味鹹，過熱則以苦泄之。「苦」乃北方水色。其類火，其畜羊，其穀黍，其應四時，上爲熒惑星，此即天學。是以知病之在脈也。心主脈，指經言。其音徵，其數七，其臭焦。

《素問・陰陽應象大論》云：此運氣説，故稱大論，仲景所謂陰陽大論。南方生熱，熱生火，火生苦，苦生心，心生血，血生脾。心主舌，在天爲熱，在地爲火，在體爲脈，以下八門，統可稱脈。在藏爲心，在色爲赤，在音爲徵，在聲爲笑，在變動爲憂，在竅爲舌，在味爲苦，在志爲喜。《脈經》通候八門，可知《脈經》知脈包八種而言。喜傷心，恐勝喜；熱傷氣，寒勝熱；苦傷氣，鹹勝苦。《五行大義》已詳。

---

① 是下：此二字疑衍。

② 五：原作「心」，據《素問》改。

《素問·六節《刺禁》①云「七節之傍，中有小心」，以四傍上下爲六節，配五藏一府。藏象論》云：不數腦爲六節，數腦爲七節，非椎數。證以六節，自明。心者身之本，神之變也。腦爲心，主神明出焉。此腔内之心，分應四時。其華在面，其充在血脈，爲陽中之太陽，通於夏氣。

《素問·風論》篇云：心風之狀，多汗惡風，焦絶，善怒嚇，赤色，病甚則言不可快。診在口②，其色赤。

《内經》心、腎皆有異實同名之例。如心爲十二官之主、心爲五藏六府之主，則以腦爲心，膻中附肺之藏亦爲心，包絡亦有心主名。外腎爲腎，兩腰稱爲腎，膽則尤爲腎之本藏。故肝肺主氣血，爲心膽枝葉，五行以配金木，東西相對也，心膽附之，實則即爲肺肝之主人，合之實爲一物。因黄帝用天下一人之例，正名百物，乃以分配五行。肺與大腸相表裏，肝當與外腎相表裏，不能肝膽相附，自爲表裏，一定之例也。心爲氣主，膽爲血主。以五行分之，心既爲火，則膽當爲水，南北相對，與東西肝肺同。心肺分夏秋，而肝膽同屬冬春，今春緟而冬無，可乎？故心爲手少陰火，則膽當爲足少陰水。兩者相比，肺肝爲牝藏，心膽爲牡藏，相合並居，爲牝牡，如夫婦。脾一藏獨居，所以經稱爲孤藏。四藏爲二耦，一藏獨居爲孤，共爲五藏，此

① 刺禁：原作「禁刺」，據《素問·刺禁論》乙。
② 口：原作「舌」，據《素問》改。

所以「牝」、「牡」與「孤」之名詞特見於經文也。如以肝藏膽府並居相表裏，今試有人仿其例，別創一説，以肺爲藏，以心爲府，以爲表裏相合，審情度勢，其將何以拒之？如心必爲藏，則不得獨外膽以爲府，亦明矣。今爲此説，特以正明之。外腎爲少陽，乃爲肝之府，故主宗筋，與肝同氣。外腎既當一府，而兩腰之爲包絡，有此地位，乃不致有以附心之脂指爲藏。如附心之脂可爲包絡之藏，則附脾與腰之脂又何不可爲藏乎！恐雖七、八、九藏，亦可依仿成例爲之。故正外腎之爲一大府，則更可以袪命門之僞説。故正少陽之名，則命門無存在之理矣。

脾脈代

經《素①·宣明五氣》：脾脈代。「代」當爲「帶」，乃與四名相符。帶爲約束，居中，經云「要以上爲天，要以下爲地」，臨馭四方，故寓四時。因其遞更，或乃以「代」字代之，就實物言，當作「帶」也。○作「帶」則與「繩」字相合。

傳《素·玉機真藏論》：四時之序，逆從之變異也，然脾脈獨何主？岐伯曰：脾脈者土也，孤藏《老子》：「君稱孤、寡、不轂。」言孤以別異四季也。《論語》曰：「德不孤，必有鄰。」四季即四鄰，合爲五德。又，四藏分牝牡。肺、心合爲氣藏，分之則肺牝心牡，雌雄合居；肝膽合爲血藏，分配五行，則肝牡木、膽牝水，夫婦同穴。故脾稱孤藏，居中獨處，不如四藏牝牡相合。其有以脾稱牝牡者，字誤也。以灌四傍者也。即四鄰。帝曰：然則脾善惡可得見之乎？岐伯曰：善者不可得見，惡者可得見。帝曰：惡者何如可得見？岐伯曰：其來候其氣。如水之流者，此謂太過，不當至而至，至而太過。病在外；有餘爲先天。如鳥之喙者，候氣之「如」。此謂不及，當至不至，至而不及。病在中。不足爲後天。帝曰：夫子言脾爲孤藏，四藏皆儷居，

---

① 素：原作「靈」，據《素問·宣明五氣》改。

惟脾獨處。中央土①，上。以灌四傍，四藏本爲上隧下隧，止爲二藏，因以配五行，乃分爲四名耳。其太過與不及，其病皆何如？岐伯曰：太過則令人四肢不舉，其不及則令人九竅不通，名曰重强。此「强」字今仲景多誤爲「弦」。强與弱對，此又俗「彊」字之義。

解《素·平人氣象論》云：長夏地中之中。胃微耎弱曰平，脾與胃如甲乙戊己②，《禁刺》稱爲父母，本屬一家。胃之灌輸，兼資脾力，本與四藏不同，五行家言，不得不如此耳。弱當作「代」。多胃少曰脾病，中極之北。但代無胃曰死，中極之東。耎③弱有石曰冬病，中央之南。弱甚曰今病。中央之北。藏真濡④於脾，脾藏肌肉之氣也。《五行大義·論五行體⑤雜》云：土能生，即是土也；能容，即是水也；能成，即是木也；能冶，故是金也；含陽，即是火也。

又云：長夏以胃氣爲本。病《二十五人》之中央黃帝。脾脈來，指色氣言，非經脈。實而盈數，如雞舉足，曰脾病。死脈來，鋭堅如鳥之喙，如鳥之距，望氣有龍鱗鳳尾形狀之説。如屋之漏，如水之流，

---

① 土：原脱，據《素問》補。
② 甲乙戊己：原作「甲巳戊巳」，據文意改。
③ 耎：原作「濡」，據《素問》改。
④ 濡：原作「耎」，據《素問》改。
⑤ 體：原脱，據宛委别藏本《五行大義》卷二《論相雜》補。下文有同此者徑補。

望氣有水波形。曰脾死。

《素・藏氣法時論》云：脾主長夏，足太陰陽明主治。其日戊己。同居中央，爲父母。脾苦濕，急食苦以燥之。火與脾土生旺同。

《素・四時刺逆從論》云：長夏者，經絡皆盛，内溢肌中。五診法，長夏主經。

《素・金匱真言論》云：中央黄色，入通於脾，開竅於口，此五竅配法皆出於五行家，不必有實義，故《内經》各篇文不同，又不免傳鈔之誤。此當研究，定爲公式。藏精於脾，故病在舌本。其味甘，其類土，其畜牛，其穀稷，其應四時，上爲鎮星，五緯土星，此天學。是以知病之在肉①也。其音宫，其數五，其臭香。

《素・陰陽應象大論》曰：中央生溼，溼生土，土生甘，甘生脾，脾生肉，肉生肺。脾主口，其在天爲溼，在地爲土，《運氣》天地説。在體爲肉，體以下總稱之爲脈。在藏爲脾，在色爲黄，在音爲宫，在聲爲歌，在變動爲噦，在竅爲口，在味爲甘，甘受和。在志爲思。思傷脾，怒勝思；溼傷肉，風勝溼；甘傷肉，酸勝甘。

《素・六節藏象論》云：脾爲藏。胃大腸小腸三焦膀胱者，八字當爲後人小注。倉廩之本，

① 肉：原作「内」，據《素問》改。

《祕典》：胃爲倉廩之官。營之居也，名曰器，能化糟粕，轉味而入出①者也。所專指胃言。胃爲府長，統屬四府。其華在脣四白，其充在肌，其味甘，其色黄，此至陰之類，通於土氣。

《素·風論》篇云：病論。脾風之狀，多汗惡風，身體怠墮，四支不欲動，色薄微黄，不嗜食，診在鼻上，其色黄。

《内經》有三隧三員之説，不以藏府分配五行。肺與心合爲一，主氣；肝與膽合爲一，主血；脾與胃合爲一，在中。如蒸氣機之上中下。耳目口鼻舌髮毛爪皮爲機械之上表，可觀表以察其中水火之盛衰；胃與小大腸膀胱則爲機械，如進水火泄渣穢之諸管。以機械比人身，自能運行出入，此一説也。○機械，死物也，不能別生機械。人動物，有心思才知，又能自生人，此則腦帶任衝二蹻帶脈之作用。以前藏府主形氣，以下六脈主神識；形由神出，形王則神王。分爲二部，各有統屬②，不相蒙混者也。

---

① 轉味而入出：原作「轉胃而出入」，據《素問》改。
② 屬：原脱，據文意擬補。

肺脈毛

經《宣明五氣》：肺脈毛，毛輕石重，秋與冬反，○考規、矩、權、衡四字，本經如弦、鉤、毛、石分二門，春夏秋冬自相反。以理勢言，則秋當反春，冬當反夏，秋冬本爲同氣，何爲自反？乃考《孝經援神契》及淮南《天文》、《時則訓》，春執規，夏執衡，秋執矩，冬執權，故曰「規生矩殺，衡長權收」，是本經以相連爲文者，皆當以對衝讀之。如春弦則秋爲鉤，冬石則夏爲毛；又如彼春之煖，下當爲秋之忿，彼夏之暑，下①當爲冬之怒。據此可定《内經》數四時有聯數與錯舉之例。

傳《素問·玉機真藏論》：帝曰：秋脈如浮，當作「毛」，後人改爲「浮」，「浮」上不當言「如」。何如而浮？岐伯曰：秋脈者，肺也，西方金也，萬物之所以收成也。故其氣來候氣，非診脈。輕虚以浮，來急去散，來、去爲運氣與持鍼候氣法，故有徐疾遲數急散之分。若診脈，無此狀象。故曰浮。毛。反此者病。帝曰：何如而反？病。岐伯曰：其氣來毛而中央堅，兩傍虚，候氣法，脈無此，且疑有字誤。此謂太過，病在外；其氣來凡律呂候氣、鍼灸②候氣、望色候氣，其來云有形可覩，有迹可尋，未來不可見，已去不可

---

① 下：原脱，據文意擬補。

② 灸：原作「炙」，據文意改。

見，故可云來可云去，又有遲數之可分。若經脈乃常動者，不因診之而始來，不因不診而遂去，一動之傾，來即去，去即來，但可曰動，不能言來，亦更無從言去。以來、去、遲、數爲診脈者，《難經》之誤説也。毛而微，此謂不及，病在中。帝曰：秋脈太過與不及，詳《民病考》。其病皆如何？岐伯曰：太過，則令人逆氣而背痛，慍慍然。其不及，則令人喘，呼吸少氣而欬。上氣見血，下聞病音。帝曰：善。此與《運氣》、《陰陽大論》相通，乃治天下法，《洪範五行》專爲調和陰陽而言。

解《素問・平人氣象論》云：秋胃微毛曰平，西方之中。毛多胃少曰肺病，西極之北，水。但毛無胃曰死，西極之東，木。毛而有弦曰春病，西極之南，雜火。弦甚曰今病。西極之西，雜金。藏真高於肺，以行營衛陰陽也。相人法分五行，即五態之説，其法有吉凶禍福，又就五行以推，星命家亦同。〇《五行大義①・論五行體雜》：金能斷，即是金也；從革，即是木也；含火，即是火也；有汗，即是水也；能生，即是土也。

又云：秋以胃氣爲本，病肺脈來，氣乃言來，脈不得言來。不上不下，如循雞羽，望氣有鳳尾形。曰肺病。分四時，皆依五行推衍。死肺脈來，如物之浮，如風吹毛，曰肺死。《周書》曰：立秋之日，白露不降，民多病欬。《易説》曰：白露氣當至不至，太陰脈盛，民多病疝瘕。

《素問・藏氣法時論》云：肺主秋，五行家説。手太陰肺。陽明大腸。主治，其日庚辛，二州。肺苦氣上逆，急食苦南爲母，北爲子。以泄之。醫國法。

---

① 大義：原作「火行」，據宛委別藏本《五行大義》改。

《素問·水①熱穴論》：帝曰：秋取經俞，何也？岐伯曰：秋者金始治，肺將收殺，金將勝火。陽氣在合，陰氣初勝，溼氣及體，陰氣未盛，未能深入，故取俞以寫陰邪，取合以虚陽邪，陽氣始衰，故取於合。黄帝之學，調和陰陽謂天地陰陽，不謂一身。《靈》、《素》多古陰陽五行家師法，不專爲治病，有分篇可考。

《素問·四時刺逆從論》：秋者，天氣始收，腠理閉塞，皮膚引急。《運氣》説。

又云：秋刺以五診法言，秋當刺筋。經脈，當主長夏。血氣上逆，令人善忘；秋行長夏②令，民病。秋刺脈絡，秋行夏令。氣不外行，令人卧不欲動；政失，致民病。秋刺筋骨，「筋」字衍。冬主骨，爲秋行冬令。血氣内散，令人寒慄。詳「政失民病」條。

《素問·金匱真言論》云：此篇學説由人以推天。西方白色，入通於肺，開竅於鼻，竅，説有異同。藏精於肺，故病在背。其味辛，西方收斂，過斂③，故以辛發之，乃救補之法，非本味。其類金，以下皆五行家推衍之説。其畜馬，其穀稻，其應四時，上爲太白星，金星爲緯恒星，西方七宿。是以知病之在皮毛也④。

① 水：原脱，據《素問》補。
② 長夏：原作「夏長」，據文意乙。
③ 收斂過斂：二「斂」字原俱作「斂」，據文意改。
④ 皮毛：原作「毛皮」，據《素問》乙。

其音商，其數九，其①臭腥。《月令》、《時則》詳矣。

《素問·陰陽應象②大論》云：西方生燥，天氣。燥生金，地形。金生辛，辛生肺，肺生皮毛，皮毛生腎，肺主鼻。其在天爲燥，在地爲金，在體爲皮毛，在藏爲肺，在色爲白，在音爲商，在聲爲哭，在變動爲欬，在竅爲鼻，在味爲辛，在志爲憂。憂傷肺，喜勝憂；熱傷皮毛，寒勝熱；辛傷皮毛，苦勝辛。陰陽五行家爲九流之一，專爲皇帝治法，不爲醫病。《漢志》在陰陽五行九流，醫學乃在藝術。

《素問·六節藏③象論》云：肺者，氣之本，魄之處也，其華在毛，其充在皮，爲陽中之太陰，通於秋氣。

《素問·風論》篇云：肺風之狀，多汗惡風，色皏然白，時欬短氣，晝日則差，莫則甚，診在眉上，其色白。

以五行分配藏府，今文家有一說，古文家别有一說，詳見《五經異義》、《五行大義》。

---

① 其：原脱，據《素問》補。

② 應象：二字原脱，據《素問》補。

③ 藏：原作「氣」，據《素問》改。

腎脈石

經《宣明五氣》：腎脈石。《脈要精微》「冬日在骨，蟄蟲周密」，與「石」意相同，上云「夏日在膚」，則所謂「毛」也。冬與夏反，秋與春反，乃合司天、在泉方位正法，經所以錯舉者，以本非事實，藉象形容。得意忘言，是在心知其意者。

傳《素問・玉機真藏論》：帝曰：冬脈如營，營當作「石」。何如而營？岐伯曰：冬脈者腎也，所謂北極，黑帝所主。北方水也，辨方正位，黃帝正名之學。萬物之所以合藏也。四時之氣。故其氣來沉以搏，候氣。故曰營石。以「石」爲符號，非實象。反此者病。帝曰：何如而反？病。岐伯曰：其氣不指脈。如彈石者，石可見，營不可見。此謂太過，病在外；有餘實。其去如數疑字誤。者，此謂不及，不足。病在中。虛。帝曰：冬脈指氣。太過與不及，其病皆何如？岐伯曰：太過則令人解㑊，脊脈痛而少氣，不欲言；其不及，則令人心懸如病肌，眇中清，脊中痛，少腹滿，小便變。此政法民病。帝曰：善。五藏以膽爲水藏，膽藏而不泄，故道書圖膽神爲玄武，與心相對，同爲少陰。《內經》腎與膽名互易，外腎主泄而不常泄，與府不同，所謂膽爲清淨之府者，指外腎。後人誤以外腎爲腰之附庸，不入十二經，乃以附心之脂爲包絡，又或別撰命門之説以代之，誤也。

解《素・平人氣象論》云：冬胃北方之中。微石曰平，土旺四季，以中爲主也。石多胃少曰腎北方之中。病，但石無胃曰死，北方之南。石而有鈎曰夏病，北方之西。鈎甚曰今病。北方之北。藏真下於腎，指膽。腎藏骨髓之氣也。辨方正位，又曰異法方宜。〇《五行大義·五行體雜》云：火，外陰，即是水也；內陽，即是火也；含養，即是木也；潤生，即是土也；能殺，即是金也。

又曰：冬以胃氣爲本。病腎脈來，指氣，非經脈。如引葛，相法色氣有草向上、棗核之形。按之益堅，曰腎病。五行衰病之「病」。死腎脈來，五行死絶之「死」。發如奪索，辟辟望氣有弦縷、蠶絲形。如彈石，曰腎死。上以彈石爲有餘，此又以爲死脈。符號名詞，不可拘泥。

《素·藏氣法時論》云：腎主冬，少陰腎。太陽膀胱。主治，其日壬癸，北方二州，書日辛、壬、癸、甲。腎苦燥，急食辛以潤①之。以爲春則子，以爲秋則母。母子旺，本身自旺。開腠理，致精液通氣也。津液，非溺。

《素·水熱穴論》帝曰：冬取營井，何也？岐伯曰：冬者，水始治，《詩》「四始」之説。腎方閉，陽氣衰少，陰氣堅盛，足少陰藏。巨陽伏沉，足太陽，府爲表。陽脈乃去，故取井以下陰逆，取營以實陽氣。故曰：冬取井營，春②不鼽衄。

《素·四時刺逆從論》云：冬者蓋藏，血氣在中，內著骨髓，通於五藏。《內經》多詳醫國，非醫

---

① 潤：原作「閏」，據文意改。

② 春：原脱，據《素問》補。

病之專書。明吳氏注本於《素問》僭有刪補，其補者不具論，其刪者大抵皆天學及治平之法，吳氏以爲不切於醫，遂以爲冗泛而刪之，其文仍存注中。按其所刪鈔爲一册，則《内經》醫國通天之跡踪可詳矣！

又云：冬刺經脈，行春令。血氣皆脱，令人目不明；冬刺絡脈，行夏令。内氣外泄，留爲大痺；冬刺肌肉，當作「筋」。○行秋令。陽氣竭絶，令人善忘。政失民病，亦通於醫。

《素·金匱真言論》云：北方①此以方言，是其本義。黑色，入通於腎，膽。開竅於二陰，或作「耳」。蓋腎王陰竅，外腎乃主耳。藏精於腎，膽腎主藏，不泄，外腎爲府，乃泄耳。故病在谿。谿谷之「谿」。其味鹹，南方熱帶多鹹，北苦過寒，故以鹹温之。其類水，其畜彘，其穀豆，其應四時，上爲辰星，水星爲行星，北方七星爲恒星。是以知病之在骨也。五診法終於骨。其音羽②，其數六，其臭腐。凡此皆月③合明堂法。

《素·陰陽應象大論》云：此《陰陽大論》爲政治學。北方生寒，寒生水，水生鹹，鹹生腎，《五行大義》詳矣。腎生骨髓，屬腦，膽與肝主血，血盛則髓自堅。髓生肝，肝生耳。其在天爲寒④，在地爲水，在體爲骨，在藏爲腎，膽爲少陰。在色爲黑，在音爲羽，在聲爲呻，在變動爲慄，在竅爲耳，在味爲

---

① 北方：二字原脱，據《素問》補。

② 其音羽：此三字原脱，據《素問》補。

③ 月：疑衍。

④ 寒：原作「鹹」，據《素問》改。

鹹，在志爲恐。恐傷腎，思勝恐；寒傷血，燥勝寒；鹹傷血，甘勝鹹。

《素・六節藏象論》曰：腎者①《上古天真論》云「五藏盛，腎乃泄」，此指外腎、女子胞。又，經云十一藏皆取決於膽，謂決瀆，皆以外腎爲膽也。主蟄，封藏之本，膽無下口不泄，乃爲藏。精之處也，膽不泄，外腎則泄，乃爲府。其華在髮，其充在骨，爲陰中之少陰，通於冬氣。心爲火，膽爲水，相對成文。

《素・風論》篇云：腎風之狀，多汗惡風，面痝然浮腫，肩痛不能正立。其色炲②，隱曲不利，少陰之脈衝隨之下行，故衝病多責之少陰。診在肌上，其色黑。古者經學政法專書多說人身藏府，《五經異義》、《白虎通》、《五行大義》、《淮南》、《申鑒》，皆是也。醫道通於政治，如《十二官相使篇》，其尤著者也。

---

① 者：原作「藏」，據《素問》改。

② 炲：原作「炲然」，據《素問》改。